中国民族史料汇编

上

潘光旦 编著

学苑出版社

图书在版编目（CIP）数据

中国民族史料汇编/潘光旦编著.—北京：学苑出版社，2017.12
ISBN 978-7-5077-5400-1

Ⅰ.①中… Ⅱ.①潘… Ⅲ.①史籍—研究—中国②少数民族—民族历史—史料—中国 Ⅳ.①K204②K28

中国版本图书馆CIP数据核字（2017）第319127号

出 版 人：孟　白
责任编辑：陈　佳
装帧设计：逸品书装设计
出版发行：学苑出版社
社　　址：北京市丰台区南方庄2号院1号楼
邮政编码：100079
网　　址：www.book001.com
电子信箱：xueyuanpress@163.com
联系电话：010-67601101（营销部）、010-67603091（总编室）
经　　销：新华书店
印 刷 厂：北京赛文印刷有限公司
开本尺寸：710×1000mm　1/16
印　　张：103.75
字　　数：1740千字
版　　次：2018年5月北京第1版
印　　次：2018年5月北京第1次印刷
定　　价：620.00元（全3册）

代序

潘光旦先生和他的《中国民族史料汇编》

潘乃谷

1978年12月,我从内蒙古呼和浩特回北京探亲,到中央民族学院教职工宿舍去看望费孝通先生,费先生直截了当地问我:"你能不能回来整理潘先生的遗稿?"并且专门谈到我父亲潘光旦所摘录的民族资料卡片。不久我就被借调到中国社会科学院民族研究所,开始收集父亲的遗稿。1967年父亲去世时,在北京大学工作的两个姐姐乃穗、乃穆都身处逆境,无法妥善保存父亲的遗物,因此决定将他的全部藏书、资料赠送中央民族学院图书馆。这时我最先找到的是父亲的卡片柜,它被精心地保存在图书馆吴丰培老先生的工作室里,吴先生和父亲在爱书、读书方面存有很多共识,他了解这些卡片的意义和价值,让我尽快找回空缺的一个抽屉,并认真地清点一下。随后,我仔细看了柜中全部卡片,同时抄写了一个目录。这里最主要的是民族史料方面的卡片,如阅读《二十五史》后摘录的卡片、研究土家族问题所积累的卡片、研究中国犹太人的历史所积累的卡片,其他还有父亲藏书目录卡片等等约万张。

在讨论如何整理民族史料卡片时,费先生谈到自五六十年代以来他和父亲经常讨论民族研究方面的问题,他了解父亲摘编民族史料卡片的思路和想法,他希望自己有时间来做这件事,他认为不了解情况的人很难进行这项工作。他也曾想到请吴丰培先生来帮助进行,后来我首先着手整理的是父亲关于中国开封犹太人的遗稿。直到2001年乃穆、乃和所编14卷本的《潘光旦文集》全部出版之后,我们才有机会整理有关的民族史料卡片。从父亲幸存的日记[①]中了解到,他从1959年开始阅读《二十五史》,对民族史料加以圈点,至1961年10月23日全部阅讫。其中《史记》阅读了3遍,《汉书》《后汉书》《三国志》各

[①] 《晚期日记》,《潘光旦文集》第11卷,北京大学出版社2000年版,第322—617页。

2遍，其他1遍。又因《南史》、《北史》前阅本已出版，又重阅一遍，再加圈点，至1962年3月23日完成。紧接着阅读圈点《资治通鉴》，从同年3月24日开始至该年9月9日阅完全书。自1962年5月开始摘录《史记》中有关民族史料，做成资料卡片，至当年9月止。现存卡片425张。1963年3月至5月间，摘录了《春秋左传》《国语》《战国策》《汲冢周书》《竹书纪年》几种书，共存卡片796张。其中《春秋左传》的资料对比了顾栋高著《春秋大事表》中的《四裔表》，对顾著也作了一些摘录。《资治通鉴》民族史料的摘录做于1963年9月至12月之间，但只摘录到第二十二卷，现存卡片201张。以上《史记》及《资治通鉴》之卡片各为一套，而《春秋左传》等5书则混编为一套。

　　1963年5月29日，中央民族学院历史系副主任傅乐焕教授来访，与父亲谈录登《明史》中民族资料事，以配合编绘《中国历史地图集》的工作。父亲当即表示同意，并于5月30日开始进行摘录。由于这种摘录往往要结合辨识，所以难以请助手代为摘录，次定由中央民族学院历史系请王兴泰先生同步抄录副本，以便提供他人使用。至1964年12月12日全书摘录完毕，现存资料卡共839张。这份资料当时对《中国历史地图集》的编绘起到有益作用。傅先生曾和父亲讨论过编印成史料长编的事。惜经费问题不能解决，王兴泰的抄录工作未能全部完成，至1965年6月28日终止。其后傅先生竟于1966年5月不幸去世。"文革"过去，此抄录副本也不知下落。

　　上述4套卡片，每套卡片前有"总录"部分，其后按民族分类，以族类名称的拼音排序，每张卡片左上角列有片目，右上角以红笔标出所摘书名。每条资料写明所出卷数或章节。每张卡片上抄写资料一条至数条。父亲除摘录了各书正文及部分注释外，在一些资料条文之下还加有署名光旦的按语，表达自己的看法及研究心得等。《二十五史》其他部分虽有圈点，但因父亲遭文革劫难，不幸去世，未能摘编成卡片，现已无法按其意图进行编辑，实为憾事。

　　那么父亲为什么会在这个时候来进行这件如费孝通先生所说的"耗时费日的重头工作"呢？1957年他被错划右派之后，在民院有几年没有固定的单位，直到1961年10月才分配到历史系去工作。此时是游离于临时分配的集体任务之中，如《辞海》编纂工作、边界资料工作等等。1957年之前他所承担的研究计划，土家族的研究原拟再作补篇，现既以土家问题而获罪，至少暂时不可能再写作，对畲族的研究论文（1961年《从徐戎到畲族》，已佚）也完成了，正可在此时按自己的意愿进行此项工作，但也只能是在被分配的临时任务、许多会议和政治学习之余见缝插针式地进行。

　　这项工作不是一项单纯的资料工作,而是一项有关中国民族史的庞大研究的基础步骤。费孝通先生1981年和1985年两次谈到父亲对苗、瑶、畲民族关系的一段设想。他说:"这段设想的酝酿,始于潘先生和我一起在1952年调来中央民族学院之后和1957年之前的一段时期。"这段设想是:"我们可以从徐、舒、畲一系列的地名和族名中推想出一条民族迁移的路线。很可能在春秋战国时代的东夷中靠西南的一支的族名就是徐。他们生活在淮河和黄河之间,现在还留下徐州这个地名。从这一时期的文献中也可看到这块地区被居民称作舒。潘先生从瑶、畲的盘瓠传说联系到徐偃王的记载,认为瑶族中的过山榜有它的历史背景,只是后来加以神话化罢了。这一批人,后来向长江流域移动,进入南岭山脉的那一部分可能就是瑶,而从南岭山脉向东,在江西、福建、浙江的山区里和汉族结合的那一部分可能是畲,另外有一部分曾定居在洞庭湖一带,后来进入湘西和贵州的可能就是苗。"[①] 费先生认为这种设想的重要性是为我们提供了一个宏观的整体观点,它指出了我们中国各族人民在历史上是不断流动的,而这些流动有其总的趋势。在有文字记载的历史时期里,总的说来是北方民族的南下和西进,中原民族的向南移动,沿海民族的入海和南北分移,向南移的又向西越出现在的国境。这一盘棋如果看清楚了,我们现在各少数民族的关系也就容易说明了。[②] 他还特别提出:潘先生对于我国各民族历史的研究,一向不主张孤立地研究某一民族的历史。他在研究了土家和古代巴人之后,在1955年发表的《湘西北的"土家"与古代巴人》一文中明确地说:"我们也不能忘记,历史上绝大部分的巴人,今日湘西北'土家'人的一部分祖先也不例外,在发展的过程中,变成了各种不同程度的汉人,终于和汉人完全一样,成了汉人的组成部分……因此,这种历史研究又必须与汉族,乃至全部中华人民的大共同体,是如何形成的这样一个总问题密切地结合起来进行,至少第一步也应该不断地互相参照着进行,才有希望把头绪整理出来,孤立地搞是绝对不行的。在祖国漫长的几千年的历史里,这样的一个族类之间接触、交流与融合的过程是从没有间断过地进行着、发展着,我们现在还在这过程之中。从人文学

[①] 《潘光旦先生关于畲族历史问题的设想》,《费孝通文集》,第10卷,群言出版社1999年版,第290—393页。

[②] 《民族社会学调查的尝试》,《费孝通文集》,第8卷,群言出版社1999年版,第290—293页。

的方面来看，也不妨说，这过程就是祖国的历史。"从这一点认识出发，我们今后的研究工作就可以从宏观和微观两个方面发展，从宏观方面发展就是拾起中华民族形成过程这个课题进行研究。研究各民族的形成过程就是向微观方面发展的研究工作①。父亲对土家族、畲族历史的研究即是在这样的指导思想下进行的，摘编《二十五史》等文献中民族史料卡片工作也同样是在这样的指导思想下进行的，在具体历史资料的基础上不断扩充、加深认识。他的头脑中，始终存在着一幅我国各民族在历史时期中的发展、变化、流动迁徙和中华民族形成、民族关系变迁的一个整体画面。如1956年父亲和张祖道等一同到川鄂进行土家族调查的途中，为了让他们了解"土家"和"巴"所处的位置，曾通俗地为他们勾勒了一幅中国古代各民族迁徙流动的大画面②。

因此在摘录了先秦民族史料之后，1963年父亲曾向历史系表示自己可以试讲"先秦民族形势鸟瞰"专题课，又说："前途逐年扩充补缀，二三年后或可发展成为比较完整之课目也。"

父亲在民族史料卡片中写了一些按语，记载了心得、看法，以下谈谈他曾经关注和探索的一些问题：

1. 关于"华""夏""诸华""诸夏"的名称

他在1962年10月的日记中说，民院有人来"商检《太炎遗书》中的文录，供'中华民族'一词目讨论时参考。此词目本我所属稿，其部分资料即出章氏之《中华民国解》一文，去年讨论时始终未约我参加，今日亦只向我索此来源，去年同时我曾建议加列'夏'（诸夏）、'华（诸华）'二词目，而不仅列'华夏'，且曾送去所拟释文稿，亦未见采纳或其它下文——甚所不解也"。

1963年摘录卡片中，他注意到《汲冢周书》卷八《史记》篇中所记穆王命左史戎夫集古诸侯败亡之经验，"华氏以亡"，他说这个华氏与夏后、殷商并列，并在夏、殷之前，或与后之称"诸华"有涉。是则"华"之称犹在"夏"之前矣。此前所未喻。接着又看到"西夏以亡"，他说："是夏后氏以前尚有夏，与陶唐氏同时，与上文所叙'华氏'可能同时，或更早，是则华夏二字究孰为

---

① 《潘光旦先生关于畲族历史问题的设想》，《费孝通文集》，第10卷，群言出版社1999年版，第290—393页。
② 《随潘光旦师川鄂"土家"行日记》，彭振坤主编《历史的记忆》，贵州人民出版社2003年版，第76—27页。

首出,尚不易论定也。"以后他说:"单称夏,而不称诸夏,《战国策》不一见。是亦说明诸夏已日归于统一矣。"

《明史》中他又摘录了"华"(卷一九九《郑晓传》)、"中华人"(卷三二二《日本传》)两条,这个称呼都是相对日本而言的。所以他写按语说:对国外用"华",对国内诸少数民族言,则往往用"汉"。《明史》言"番汉""夷汉"之处不一而足。关于"汉"之一词,率不列片,此处华人之称似尚属仅见,并于以见"汉""华"二词之用法,在当时已有内外大小之别。今"汉族"与"中华民族"之区别,已于此见之矣。他又说:唯以语言论,"华"字之用法似始终等于"汉",曰"华言"者,汉语也,然似未见有用"汉语"一词者,例如,卷二〇〇,《刘清源传》(附《詹荣传》后)云:"那颜者,华言大人也。"

2. 关于秦起于戎

他根据《史记·秦本纪》画出秦之先世世系图,说明秦和戎有密切的关系:"大抵自胥轩前一二代至秦嬴时,前后约十代,与戎合,此后分异。"申侯称胥轩是戎,所娶骊山之女为骊戎。秦之先世从事牧业。他说:"同起戎狄之人,周以农,而秦则以牧。"他推测秦出于犬戎,或其先主要成分之一为犬戎。理由是《秦本记》德公二年"初伏,以狗御蛊",祭祀的时候,以狗血御蛊,就是把狗血当做最神圣有效的东西。并且,太史公说"秦之先为嬴姓,其后分封,以国为姓(按应作氏),有徐氏……",徐和徐偃王的徐不能无涉,而徐偃之后是以"鹄仓龙犬"为祖的。他写下:"姑书存此说,续加考证。"

3. 关于山东半岛是远古各民族迁徙的汇合点和转运站

《史记·封禅书》载秦始皇东游海上,行礼祠名山大川及八神,八神的第七神是主日之神,所祠之山为成山,注,成山在东莱不夜。这个"不夜"他认为可能和越的自称有关。越之先自西而东,散布东海岸全部,故北有"夫馀",中有"不夜",南有"武夷""番禺"。他推测齐境的"不夜"是从东北渡海而来,先到成山。百越从东海岸再向南海岸移动。而山东半岛是远古各民族自西徂东、自北徂南的汇合点与转运站。

他推测"不齐"与巴人自称有关,巴人自西来,故有天齐之神(八神之第一);苗人自北来,来故有蚩尤主兵之神(八神之第三);越人自东北来,故有"不夜"主日之神(八神之第七);八神之第二即地主神,所祠的山为泰山,有可能为傣人先辈的贡献。

4. 关于畲为徐后

1961年前他写过一篇《从徐戎到畲族》的论文（已佚），认为畲族的先人是徐戎。1962年1月访问福州时，特别请林仲易先生带他去看小巷中民间旧所广泛信仰的"泗洲佛"。在这些卡片中他仍然关注着这个问题，摘录了有关史料。如徐偃王的故事，他说："徐偃之亡，一说周穆，再说楚文，明其为民间传说，然传说亦必有其事实根据，而此事实之发生必甚早，周穆或周穆之前，但不能早于《费誓》之年代耳。"因为《史记·鲁周公世家》中说伯禽作《费誓》，平徐戎，定鲁。"徐偃之亡无论其时代为周穆，抑为楚文，要不等于徐之灭，特其国境、从属之国、影响，大见削弱耳。"以后，他认为有许多徐偃王的遗迹，如"徐侯山之徐侯疑与偃王有涉，两浙多徐偃遗迹，全系江淮三十六国人渡江携与俱来者……此殆一例也。"又认为闽中又一民间迷信"泗洲佛"也是徐偃王的遗迹。他从一系列的地名也看出"畲为徐后"。他说："徐、舒、邻、佘、畲等皆同类字，代表同一事物，一个人群，字音、字形前后均相联属，畲为徐后，相绳一脉，不可诬也。"

5. 关于"龙泉山寇"

1965年11月他到井冈山访问时，悟出《明史》资料中所谓"龙泉山寇"之"山"，即井冈山无疑。理由是：（1）龙泉即清代以来之遂川，此次访问虽不经遂川县治，然井冈中心及迤东境地原属遂川；（2）井冈山，旧日舆地之书率不详，显为汉人所不甚涉足之地，他说此点须再续加考定；（3）井冈景色之美，实不在庐山之下，今其地竟无一处僧寺道观，亦不见有坟山，与其它名山迥然不同；（4）井冈山极少荒山秃岭，竹木之盛，得未曾有，其间尚闻有些原始森林；（5）井冈山土语甚特别，甚至江西人亦全不懂，此说明其间或有部分非汉语之基础成分。他说：有此五端，可知"龙泉山寇"者即居于井冈山及其周匝山区之瑶族耳。"山寇"为畲族、瑶族之先之通称，东汉以还之史书皆载之，此固不待多事说明者。瑶族在历史上长期以来分布在赣、湘、粤、桂四省毗连地区，以江西论，小镇压不计，明代大镇压至少有三次，王守仁曾对桷岗、三利、左溪等地大围剿。大抵"龙泉山寇"受镇压后，瑶族散布地区更趋压缩，而只能限于上犹一隅，到王守仁分上犹设崇义县，则幸存者非汉化即退两粤北境，而更集中于九连山区矣。"此论而确，则可知井冈所以成为当代革命之策源地，兄弟民族亦间接有其一分力量也。""姑存此一说，容前途纠正或充实。"

潘光旦先生摘录民族史料的工作始于 1960 年代，但没有全部完成。在费孝通先生的关心支持下，由潘光旦编著，潘乃穆、潘乃和、石炎声、王庆恩整理的《中国民族史料汇编》三卷分别于 2005 年、2007 年由天津古籍出版社出版。一方面为完成父亲和傅乐焕先生等前辈学者的遗愿，一方面对民族史研究者还会有一些参考的价值。在父亲去世 50 周年之后，学苑出版社再版此书，亦是想继续做一些传递和接续的工作。

编纂经过及整理工作说明

编纂者潘光旦先生从1959年开始阅读《二十五史》，对民族史料摘加圈点，至1961年10月23日全部阅讫。其中《史记》阅读了三遍，两汉、三国各两遍，其他一遍。《明史》之阅读大约自1960年9月始，至1961年3月17日阅完全书。

又因《南史》《北史》前所阅本已让出，又重阅一遍，再加圈点，至1962年3月23日完成。紧接着阅读圈点《资治通鉴》，从同年3月24日开始至该年9月9日阅完全书。

自1962年5月4日开始摘录《史记》中有关民族史料，做成资料卡片，至当年9月10日止。

1963年3月12日开始重读《春秋左传》，摘录古代民族史料。因所用书版本较好，不欲加以圈点，故随阅随做卡片。4月9日完毕。4月10日至14日阅顾栋高著《春秋大事表》，将已摘资料与顾著中《四裔表》进行比较，并将顾说可采用者摘登卡片。

1963年4月15日开始重阅《国语》。4月22日阅摘完毕。

1963年4月22日开始阅《战国策》。5月4日结束《战国策》摘录工作。

1963年5月4日开始有系统地阅读《汲冢周书》，5月8日摘录完毕。

1963年5月12日开始有系统地阅《竹书纪年》，5月25日摘录完毕。

1963年5月29日傅乐焕先生（中央民族学院历史系教授，副系主任）访潘先生，谈录登《明史》中民族资料事，以配合编绘《中国历史地图集》的工作。潘当即表示同意，并于5月30日开始进行摘录。民院历史系另请王兴泰先生同步抄录副本，以便提供他人使用。至1964年12月12日全书摘录完毕。

摘录过程中曾处理过以下难点：1. 明史涉及蒙古族之史料甚多，不能不录，亦不宜于尽录，定以元嗣君爱猷识理达腊北走为断，后录前不录。2. 在摘录《明史·地理志》时，边地民族成分往往不易肯定，因此对四川、云南、贵州等省沿边地区的民族资料，配合阅读《读史方舆纪要》《图书集成·职方典》及民族自治地方建置资料，加以辨别登录。此项工作配合《中国历史地图集》的编绘曾起到有益的作用。吴晗先生曾建议将资料先油印。傅乐焕先生也曾来商量将《明史》中所摘资料编成长编事。惜因经费问题不能解决，王兴泰的抄录工作未能全部完成，至1965年6月28日中止。其后傅乐焕先生于"文革"前夕1966年5月不幸去世。"文革"过去，此抄录副本也不知下落。

1963年9月12日开始摘录《资治通鉴》民族史料，12月22日摘录工作结束。只摘录到第二十二卷，汉武帝征和二年（前91）而中止。

现存全部资料卡片共3887张。其中《春秋左传》315张（内含摘顾栋高《春秋大事表》卡片14张），《国语》106张，《战国策》122张，《汲冢周书》93张，《竹书纪年》160张；《史记》425张；《明史》2465张；《资治通鉴》201张。

以上《史记》《资治通鉴》《明史》之卡片各为一套，而《春秋左传》等五书则混编为一套。每套卡片前有"总录"部分，其后按个别民族分类，以族类名称的拼音排序。每张卡片，左上角列有片目，右上角以红笔标出所摘书名。每条资料写明所出卷数或章节。每张片上抄写资料一条至数条。

编纂者除摘录了各书正文及部分注释外，在一些资料条文之下还加有署名光旦的按语，表达自己的看法及研究心得等。

又编纂者于1961年至1965年写有日记，其中有对以上工作的具体记载，因此将有关的日记摘录列为附录，以供读者参考。

编纂者所用各书的版本，现只知其大概，列举如下：

《史记》 曾用五局合刊本（光绪四年金陵书局印行）及泷川资言《史记会注考证》本

《春秋左传》 曾用清姚培谦补辑之《春秋左传杜注》

《国语》 用明金李刊本

《战国策》 用元吴师道重校鲍彪校注本

《汲冢周书》 用缪氏藏明刊本

《竹书纪年》 用徐文靖统笺本

《资治通鉴》 用影印百衲宋本及胡注本

《明史》 用五局合刊本（光绪三年湖北崇文书局）

整理工作中使用以下书籍对原抄录之史料进行校对：

《史记》
五局合刊本,光绪四年金陵书局印行
泷川资言《史记会注考证》,东方文化学院东京研究所,昭和七年
标点本,中华书局,1959年9月第1版,1973年4月北京第6次印刷
　　参考:缩印百衲本,商务印书馆,1958年重印

《春秋左传》
姚培谦《春秋左传杜注补辑》,1889年江南书局刻本
1896年新化三味堂刻本
杨伯峻《春秋左传注》中华书局,1981年版,1983年第2次印刷
《十三经注疏》本,中华书局影印,1980年版,1987年第4次印刷
　　参考:《四部丛刊》中涵芬楼影印宋刊巾箱本
　　　　　顾栋高《春秋大事表》,1873年平远丁氏据锡山顾氏原本重刻本
　　　　　吴树平、李解民点校本,中华书局,1993年版

《国语》
《四部丛刊》中涵芬楼影印明金李刊本
　　参考:上海师范大学古籍整理组校点本(上海古籍出版社,1978年版)

《战国策》
《四部丛刊》中涵芬楼影印元至正十五年刊本
　　参考:上海古籍出版社,1978年版

《汲冢周书》
《四部丛刊》中涵芬楼影印缪氏藏明嘉靖癸卯刊本

《竹书纪年》
徐文靖《竹书纪年统笺》,1877年浙江书局据丹徒徐氏本校刻
1897年图书集成局据丹徒徐氏本校印
　　参考:《四部丛刊》中涵芬楼影印天一阁刊本

《资治通鉴》

影印百衲宋本，商务印书馆，1929 年

标点本，中华书局，1956 年版，1976 年第 4 次印刷

  参考：《四部丛刊》本

    吴熙载《资治通鉴地理今释》，影印本

《明史》

五局合刊本（光绪三年湖北崇文书局）

标点本，中华书局，1974 年 7 月第 1 版

  参考：缩印百衲本，商务印书馆，1958 年重印

  摘录之原注释资料中引用古籍繁多，未能一一查核原著。仅对部分原著作查核，并对部分引文加引号（" "）。所曾查核之书籍，除本书原本摘录之著作而外，有《诗经》《尚书》《史记索隐》《汉书》《后汉书》《山海经》《水经注》《说文》《通典》等。

  《明史》之部取标点本《校勘记》中部分有关内容写入页下注，对其中引用《明史》《明实录》《读史方舆纪要》《明一统志》《清一统志》《明会典》《李朝实录》《蛮司合志》诸书之处曾加核对。

  摘录之《史记》各家注释中凡他本所无而为《史记会注考证》一书中所有者，均在注文后加"（《会注考证》)"字样，以明出处。摘录之《春秋左传》正文中圆括号内多属杜预注内容，凡属姚培谦注内容，统一加"姚："字样，以示区分。

  编纂者在一些按语中原写有"待核"等字样，凡经整理者查核之处，均将参见文献注明于后（置于圆括号中）。

  在整理工作中，注意保持编纂者所摘录资料之原貌，对所列之条目及各条下所摘录之资料不作增减。编纂者当年进行此项民族史料的摘录，在开始的时候，仅为了个人研究的目的，并未在每一条目下有文必录。读者如需要所摘录各著作中某项相关内容的全部资料信息，可利用现有的电子图书，如《二十五史》及《四部丛刊》之全文电子版，另行全面检索。

  参加整理工作的人员有潘乃穆、潘乃和、石炎声、王庆恩。

编辑凡例

一、本书使用繁体字。摘录资料字体一般从原书，对异体字各存其旧，如置、寘，勦、剿，劫、刼、刧，卻、却，彊、強、强，于、於，脩、修，柰、奈，莋、筰等。附录日记用简体字。

二、摘录文中带[ ]号处表示非原文，方括号内字为编纂者根据上下文所加。摘录正文中带（ ）号处，圆括号内或为原注释内容，或为编纂者所加帮助。

三、摘录资料正文中遇省略处均用省略号（……）。摘录注释文字多有缩省，未用省略号。

四、"总录"部分后的个别民族分类资料，按族类名称的汉语拼音排序。

五、各题目下之资料片大体按内容时间先后排列，原抄录卡片之相邻而片目又相同者，即略去重复之片目。但原录于同一张卡片上的各条资料，保持原顺序，不予拆分颠倒。

目 录

上 册

《史記》之部

總　錄 …………………………… 002
民族政策——"來遠人" ……… 002
民族政策——五服 ……………… 002
民族政策——長城 ……………… 002
民族政策——士兵 ……………… 003
民族政策——士兵 ……………… 004
民族政策——服兵役 …………… 004
民族政策——擴張 ……………… 004
民族政策——變俗與從俗 ……… 004
民族政策——和親 ……………… 005
民族政策——納降與對降者的
　　寬縱 …………………………… 006
民族政策——語言 ……………… 006
民族觀 …………………………… 007
民族地區——晉北（春秋）…… 007
民族地區——晉北（戰國）…… 007
民族地區——雲南 ……………… 008
民族事務官 ……………………… 008
論民族史料 ……………………… 009

民族關係——論文目 …………… 009
八夷 …………………………… 010
巴 ……………………………… 010
　巴 ………………………………… 010
　巴——分布 ……………………… 013
　巴——自稱 ……………………… 014
　巴——地名 ……………………… 017
　巴——姓氏 ……………………… 017
　巴——度、庹 …………………… 017
　巴——蹇姓 ……………………… 018
　巴——慮、宓、伏 ……………… 018
　巴——文姓 ……………………… 019
　巴——鄂 ………………………… 019
　巴——鄂姓 ……………………… 020
　巴——虎 ………………………… 020
　巴——白虎 ……………………… 021
　巴——廩君之祀 ………………… 021
　巴——語言 ……………………… 021
　巴——冒絮 ……………………… 022

白狄 …… 022	仡佬 …… 037
白題 …… 022	仡佬？——有過 …… 037
白羊 …… 022	鬼方 …… 038
番吾 …… 023	漢 …… 038
長夷 …… 023	漢 …… 038
朝鮮 …… 023	漢——周宣王經營四方 …… 041
蚩尤 …… 024	漢——春秋齊之影響 …… 041
仇猶 …… 025	漢——楚（春秋）族之範圍 …… 042
楚蠻 …… 026	漢——春秋吳之勢力所及 …… 042
大宛 …… 027	漢——杞之東徙 …… 043
大夏 …… 027	漢 …… 043
襜襤 …… 027	漢——秦起於戎 …… 045
鳥夷 …… 028	漢——秦起於戎 …… 047
翟 …… 028	漢——初起時範圍之狹小 …… 049
翟 …… 028	漢——四"至" …… 049
狄 …… 029	漢——四至 …… 049
翟 …… 029	漢——五服 …… 050
狄 …… 030	漢——東北 …… 050
翟 …… 030	漢——山東（齊）爲遠古民族
狄 …… 032	之匯合地 …… 050
翟 …… 032	漢 …… 051
狄——赤狄 …… 032	漢——"道" …… 051
翟——赤翟隗姓 …… 033	漢——流徙 …… 052
翟——赤狄 …… 033	漢——海外移民 …… 060
翟——長翟 …… 034	漢——革命之際之多民族
狄——長狄 …… 035	關係 …… 060
狄——白狄 …… 035	漢——對他族之歧視 …… 061
翟——隗姓 …… 036	漢——借助他族以自存立 …… 061
氐 …… 036	漢——出亡入他族中 …… 062
東胡 …… 036	漢——反叛者與他族的聯繫 …… 062
仡佬 …… 037	漢——反叛者與他族的聯繫 …… 062

漢——五天帝 ································ 063
漢——來自少數民族之文化
　　特點 ····································· 064
漢——他族音樂 ······························· 064
漢——他族習尚 ······························· 064
漢——與畲關係 ······························· 064
漢——民族文史選讀目 ····················· 065
和夷 ··· 065
黑姑 ··· 066
胡 ·· 066
　胡（匈奴）································ 066
　胡（樓煩）································ 066
淮夷 ··· 066
穢貊 ··· 068
姜戎 ··· 068
僬僥 ··· 068
荊蠻 ··· 068
九黎 ··· 069
九夷 ··· 069
苴 ·· 070
昆侖 ··· 070
昆明子 ··· 071
萊夷 ··· 071
　萊夷 ·· 071
　萊人 ·· 072
　萊夷 ·· 073
驪戎 ··· 073
林胡 ··· 074
樓煩 ··· 074
臚人 ··· 076
廬戎 ··· 076

陸梁 ··· 076
髳人 ··· 077
苗 ·· 077
鳥夷 ··· 079
甌越 ··· 080
彭人 ··· 080
濮人 ··· 080
羌 ·· 081
　羌 ··· 081
　羌——虢 ··································· 081
渠廋 ··· 082
犬戎 ··· 082
　犬戎 ·· 082
　犬夷 ·· 084
戎 ·· 084
　戎——蕩社 ································ 084
　戎——彭戲 ································ 084
　戎——邦、冀 ····························· 084
　戎——茅，茅津 ························· 084
　戎 ··· 085
　戎——己氏 ································ 085
　戎——大荔 ································ 086
　戎 ··· 086
　戎——義渠 ································ 087
　戎——獂 ··································· 088
　戎——丹 ··································· 088
　戎——犛 ··································· 088
山都 ··· 088
山戎 ··· 089
畲 ·· 090
　畲——茶 ··································· 090

畲——俆 …………………………… 091
　畲、瑤 …………………………… 092
舒 …………………………………… 093
　舒 ………………………………… 093
　舒——地名 ……………………… 093
蜀 …………………………………… 093
　蜀 ………………………………… 093
　蜀人 ……………………………… 094
　蜀 ………………………………… 095
　蜀——雍氏 ……………………… 096
肅慎 ………………………………… 096
土家——用貓血盟 ………………… 097
微人 ………………………………… 097
析支 ………………………………… 097
息慎（肅慎）……………………… 098
鮮虞 ………………………………… 098
獫狁 ………………………………… 098
匈奴 ………………………………… 099
　匈奴——由來 …………………… 099
　匈奴——生產、習俗 …………… 099
　匈奴——與漢關係 ……………… 100
　匈奴——漢人亡入 ……………… 100
　匈奴 ……………………………… 101
　匈奴——與韓王信 ……………… 102
　匈奴 ……………………………… 102
　匈奴——與陳豨 ………………… 103
　匈奴——與盧綰、陳豨 ………… 104
　匈奴 ……………………………… 104
　匈奴——與李廣 ………………… 108
休溷 ………………………………… 109

徐 …………………………………… 109
　徐 ………………………………… 109
　徐——偃王 ……………………… 110
　徐 ………………………………… 111
　徐——地名 ……………………… 113
　徐——徐姓 ……………………… 113
　徐——蕭 ………………………… 113
葷粥（薰育）……………………… 114
瑤 …………………………………… 114
　瑤——猶 ………………………… 114
　瑤 ………………………………… 115
　瑤——游 ………………………… 115
夷 …………………………………… 115
彝 …………………………………… 115
庸人 ………………………………… 116
郁夷（嵎夷）……………………… 116
越 …………………………………… 117
　越 ………………………………… 117
　越——自稱 ……………………… 120
　越——吳 ………………………… 121
　越——番君 ……………………… 122
　越——南越 ……………………… 123
　越——閩越、東越 ……………… 123
　越——漢亡入 …………………… 123
　越——巫姓 ……………………… 123
　越——薄氏 ……………………… 124
　越 ………………………………… 124
月氏 ………………………………… 124
允戎 ………………………………… 124
侏儒 ………………………………… 125

《春秋左傳》《國語》《戰國策》《汲冢周書》《竹書紀年》之部

總錄 ································ 128
 總錄——古帝王出生或興起
  之地 ······························ 128
 總錄——巡狩及四裔 ············ 128
 總錄——殷商武丁時四至 ······ 129
 總錄——商之四裔 ················ 129
 總錄——服 ·························· 129
 總錄——職方 ······················ 130
 總錄——周之四裔 ················ 130
 總錄——職貢 ······················ 130
 總錄——職貢（周，王會；商，
  四方獻令）······················ 131
 總錄——職貢 ······················ 131
 總錄——"王會" ··················· 131
 總錄——王會之類 ················ 132
 總錄——王會中之位次 ·········· 132
 總錄——王會 ······················ 132
 總錄——中原勢力之南暨
  （東南）··························· 133
 總錄——中原勢力之南暨
  （中南）··························· 133
 總錄——周穆王與西北 ·········· 133
 總錄——周宣王之攘夷 ·········· 134
 總錄——德對刑 ···················· 134
 總錄——文德來遠論 ············ 134
 總錄——先德後刑 ················ 134
 總錄——內德外刑 ················ 135
 總錄——德、刑之適用 ·········· 135
 總錄——"不可一"論 ············ 135
 總錄——遠近、內外之分對
  夷夏之分 ························ 136
 總錄——變夷、變夏 ············ 136
 總錄——獎邊功 ···················· 138
 總錄——賞邊功 ···················· 138
 總錄——獻捷 ······················ 138
 總錄——邊緣族類 ················ 138
 總錄——諸夏混一之趨勢 ······ 139
 總錄——諸夏之兼併、統一 ··· 139
 總錄——諸夏統一之趨勢 ······ 140
 總錄——中原力量之南進 ······ 140
 總錄——中原勢力之南進
  （楚之四至）···················· 140
 總錄——中原勢力之南進 ······ 140
 總錄——中原力量的南進
  （秦）······························· 140
 總錄——秦出於戎 ················ 141
 總錄——胡越連稱 ················ 141
 總錄——中國之所以爲中 ······ 141
 總錄——流移 ······················ 141
 總錄——流徙 ······················ 142
 總錄——奔亡 ······················ 142
 總錄——流放 ······················ 143
 總錄——流放實例 ················ 143
 總錄——諸夏之放逐，例 ······ 143
 總錄——邊緣地區人口調動 ··· 143
 總錄——移民 ······················ 144

總錄——"不穀"之稱 …………… 144
總錄——戎狄書子 …………… 145
總錄——"裔民" …………… 145
總錄——稱謂 …………… 145
總錄——紀錄之所以少 …………… 145
總錄——民族與等級 …………… 146
總錄——體型 …………… 146
總錄——土兵之始 …………… 146
總錄——土兵先例 …………… 147
總錄——東南民族 …………… 147
總錄——西南民族 …………… 147
總錄——西北民族與馬 …………… 147
總錄——燕北尚無農業 …………… 148
總錄——大西北（玉之所出）…… 148
總錄——邊裔樂舞 …………… 148
總錄——武舞 …………… 148
總錄——圖騰 …………… 149
總錄——五色帝 …………… 150

巴 …………… 150
　巴 …………… 150
　巴人 …………… 150
　巴 …………… 151
　（巴）…………… 151
　巴 …………… 152
　（巴）…………… 153
　巴 …………… 153
　（巴）…………… 154
　巴 …………… 154
　（巴）…………… 154
　巴 …………… 155
　（巴）——自稱 …………… 156
　（巴）——鄂 …………… 157
　（巴）——枳 …………… 158
　（巴）——相 …………… 158
　巴——姓 …………… 158

白民 …………… 159
白州 …………… 159
般吾 …………… 159
畢程 …………… 159
　畢程 …………… 159
　畢程氏 …………… 160
卜盧 …………… 160
卜人 …………… 160
不令支 …………… 160
不屠何 …………… 161
蒼梧 …………… 161
　蒼梧——一說 …………… 161
　蒼梧——又一說 …………… 162
　倉吾 …………… 162
長股氏 …………… 162
朝鮮 …………… 163
蚩尤 …………… 163
叀由 …………… 164
楚 …………… 165
大夏 …………… 165
代 …………… 166
　代人 …………… 166
　（代）…………… 166
　代 …………… 166
（蜑）…………… 167
狄 …………… 167
　翟 …………… 167

狄（五狄） …………………… 167
翟人（陵翟） ………………… 167
翟人 …………………………… 168
翟（赤、白翟） ……………… 168
狄（赤狄？） ………………… 168
狄（"赤狄"） ………………… 168
翟？ …………………………… 169
翟（赤翟，東山皋落氏） …… 169
狄（赤狄，東山皋落氏） …… 169
翟（赤翟） …………………… 170
狄（"赤狄"） ………………… 170
翟 ……………………………… 171
狄（"赤狄"） ………………… 171
翟 ……………………………… 171
狄（"赤狄"） ………………… 171
翟（"赤狄"） ………………… 172
狄（"赤狄"） ………………… 172
狄（赤狄？） ………………… 172
狄（"赤狄"） ………………… 173
狄（赤狄？） ………………… 173
狄（"赤狄"） ………………… 173
翟 ……………………………… 175
狄（"赤狄"） ………………… 175
翟（赤翟） …………………… 176
（翟）（赤翟） ……………… 176
翟（赤翟？） ………………… 177
狄（"赤狄"） ………………… 177
狄（赤狄潞氏） ……………… 179
狄（"赤狄"） ………………… 179
狄（赤狄） …………………… 180
狄（赤狄潞氏） ……………… 181

狄（赤狄） …………………… 181
狄（赤狄潞氏） ……………… 181
翟（赤翟） …………………… 182
狄（赤狄甲氏、留吁、鐸辰）… 183
狄（赤狄？） ………………… 183
狄（赤狄廧咎如） …………… 183
狄（赤狄） …………………… 184
狄（北狄）（赤狄） ………… 185
狄（"赤狄"） ………………… 185
翟（白翟？） ………………… 186
翟（白翟） …………………… 186
狄（白狄） …………………… 187
翟 ……………………………… 188
狄（白狄） …………………… 188
狄 ……………………………… 188
狄（"白狄"） ………………… 188
狄（白狄） …………………… 189
狄（"白狄"） ………………… 189
狄（白狄） …………………… 189
翟（白翟） …………………… 190
狄（白狄） …………………… 190
狄（"白狄"） ………………… 191
狄（白狄，肥） ……………… 191
狄（白狄，鮮虞） …………… 191
狄（白狄，鼓） ……………… 192
翟（白翟） …………………… 192
狄（白狄，鼓） ……………… 193
狄（白狄，鮮虞） …………… 193
翟（白翟） …………………… 195
狄（赤、白狄） ……………… 195
狄（長狄） …………………… 196

翟（長翟）	197
狄（長狄）	197
翟（長翟）	197
狄（衆狄）	198
狄（羣狄）	199
翟（羣狄）	199
狄戎	200
（狄）（代）	200
（狄）	200
（狄）——人名	201
狄——人名	201
狄——地名	201
翟——地名	201
狄——地名	202
翟——姓氏	202
（狄）——肥姓	202
氐	202
（侗）——黔	203
獨鹿	203
發人	203
方人	204
方揚	204
防風氏	204
費費	204
補遂	205
共人	205
孤竹	205
顧	206
貫胸氏	206
規矩	207
鬼方	207
過	208
黑齒	208
胡	208
胡	208
（胡）	208
胡	209
胡——胡服	209
胡	209
胡（東胡）	210
胡（林胡）	210
胡（樓煩）	210
胡（樓煩，等）	210
胡狄	211
華	211
華（參"諸華"）	211
華氏	211
華（諸華）	211
諸華，華	211
諸華	212
華夏	212
穢人	212
稷慎	212
僬僥	213
荆	213
荆	213
（荆蠻）	214
荆人	214
荆蠻	215
九苑	215
康民	215
萊	215

（萊）……………………… 215
萊 ………………………… 216
萊——人名 ……………… 218
萊——地名 ……………… 219
萊——姓氏 ……………… 219
黎 …………………………… 219
黎 ………………………… 219
黎（九黎）……………… 220
留昆氏 ……………………… 220
樓煩 ………………………… 220
盧 …………………………… 221
路人 ………………………… 221
蠻 …………………………… 221
蠻（八蠻）……………… 221
蠻（蠻揚）……………… 221
（蠻）…………………… 221
蠻 ………………………… 222
蠻（荊蠻）……………… 222
蠻（蠻荊）……………… 223
蠻（百蠻）……………… 223
蠻（羣蠻）……………… 223
蠻夷（連用）…………… 224
蠻夷戎翟（連用）……… 225
蠻夷 ……………………… 225
蠻夷（楚）……………… 225
蠻夷 ……………………… 225
蠻夷（莒）……………… 226
蠻夷 ……………………… 226
蠻夷（越）……………… 226
（蠻夷）………………… 227
蠻夷 ……………………… 227

髳 …………………………… 227
密 …………………………… 228
密（密須）……………… 228
密 ………………………… 228
密須 ……………………… 229
苗 …………………………… 229
苗（三苗）……………… 229
三苗 ……………………… 231
苗（有苗）——三危一説 … 231
苗（有苗）——三危又一説 … 232
苗（有苗）……………… 232
（苗）…………………… 232
苗 ………………………… 232
岷山（山民）……………… 233
歐人 ………………………… 233
甌（且甌）………………… 233
區陽 ………………………… 233
彭 …………………………… 234
皮氏 ………………………… 234
濮 …………………………… 234
濮 ………………………… 234
濮（濮蠻）……………… 235
濮（百濮）……………… 235
濮 ………………………… 236
濮——水名 ……………… 236
蒲姑 ………………………… 237
耆 …………………………… 237
奇幹 ………………………… 238
奇肱氏 ……………………… 238
羌 …………………………… 239
羌 ………………………… 239

羌（丘羌）……239
　　（羌）……239
禽人……240
渠搜……240
　　渠搜……240
　　渠叟……240
權扶……241
戎……241
　　戎……241
　　戎——姓名……242
　　戎——姓氏……242
　　戎（曹魏之戎）……242
　　戎（曹魏之戎？）……243
　　戎（岐踵戎）……243
　　戎（西戎）……244
　　戎（[西]戎）……247
　　戎（西戎）……247
　　戎（西戎，亳）……248
　　戎（西戎、北戎）……248
　　戎（西戎）……248
　　戎（丹山戎）……249
　　戎（義渠）……249
　　戎（西落鬼戎）……250
　　戎（燕京之戎）……250
　　戎（余無之戎）……250
　　戎（始呼之戎）……251
　　戎（翳徒之戎）……251
　　戎（六戎）……251
　　戎（北唐戎）……251
　　戎（北唐）……251
　　戎（山戎）……252

　　戎（山戎，無終）……253
　　戎（犬戎）……254
　　戎（西戎即犬戎）……254
　　戎（犬戎）……255
　　戎（犬戎——顧）……255
　　戎（匈戎）……256
　　戎（離戎）……256
　　戎（太原之戎）……256
　　戎（條戎）……257
　　戎（奔戎）……257
　　戎（姜戎）……257
　　戎（姜氏之戎）……258
　　戎人（姜戎？）……258
　　（戎）（姜戎）……259
　　戎（姜戎？）……259
　　戎（姜戎）……259
　　戎（北戎）……260
　　[戎（北戎，山戎，無終）]……261
　　戎（六濟之戎）……261
　　戎（己氏——顧）……261
　　戎（己氏）……264
　　戎（盧戎）……264
　　戎（南方"山夷"）（盧戎？）……264
　　[戎（彭戲氏）]……265
　　[戎（冀戎）]……265
　　[戎（邽戎）]……265
　　戎（大、小、驪）……265
　　戎（大戎）……266
　　（戎）（大戎狐氏）……267
　　戎（小戎）……267
　　戎（驪戎）……267

戎（陸渾之戎，山戎） ······ 268
戎（陸渾之戎） ············· 268
戎（伊雒之戎） ············· 269
戎（伊雒與陸渾） ·········· 271
戎（茅戎，蠻氏） ·········· 271
戎（蠻氏） ··················· 272
戎（蠻氏——顧） ··········· 272
戎（蠻氏） ··················· 272
戎（允姓之戎） ············· 273
戎（陰戎） ··················· 274
戎（九州之戎） ············· 274
戎（元戎） ··················· 275
戎翟（連用） ················ 275
戎狄（即四夷） ············· 275
戎狄（連稱） ················ 276
戎翟 ··························· 276
戎翟——與宴享之禮 ······· 277
戎狄 ··························· 277
戎狄（連稱） ················ 278
（戎狄） ······················ 278
三壽（夷？） ················ 278
山民 ··························· 279
（畬） ························· 279
　（余） ······················ 279
　（畬） ······················ 279
申（戎） ······················ 280
生生 ··························· 280
史林 ··························· 281
舒 ······························ 281
　舒 ·························· 281
　舒（羣舒） ················ 281

舒（衆舒） ··················· 282
舒（舒蓼） ··················· 282
舒（舒庸） ··················· 282
舒（舒鳩） ··················· 282
舒——地名 ··················· 283
徐（音舒） ··················· 283
徐（音舒） ··················· 284
蜀 ······························ 284
　蜀（蜀人） ················ 284
　蜀 ·························· 285
　蜀人 ······················· 285
　蜀 ·························· 285
數楚 ··························· 286
肅慎 ··························· 287
（條）（戎） ·················· 288
塗山[氏] ······················ 288
屠州 ··························· 288
微 ······························ 289
韋 ······························ 289
巫咸 ··························· 289
西申 ··························· 290
西王母 ························ 290
息慎 ··························· 291
豯 ······························ 292
夏 ······························ 292
　夏（西夏） ················ 292
　諸夏 ······················· 292
　夏 ·························· 293
　諸夏 ······················· 293
　夏 ·························· 294
獫狁 ··························· 295

猃狁 …………………………………… 295	夷（畎夷）…………………………… 310
玁狁 …………………………………… 295	夷（白夷）…………………………… 311
匈奴 ……………………………………… 295	夷（元夷）…………………………… 311
徐 ………………………………………… 296	夷（東、西諸夷）…………………… 311
徐 …………………………………… 296	夷（諸夷）…………………………… 311
徐人 ………………………………… 296	夷（東九夷）………………………… 311
徐氏 ………………………………… 296	夷（藍夷）…………………………… 312
徐戎 ………………………………… 296	夷（昆夷）…………………………… 312
徐 …………………………………… 297	夷 …………………………………… 313
徐夷 ………………………………… 298	夷——國名 ………………………… 313
徐 …………………………………… 298	夷 …………………………………… 313
（徐）………………………………… 302	夷——地名 ………………………… 314
徐——姓 …………………………… 303	夷（西夷）…………………………… 314
徐——姓氏 ………………………… 303	（夷）（東夷）……………………… 314
（徐）——南移過江 ……………… 304	夷（東夷）…………………………… 315
徐吾氏 …………………………………… 304	夷（東夷，偪陽）…………………… 316
宣方（？）……………………………… 304	夷（東夷，莒）……………………… 316
玄都 ……………………………………… 304	夷（東夷）（郯、莒、徐）………… 316
玄都氏 ……………………………… 304	夷（東夷）（邾、鄫）……………… 317
玄都 ………………………………… 305	夷（東夷）（邾）…………………… 317
奄 ………………………………………… 305	夷（東夷，介）……………………… 319
奄 …………………………………… 305	夷（東夷）（六、蓼）……………… 319
奄人 ………………………………… 305	夷（東夷，根牟）…………………… 320
（瑤）…………………………………… 306	夷（東夷、南夷）…………………… 320
夷 ………………………………………… 306	夷（東夷，鮮牟）…………………… 321
夷（淮夷）…………………………… 306	夷（東夷）（杞）…………………… 321
夷（風夷）…………………………… 309	夷（東夷）（徐、越）……………… 321
夷（黄夷）…………………………… 309	（夷）（東夷，鄫）………………… 321
夷（于夷）…………………………… 309	夷（良夷）…………………………… 322
夷（方夷）…………………………… 309	夷（高夷）…………………………… 322
夷（九夷）…………………………… 309	夷（四夷）…………………………… 322

夷（䣅夷）…………………… 323
夷（莒）……………………… 323
（夷）（莒）………………… 324
夷（萊夷？）………………… 324
夷（偪陽）…………………… 325
夷（邾、莒）………………… 325
夷（吳）……………………… 325
夷（吳、越）………………… 326
夷（越）……………………… 326
夷（北夷）…………………… 327
夷翟（祝融之後）…………… 327
夷蠻（連稱）………………… 327
夷虎…………………………… 328
（彝）——嬴姓 ……………… 328
庸 ……………………………… 328
   庸 …………………………… 328
   庸（鄘）……………………… 329
   庸 …………………………… 329
   庸——姓氏…………………… 329
有洛 …………………………… 330
   有洛 ………………………… 330
   有洛氏 ……………………… 330
有易 …………………………… 330
禺氏 …………………………… 331
禺禺 …………………………… 331
俞人 …………………………… 331
魚復 …………………………… 331
越 ……………………………… 332
   越 …………………………… 332
   越戲方（？）………………… 332

越裳氏 ………………………… 332
越（於越）…………………… 333
越（東越）…………………… 333
越（姑於越）………………… 333
（越）………………………… 333
越 ……………………………… 334
越（於越）…………………… 337
越 ……………………………… 337
越（於越）…………………… 338
越 ……………………………… 339
（越）——自稱 ……………… 341
越——地名 …………………… 341
越——銅器 …………………… 342
［越（越之四至）］………… 342
越（吳）……………………… 342
［越（番）］………………… 344
越（揚越）…………………… 344
越（甌越）…………………… 344
越（大吳）…………………… 345
中山 …………………………… 345
   中山 ………………………… 345
   中山——稱王 ……………… 346
   中山 ………………………… 347
   中山——與趙之胡服騎射 … 347
   中山 ………………………… 348
   中山——風俗與所以亡 …… 348
   中山 ………………………… 349
周頭 …………………………… 351
侏儒 …………………………… 352
自深 …………………………… 352

《資治通鑑》（漢武帝征和二年以前）之部

總錄 ·· 354
 總錄——秦出自戎翟 ···················· 354
 總錄——夷夏形勢 ························· 354
 總錄——趙武靈王胡服騎射 ········ 355
 總錄——胡兵 ································· 355
 總錄——夷材夏用 ························· 355
 總錄——徙避、謫置 ···················· 355
 總錄——通於夷 ····························· 356
 總錄——移民（秦） ···················· 357
 總錄——移民（漢） ···················· 357
 總錄——"謫戍"（秦、漢） ······· 358
 總錄——秦亡漢興與民族
     協力 ···························· 358
 總錄——和親 ································· 359
 總錄——胡越並捏 ························· 359
 總錄——以夷制夷論 ···················· 359
 總錄——反拓土論 ························· 360
 總錄——移民實邊 ························· 360
 總錄——非漢族之內徙 ················ 361
 總錄——態度（歧視到敵視）···· 361
 總錄——反窮兵論 ························· 361
 總錄——漢以他族爲奴僕 ··········· 362
 總錄——漢與西南夷 ···················· 362
 總錄——漢與西域 ························· 364
 總錄——納質或入宿衛之例 ······· 367
 總錄——"初郡"之矛盾 ············· 367
 總錄——邊地屯田 ························· 367
 總錄——漢之胡騎 ························· 367

安息 ·· 368
巴 ·· 368
 巴 ·· 368
 ［巴］·· 369
 ［巴］——鄂姓 ··························· 369
 ［巴］——白虎 ··························· 369
白羊 ·· 370
番 ·· 370
僰 ·· 372
蒼梧 ·· 373
朝鮮——與漢 ······························· 373
辰國 ·· 375
大荔（戎） ··································· 375
大宛 ·· 375
大夏 ·· 378
大益 ·· 378
大月氏 ·· 378
襜襤 ·· 379
狄 ·· 379
 狄 ·· 379
 狄——地名 ··································· 379
 翟 ·· 380
氐 ·· 380
 氐（湔氐）··································· 380
 氐（白馬）··································· 380
滇 ·· 380
東胡 ·· 381
東甌 ·· 381

東夷	382
漢——族稱由來	382
貊	382
呼揭	382
胡	383
胡	383
胡——與長城	383
驪靬	384
薉（一作薉）	384
車師	384
康居	385
昆明	385
緄戎	386
勞深	386
黎軒	386
林胡	386
臨屯	387
樓煩	387
樓蘭	388
靡莫	388
綿諸（戎）	388
南夷	389
甌（東甌）	389
甌駱（西甌駱）	390
駹	391
黔	391
羌	392
且蘭	393
邛	393
冉	393
冉駹	393
三苗	394
山戎	394
身毒	394
蜀	395
斯榆	396
蘇䫅	396
烏氏（戎）	396
烏孫	396
扜罙（一作采）	397
西南夷	398
西甌駱	398
西夷	398
徙	398
嶲	399
小月氏	399
匈奴	399
匈奴——與趙	399
匈奴——與秦	400
匈奴——與漢	400
胸衍	418
嚴	418
奄蔡	418
瑤	419
[瑤?]	419
繇	419
夜郎	420
夷	422
義渠（戎）	422
庸	423
于寘（亦作闐）	423
貘	423

越	424	越（東越）	433
越	424	越（揚越、楊粤）	435
越——淮南王安諫書	424	月氏	435
越	425	牂柯	436
越（百越）	426	真番	436
越（於越）	426	中山	436
越（南越）	426	筰	437
越（閩越）	431		

中　册

《明史》之部

總錄	440	總錄——滇黔之經營	452
總錄——明之四至	440	總錄——貴州沿革	453
總錄——明之全盛	440	總錄——雲南沿革	456
總錄——民族形勢總	440	總錄——明對東北的經營	465
總錄——十五世紀四十、		總錄——移民東北	466
五十年代之民族危機	441	總錄——明代對東北的經營	466
總錄——明末民族動亂形勢	441	總錄——明與東北	466
總錄——西南民族總形勢	441	總錄——明與東北（建州）	473
總錄——正民族地區疆界	442	總錄——明與西域	475
總錄——陶魯與兩廣	442	總錄——明對西北之經營	484
總錄——葉盛與兩廣	443	總錄——明與西域	484
總錄——廣西沿革	443	總錄——土官制度	486
總錄——中原與滇黔	449	總錄——土司（明代總）	487
總錄——方瑛與貴州	450	總錄——土官	488
總錄——滇黔之經營	450	總錄——土官（土司制度）	488
總錄——滇黔之經營		總錄——土官制度總	489
（傅宗龍論黔屯田）	451	總錄——土官，土巡檢司	490

總錄——土巡檢司 ………… 490
總錄——土巡檢 …………… 491
總錄——土巡檢之例 ……… 491
總錄——土吏目 …………… 492
總錄——土驛丞之例 ……… 493
總錄——土千户之例 ……… 493
總錄——土司與兵部武選司 … 493
總錄——總兵掛印稱將軍 …… 493
總錄——總督一官之始設，
　端爲應付它民族 ………… 494
總錄——土官與田賦 ……… 494
總錄——賦役 ……………… 494
總錄——土官貢輸 ………… 495
總錄——土官 ……………… 495
總錄——土官饋獻 ………… 495
總錄——邊官剝削 ………… 496
總錄——鹽法 ……………… 496
總錄——礦冶 ……………… 496
總錄——水利之例 ………… 497
總錄——賑恤 ……………… 497
總錄——刑罰 ……………… 497
總錄——改土歸流 ………… 497
總錄——土州廢爲洞之例 …… 498
總錄——土州、縣廢退之例 … 498
總錄——改土歸流與革流
　返土 ……………………… 498
總錄——軍衛 ……………… 498
總錄——軍衛作用 ………… 499
總錄——千户所與漢族勢力之
　擴大 ……………………… 499
總錄——五軍都督府所屬……
　土官（總）………………… 500
總錄——五軍都督府所屬土官
　（右軍）…………………… 500
總錄——五軍都督府所屬土官
　（前軍）…………………… 502
總錄——羈縻衛所
　（東北、北）……………… 504
總錄——羈縻衛所（西北）… 508
總錄——羈縻衛所（西番）… 508
總錄——四川土司 ………… 508
總錄——雲南土司（總）…… 508
總錄——雲南土司（大理府）… 508
總錄——雲南土司（鎮沅府）… 509
總錄——雲南土司（臨安府）… 509
總錄——雲南土司（永昌府）… 510
總錄——雲南土司（永寧府）… 511
總錄——雲南土司（元江府）… 511
總錄——雲南土司（順寧府）… 511
總錄——雲南土司（車里）… 511
總錄——雲南土司
　（西南諸司）……………… 512
總錄——雲南土司
　（土巡檢司）……………… 514
總錄——雲南土司
　（今不在國境內者）……… 514
總錄——貴州土司（總）…… 515
總錄——貴州土司
　（貴州宣慰司）…………… 515
總錄——貴州土司（貴陽府）… 516
總錄——貴州土司（安順府）… 517

總録——貴州土司（都匀府）…517
總録——貴州土司（鎮遠府）…518
總録——貴州土司（黎平府）…519
總録——貴州土司（平越府）…520
總録——貴州土司（思州府）…521
總録——貴州土司（思南府）…521
總録——貴州土司（石阡府）…522
總録——貴州土司（銅仁府）…522
總録——貴州土司（諸衛所）…523
總録——土軍 …524
總録——土兵 …524
總録——狼兵 …525
總録——狼兵、土兵
  （與倭寇）…527
總録——土兵 …528
總録——狼兵 …530
總録——土兵 …530
總録——狼兵 …534
總録——會同館 …534
總録——四夷館 …535
總録——通譯 …536
總録——屬國使新正朝賀 …539
總録——通貢 …539
總録——接待、聯繫 …540
總録——接待 …540
總録——"下番"（使於番）…541
總録——出使 …541
總録——馬政 …541
總録——馬與邊防 …542
總録——茶馬司 …543
總録——茶馬法 …544

總録——茶馬 …547
總録——茶馬法 …547
總録——馬市 …547
總録——馬市（附木市）…548
總録——木市 …548
總録——馬市
  （附以馬爲貢、幣）…548
總録——馬市 …549
總録——馬貢 …550
總録——馬市
  （楊繼盛之議論）…550
總録——馬市（一般互市）…551
總録——馬貢、馬課、馬市 …552
總録——屯田制度 …553
總録——屯田 …553
總録——邊地屯田 …554
總録——罪徙屯作 …563
總録——屯田與移民 …564
總録——移民屯田 …564
總録——徙民 …565
總録——官督移民 …566
總録——移民 …567
總録——移流 …569
總録——流移 …569
總録——移徙 …570
總録——流寓 …570
總録——先世移徙 …571
總録——軍隊調駐 …572
總録——北方塞外設而復虛之
  城邑 …572
總録——流放安置 …573

總錄——謫戍 ………………… 574
總錄——謫戍、發遣 ………… 589
總錄——戍籍、徙籍 ………… 590
總錄——戍籍 ………………… 590
總錄——戍徙 ………………… 591
總錄——閹寺來源 …………… 591
總錄——閹豎來源 …………… 595
總錄——起事
　（民族合作者）……………… 596
總錄——起事
　（疑民族合作者）…………… 597
總錄——起事 ………………… 598
總錄——起事（緣由與組合）… 598
總錄——起事 ………………… 599
總錄——起事（鄧茂七等）…… 600
總錄——起事 ………………… 601
總錄——起事
　（在粵東，與張元勳）……… 609
總錄——起事（與俞大猷）…… 610
總錄——起事（與吳百朋等）… 612
總錄——起事 ………………… 614
總錄——與漢農民起義合作
　之例 ………………………… 617
總錄——剿殺首功 …………… 617
總錄——首功 ………………… 617
總錄——推行漢化 …………… 619
總錄——以宗教爲統治工具 … 623
總錄——人文流動 …………… 623
總錄——封建影響 …………… 624
總錄——非漢人漢化之例 …… 624
總錄——漢逋亡者之非漢化 … 624

總錄——舊稱漫用 …………… 624
總錄——以蠻制蠻論 ………… 625
總錄——邊患由邊將邀功論 … 625
總錄——反窮兵論 …………… 625
總錄——內遷議 ……………… 626
總錄——天命有在、不分族
　類論 ………………………… 626
阿僰 ………………………… 626
哀牢 ………………………… 626
安田蠻（[僮？]） …………… 627
八番 ………………………… 627
巴 …………………………… 628
［巴］——白芳子（自稱）…… 628
［巴］——自稱 ……………… 628
［巴？］——自稱 …………… 628
巴——自稱 …………………… 628
巴——地名 …………………… 629
［巴］——捍、江關 ………… 630
［巴］——蠻水、夷水 ……… 630
［巴］——分布 ……………… 630
［巴］（古澨中蠻）…………… 631
［巴］（古涔陽蠻）…………… 631
［巴］——潯山蠻 …………… 631
［巴］——施州 ……………… 632
［巴］（施州）………………… 634
［巴］（施州）——沿革 …… 635
［巴］（思南）………………… 641
［巴］（思南、思州）………… 642
［巴］（思南、思州）
　——沿革 …………………… 642
［巴］（石砫）………………… 644

[巴]（石砫）——沿革 …… 644
[巴]（酉陽） …… 645
[巴]（酉陽）——沿革 …… 645
巴——捍子軍、篡兵 …… 647
[巴]——白桿兵 …… 648
巴——捍子兵、篡軍 …… 648
巴——巴姓 …… 649
巴——鄂姓 …… 649
[巴]——樊姓 …… 649
巴——樊姓 …… 649
[巴]——樊姓 …… 650
[巴]——扶姓 …… 650
[巴]——伏姓 …… 650
[巴]——扶姓 …… 651
[巴]——龔姓 …… 651
[巴]——蹇姓 …… 651
巴——藺（地與姓） …… 651
[巴]——覃、譚姓 …… 652
巴——秦姓 …… 652
[巴]——覃姓、秦姓 …… 653
[巴]——譚姓、秦姓 …… 653
[巴]——秦良玉 …… 654
[巴]——秦良玉，石砫馬氏 …… 656
巴——馬姓 …… 657
[巴]——冉姓 …… 657
巴——田姓 …… 657
[巴]——田姓 …… 657
[巴]——文姓 …… 658
巴——文姓 …… 658
[巴]——文姓 …… 659
[巴]——向姓 …… 659

巴——相姓 …… 660
[巴]——資姓 …… 660
巴 …… 660
[巴]——白虎 …… 661
[巴]——抗争、起事 …… 662
巴——與羌在族源上之關係 …… 662
白 …… 662
[白] …… 662
[白]（雲南府） …… 665
[白]（臨安、楚雄、蒙化） …… 666
白（元江） …… 667
[白]（姚安） …… 667
[白]（鶴慶） …… 668
[白]（永昌） …… 669
白（北勝） …… 670
白夷 …… 671
白芳子 …… 671
白羅羅 …… 672
　白羅羅 …… 672
　白玀玀 …… 672
百夷 …… 673
比蘇 …… 674
畢節蠻 …… 674
別失八里 …… 674
僰 …… 675
　僰——字之濫用 …… 675
　僰——地名 …… 675
　僰人子 …… 675
　僰蠻 …… 676
播州 …… 677
　播州——名稱 …… 677

播州 …………………………………… 677
播州——與李化龍 ………………… 681
播州 …………………………………… 682
播州——與劉綎 …………………… 683
播州——與陳璘 …………………… 684
播州——與李應祥 ………………… 685
播州——與吳廣 …………………… 685
播州——童元鎮烏江之敗 ………… 686
播州——與馬孔英 ………………… 687
播州 …………………………………… 688
播州——沿革 ……………………… 688
播州 …………………………………… 695

布依 …………………………………… 696
　[佈依?] ………………………………… 696
　[佈依] ………………………………… 697
　[布依]（東苗）……………………… 697
　[布依] ………………………………… 697
　[布依]——韋同烈 …………………… 699
　[布依] ………………………………… 699

蔡[家] ………………………………… 699
朝鮮 …………………………………… 699
　朝鮮——名稱 ………………………… 699
　朝鮮 …………………………………… 700

車夷 …………………………………… 700
韃靼 …………………………………… 701
　韃靼 …………………………………… 701
　韃靼（蒙古）………………………… 701
　韃靼 …………………………………… 722

傣 ……………………………………… 722
　[傣]——自稱? ………………………… 722
　[傣] …………………………………… 723

[傣]——劉球諫書 ………………… 724
[傣] …………………………………… 725
[傣]——與王驥 …………………… 726
[傣] …………………………………… 728
[傣?] …………………………………… 729
[傣] …………………………………… 729
[傣]——與劉綎 …………………… 731
[傣]——與鄧子龍 ………………… 732
[傣] …………………………………… 732
[傣]（麓川蠻）…………………… 733
[傣]（百夷）（麓川）…………… 735
[傣]（麓川）……………………… 736
[傣]（隴川）……………………… 737
[傣]（麓川）……………………… 738
[傣]（百夷、麓川）……………… 738
[傣]（麓川）——沿革 …………… 738
[傣]（雲南寧遠州）……………… 747
[傣]（景東、會川）……………… 747
[傣]（景東）……………………… 748
[傣]（孟定）……………………… 748
[傣]（元江）……………………… 749
[傣]（永昌）……………………… 749
[傣]（曲靖）……………………… 750
[傣]（新化）……………………… 750
[傣]（威遠）……………………… 750
[傣]（灣甸）……………………… 751
[傣]（鎮康）……………………… 752
[傣]（大侯）……………………… 753
[傣]（干崖）……………………… 754
[傣]（潞江）……………………… 755
[傣]（南甸）……………………… 756

［傣］（芒市） ············· 757
［傣］（者樂甸） ············ 757
［傣］（孟璉） ············· 757
［傣］（里麻） ············· 758
［傣］（車里） ············· 758
［傣］——車里 ············· 758
［傣］（車里） ············· 758
［傣］（瓦甸） ············· 760

蜑 ····················· 761
　［蜑］——珠池 ············ 761
　蜑——蜑兵 ·············· 761
　［蜑?］ ················ 762
　蜑 ··················· 762

道州蠻 ················· 764
狄（赤狄） ··············· 764
貂獵 ··················· 764
東苗 ··················· 764
侗 ···················· 766
　洞蠻 ················· 766
　狪 ··················· 766
　［侗］ ················ 766
　侗 ··················· 767
都勻蠻 ················· 767
都掌蠻 ················· 768
朵甘（詳"藏"片） ··········· 768
蛾昌 ··················· 769
番 ···················· 769
　番 ··················· 769
　［番］（音婆） ············ 771
　番 ··················· 771
　［番］（打箭爐） ··········· 776

番（松、茂等處） ············ 777
番（建昌、越嶲） ············ 778
番（天全）——沿革 ··········· 778
番 ···················· 780

高山——雞籠 ············· 780
仡佬 ··················· 782
　［仡佬］——名稱 ··········· 782
　［仡佬］——異寫 ··········· 782
　［仡佬］——歐、甌 ·········· 784
　［仡佬］——異寫 ··········· 784
　仡佬——異寫 ············ 785
　仡佬——同音異寫 ··········· 786
　仡佬——異寫 ············ 787
　［仡佬］ ··············· 788
　仡佬 ················· 789
　［仡佬?］ ·············· 790
　犵狫 ················· 791
　［仡佬］——南丹 ·········· 791
　［仡佬］（＋瑤＋僮）
　　（廣西慶遠府） ··········· 791
　［仡佬］——銅鼓 ·········· 792
　猙獠（貴州） ············ 792
古州蠻 ················· 794
貴州蠻 ················· 795
　貴州蠻（或苗） ············ 795
　貴州蠻 ··············· 795
哈剌灰 ················· 796
哈密 ··················· 797
　哈密 ················· 797
　哈密——沿革 ············ 803
漢 ···················· 814

漢——名稱用法 814
漢 815
黑㺜 815
黑苗 815
和泥 816
　和泥 816
　[和泥] 816
　和泥 816
紅苗 817
華 817
　華 817
　華夏 818
回 818
　回回 818
　回回——曆法 819
　回回 820
　回 821
　回——哈姓 822
　回 822
　狪——狪兵 826
　狪 826
　回紇（回鶻） 826
[京] 827
[景頗] 827
靖州蠻（靖州苗） 828
九絲蠻 829
九溪蠻 829
[柯爾克孜] 830
婪鳳蠻（[僮]） 830
浪穹蠻 831
獠 831

[獠?]（+彝） 831
獠 831
[獠] 832
獠 833
[獠]——峉或罟 833
獠——銅鼓 833
[獠]——銅鼓 833
獠——銅鼓 834
獠（廣西向武州、都康州） 834
[獠]（雲南） 835
獠（廣西） 835
獠（土獠） 836
獠（黔、桂間） 838
[僚?]（新添衛） 839
獠（平越） 839
[僚?]（阿迷普氏） 839
[僚?]（新化普氏） 840
狫 841
老獐 841
老猫 841
黎 841
　黎 841
　[黎] 842
　黎 843
　黎——瓊州沿革 846
　黎岐 850
狑 850
龍家 850
　龍家 850
　龍[家] 850
瀧川蠻 851

羅 ·· 851
　羅 ·· 851
　羅鬼 ·· 851
　羅落 ·· 851
　羅舞 ·· 851
　玀——玀兵 ································ 852
　玀鬼 ·· 852
　玀玀 ·· 852
　玀玀（或囉囉）···························· 852
　囉囉斯 ·· 853
　猓（涼山）·································· 853
　猓（建昌、越嶲）
　　——與李應祥 ·························· 854
　猓（建昌）·································· 855
　猓（雲南姚安）·························· 855
　猓玀 ·· 856
　猓狢 ·· 856
　狢獹 ·· 856
［滿］·· 856
　［滿］·· 856
　［滿］——防滿措施 ·················· 861
　［滿］·· 861
　［滿］——與劉綎 ······················ 867
　［滿］——與楊鎬 ······················ 868
　［滿］——與熊廷弼 ·················· 868
　［滿］——與袁崇煥 ·················· 871
　［滿］——與毛文龍 ·················· 872
　［滿］——與邱民仰 ·················· 873
　［滿］——與邱禾嘉 ·················· 873
　［滿］——與賀世賢 ·················· 874
　［滿］——佟姓 ·························· 875

茫施蠻 ·· 875
［毛難］·· 875
栂撥 ·· 876
蒙古 ·· 876
　蒙古 ·· 876
　蒙古——明之守勢 ······················ 876
　蒙古——防蒙措施 ······················ 877
　蒙古——與明邊防 ······················ 878
　蒙古——防蒙措施 ······················ 878
　蒙古——防蒙措施（與秦紘）···· 879
　蒙古——防蒙措施 ······················ 880
　蒙古——防蒙措施
　　（以餌養魚論）······················ 885
　蒙古——防蒙措施 ······················ 885
　蒙古——邊供、邊儲 ·················· 885
　蒙古——防蒙經費 ······················ 885
　蒙古——諸邊撫賞 ······················ 886
　蒙古——防蒙經費，兵額 ········ 886
　蒙古——邊防措施
　　（佛郎機礮）·························· 887
　蒙古——防蒙措施（九邊）········ 887
　蒙古——防蒙措施（邊牆）
　　——余子俊 ···························· 892
　蒙古——防蒙措施（邊牆）········ 893
　蒙古——防蒙措施（邊牆）
　　與翁萬達 ································ 894
　蒙古——防蒙措施（邊牆）········ 895
　蒙古——北退 ···························· 898
　蒙古——元嗣君 ························ 898
　蒙古——元亡後各部分散 ········ 899

蒙古——明初塞外之軍事
　　行動 ·················· 899
蒙古——朱棣北征及其它
　　關係 ·················· 907
蒙古——朱棣北征
　　（本雅失里） ·········· 907
蒙古——朱棣北征與阿魯台 ·· 908
蒙古——朱棣北征 ·········· 910
蒙古——永樂北征 ·········· 914
蒙古——擴廓帖木兒 ········ 914
蒙古——梁王把匣刺瓦
　　爾密 ·················· 915
蒙古——納哈出 ············ 916
蒙古——納哈出（與馮勝）·· 916
蒙古——納哈出 ············ 917
蒙古——哈梅里 ············ 919
蒙古——那哈术 ············ 919
蒙古——阿魯台 ············ 919
蒙古——瓦刺 ·············· 921
蒙古——瓦刺、也先 ········ 926
蒙古——瓦刺、也先
　　（與楊善） ············ 930
蒙古——瓦刺、也先 ········ 931
蒙古——瓦刺 ·············· 932
蒙古——瓦刺傳 ············ 932
蒙古——與土木之變 ········ 937
蒙古——土木之變與也先 ···· 937
蒙古——也先 ·············· 937
蒙古——阿台、朶兒只伯 ···· 945
蒙古——孛來 ·············· 946
蒙古——毛里孩 ············ 948

蒙古？——滿俊 ············ 949
蒙古？——滿俊（與項忠）·· 949
蒙古——阿羅出 ············ 951
蒙古——乩加思蘭等 ········ 951
蒙古——伏當加、亦思馬因 ·· 952
蒙古？——乜克力
　　（野乜克力） ·········· 953
蒙古？——小列禿 ·········· 953
蒙古——小王子 ············ 953
蒙古——小王子（參火篩）·· 954
蒙古——小王子 ············ 955
蒙古——小王子等 ·········· 956
蒙古——小王子 ············ 957
蒙古——火篩（參小王子）·· 960
蒙古——火篩 ·············· 961
蒙古——俺答等 ············ 962
蒙古——俺答 ·············· 963
蒙古——俺答等 ············ 964
蒙古——俺答、辛愛等 ······ 965
蒙古——俺答 ·············· 966
蒙古——俺答
　　（與翁萬達論貢事）····· 969
蒙古——俺答 ·············· 970
蒙古——俺答（與郭宗皋）·· 971
蒙古——俺答 ·············· 972
蒙古——俺答（與丁汝夔）·· 973
蒙古——俺答 ·············· 974
蒙古——俺答、辛愛
　　（與馬芳） ············ 975
蒙古——俺答 ·············· 977

蒙古——俺答、辛愛
　（與方逢時）……… 978
蒙古——俺答（及其家族）……… 980
蒙古——俺答、辛愛、三娘子
　（與鄭洛）……… 980
蒙古——三娘子 ……… 981
蒙古——俺答 ……… 982
蒙古——俺答（及其後人）……… 982
蒙古——俺答 ……… 984
蒙古——吉囊、俺答 ……… 984
蒙古——吉囊 ……… 986
蒙古——吉能
　（參"在河套"）……… 989
蒙古——吉囊、俺答、小王子
　（與周尚文）……… 989
蒙古——把都兒 ……… 990
蒙古——兀慎 ……… 991
蒙古——打來孫 ……… 991
蒙古——他不囊、火落赤、
　永邵卜 ……… 991
蒙古——銀定、歹成 ……… 992
蒙古——喀爾喀諸部 ……… 992
蒙古——拱兔 ……… 992
蒙古——乃蠻 ……… 992
蒙古——土蠻（海州）……… 993
蒙古——土蠻 ……… 993
蒙古——插漢（亦土蠻屬）……… 997
蒙古——插漢 ……… 998
蒙古——北邊形勢總 ……… 1000
蒙古——自東徂西全綫
　（與王崇古）……… 1000

蒙古——東西全綫
　（與吳兌）……… 1003
蒙古——在北方 ……… 1004
蒙古——在北方
　（與兀良哈關係）……… 1019
蒙古——在北方（與翟鵬）……… 1019
蒙古——在北方
　（與楊博等）……… 1021
蒙古——在北方 ……… 1022
蒙古——在北方和西北 ……… 1026
蒙古——在西北 ……… 1027
蒙古——在西北（與王復）……… 1037
蒙古——在西北 ……… 1038
蒙古——在西北
　（與楊一清）……… 1040
蒙古——在西北 ……… 1041
蒙古——在西北
　（洮河用兵與鄭洛）……… 1044
蒙古——在西北（洮河用兵）
　（哱拜）……… 1046
蒙古——在西北
　（洮河用兵）……… 1049
蒙古——在西北（哱拜）……… 1049
蒙古——在西北
　（洮河之役，哱拜）……… 1050
蒙古？——哱拜 ……… 1051
蒙古——在西北 ……… 1052
蒙古——在西北（松山）……… 1054
蒙古——在西北 ……… 1056
蒙古——在西北（青海）……… 1057
蒙古——在西北（哈梅里）……… 1058

蒙古（西番諸衛）……………… 1059
蒙古（赤斤蒙古衛）…………… 1059
蒙古——在哈密 ………………… 1062
蒙古（安定、阿端、曲先、
　沙州、罕東等衛）…………… 1062
蒙古——在河套 ………………… 1062
蒙古——在河套
　（與王越等）………………… 1065
蒙古——在河套 ………………… 1067
蒙古——在河套
　（倪岳論西北用兵）………… 1070
蒙古——在河套 ………………… 1071
蒙古——在河套
　（翁萬達論復套）…………… 1072
蒙古——在河套 ………………… 1073
蒙古——在河套
　（與曾銑復套論）…………… 1073
蒙古——在河套 ………………… 1074
蒙古——在東北 ………………… 1079
蒙古——在東北與北方 ………… 1079
蒙古——在東北 ………………… 1081
蒙古——在東北
　（與李成梁）………………… 1083
蒙古——在東北 ………………… 1088
蒙古——在東北
　（袁應泰與降人）…………… 1090
蒙古——在東北 ………………… 1091
蒙古——在西南 ………………… 1093
蒙古——在西南（建昌）……… 1094
蒙古——在西南 ………………… 1094
蒙古——在雲南 ………………… 1094

蒙古——天花初傳入 …………… 1095
蒙古——宗教 …………………… 1096
蒙古——古蹟 …………………… 1096
蒙古——與滿洲關係 …………… 1096
蒙古？…………………………… 1097
蒙古——土兵 …………………… 1097
蒙古——明軍中之蒙古
　騎兵 ………………………… 1098
蒙古——番兵 …………………… 1098
蒙古——與明帝扈從 …………… 1099
蒙古——番兵、番將 …………… 1099
蒙古——番兵，番將，
　番騎 ………………………… 1100
蒙古——留內地者之例 ………… 1101
蒙古——漢化蒙古人 …………… 1102
蒙古——漢化蒙古人、
　韃靼人 ……………………… 1103
蒙古——漢化蒙古人 …………… 1105
蒙古——蒙古人漢化之例 ……… 1105
蒙古——漢化之例 ……………… 1107
蒙古——蒙人漢化之例 ………… 1107
蒙古——降人漢化之例 ………… 1107
蒙古——各地降人之例 ………… 1109
蒙古——入明後從漢定姓之例
　——浦姓 …………………… 1110
蒙古——薩姓 …………………… 1110
蒙古——漢人從元亡入塞北
　之例 ………………………… 1110
蒙古——漢人叛入蒙古
　之例 ………………………… 1110

下　册

《明史》之部

蒙顧洞"賊" …………………… 1111
苗 ……………………………… 1111
　苗——苗字濫用之例 ………… 1111
　［苗］ …………………………… 1111
　苗 ……………………………… 1112
　［苗］ …………………………… 1113
　苗 ……………………………… 1113
　［苗］ …………………………… 1117
　苗 ……………………………… 1118
　苗（湖廣） …………………… 1119
　苗（湖北）？ ………………… 1120
　苗（湖北施州） ……………… 1120
　苗（湖南武岡） ……………… 1121
　［苗］（沅州麻陽） …………… 1121
　苗（湖南） …………………… 1121
　苗（思州、靖州） …………… 1122
　苗（湖廣、貴州） …………… 1123
　苗——與方瑛、李震 ………… 1124
　苗——與彭倫 ………………… 1126
　苗（湘、黔） ………………… 1126
　苗（湘、黔）——與張岳 …… 1127
　苗（湘、黔） ………………… 1128
　苗（湘、黔）——與石邦憲 … 1128
　苗（湘、黔） ………………… 1130
　苗（湘、黔間） ……………… 1131
　苗（湘、黔間）——起事 …… 1131
　苗（貴州計砂） ……………… 1132
　苗（貴州） …………………… 1132
　苗（灣溪） …………………… 1133
　苗（貴州黑苗） ……………… 1133
　苗（貴州皮林） ……………… 1133
　苗（貴州紅苗） ……………… 1134
　苗（貴州） …………………… 1134
　苗（貴州普定） ……………… 1134
　苗（貴州） …………………… 1134
　苗（山苗） …………………… 1136
　苗（貴州）（九股） ………… 1136
　苗（貴州） …………………… 1136
　苗（思州） …………………… 1141
　苗（鎮遠）——沿革 ………… 1142
　苗（銅仁）——沿革 ………… 1144
　苗（黎平）——沿革 ………… 1145
　苗（都勻） …………………… 1147
　苗（平越） …………………… 1149
　苗（石阡） …………………… 1150
　苗（新添衛） ………………… 1150
　苗（松潘疊溪） ……………… 1151
　苗（四川） …………………… 1151
　苗（雲南彌勒） ……………… 1152
　苗——楊完者與元末苗軍 …… 1152

苗——苗軍 ………………… 1154
猫 ………………………… 1154
猫子 ……………………… 1154
麽些 ……………………… 1155
　麽些蠻 …………………… 1155
　［麽些］ ………………… 1155
　麽些 ……………………… 1155
　麽些（建昌）…………… 1156
　麽些（鹽井）…………… 1156
　麽些（永寧）…………… 1157
　麽些（鶴慶）…………… 1158
　麽些（麗江）…………… 1158
　麽些（北勝）…………… 1159
麽些徒蠻 ………………… 1160
［仫佬？］………………… 1160
木瓜［彝］………………… 1160
南番 ……………………… 1160
儂 ………………………… 1160
　［儂］…………………… 1160
　獽 ……………………… 1161
　儂 ……………………… 1161
　儂（廣西）……………… 1161
　儂（龍州）……………… 1164
　儂（龍州）——與安南… 1167
　［儂］（雲南富州）……… 1167
　儂（雲南廣南）………… 1167
　儂（元江）……………… 1169
女直 ……………………… 1169
　女直 …………………… 1169
　［女直］………………… 1169
　女直 …………………… 1170

［彭］ …………………… 1172
蒲 ………………………… 1172
　濮洛（亦作濮落）……… 1172
　獠刺蠻 ………………… 1173
　［蒲蠻］………………… 1173
　［蒲蠻？］……………… 1174
　蒲人 …………………… 1174
　蒲蠻（順寧）…………… 1174
　蒲（廣邑）……………… 1175
　蒲（南甸）……………… 1176
乞兒吉思 ………………… 1176
羌 ………………………… 1176
　羌 ……………………… 1176
　［羌］…………………… 1177
　羌——地名 …………… 1178
　羌 ……………………… 1178
　［羌］…………………… 1179
　［羌？］………………… 1181
　羌 ……………………… 1181
　［羌］（松州蠻）（松潘蠻）… 1182
　［羌］（松潘）…………… 1183
　［羌］（松潘）——與何卿… 1185
　［羌］（松潘……）……… 1185
　羌（松潘）——沿革 …… 1186
　羌（威州、茂州蠻）…… 1191
　［羌］（松、茂）………… 1192
　［羌］（茂州）…………… 1192
　羌（茂州）——沿革 …… 1193
　［羌］（疊州）…………… 1194
　羌（臨洮）……………… 1195
　羌（陝西寧羌州）……… 1195

羌（伏羌縣）…………… 1195
　　羌——與巴在族源上之
　　　　關係 ………………… 1195
冉駹 ………………………… 1196
婼羌 ………………………… 1196
撒里畏兀兒 ………………… 1196
　　撒里畏兀兒（安定衛）… 1196
　　撒里畏兀兒（阿端衛）… 1199
　　撒里畏兀兒（曲先衛）… 1200
　　撒里畏兀兒（罕東衛）… 1201
　　撒里畏兀兒（沙州衛）… 1203
　　撒里畏兀兒（罕東左衛）… 1205
散毛洞蠻 …………………… 1206
沙 …………………………… 1207
　　［沙？］（＋彝）……… 1207
　　［沙？］………………… 1207
　　［沙］…………………… 1208
　　沙？……………………… 1208
山都掌蠻 …………………… 1208
　　山都掌蠻 ………………… 1208
　　山都掌蠻——與劉顯 …… 1210
　　山都掌蠻 ………………… 1211
山苗 ………………………… 1211
畬 …………………………… 1212
　　［畬］——稱瑤 ………… 1212
　　［畬？］………………… 1212
　　［畬］…………………… 1213
　　畬？……………………… 1216
　　畬 ……………………… 1216
　　畬？……………………… 1217
　　畬——福建 …………… 1218

　　［畬？］——沙、尤賊，
　　　　上杭盜 ……………… 1218
　　［畬］（浙東山寇）…… 1218
　　畬（浙、閩）…………… 1219
　　［畬］（廣東山賊）…… 1219
　　畬——畬兵 …………… 1220
　　畬——語言（汪、翁）… 1220
　　［畬］——蕭 ………… 1220
　　畬——蕭（姓、地名）… 1220
　　［畬］——塗 ………… 1221
　　畬——塗、塗山 ……… 1221
　　［畬］——滁 ………… 1221
　　［畬］——茶 ………… 1222
　　畬——茶 ……………… 1222
　　畬——佘、茶 ………… 1222
　　［畬］——查 ………… 1223
　　［畬］——藍姓 ……… 1223
　　畬——千姓 …………… 1223
　　畬——翁姓 …………… 1223
　　峯 ……………………… 1224
施州蠻 ……………………… 1224
史夷 ………………………… 1225
思州蠻 ……………………… 1225
宋家 ………………………… 1226
洮州番 ……………………… 1228
銅鼓蠻 ……………………… 1229
吐番 ………………………… 1230
　　土番 …………………… 1230
　　吐蕃 …………………… 1230
　　吐蕃（河州及洮西北）… 1231
　　吐蕃 …………………… 1232

土家 1232
　[土家]——自稱 1232
　土家——今族稱 1233
　[土家？] 1233
　[土家] 1233
　[土家]（湘西北） 1236
　[土家]——永順 1237
　[土家]（永順）——沿革 1237
　[土家]——保靖 1240
　[土家]（保靖）——沿革 1240
　[土家]（慈利） 1243
　[土家]（湖南慈利） 1244
　[土家]（慈利蠻） 1245
　[土家]（辰、澧諸蠻） 1245
　[土家]（辰溪） 1245
　[土家]（施州蠻） 1246
　[土家]（散毛……） 1246
　[土家]（容美） 1246
　[土家]（酉陽） 1247
　[土家]（石砫） 1247
　[土家]（思州蠻） 1247
　[土家]（思州、思南） 1248
　土家——土兵 1248
　[土家]——土兵 1248
　[土家]——"土兵" 1248
土獠 1248
土魯番 1249
　土魯番 1249
　土魯番——與許進用兵 1254
　土魯番 1254
　土魯番——與彭澤 1255
　土魯番 1256
　土魯番——與陳九疇 1257
　土魯番 1258
[土族？] 1258
佤？ 1259
維摩（彝+獠？） 1259
[維吾爾] 1259
　畏兀兒 1259
　畏兀兒（哈密） 1260
　畏兀兒（哈密、柳城） 1260
　畏兀兒（火州） 1261
　畏兀兒（土魯番） 1262
　畏兀兒（別失八里） 1267
　畏兀兒（于闐） 1269
　畏兀兒（哈實哈兒） 1270
倭泥 1270
兀良哈 1270
　兀良哈 1270
　[兀良哈] 1273
　兀良哈 1273
　兀良哈——番騎 1274
　兀良哈 1275
　兀良哈——李化龍
　　（論木市附） 1280
　兀良哈 1281
　兀良哈——與董一元 1282
　兀良哈 1282
　兀良哈——朵顏等三衛 1286
烏蠻 1291
烏滸蠻 1291
　[烏滸] 1291

烏滸蠻 ………………………… 1291
烏羅蠻（貴州）………………… 1291
五開蠻 …………………………… 1292
　　五開蠻 ………………………… 1292
　　五開［蠻］…………………… 1292
五溪蠻 …………………………… 1293
西番 ……………………………… 1294
　　西番 ………………………… 1294
　　西番——羈縻衛所 ………… 1296
　　西番——茶馬
　　　（附其它馬之交易）……… 1296
　　西番 ………………………… 1296
　　西番——西番諸衛 ………… 1300
　　西番（赤斤蒙古衛等）……… 1308
　　西番（即藏）………………… 1308
西苗 ……………………………… 1308
西南蠻（或夷）………………… 1309
西域 ……………………………… 1309
昔樸 ……………………………… 1309
些麼徒蠻 ………………………… 1309
徐 ………………………………… 1310
　　［徐］——鵠倉 ……………… 1310
　　［徐］——泗州 ……………… 1310
　　徐 …………………………… 1310
犴獷（獷似作獷）……………… 1311
瑤 ………………………………… 1311
　　［瑤（？）］…………………… 1311
　　瑤、僮 ……………………… 1311
　　［瑤］………………………… 1311
　　［瑤？］……………………… 1311
　　［瑤］………………………… 1311

　　瑤 …………………………… 1312
　　［瑤］………………………… 1312
　　瑤 …………………………… 1313
　　［瑤］………………………… 1313
　　瑤 …………………………… 1314
　　［瑤］………………………… 1315
　　瑤（廣東、廣西）…………… 1317
　　瑤——與孔鏞 ……………… 1318
　　瑤（兩廣）…………………… 1319
　　瑤（兩廣）——"鵰剿" …… 1319
　　瑤（廣西）…………………… 1320
　　瑤（廣西）——與沈希儀 … 1321
　　瑤（廣西）——與郭應聘 … 1323
　　瑤（廣西）…………………… 1324
　　瑤（廣西）——與童元鎮 … 1324
　　瑤（廣西）…………………… 1326
　　瑤（古田）——與李錫 …… 1326
　　瑤（桂林）…………………… 1327
　　［瑤］(＋僮)（廣西梧州府）… 1328
　　瑤（梧州）…………………… 1329
　　［瑤］(＋僮)（廣西平樂府）… 1329
　　瑤（廣西平樂）……………… 1330
　　瑤（平樂）…………………… 1330
　　瑤(＋僮)（廣西柳州府）…… 1331
　　［瑤］(＋僮)（廣西柳州府）… 1331
　　瑤（柳州）…………………… 1332
　　［瑤］(＋僮)（廣西潯州府）… 1332
　　瑤（潯州）…………………… 1333
　　瑤（大藤峽蠻）……………… 1338
　　［瑤］（大藤峽）……………… 1339
　　瑤——大藤峽 ……………… 1340

瑶——大藤峽（與韓雍）………… 1340
瑶——大藤峽、八寨 ………… 1342
瑶——大藤峽 ………………… 1343
瑶（大藤峽、努灘）………… 1343
瑶——大藤峽 ………………… 1344
瑶（慶遠）…………………… 1344
瑶（南寧）…………………… 1344
瑶（思恩）…………………… 1345
瑶（田州）…………………… 1345
瑶（廣東）…………………… 1345
［瑶］（廣東）……………… 1346
瑶（廣東）…………………… 1346
［瑶］（陽春蠻）…………… 1347
瑶（化州）…………………… 1347
瑶（瀧水）…………………… 1347
瑶（欽、廉）………………… 1347
瑶（廣東羅旁）……………… 1348
瑶（廣東羅定）……………… 1348
瑶（廣東羅旁瑶）…………… 1349
瑶（羅旁）…………………… 1350
［瑶］（贛、粵之間）……… 1350
［瑶?］（江西）…………… 1351
瑶（江西）…………………… 1351
［瑶］（龍泉山寇）………… 1352
［瑶?］（永新、龍泉山寇）…… 1352
［瑶］（江西上猶）………… 1353
瑶——與王守仁 ……………… 1353
［瑶］（贛、湘）…………… 1355
瑶（湖廣）…………………… 1355
［瑶］（湖南）……………… 1356
［瑶］（郴、桂蠻）………… 1356

［瑶］（古梅山蠻）………… 1356
瑶（福建）…………………… 1357
瑶（貴州）…………………… 1357
瑶——鴉剿 …………………… 1357
瑶——盤瓠 …………………… 1358
［瑶］——猶 ………………… 1358
［瑶］——猶、楢 …………… 1358
［瑶］——攸 ………………… 1358
［瑶］——酉 ………………… 1359
［瑶］——尤 ………………… 1359
［瑶（畬、苗同）］——翁 … 1359
[彝] ……………………………… 1359
［彝］ ………………………… 1359
［彝?］ ……………………… 1362
［彝］ ………………………… 1363
［彝?］ ……………………… 1363
［彝］ ………………………… 1363
［彝］（烏撒蠻）…………… 1364
［彝］——烏蒙、烏撒 ……… 1364
［彝］（烏撒、烏蒙、芒部）…… 1364
［彝］（烏撒）……………… 1365
［彝］（烏撒、霑益）……… 1366
［彝］（烏蒙、烏撒等）
　　——沿革 ………………… 1366
［彝］（烏撒）……………… 1375
［彝］——芒部 ……………… 1375
［彝］（芒部）……………… 1376
［彝］（鎮雄，即芒部）…… 1376
［彝］（東川蠻）…………… 1377
［彝］——東川 ……………… 1377
［彝］（東川）……………… 1377

［彝］（永寧） …………………… 1377
［彝］（永寧）——朱燮元 …… 1379
［彝］（永寧） …………………… 1384
［彝］（永寧）——與侯良柱 … 1385
［彝］（永寧） …………………… 1385
［彝］（永寧）——沿革 ………… 1386
［彝］（馬湖） …………………… 1392
［彝］（馬湖）——沿革 ………… 1392
［彝］（涼山） …………………… 1393
［彝］（建昌蠻） ………………… 1393
［彝］（建昌） …………………… 1394
［彝］（建昌）——沿革 ………… 1395
［彝］（建昌） …………………… 1398
［彝］（越嶲衛）——沿革 ……… 1398
［彝］（鹽井）——沿革 ………… 1399
［彝］（會川）——沿革 ………… 1399
［彝］（黎州） …………………… 1400
［彝］（黎州）——沿革 ………… 1400
［彝］（水西蠻） ………………… 1402
［彝］（水西） …………………… 1402
［彝］（水西）——李檟 ………… 1405
［彝］（水西）——王三善 ……… 1407
［彝］（水西）——蔡復一 ……… 1409
［彝］（水西）——與朱燮元、
　　侯良柱 ……………………… 1411
［彝］（水西等）
　　——與傅宗龍 ……………… 1411
［彝］（水西） …………………… 1412
［彝］（水西）——與魯欽 ……… 1412
［彝］（水西） …………………… 1413
［彝］（水西）——沿革 ………… 1415

［彝］（安順）——沿革 ………… 1420
［彝］（金筑安撫司） …………… 1422
［彝］（普定） …………………… 1423
［彝］（普安米魯） ……………… 1423
［彝］（畢節、普安） …………… 1424
［彝］——米魯 …………………… 1425
［彝］（普安） …………………… 1425
［彝］（雲南蠻） ………………… 1426
［彝］（曲靖蠻） ………………… 1426
［彝］（曲靖） …………………… 1426
［彝］（越州蠻）——阿資 ……… 1426
［彝］——阿資 …………………… 1427
［彝］（曲靖） …………………… 1427
［彝］（霑益、祿豐） …………… 1430
［彝］（霑益） …………………… 1430
［彝？］（羅平） ………………… 1430
［彝］（羅雄） …………………… 1431
［彝？］（雲南楚雄） …………… 1431
［彝］（楚雄） …………………… 1431
［彝？］（金沙江蠻） …………… 1432
［彝］（武定） …………………… 1432
［彝］（尋甸、武定） …………… 1436
［彝］（尋甸） …………………… 1437
［彝］（雲南廣西府） …………… 1438
［彝］（雲南師宗） ……………… 1439
［彝］（雲南）——龍在田 ……… 1439
［彝］（阿迷） …………………… 1440
［彝］（武定、阿迷） …………… 1441
［彝］——吾必奎 ………………… 1442
［彝？］——沙定洲 ……………… 1442
［彝］（寧州禄氏） ……………… 1443

［彝？］（元江那氏）……………… 1444

［彝］（雲南元江）………………… 1444

［彝？］（姚安）…………………… 1444

［彝］（姚安）（鶴慶）…………… 1444

［彝］（雲南永北）………………… 1445

羿子 ………………………………… 1445

  羿子？ ……………………………… 1445

  羿子 ………………………………… 1445

裔 …………………………………… 1446

野番 ………………………………… 1446

野人（東北建州） ………………… 1446

  野人（西番）……………………… 1447

永州蠻 ……………………………… 1448

越 …………………………………… 1448

  ［越］——自稱 ………………… 1448

  ［越］——天姥、大姥 ………… 1449

  ［越］——莫耶 ………………… 1449

  越——地名 ……………………… 1449

  越——城隍之祀 ………………… 1450

  越 ………………………………… 1450

  越——越姓 ……………………… 1450

雲南"蠻" ………………………… 1451

牂牁 ………………………………… 1452

藏 …………………………………… 1452

  藏（吐蕃、烏斯藏）…………… 1452

  藏（烏斯藏）…………………… 1453

  藏 ………………………………… 1459

  藏——與侯顯等 ………………… 1461

  藏 ………………………………… 1462

  藏——番僧 ……………………… 1462

藏——番僧

  （與劉春之議論）……………… 1464

藏——番僧 …………………………… 1464

藏 ……………………………………… 1467

藏——烏斯藏大寶法王 ……………… 1468

藏——大乘法王等 …………………… 1471

藏——闡化等五王 …………………… 1473

藏（朶甘）…………………………… 1478

藏（長河西魚通寧遠宣

  慰司）…………………………… 1480

藏（董卜韓胡宣慰司）……………… 1482

中華人 ……………………………… 1484

仲家 ………………………………… 1484

  仲家子 …………………………… 1484

  仲家苗 …………………………… 1484

  仲家 ……………………………… 1485

  仲［家］………………………… 1486

  仲　家 …………………………… 1486

諸夏 ………………………………… 1486

僮 …………………………………… 1486

  僮——自稱 ……………………… 1486

  僮——"卓旺"神

  （與自稱？）…………………… 1486

  ［僮］…………………………… 1487

  僮 ………………………………… 1489

  ［僮］…………………………… 1489

  ［僮］——與韓觀 ……………… 1491

  僮——與山雲 …………………… 1492

  僮 ………………………………… 1493

  ［僮］…………………………… 1494

  僮（廣東）……………………… 1495

［僮］（廣西蠻） …………………… 1495
僮（廣西） ………………………… 1496
［僮］（廣西） ……………………… 1497
僮（廣西） ………………………… 1498
僮（梧州） ………………………… 1498
［僮］——蒼梧 …………………… 1498
僮（梧州） ………………………… 1499
［僮］（＋瑤）（廣西桂林府）…… 1499
僮（廣西古田） …………………… 1499
僮（古田） ………………………… 1500
僮——古田僮人起事 …………… 1501
僮（桂林） ………………………… 1502
［僮］（柳州山賊）
　（潯、柳州蠻）………………… 1503
［僮］（廣西八寨）………………… 1503
［僮］（柳州） ……………………… 1504
僮（柳州） ………………………… 1504
僮（潯州） ………………………… 1505
［僮］（廣西南寧府）……………… 1506
［僮］（上思） ……………………… 1506
僮（南寧） ………………………… 1507
［僮］（思恩蠻）…………………… 1508
［僮］（廣西思恩府）……………… 1508
［僮］（思恩） ……………………… 1508
［僮］（上林） ……………………… 1511
僮（思恩） ………………………… 1511
僮（田州、思恩）
　——與王守仁 ………………… 1514
［僮］（田州蠻）…………………… 1514

［僮］（廣西田州） ………………… 1515
［僮］（田州） ……………………… 1515
僮（田州） ………………………… 1518
僮（恩城） ………………………… 1523
僮（上隆） ………………………… 1523
［僮］（廣西泗城州）……………… 1524
僮（泗城） ………………………… 1524
僮（利州） ………………………… 1527
［僮］（廣西龍州）………………… 1528
［僮］（龍州） ……………………… 1528
［僮］（龍州、憑祥）……………… 1529
［僮］（廣西奉議、南丹州）……… 1529
僮（奉議） ………………………… 1529
［僮］（宜山蠻）…………………… 1531
［僮］（忻城蠻）…………………… 1531
［僮］（慶遠蠻）…………………… 1531
僮（慶遠） ………………………… 1531
僮（平樂） ………………………… 1535
僮（太平） ………………………… 1537
僮（思明） ………………………… 1538
僮（思明）——與安南 …………… 1540
僮（鎮安） ………………………… 1541
僮（都康） ………………………… 1542
僮（歸順州） ……………………… 1542
僮（向武） ………………………… 1543
僮（江州） ………………………… 1544
僮（思陵州） ……………………… 1544
僮——狼兵 ……………………… 1544
［僮］——狼兵 …………………… 1545

附錄　潘光旦日記摘錄 ……………………………………………………………… 1547

《史記》之部

《史記》〔漢〕司馬遷撰
　　　　〔宋〕裴駰集解
　　　　〔唐〕司馬貞索隱
　　　　〔唐〕張守節正義
〔日〕瀧川資言《史記會注考證》

總　　錄

民族政策——"來遠人"

《史記》卷一《五帝紀》：

　　［佐舜二十二人之一，亦即四嶽十二牧以外之六人之一曰］龍，主賓客，遠人至。

《史記》卷六：

　　［秦始皇與羣臣東巡至琅邪，刻石作頌，既竟，］與議於海上。曰："……古之五帝三王，知教不同，法度不明，假威鬼神，以欺遠方，實不稱名，故不久長。……"

民族政策——五服

《史記》卷二：

　　令天子之國以外五百里甸服：百里賦納總，二百里納銍，三百里納秸服，四百里粟，五百里米。甸服外五百里侯服：百里采，二百里任國，三百里諸侯。侯服外五百里綏服：三百里揆文教，二百里奮武衛。綏服外五百里要服：三百里夷，二百里蔡。要服外五百里荒服：三百里蠻，二百里流。

《史記》卷四：

　　先王之制，邦內甸服，邦外侯服，侯衛賓服，夷蠻要服，戎翟荒服。甸服者祭，侯服者祀，賓服者享，要服者貢，荒服者王。日祭，月祀，時享，歲貢，終王。先王之順祀也，有不祭則修意，有不祀則修言，有不享則修文，有不貢則修名，有不王則修德，序成而有不至則修刑。於是有刑不祭，伐不祀，征不享，讓不貢，告不王。於是有刑罰之辟，有攻伐之兵，有征討之備，有威讓之命，有文告之辭。布令陳辭而有不至，則增修於德，無勤民於遠。是以近無不聽，遠無不服。

民族政策——長城

《史記》卷四四《魏世家》：

[魏惠王]十九年……築長城，塞固陽。

　　　　張守節：《括地志》云，"榾陽縣，漢舊縣也，在銀州銀城縣界。"按：魏築長城，自鄭濱洛，北達銀州，至勝州固陽縣爲塞也。固陽有連山，東至黃河，西南至夏、會等州。

　　　　瀧川：《水經注》引《紀年》，梁惠成王十二年，龍賈帥師築城于西邊。蓋魏築長城，在惠王十二年以前，至此而竣也。

　　　　瀧川：《秦本紀》云"魏築長城，自鄭濱洛以北，有上郡"，即是。

　　　　瀧川：固陽，山西歸北城西北烏拉特旗界内。

《史記》卷四三《趙世家》：

　　[趙肅侯]十七年……築長城。

　　　　張守節：劉伯莊云"蓋從雲中以北至代"。按：趙長城從蔚州北西至嵐州北，盡趙界。

《史記》卷八八《蒙恬列傳》：

　　秦已并天下，乃使蒙恬將三十萬衆北逐戎狄，收河南。築長城，因地形，用制險塞，起臨洮，至遼東，延袤萬餘里。

　　　　瀧川：梁玉繩曰："……其實不盡然也，以《趙世家》、蘇秦、匈奴傳及《竹書》考之，大半七國時所築，蒙恬特繕治增設，使萬里相連屬耳……《淮南子·人間訓》言，蒙公、楊翁將築城，史但舉蒙恬遂令楊翁之名不著，《始皇紀》有楊端和，豈即楊翁耶？"

《史記》卷六《秦始皇本紀》：

　　[秦始皇]三十四年，適治獄吏不直者，築長城。

民族政策——士兵

《史記》卷四：

　　[周武王伐紂中：]庸、蜀、羌、髳、微、纑、彭、濮人。

　　　　光旦：詳參"漢——革命之際之多民族關係"片。

《史記》卷七〇《張儀列傳》：

　　[張儀説韓王以韓弱秦强，韓應事秦]……秦馬之良，戎兵之衆。

　　　　瀧川：張文虎曰，上下[文]皆言馬，戎兵之衆一句雜出，且上文已言之矣，疑衍。

　　　　光旦：不雜出，此言戎兵，非兵戎。若言兵戎，則衍矣。此言利用戎人之兵也。戎兵多善騎射，亦與上下文相符，不雜出。秦霸西戎，所滅之戎不一而足，史有"八戎"之說，其不可能不利用戎兵，可推論而知也。

《史記》卷四三《趙世家》：

〔趙武靈王〕二十年……代相趙固主胡，致其兵。二十一年，攻中山。〔三軍及車騎之外〕……趙希并將胡、代。

民族政策——土兵

楚漢争天下之際，雙方均曾用樓煩弓兵。見《史記》卷七。

光旦：詳"漢——革命之際之多民族關係"片。

民族政策——服兵役

《史記》卷六：

〔秦始皇〕九年……長信侯〔嫪〕毐作亂而覺，矯王御璽及太后璽以發縣卒及衛卒、官騎、戎翟君公、舍人。

民族政策——擴張

光旦：秦始皇一面反對"假威鬼神，以欺遠方"（《本紀》二十八年），一面卻亦"假威鬼神"，以事擴張，二事可證：

1. 借徐市求神仙之說，發童男女數千人入海。

2. "燕人盧生，使入海還，以鬼神事，因奏《錄圖書》，曰'亡秦者胡也'"（《本紀》三十二年）。因此口實，以擊胡。

民族政策——變俗與從俗

《史記》卷三三《魯周公世家》：

魯公伯禽之初受封之魯，三年而後報政周公。周公曰："何遲也？"伯禽曰："變其俗，革其禮，喪三年而後除之，故遲。"太公亦封於齊，五月而報政周公。周公曰："何疾也？"曰："吾簡其君臣禮，從其俗爲也。"及後聞伯禽報政遲，乃歎曰："嗚呼，魯後世其北面事齊矣！夫政不簡不易，民不有近；平易近民，民必歸之。"

光旦：從俗者得之。

光旦：齊所從者主要爲萊夷，魯所變革者主要爲淮夷，徐戎則雙方共之。

《史記》卷四三《趙世家》:

　　[趙武靈王]十九年……王……召樓緩謀曰:……[趙處境特殊,欲求自強而弱敵,]"吾欲胡服。"樓緩曰:"善。"羣臣皆不欲……王曰:"簡、襄主之烈,計胡、翟之利。……今吾欲繼襄主之跡,開於胡、翟之鄉……用力少而功多,可以毋盡百姓之勞,而序往古之勳。……今吾將胡服騎射以教百姓,而世必議寡人,柰何?"[時肥義侍,]肥義曰:"……昔者舜舞有苗,禹袒裸國,非以養欲而樂志也,務以論德而約功也。……王何疑焉。"王曰:"吾不疑胡服也……胡地中山吾必有之。"於是遂胡服矣。

　　[王叔公子成不欲,使王孫緤告之曰,]"今胡服之意,非以養欲而樂志也;事有所止而功有所出,事成功立,然后善也。……"公子成……曰:"……臣聞中國者,蓋聰明徇智之所居也,萬物財用之所聚也,賢聖之所教也,仁義之所施也,《詩》《書》禮樂之所用也,異敏技能之所試也,遠方之所觀赴也,蠻夷之所義行也。今王舍此而襲遠方之服,變古之教,易古之道,逆人之心,而佛學者,離中國,故臣願王圖之也。"

　　[王又自往説公子成]曰:"……叔之所言者俗也,吾所言者所以制俗也。"[制俗以應國家之需要也。]

　　[公子成乃聽命。]乃賜胡服。明日,服而朝。於是始出胡服令。

民族政策——和親

《史記》卷四四《魏世家》:

　　[晉]悼公三年……任魏絳政,使和戎翟,戎翟親附。悼公之十一年,曰:"自吾用魏絳,八年之中,九合諸侯,戎翟和,子之力也。"賜之樂。

《史記》卷九九《劉敬……傳》:

　　高帝罷平城歸,韓王信亡入胡。當是時,冒頓爲單于,兵彊,控弦三十萬,數苦北邊。上患之,問劉敬。劉敬曰:"天下初定。士卒罷於兵,未可以武服也。冒頓殺父代立,妻羣母,以力爲威,未可以仁義説也。獨可以計久遠子孫爲臣耳,然恐陛下不能爲。"……"陛下誠能以適長公主妻之,厚奉遺之……蠻夷必慕以爲閼氏,生子必爲太子,代單于。何者?貪漢重幣。陛下以歲時漢所餘彼所鮮數問遺,因使辯士風諭以禮節。冒頓在,固爲子壻;死,則外孫爲單于。豈嘗聞外孫敢與大父抗禮者哉?兵可無戰以漸臣也。若陛下不能遣長公主,而令宗室及後宮詐稱公主，彼亦知，不肯貴近，無益也。"高帝曰："善。"欲遣長公主。吕后日夜泣，[不肯]……[不得已，]取家人子名爲長公主，妻單于。使劉敬往結和親約。

《史記》卷一〇：

　　[漢文帝]後二年，上曰："朕既不明，不能遠德，是以使方外之國或不寧息。夫四荒之外不安其生，封畿之内勤勞不處，二者之咎，皆自於朕之德薄而不能遠達也。間者累年，匈奴並暴邊境，多殺吏民，邊臣兵吏又不能諭吾内志，以重吾不德也。夫久結難連兵，中外之國將何以自寧？今朕夙興夜寐，勤勞天下，憂苦萬民，爲之怛惕不安，未嘗一日忘於心，故遣使者冠蓋相望，結軼於道，以諭朕意於單于。今單于反古之道，計社稷之安，便萬民之利，親與朕俱弃細過，偕之大道，結兄弟之義，以全天下元元之民。和親已定，始于今年。"

《史記》卷一〇：

　　[漢文帝]後六年……與匈奴和親，匈奴背約入盜，然令邊備守，不發兵深入，惡煩苦百姓。

《史記》卷一一：

　　[漢景帝]元年……匈奴入代，與約和親。

《史記》卷一一：

　　[漢景帝]中二年二月，匈奴入燕，遂不和親。

民族政策——納降與對降者的寬縱

《史記》卷五七《絳侯世家》：

　　[漢制異姓非有功不侯，景帝欲侯皇后兄王信，丞相周亞夫爭之而止，]其後匈奴王[唯]徐盧等五人降(應作七人降)，景帝欲侯之以勸後。[亞夫又爭之]……帝曰："丞相議不可用。"乃悉封……爲列侯。

　　　　司馬貞：《功臣表》，唯徐盧封容城侯。

民族政策——語言

《史記》卷八：

　　[高帝]六年……[以]子肥爲齊王，王七十餘城，民能齊言者皆屬齊。

　　　　光旦：此雖不是民族語言，推此而言，漢族一貫尊重他族之語言，而不以本族語强加諸人，亦不言可知矣。

民族觀

《史記》卷六七《仲尼弟子列傳》：

  孔子曰："言忠信，行篤敬，雖蠻貊之國（《論語》作邦）行也。"

    光旦：少數民族同具人之特徵。

《史記》卷八三《魯仲連鄒陽列傳》：

  [鄒陽從獄中上梁孝王書：]……秦用戎人由余而霸中國，齊用越人蒙而強威、宣。此二國，豈拘於俗，牽於世，繫阿偏之辭哉？公聽並觀，垂名當世。故意合則胡越為昆弟，由余、越人蒙是矣；不合，則骨肉出逐不收，朱、象、管、蔡是矣。

    光旦："意合，胡越為昆弟"大是原則語，以今語言之，猶曰：政治目的相同，則可為兄弟民族也。

民族地區——晉北（春秋）

《史記》卷四三《趙世家》：

  [趙襄子獲竹中朱書讖文曰：]"余霍泰山山陽侯天使也。……余將賜女林胡之地。至于後世，且有伉王，赤黑，龍面而鳥噣，鬢麋髭䯍，大膺大胸，修下而馮[上]，左衽界乘，奄有河宗，至于休溷諸貉……北滅黑姑。"襄子再拜，受……令。

    張守節：河宗，龍門河之上流，嵐、勝二州之地。

    張守節：自河宗、休溷諸貉，乃戎狄之地。

    張守節：黑姑，亦戎國。

    光旦：預言趙武靈王之事，後世圖讖家為之。

    光旦：休溷即薰育、葷粥之倫，字異耳。

民族地區——晉北（戰國）

《史記》卷四三《趙世家》：

  [趙武靈王]十九年……王北略中山之地，至於房子，遂之代，北至無窮，西至河，登黃華之上。召樓緩謀曰："我先王因世之變，以長南藩（北藩？）之地……立長城，又取藺、郭狼，敗林人於荏，而功未遂。今中山在我腹心，北有燕，東有胡，西有林胡、樓煩、秦、韓之邊，而無彊兵之救，是亡社稷，奈何？……吾欲胡服。"

瀧川：《趙策》，武靈王曰，先君襄主與代交地，城境封之，名曰無窮之門。

　　瀧川：梁玉繩曰，無窮，疑無終。

　　瀧川：郭狼，疑是皋狼。

　　光旦：周成王時，趙之先，孟增，曾居西河之地名皋狼，因名宅皋狼，見《世家》上文。

民族地區——雲南

《史記》卷二三《禮書》：

　　莊蹻起，楚分而爲四。

　　　司馬貞：楚將之名。言其起兵亂後楚遂分爲四。按《漢志》，滇王，莊蹻之後也。

　　　張守節：或曰，楚莊王苗裔也。《括地志》，師州、黎州在京西南五千六百七十里。戰國楚威王時，莊蹻王滇，則爲滇國之地。

《史記考證》卷六八（頁二二）：

　　沈欽韓曰：《商君書》……《弱民》篇……莊蹻發於內楚，則皆在秦昭王時，非商君本書也。

民族事務官

《史記》卷九：

　　典客劉揭……說呂祿……之國，急歸將印辭去……祿……遂解印屬典客。

　　　裴駰：《漢書·百官表》，典客，秦官也，掌諸侯、歸義蠻夷。

《史記》卷一〇：

　　[漢文帝後七年營霸陵，以]屬國[徐]悍爲將屯將軍。

　　　裴駰：《漢書·百官表》，典屬國，秦官，掌蠻夷降者。

《史記》卷一一：

　　[漢景帝]中六年，[更若干官名，]更命……典客爲大行。

　　　司馬貞：韋昭云，秦時云典客，景帝初改云大行，後更名大鴻臚……《百官表》又云武帝改名大鴻臚。鴻，聲也。臚，附皮。以言其掌四夷賓客，若皮臚之在外附於身也。

《史記》卷一〇八《韓長孺傳》：

[漢]建元中……[以太尉田蚡薦,]召[韓安國]以爲北地都尉。

　　瀧川:錢大昭曰,北地有兩都尉:北部都尉,治神泉障;渾懷都尉,治塞外渾懷障。

論民族史料

《會注考證》卷四(頁五八):

　　張文虎曰:史叙[周]宣王中興止……十八字,凡《詩》所稱北逐獫狁,南征荆蠻,及吉甫、方叔之倫,概不書。蓋宣王不終,史祇依《國語》作《紀》,故多闕略。

《會注考證》卷四(頁五九):

　　瀧川資言:《史記》叙宣王,不及南北經略事,今依崔氏《豐鎬考信錄》補之。

民族關係——論文目

吕振羽:中国民族关系发展的历史特点 《民族团结》1958年4月号

前人:关于历史上的民族融合问题 《历史研究》1959年第4期

前人:从远古文化遗存看我国各民族的历史关系 《人民日报》1961年4月23日

前人:论我国历史上民族关系的基本特点 《学术月刊》1961年6月号

赵华富:为正确阐明我国历史上的民族关系而斗争 《山大学报》1959年第1期

侯方岳:对于研究各民族历史的几点意见 《民族团结》1959年3月号

袁英光:论清代民族进一步融合中的若干问题 《历史教学问题》1959年第5期

何兹全:中国古代史教学中存在的一个问题 《光明日报》1959年7月5日

翦伯赞:从西汉的和亲政策说到昭君出塞 《光明日报》1961年2月5日

前人:对处理若干历史问题的初步意见 《光明日报》1961年12月22日

前人:怎样处理历史上的民族关系和阶级关系 《文汇报》1962年5月18日

四川省讨论我国历史上的民族问题 《历史研究》1961年第3期

广西民族学院历史系讨论中国历史上的民族关系 《广西日报》1961年5月23日

吴晗:历史教材和历史研究中的几个问题 《人民教育》1961年9月号

孙祚民:中国古代史中有关祖国疆域和少数民族的问题 《文汇报》1961年11

月 4 日

前人：再论中国古代史中有关祖国疆域和少数民族的问题 《文汇报》1962 年 8 月 2 日

陈守实：怎样处理中国历史上民族斗争与民族同化等问题 《文汇报》1961 年 11 月 19 日

如何处理我国历史上的民族关系 《北京日报》1962 年 1 月 18 日

关于我国历史上的民族关系等问题的研究和讨论 《新建设》1962 年 1 月号

关于我国历史上的疆域和民族关系等问题 《文汇报》1962 年 5 月 18 日

周干潆：我国历史上民族关系的几个问题 《天津日报》1962 年 6 月 20 日

章鲁：谈谈民族同化和民族融合的区别问题 《新建设》1962 年 6 月号

关于历史上的民族同化和民族融合等问题 《文汇报》1962 年 8 月 12 日

八　夷

《史記》卷九九《劉敬叔孫通傳》：

　　周之盛時……八夷大國之民莫不賓服，效其貢職。

　　　　光旦：八夷，注疏家無説明。自是"八方之夷"，汎言之也。此婁敬説劉邦都關中一段話中語。

巴

巴

《史記》卷三三《魯周公世家》：

　　[周武王]封周公旦於少昊之虚曲阜。

　　　　光旦：少昊原屬東方，此可證。後世所以以少昊屬西方者，實緣本屬西方之太暤，已因參加諸夏之先，成爲主要之古帝王，而不能不改而屬之東方；二"帝"東西對換有民族意義，在他處已論及之。

《史記》卷六八《商君列傳》：

　　[趙良於商君前論百里奚爲秦相之功德優於商君：]發教封内，而巴人致貢；施德諸侯，而八戎來服。由余聞之，款關請見。

　　　　光旦：時秦尚未有巴郡之地，此巴人或爲巴郡地區者，或爲本在"封内"者，均有可能。秦舊境内即有巴人，可以無疑。

  光旦：巴亦戎也，然早亦具體分出。八戎中無巴。

《史記》卷四〇《楚世家》：

  [楚成王]三十九年……滅夔，夔不祀祝融、鬻熊故也。

  裴駰：服虔曰，夔，楚熊渠之孫熊摯之後。

  光旦：不祀，明已化於蠻，當地之蠻，巴也。

  光旦：參《左》僖二十六年，較詳。

《史記》卷三二《齊太公世家》：

  [齊]晏孺子元年……十月戊子，田乞[將立公子陽生，]請諸大夫曰："常之母有魚菽之祭，幸來會飲。"……

  《集解》：何休曰：齊俗，婦人首祭事。

  光旦：何休所云齊俗，疑本羌俗，太公姜姓，姜即羌也。或竟是巴俗，田之爲姓，頗疑與江漢巴人大姓之一"田"有涉。曰齊俗者，亦可視爲羌、巴所共有之俗，羌與巴皆自西來，關係本切。婦人主祭事，顯非諸夏之俗，自不待辯。參"巴——分布"片。

《史記》卷四〇《楚世家》：

  初，[楚]共王有寵子五人，無適立，[欲卜之]……與巴姬埋璧於室内，召五公子齋而入。[觀其踐履所及當璧或最近璧者立之。]

  光旦：楚與巴婚之一例。前後又有樊姬者，亦巴女也。

《史記》卷四〇《楚世家》：

  [楚]肅王四年，蜀伐楚，取茲方。於是楚爲扞關以距之。

  司馬貞：茲方，今闕。

  張守節：《古今地名》云，荆州松滋縣……即楚茲方。

  光旦：扞關所在二說，一魚復縣，二長陽縣，前說爲近是，長陽在清江上，不當交通孔道。

  光旦：蜀似應作巴。巴之下場不明，豈前於此已見滅於蜀乎，未見紀錄。

《史記》卷四六《田完世家》：

  [齊宣王]二年，魏伐趙。趙與韓親，共擊魏。趙不利，戰於南梁。……韓氏請救於齊。

  張守節：《括地志》云："故梁在汝州西南二百步。《晉太康地記》云

'戰國時謂南梁者，別之於大梁、少梁也'。古蠻子邑也。"

  瀧川：南梁故城，河南臨汝縣西南。

  光旦：所云蠻子，應是巴人。古於中原、西南之巴人，一貫稱蠻，一也。汝州迤西迤南，中古爲巴人大量集居之地，固無疑義，其集中當亦有漸，春秋戰國之前以開其端，二也。

《史記》卷五：

  ［秦昭襄王］二十七年……使司馬錯發隴西，因蜀攻楚黔中，拔之。……

  ［秦昭襄王］三十年，蜀守［張］若伐楚，取巫郡，及江南爲黔中郡。

  張守節：《華陽國志》，張若爲蜀中郡守。

  張守節：《括地志》，巫郡在夔州東百里；黔中故城在辰州沅陵縣西二十里；江南，今黔府。

  瀧川：梁玉繩曰，白起及春申君傳言起取之，非蜀守張若，豈伐巫之役，起與若共之與？

  光旦：下文三十一年，黔中郡又反歸楚。

  光旦：上文孝公元年云："楚自漢中，南有巴、黔中。"

《史記》卷一二：

  ［漢武帝］東巡海上，行禮祠八神。

  司馬貞：《郊祀志》，一曰天主，祠天齊……

  光旦：天主名天齊，自是齊地原有之土著信仰，與中原不同。然所謂土著信仰果出何族乎？疑或與早期來山東之巴人有涉，巴語，或今土家語，稱"天"爲"墨"，疑初本名"墨齊"，"齊"本音，無可譯者，"墨"則譯作"天"。又何以知"墨齊"爲巴語？則"墨齊"固亦巴人，與今土家族之自稱也。

  光旦："齊"之地名亦源於此。

《史記》卷二八《封禪書》：

  始皇遂東游海上，行禮祠名山大川及八神……八神將自古而有之，或曰太公以來作之。齊所以爲齊，以天齊也。其祀絶莫知起時。八神：一曰天主，祠天齊。天齊淵水，居臨菑南郊山下者。……

  司馬貞：顧氏案，解道彪《齊記》云"臨菑城南有天齊泉，五泉並出……言如天之腹齊也"。

  光旦：自是望文生義，強作解釋。

光旦:《史記》卷二八《封禪書》:"於下邳有天神",齊之天齊即下邳之天神也,皆出一源。上、下邳春秋爲邳戎地,遠古與巴人之先宓犧有涉。

巴——分布

光旦:古代,至遲到周初,山東即有西來之巴人,證:

1."天齊"之信仰。

2.孔子弟子有宓不齊。

3.齊多田姓。

4.蹇叔爲齊人。

5.濟南有"靡笄"山(《史記》卷三二,齊頃公十年,晉救魯、衛伐齊,"六月壬申,與齊侯兵合靡笄下"。賈逵曰,"山名也",司馬貞曰,山"在濟南"。)按:今宜昌有靡笄山,在長江北岸江面。疑皆沿巴人自稱而來。

6.曹參從韓信擊龍且軍於上假密,張守節《正義》云,上假密,即高密也;《地理志》云,高密爲膠西國,下密在膠東國;《括地志》云,濰水,今俗謂百尺水,在密州高密縣。

光旦:"密"與"百尺"疑均與巴人之自稱有涉。上所引《正義》文見《考證》本,卷五四,頁一一。

7.譚子奔莒之譚,疑亦與巴有係。

8.二田巴。一戰國時人,嘗辯於徂丘,議於稷下,毀五帝,罪三王。(宣王時)一秦末齊人,與楚之項它隨周市同救魏者(《史記》卷九〇;《漢書》卷三三)。

《史記》卷五五《留侯世家》:

漢元年正月,沛公爲漢王,王巴、蜀。

張守節:巴、通、壁、蓬、開、集、合、萬、忠、渠、渝等十一州,本巴國地也;蜀、益、彭、劍、綿、閬、杲(果?)、遂、梓、眉、邛、雅、資、嘉、普、戎、雟、姚、利等十九州,本蜀侯之國也。(《会注考證》)

《史記》卷五七《絳侯周勃世家》:

[周勃]圍章邯廢丘。破西丞。擊盜巴軍,破之。攻上邽。

裴駰:如淳曰,盜巴,章邯將。

瀧川:《漢書》,盜巴作益已。《漢書評林》云,二字筆畫相似,未辨孰是。

　　光旦：盜巴二字或不誤，當有所指，西縣與上邽皆在秦州之境，而秦州固巴人之老根據地也。秦、漢之間，此地尚有巴人聚而爲盜，亦事理之可能者。

巴——自稱

《史記》卷五：

　　[秦]文公……十九年，得陳寶。

　　司馬貞：《漢書·郊祀志》，文公獲若石云，于陳倉北阪城祠之，其神來，若雄雉，其聲殷殷云，野雞夜鳴，以一牢祠之，號曰陳寶。

　　司馬貞：臣瓚，陳倉縣有寶夫人祠，歲與葉君神會，祭于此者也。

　　司馬貞：蘇林，質如石，似肝。

　　張守節：《括地志》，寶雞神在岐州陳倉縣東二十里故陳倉城中。

　　張守節：《晉太康地志》，"秦文公時，陳倉人獵得獸，若彘，不知名，牽以獻之。逢二童子，童子曰：'此名爲媦，常在地中，食死人腦。即欲殺之，拍捶其首。'媦亦語曰：'二童子名陳寶，得雄者王，得雌者霸。'陳倉人乃逐二童子，化爲雉，雌上陳倉北阪，爲石，秦祠之"。《搜神記》云其雄者飛至南陽，其後光武起於南陽，皆如其言也。

　　光旦：寶雞二字，音與巴人自稱甚近。疑秦初起時，此一地區即有巴人，外人習聞此自稱之音，而不知其爲自稱，於是演爲神話。南陽亦巴人大雜小聚之區，漢光武之舅樊氏，即起於巴。

《史記》卷二八《封禪書》：

　　[秦文公十九年]獲若石云，于陳倉北阪城祠之。其神或歲不至，或歲數來，來也常以夜，光輝若流星，從東南來集于祠城，則若雄雞，其聲殷云，野雞夜雊。以一牢祠，命曰陳寶。

　　張守節：《括地志》，寶雞神祠在漢陳倉縣故城中。

　　瀧川：《漢志》，雞作雉。

　　光旦：寶雞，寶雉，音均近巴人自稱。

　　光旦：曰從東南來，曰歲不至或數來，亦若與巴人流動之方向與頻數相合。

　　光旦：寶雉，《漢書·地理志》南陽郡有雉縣，江夏郡有下雉縣，豫西南之雉水，皆同一起源。

《史記》卷一〇五《扁鵲倉公傳》：

扁鵲者……姓秦氏，名越人。

瀧川：梁玉繩曰，據下文，乃齊人。

瀧川：陳仁錫曰，《周禮釋文》引《史記·扁鵲傳》云，姓秦，名少齊，越人。

光旦："扁鵲"疑是所出族類之名，曰齊人，曰姓秦，曰字少齊，蛛絲馬跡，約略可尋。

《史記》卷四一《越世家》：

當楚威王之時，越北伐齊，齊威王（梁玉繩曰，應作齊宣王）使人說越王，[使西伐楚，且誘使楚與晉鬥，以分楚之兵力，而]越窺兵通無假之關。

張守節：按無假之關，當在江南長沙之西北。

光旦：於是越遂興兵伐楚，楚威王大舉反擊，大敗越，殺越王無彊，盡取越所滅吳地。

光旦：無假之關，注疏家不詳，只《正義》謂在長沙西北，又以上下文推之，應爲鄂西之地不疑。長沙西北，或鄂西，固巴人之地也，"無假"亦音近巴人及今土家人之自稱，作史者於湘鄂西無人地不甚了了，只知其地有稱爲"無假"之人。曰"無假之關"者，猶云越過某一界口，即爲"無假"人之境耳。此一帶人之自稱，至宋則有"白芀"，如施州之"白芀"子弟兵，"無假"即"白芀"也，"芀"音"棘"。

《史記》卷七〇《張儀列傳》：

苴、蜀相攻擊，各來告急於秦。

裴駰：徐廣曰，譙周曰益州"天苴"，讀爲"包黎"之"包"，音與"巴"相近，以爲今之巴郡。

司馬貞：苴音巴，謂巴、蜀之夷自相攻擊也。今字作"苴"者，按巴苴是草名，今論巴，遂誤作"苴"也。或巴人、巴郡本因芭苴得名，所以其字遂以"苴"爲"巴"也。注，"益州天苴讀爲芭黎"，天苴即巴苴也。譙周，蜀人也，知"天苴"之音讀爲"芭黎"之"芭"。……

光旦：益州天苴，天音包，非苴音包，《索隱》以次皆誤，《正義》亦含糊不明。今與巴人有先後淵源之湘西土家稱"天"爲"墨"，"墨"與"包"音近，曰"天苴"者，即"墨苴"也，即今土家人自稱之"畢茲"也。

光旦：《索隱》，巴人、巴郡因芭苴得名，甚是。但司馬知一不知二，不必轉芭苴草的彎子。歷代皆未識此二字音為巴人自稱，大可怪。宋人不知"白芳"，亦其例。

光旦：《索隱》既云"天苴即巴苴"，又何以言苴音巴，小司馬自相矛盾。

《史記》卷八四《屈原賈生傳》：

[屈原將自沉，作《懷沙》之賦，有曰：]進路北次兮，日昧昧其將暮。

光旦："北次"二字，歷來注疏家照字面注釋。王逸曰，"次，舍也"。瀧川引中井積德曰，"還鄂之宿次"。疑應別有說。進路北次者，踏上進入巴人所居地之道路也。"北次"之音，即巴人與今土家人之自稱，猶漢唐之"巴苴"、宋元之"白芳"也。賦首屈原自云，"汨徂南土"，朱熹曰，"沂沅湘也"，是又烏得言"北"，中井"還鄂"之說自是強作解釋，行將自沉，又烏得言"舍"、言"宿"，如常人之旅行然？

光旦：屈原所沉水曰汨羅，亦曰汨水，在羅縣北，故亦稱汨羅。羅之來源，史有說，汨則無；按汨音覓，亦即巴人自稱之第一音綴，猶慮、宓也。汨水指巴人一般，而湘水則指巴人中之一姓，相或向也。故，曰"徂南土"，曰"浩浩沅、湘"，與最後之沉於"汨水"，要皆進路北次也。

《史記》卷一二：

泰一佐曰五帝。

張守節：《國語》云，蒼帝靈威仰，赤帝赤熛怒，白帝白招矩，黑帝叶光紀，黃帝含樞紐。

瀧川：此《春秋文耀光》①文，見《周禮·春官》疏，《國語》無。

光旦：白帝之名與巴人及今土家族之自稱甚近，猶"巴子國"之從巴人自稱來也。

《史記》卷一二：

古者天子常以春秋解祠，祠黃帝用一梟、破鏡。

張守節：祭神曰解。（《會注考證》）

裴駰：孟康曰，梟……食母。破鏡，獸名，食父。黃帝欲絕其類，使

---

① 應作《春秋文耀鉤》。查《緯書集成》（上海古籍出版社，1994年）、《周禮》（《十三經注疏》本，中華書局，1980年）、《國語》，所指文中之"矩"作"拒"，"叶"作"汁"。——整理者注

百物祠皆用之。破鏡，如貙而虎眼。

　　光旦：破鏡，音近巴人及今土家族之自稱；"如貙而虎眼"，示義亦有涉也。

巴——地名

《史記》卷六九《蘇秦列傳》：

　　漢中之甲，乘船出於巴，乘夏水而下漢，四日而至五渚。

　　司馬貞：巴，水名，與漢水近。

　　張守節：巴，巴嶺山，在梁州南一百九十里。《周地志》云，"南渡老子水，登巴嶺山。南回（記）大江，此南是古巴國（此句中必有誤字——光旦），因以名山。"劉伯莊云，巴國在漢水上——是。（《會注考證》）

　　瀧川：中井積德曰，巴，以水名爲本，山名此無所當。

　　光旦：山、水俱無所當。"出於巴"者，亦曰"出於巴人所居之地域"耳。

　　光旦：蘇代止燕王毋應秦召，假設爲此秦對楚威脅之語氣。

巴——姓氏

《史記》卷八七《李斯列傳》：

　　［李斯上書論逐客：］昔繆公求士，西取由余於戎，東得百里奚於宛，迎蹇叔於宋，來丕豹、公孫支於晉。

　　光旦：公孫支是諸夏，由余是戎，不論。餘三人疑皆從巴出：

　　1. 百里奚，宛之地，與百里之姓之音，俱與巴有涉。

　　2. 蹇爲巴姓，以字面而論，無疑。東漢末十常侍之首曰蹇碩。蹇叔爲百里奚至友，疑亦宛人，司馬貞曰，"今云於宋，未詳所出"。張守節曰，岐州人，時遊宋，故云。岐亦巴人散居區。

　　3. 丕豹是晉奔秦，《左傳》有明文。丕姓，史所僅見，唯《宋史·地理志》云，宋初定四川東部置軍（梁山軍？），以當地人丕姓者爲之主領。二人時地相去雖遠，疑或有涉。

巴——度、庹

《史記會注考證》卷三九：

张守節曰，《春秋》云……夏……封劉累之孫于大夏之墟……至周成王時，唐人作亂，成王滅之［以封唐叔虞］，更遷唐人子孫于杜，謂之杜伯，即范匄所云"在周爲唐杜氏"。

光旦：杜即杜陵，長安東南。

光旦：巴人"板楯"七姓中有"度"，後似頗有改爲"杜"者。"度"、"杜"之關係，不出二説，一爲"度"乃本原，杜從度出；杜陵之杜即因古有"度"姓人居住而來，不自杜伯始。二則杜本與巴人無涉，而人因同音之便而冒之者。疑前一説爲長。

巴——蹇姓

《史記》卷五：

［百里傒語秦繆公：］"臣不及臣友蹇叔，蹇叔賢而世莫知，臣常游困於齊而乞食铚（徐廣曰，一作銍）人，蹇叔收臣。……"

光旦：蹇姓初見於史。蹇爲巴姓不疑，而此最早之例乃在齊，説明巴人之東徙不在羌人之後，或竟與最早之羌人同時，與羌人關係在分合之間。此應與"宓"姓、"天齊"之信仰、齊有"田"、"譚"等姓合併考慮。

《史記》卷八七《李斯列傳》：

［李斯上書論逐客：］昔繆公求士……迎蹇叔於宋。

光旦：張守節謂是岐州人，未詳所據。然百里奚舉蹇叔，百里奚爲宛人，疑蹇叔亦豫西南隅之人，無論岐、宛，要皆巴人散布之地區也。

巴——虙、宓、伏

《史記》卷六七《仲尼弟子列傳》：

宓不齊，字子賤。

裴駰：孔安國曰，魯人。

張守節：《顏氏家訓》云，兗州永昌郡城，舊單父縣地也。東門有子賤碑，漢世所立，乃云濟南伏生即子賤之後，是"虙"之與"伏"古來通，字誤爲"宓"，較可明矣。虙字從"虍"音呼；宓從"宀"音緜。下俱爲"必"，世傳寫誤也。

光旦：全是顏氏語。查顏氏本書。

巴——文姓

《史記》卷四一《越世家》：

　　句踐……乃令大夫種行成於吳。

　　　　張守節：《吳越春秋》云，大夫種，姓文，名種，字子禽，荊平王時爲宛令。（瀧川《考證》：沈家本曰，今本《吳越春秋》無此語。）

　　　　光旦：以其宛令推之，疑文種初亦巴人也。

巴——鄂

《史記會注考證》卷三九：

　　司馬貞曰，唐本堯後，封在夏墟，而都於鄂。鄂，今在大夏是也。及[周]成王滅唐之後，乃分徙之於許、郢之間，故《春秋》有唐成公是也，即今之唐州也。（《史記索隱》卷一二）

　　　　光旦：此說未知所本。據此，則鄂初在今山西境，至周初始因唐人之徙而入於許、郢之間，以成湖北之所以爲鄂。果爾，則疑遠古時，巴人之先祖曾入山西矣。

　　　　光旦：湖北之所以爲鄂，半或由此，半則由巴漢直接移來。其時亦尚不晚，猶在劉邦調動"板楯七姓"之前。

　　　　光旦：參"西鄂"之名並查。①

《史記》卷四〇《楚世家》：

　　周夷王之時……[楚熊渠]興兵伐……揚粵，至于鄂。……立其……中子紅爲鄂王。

　　　　張守節：劉伯莊云，[鄂]在楚之西，後徙楚，今東鄂州是也。

　　　　張守節：《括地志》云，鄧州向城縣南二十里西鄂故城是楚西鄂。

　　　　張守節：武昌縣，鄂王舊都。今鄂王神即熊渠子之神也。

　　　　光旦：鄂爲巴姓無疑。先有西鄂，後始於今之鄂（武昌，乃至全省），亦合於遷移與散布之事理。向城之向亦出巴人，初只聯想及之，今與"西

---

① 參下條張守節注。查《讀史方輿紀要》卷五一南陽縣下載西鄂城，在南陽"府北五十里，古楚邑也，漢置西鄂縣"，與張注一致。西漢置西鄂縣，治所在今河南南陽市北。西魏分西鄂縣置向城縣，治所在今河南南召縣東南，五代周廢入南陽縣。（均見《中國歷史地名大辭典》，廣東教育出版社，1995年）——整理者注

鄂"相聯繫，乃知聯想不誤。

　　光旦：巴人東徙爲時極早，固不自東漢初"江夏蠻"始。武昌東湖畔爲"蠻王冢"三，今猶存二，或猶是熊紅立國以前之物。

巴——鄂姓

《史記》卷五三《蕭相國世家》：

　　[漢高集群臣論功，蕭何與曹參孰應爲第一，]關内侯鄂君進曰：……[蕭何應爲第一。]

　　司馬貞：《功臣表》，鄂君即鄂千秋，封安平侯。

　　光旦：史公於此太簡，但言鄂君；若無《功臣表》，名亦將不見於史矣。按劉邦以板楯七姓巴人之力定三秦，七姓之一爲鄂，鄂千秋當是其首領之一。

　　光旦：鄂君論蕭何功應第一，語甚切至，文長不錄。

　　[漢高]曰："吾聞進賢受上賞。蕭何功雖高，得鄂君乃益明。"於是因鄂君故所食關内侯邑封爲安平侯。

　　裴駰：徐廣曰，以謁者從定諸侯有功，秩舉蕭何功，故因侯二千户。

　　封九年卒。至玄孫但，坐與淮南王安通，弃市，國除。

　　張守節：《括地志》云，澤州安平縣，本漢安平縣。

巴——虎

《史記》卷四三《趙世家》：

　　虙戲、神農教而不誅（趙武靈王語）。

　　光旦：虙字，虎頭，必聲。

　　光旦：虙戲爲巴人之先，參《路史》。

《史記》卷六三《老子韓非列傳》：

　　老子者，楚苦縣厲鄉曲仁里人也，名耳，字聃，姓李氏。

　　司馬貞：按葛玄曰，李氏女所生，因母姓也。

　　光旦：老子先世不明，神話甚多，葛玄之説最允。疑巴人之女與人野合而生老子，故名李耳。李耳，巴語"母虎"也。巴人以虎爲圖騰，子爲虎子，女爲虎女，亦曰此虎女所生者耳。參揚雄《方言》。

巴——白虎

《史記》卷四：

[武王伐紂，紂既自燔死，]武王持大白旗以麾諸侯，諸侯畢拜武王。

光旦：後此之白虎幡由來甚遠。此未言虎，但五方五色、西方為白之說當時必已有之，其後始與以虎為標誌之西方某一族人結合耳。

《史記》卷六：

[秦]二世夢白虎齧其左驂馬，殺之，心不樂，怪問占夢。卜曰："涇水為祟。"二世乃齋於望夷宮，欲祠涇，沈四白馬。

光旦：秦與白虎夷接觸，昭襄王時已發生，其所居地去秦都亦不遠，且必已有散入咸陽一帶參加當時暴動者，故日有所聞，而夜有所夢也。為此而齋於望夷宮，地點亦合。注釋家謂望夷宮所以望"北夷"，又安見其必為北方之夷也？昭襄與廩君白虎之後人盟，即稱之曰"夷"。

巴——廩君之祀

《史記》卷五《秦紀》：

[秦]繆公……十五年，[秦、晉韓原（《史記》作韓地，今韓城縣）之戰，秦]生得晉君。……於是繆公虜晉君以歸，令於國，"齊宿，吾將以晉君祠上帝"。

《史記》卷三九《晉世家》：

[晉]惠公……六年……秦繆公、晉惠公合戰韓原（《秦紀》作韓地）……繆公壯士……獲晉公以歸。秦將以祀上帝。

瀧川：梁玉繩曰，內外傳，秦有殺惠公之議，而無祀上帝之語，此（指《秦紀》語）與《晉世家》並非。

瀧川：梁玉繩曰，祀上帝，妄也，說在《秦紀》《晉世家》下）。

光旦：此不必妄。內外傳固無，史公容別有所本，一也。秦本西戎，西戎之俗，有以人祀鬼者，例如巴人以人祀廩君，巴人為西戎之一派無疑也，二也。

巴——語言

《史記》卷五五《留侯世家》：

沛公曰："鯫生教我距關無內諸侯，秦地可盡王。"

裴駰：徐廣曰，吕静曰鰸，魚也，音此垢反。
光旦：魚稱鰸，當出蠻語"娵隅"，參《世説新語》卷七。

巴——冒絮

《史記》卷五七《絳侯周勃世家》：

[薄]太后亦以爲[周勃]無反事。文帝朝，太后[嗔怒]，以冒絮提文帝……

裴駰：應劭曰，陌額絮也。

裴駰：晉灼曰，《巴蜀異物志》謂頭上巾爲冒絮。

司馬貞：《方言》云，幪巾，南楚之間云"陌額"也。

司馬貞：服虔云，冒絮，綸絮也。

光旦：今巴人舊地，及土家居住地人民猶多服此，率用白布。他族亦有用之者，則其色不同，如苗家用藍布。

白　狄

《史記會注考證》卷五：

瀧川資言引顧棟高曰……晉文公初伯，攘白狄，開西河；[三家分晉，]魏得之而爲西河上郡；白狄之地，爲今陝西延安府。

白　題

《史記》卷九五《樊酈滕灌列傳》：

[灌]嬰……從擊韓[王]信胡騎晉陽下，所將卒斬胡白題將一人。

裴駰：服虔曰，白題，胡名也。

瀧川：沈欽韓曰，《梁書·諸夷傳》，白題國，其先匈奴之別種胡，今在滑國東。按裴子野即援此傳爲證。

白　羊

《史記》卷九九《劉敬……傳》：

劉敬從匈奴來，因言"匈奴河南白羊、樓煩王，去長安近者七百里，輕騎一日一夜可以至秦中"。

裴駰：張晏云，白羊，匈奴國名。

光旦：參"樓煩"片。

番 吾

《史記》卷八一《廉、藺列傳》：

秦攻番吾，李牧擊破秦軍。（趙幽繆王四年）

司馬貞："番吾，縣名。《地理志》，在常山。番，音婆，又音盤。

張守節：番吾，在相州房山（子）縣東二十里。（《會注考證》）

光旦：參《趙世家》，《六國表》，皆幽繆四年事。《表》，番作鄱。

光旦：疑與"番禺"一類地名屬同一範疇。

長 夷

《史記》卷一：

東，長、鳥夷。

司馬貞："長"字下少一"夷"字。長夷也……案：《大戴禮》亦云"長夷"，則長是夷號。

瀧川：查德基曰……《說苑·修文》篇：……東長夷、島夷……（《會注考證》）

朝 鮮

《史記》卷三八《宋微子世家》：

武王……封箕子於朝鮮而不臣也。其後箕子朝周，過故殷虛……作《麥秀之詩》以歌詠之。

張守節：《括地志》云，高驪平壤城，本漢樂浪郡王險城，即古朝鮮也。（《會注考證》）

《史記》卷六：

[秦統一，]地東至海暨朝鮮。

張守節：東北朝鮮國。《括地志》云，高驪治平壤城，本漢樂浪郡王險城，即古朝鮮也。

《史記》卷一二：

其明年（《漢書·武帝紀》，元封二年），伐朝鮮。

《史記》卷二五《律書》：

孝文即位，將軍陳武等議曰："南越、朝鮮自全秦時內屬爲臣子，後且擁兵阻阸，選蠕觀望。"

光旦：選蠕，猶言蠢動。

蚩　尤

《史記》卷一《五帝本紀》：

神農氏世衰……而蚩尤最爲暴，莫能伐。炎帝欲侵陵諸侯，諸侯咸歸軒轅。軒轅乃修德振兵……教熊羆貔貅貙虎，以與炎帝戰於阪泉之野。三戰，然後得其志。蚩尤作亂，不用帝命。於是黃帝乃徵師諸侯，與蚩尤戰於涿鹿之野，遂禽殺蚩尤。而諸侯咸尊軒轅爲天子，代神農氏，是爲黃帝。

皇甫謐：阪泉在上谷。

張晏：涿鹿在上谷。

光旦：1. 蚩尤疑與苗族有涉。

2. 炎帝、蚩尤，疑出一族，阪泉、涿鹿皆在上谷境，略可證。

3. 熊羆……貙虎，非真動物，疑皆不同族類之表幟，如圖騰之類。

《史記》卷一　裴注引：

《皇覽》曰：蚩尤冢在東平郡壽張縣闞鄉城中，高七丈，民常十月祀之。有赤氣出，如匹絳帛，民名爲蚩尤旗。肩髀冢在山陽郡鉅野縣重聚，大小與闞冢等。傳言黃帝與蚩尤戰於涿鹿之野，黃帝殺之，身體異處，故別葬之。

《史記》卷八：

[劉邦立]爲沛公。祠黃帝，祭蚩尤於沛庭。

裴駰：應劭曰，蚩尤好五兵，故祠祭之求福祥也。

裴駰：瓚曰，管仲云"割盧山交而出水，金從之出，蚩尤受之以作劍戟"。

司马贞：按《管子》云，"葛卢之山，發而出金"，今注引"發"作"交"及"割"，皆誤。

光旦：葛盧山疑即岣嶁山之類。

《史記》卷二八《封禪書》：

天下已定，[漢高帝]令祝官立蚩尤之祠於長安。

《史記》卷九七《酈生陸賈傳》：

[酈食其爲劉邦説齊王田廣以從漢，稱漢兵力强大順利]：此蚩尤之兵也，非人之力也，天之福也。

瀧川：《漢書》，蚩尤作黄帝。周壽昌曰，黄帝蚩尤，皆古之主兵者，故高帝起兵，祠黄帝，祭蚩尤；《漢書》言黄帝，《史記》言蚩尤，初無區別。

光旦：周氏所説是；黄帝、蚩尤作爲傳説人物，自是平等。然有區別。當《史記》寫作年代，黄帝在漢人中之傳統地位雖已若確立，尚未鞏固，至《漢書》寫作年代，則已屬至高無上，故班氏從而易之也。漢族之興起、擴大、與終於成爲多民族中之主體民族，亦可於此類事例中覘之。

《史記》卷一二：

[漢武帝]東巡海上，行禮祠八神。

司馬貞：《郊祀志》，[八神]……三曰兵主，祠蚩尤。

仇　猶

《史記》卷七一《樗里子甘茂列傳》：

[晉]知伯之伐仇猶，遺之廣車，因隨之以兵，仇猶遂亡。

裴駰：許慎曰，仇猶，夷狄之國。

司馬貞：《戰國策》云"智伯欲伐仇猶（應作厹由？），遺之大鍾，載以廣車"。以"仇猶"爲"厹由"。《韓[非]子》作"仇由"。《地理志》臨淮有厹猶縣也。

張守節：《括地志》云，并州盂縣外城俗名原仇山。亦名仇猶，夷狄之國也。

張守節：《韓[非]子》云，智伯欲伐仇猶國，道險難不通，乃鑄大鐘遺之，載以廣車。仇猶大悦，除塗内之。赤章曼支諫曰："不可，此小所

以事大,而今大以遺小,卒必隨,不可。"不聽,遂内之。曼支因斷轂而馳。至十九日而仇猶亡也。(《韓非子·説林》)

瀧川:《戰國策》指《周策》。亦見《吕覽·權勳》。

光旦:疑畬瑶之屬,不第淮河流域,今山西境内,均嘗有之。

楚　蠻

《史記》卷四〇《楚世家》:

周成王之時,舉文、武勤勞之後嗣,而封熊繹於楚蠻……居丹陽。

光旦:丹陽,一説今枝江,一説今秭歸,或説二説皆是,初在歸州,後徙枝江,均稱丹陽云。

光旦:楚蠻即荆蠻。荆蠻另有片。

《史記》卷四〇《楚世家》:

當周夷王之時……[楚]熊渠甚得江漢間民和,乃興兵伐……揚粤,至于鄂。熊渠曰:"我蠻夷也,不與中國之號謚。"乃立其長子康爲句亶王,中子紅爲鄂王,少子執疵爲越章王,皆在江上楚蠻之地。

張守節:劉伯莊云,[鄂]在楚之西,後徙楚,今東鄂州是也。《括地志》云,鄧州向城縣南二十里西鄂故城是楚西鄂。

裴駰:[句亶王之地]今江陵也。

司馬貞:江陵,南郡之縣也。[後]楚文王自丹陽徙都之。

張守節:[東鄂,]武昌縣,鄂王舊都。今鄂王神即熊渠子之神也。

光旦:越章,一作咸章(《帝繫》),其地未詳。

光旦:楚蠻頗不單純,觀此段文字,其成分中至少有西方之巴(鄂爲巴姓無疑)與東方之越(揚越、句亶、越章,熊康一作熊無康,見《帝繫》)。

《史記》卷四〇《楚世家》:

[楚武王]三十五年,楚伐隨。隨曰:"我無罪。"楚曰:"我蠻夷也。今諸侯皆爲叛相侵,或相殺。我有敝甲,欲以觀中國之政,請王室尊吾號。"隨人爲之周,請尊楚,王室不聽,還報楚。三十七年……熊通……乃自立爲武王。

大　宛

《史記》卷一二：

　　太初元年。是歲，西伐大宛。……丁夫人、雒陽虞初等以方祠詛匈奴、大宛焉。

大　夏

《史記》卷六：

　　[秦琅邪臺立石刻頌叙秦"四至"：]北過大夏。

　　　瀧川：錢大昕，大夏，《周書·王命解》[1]，"正北空同大夏"，《大宛傳》，張騫自月氏至大夏，即其地也……

《史記》卷二八《封禪書》

《史記》卷三二《齊太公世家》：

　　[齊]桓公[叙其兵威四至，有權封禪]曰：西伐大夏，涉流沙。

　　　瀧川：中井積德曰，"斯言……妄"。按《漢志》無大夏涉流沙五字。

　　　光旦："涉流沙"三字顯係後人據後事妄爲附益。"大夏"別有所指，在今山西，與流沙西之大夏全不相涉，已見"四至"片。

襜　襤

《史記》卷八一《廉、藺列傳》：

　　李牧……滅襜襤。

　　　裴駰：徐廣曰：襤，一作"臨"。如淳曰，胡名也，在代北。

《史記》卷一〇二《……馮唐傳》：

　　[李牧]滅澹林。

　　　光旦：與上條一事，襤作林。

---

[1] 見《逸周書·王會解》。——整理者注

島　夷

《史記》卷二：

　　淮海維揚州……島夷卉服。

　　　　孔安國：南海島夷，草服葛越。

　　　　光旦：疑與"鳥夷"是一事，傳鈔或誤。

　　　　光旦：至南北朝，北稱南爲島夷，當本此。

　　　　張守節：鳥或作嶋。（《史記會注考證》卷一）

　　　　瀧川：鳥島古通用。（《史記會注考證》卷一）

　　　　瀧川：島，[應]作鳥，此後人所改，上文可證。

翟

翟

《史記》卷一三《三代世表》：

　　[周昭王南征不復，]乃侯其後于西翟。

　　　　光旦：此《索隱》文，而翟應不止是地名。

《史記》卷三九《晉世家》：

　　屈邊翟……

　　　　瀧川：吉州有北屈廢縣，晉屈邑。

　　重耳母，翟之狐氏女也。夷吾母，重耳母女弟也。

　　　　瀧川：孔穎達曰，虢射，惠公之舅，狐偃，文公之舅，二母不得爲姊妹，[司]馬遷之妄。

　　　　光旦：晉獻公既娶於翟，又婚於戎（驪姬）。

　　　　光旦：下文獻公十九年，使荀息以"屈産之乘"假道於虞以伐虢，屈産良馬，當是翟人文化之傳播，或竟其地原爲翟地，可推而知也。

《史記》卷三九《晉世家》：

　　[晉獻公]二十二年……重耳遂奔翟。

　　　　張守節：《括地志》云，文城故城在慈州文城縣北四十里；故老云，此城晉文公爲公子時避驪姬之難，從蒲奔翟，因築此城，人遂呼爲文城。

張守節：《風俗通》云，《春秋》傳曰，狄本山戎之別種也，其後分居，號曰赤翟、白翟。（《會注考證》）

《史記》卷三七《衛康叔世家》：

[衛懿公好鶴，]九年，翟伐衛，衛懿公欲發兵，兵或畔。大臣言曰："君好鶴，鶴可令擊翟。"翟於是遂入，殺懿公。……[踰年，衛文公二年（據《表》）]齊桓公以衛數亂，乃率諸侯伐翟，爲衛築楚丘。

張守節：《括地志》云，城武縣有楚丘亭。

瀧川：僖二年《春秋經傳》[載此]。

瀧川：梁玉繩曰，今河南衛輝府滑縣東有衛南廢縣，即齊桓公爲衛所築地，非戎伐凡伯之楚邱也。

《史記》卷三七《衛康叔世家》：

[衛文公]十六（八？）年，晉公子重耳過[衛，衛]無禮。

瀧川：梁玉繩曰……十六年，誤……《晉語》云，衛文公有邢、翟之虞，不能禮焉……考《春秋》僖十八年，邢人、狄人伐衛，僖十八即衛文十八……

光旦：翟此次侵衛，《世家》及《表》均失載。

狄

《史記》卷三二《齊太公世家》：

[齊桓公]二十八年，衛文公有狄亂，告急於齊。齊率諸侯城楚丘。

司馬貞：楚丘在濟陰城武縣南，即今之衛南縣。

瀧川：今河南衛輝府滑縣東。

《史記》卷三二《齊太公世家》：

[齊昭公]六年，翟侵齊。

翟

《史記》卷三九《晉世家》：

[晉獻公]二十三年……伐屈，屈潰。夷吾將奔翟。冀芮曰："不可，重耳已在矣，今往，晉必移兵伐翟，翟畏晉，禍且及。不如走梁……"遂奔梁。二十五年，晉伐翟，翟以重耳故，亦擊晉於齧桑，晉兵解而去。

裴駰：齧桑，《左傳》作采桑。服虔曰，翟地。

司马贞：按今平陽曲南七十里河水有采桑津，是晉境。……齧桑，衛地，恐非。

瀧川：《左傳》僖八年，言晉敗狄于采桑。

瀧川：采桑，山西吉州鄉寧縣西大河津濟處。

《史記》卷四：

[襄王]三年，叔帶與戎翟謀伐襄王……

[襄王]十五年，王降翟師以伐鄭。王德翟人，將以其女爲后。富辰諫曰："……王棄親親翟，不可從。"王不聽。十六年，王絀翟后，翟人來誅，殺譚伯。富辰曰："吾數諫不從，如是不出，王以我爲懟乎？"乃以其屬死之。初，惠后欲立王子帶，故以黨開翟人，翟人遂入周。襄王出犇鄭……子帶立爲王，取襄王所絀翟后與居溫。……

光旦：此果不知爲何種狄也，注疏家都無說明。

光旦：襄王三年叔帶之事，亦見《史記》卷三二，《齊太公世家》，時在齊爲桓公三十八年，齊並曾"使管仲平戎於周"。

《史記》卷四二《鄭世家》：

[鄭文公]三十七年，[周鄭交惡，周襄]王怒，與翟人伐鄭，弗克(《左》僖廿四年云，取櫟)。冬，翟攻伐襄王，襄王出奔鄭，鄭文公居王于氾。

光旦：與上條聯繫。鄭文之卅七年即周襄之十六年。

狄

《史記》卷三九《晉世家》：

[晉重耳居狄凡十二年，將行，]謂其妻(季隗)曰："待我二十五年不來，乃嫁。"其妻笑曰："犂二十五年，吾冢上柏大矣。雖然，妾待子。"

光旦：時赤狄隗姓之俗顯已諸夏化，爲夫守、土葬、冢上有樹，皆夏俗也。

翟

《史記》卷三九《晉世家》：

[咎犯與趙衰謀，醉載重耳自齊歸晉，重耳中途覺，]大怒……曰："事不成，我食舅氏之肉。"咎犯曰："事不成，犯肉腥臊，何足食！"

光旦：腥臊，非諸夏故。後世往往稱北方少數民族爲"犬羊"，疑早在春秋時，即有此類看法，故咎犯云然。

《史記》卷四〇《楚世家》：

[韓宣子與叔向對語中，叔向曰]"昔我文公，狐季姬之子也……"

光旦：晉文公娶狄女，其母亦狄女也，與狄連婚二世矣。

《史記》卷五：

[秦桓公]二十四年，晉厲公初立，與秦桓公夾河而盟。歸而秦倍盟，與翟合謀擊晉。

《史記》卷三九《晉世家》：

[晉]厲公元年……與秦桓公夾河而盟。歸而秦倍盟，與翟謀伐晉。三年，使呂相讓秦。

《史記》卷四三《趙世家》：

[趙簡子與當道者論其病中所見]曰："吾見兒在帝側，帝屬我一翟犬，曰'及而子之長以賜之'。夫兒何謂以賜翟犬？"當道者曰："兒，主君之子也。翟犬者，代之先也。主君之子且必有代。及主君之後嗣，且有革政而胡服，并二國於翟。"

張守節：二國，武靈王略中山地至寧葭，西略胡地至樓煩、榆中是也。

《史記》卷四三《趙世家》：

[趙簡子子]襄子，姊前爲代王夫人。簡子既葬，未除服，北登夏屋，請代王。使廚人操銅枓以食代王及從者，行斟，陰令宰人各以枓擊殺代王及從官，遂興兵平代地。其姊聞之，泣而呼天，摩笄自殺。代人憐之，所死地名之爲摩笄之山。遂以代封伯魯（襄子兄，本太子，早死）子周爲代成君。

張守節：《括地志》云，夏屋山一名賈屋山，今名賈母山，在代州鴈門縣東北三十五里。夏屋與句注山相接，蓋北方之險，亦天下之阻路，所以分別內外也。

光旦：歸納注疏，自今河北之蔚縣西至山西代縣皆趙時代地。

光旦：拓跋魏初稱代，與此當有民族淵源關係，北狄、山戎、鮮卑，皆似一事。

《史記》卷四三《趙世家》：

[姑布子卿爲趙簡子相其諸子，至毋卹，曰，"此真將軍矣"，]簡子曰："此其母賤，翟婢也，奚道貴哉？"子卿曰："天所授，雖賤必貴。"

《史記》卷四四《魏世家》：

　　［魏武侯］九年，翟敗我于澮。

　　　　張守節：《括地志》云，澮高山又云澮山，在絳州翼城縣東北二十五里，澮水出此山也。

狄

《史記》卷九四《田儋列傳》：

　　田儋者，狄人也。

　　　　裴駰：徐廣曰，今樂安臨濟縣也。

　　　　張守節：淄州高苑縣西北，北狄故縣城。和帝改千乘爲樂安郡。（《會注考證》）

　　　　瀧川：狄，縣名。

　　　　光旦：亦於以見狄人之散布。

翟

《史記》卷七：

　　項［羽］……立董翳爲翟王，王上郡，都高奴。

　　　　張守節：《括地志》，延州州城，即漢高奴縣。

　　　　瀧川：翟，春秋白翟之地，高奴故城在延安府膚施縣東。

　　　　裴駰：文穎曰，上郡，秦所置，項羽以董翳爲翟王，更名爲翟。

狄——赤狄

《史記》卷三九《晉世家》：

　　［晉獻公］十七年，晉侯使太子申生伐東山。［里克諫不聽。］

　　　　裴駰：賈逵曰，東山，赤狄別種。

　　　　張守節：《左傳》，晉侯使太子申生伐東山皋落氏。

　　　　張守節：《上黨記》，皋落氏在潞州壺岡（關？）縣城東南山中百五十里，今名平皋赤壤，其地險阻，百姓不居，今空之也。（《會注考證》）

　　　　瀧川：山西平定州樂平縣有皋落山。《寰宇記》，即東山皋落地。

翟——赤翟隗姓

《史記》卷三九《晉世家》：

　　[晉]獻公二十二年，[使人殺重耳未遂]……重耳遂奔狄。狄，其母國也。……至狄。狄伐咎如，得二女：以長女妻重耳，生伯儵、叔劉；以少女妻趙衰，生盾。居狄五歲而晉獻公卒……重耳居狄凡十二年而去。

　　　　裴駰：賈逵曰，咎如，赤狄之別，隗姓。

　　　　司馬貞：咎，音高。

　　　　瀧川：參《左傳》僖五年、廿三年。《左傳》作廧咎如。

《史記》卷四三《趙世家》：

　　重耳以驪姬之亂亡奔翟，趙衰從。翟伐廧咎如，得二女，翟以其少女妻重耳，長女妻趙衰而生盾。……[十九年後，重耳與衰得反國，]晉之妻固要迎翟妻，而以其子盾爲適嗣。

翟——赤狄

　　晉公子重耳奔狄，見另片。

《史記》卷三九《晉世家》：

　　[晉襄公卒，趙盾與賈季爭所立，賈季不勝，被趙盾所廢。]賈季奔翟（襄公七年十一月）。

《史記》卷三九《晉世家》：

　　[晉景公三年，楚伐鄭，晉救之，與楚戰，敗，]四年，先縠以首計而敗晉軍河上，恐誅，乃奔翟，與翟謀伐晉。晉覺，乃族縠。（邲之戰）

　　　　瀧川：梁玉繩曰，按宣十三年《[左]傳》，縠召赤狄伐晉，及清；晉人討邲之敗與清之師，殺縠，滅其族；是縠未嘗奔狄也。

《史記》卷三九《晉世家》：

　　[晉景公]七年，晉使隨會滅赤狄。

　　　　瀧川：宣十六年《春秋經傳》。愚案，《左傳》宣十五年，荀林父滅赤狄潞氏，今山西潞安府潞城東北有潞縣故城，即潞子國。至此（十六年）士會復滅赤狄甲氏及留吁、鐸辰。甲氏，在今直隸廣平府雞澤縣境。留吁，今潞安府屯留縣屯留故城，即留吁國。鐸辰，留吁之屬，亦在潞安府。

翟——長翟

《史記》卷三三《魯周公世家》：

　　［魯文公］十一年十月甲午，魯敗翟于鹹，獲長翟喬如，富父終甥舂其喉，以戈殺之，埋其首於子駒之門……初，宋武公之世，鄋瞞伐宋，司徒皇父帥師禦之，以敗翟于長丘，獲長翟緣斯。晉之滅潞，獲喬如弟棼如。齊惠公二年，鄋瞞伐齊，齊王子城父獲其弟榮如，埋其首於北門。衛人獲其季弟簡如。鄋瞞由是遂亡。

　　裴駰：服虔曰，鄋瞞，長翟國名。

　　張守節：仲尼云，汪罔氏之君守封禺之山，爲漆姓，在虞、夏、商爲汪罔，周爲長翟，今謂之大人，其國在湖州武康縣；本防風氏。（《會注考證》）

　　裴駰：賈逵曰，緣斯，喬如之祖。

　　裴駰：鄋瞞遂亡，杜預曰，長翟之種絕。

　　光旦：晉滅潞獲棼如，魯宣十五年杜預云，潞爲赤狄別種，是則長翟與赤翟關係必不遠。

　　光旦：自虞夏至此，爲時亦悠久矣。鄋瞞爲諸夏患，自宋武之世至齊惠二年，亦將近一百六十年。其間只跨祖孫三代，殊太少，代數或爲遺落。

　　光旦：南自武康，北至潞州，所至區域亦廣。

《史記》卷三八《宋微子世家》：

　　［宋］昭公四年，宋敗長翟緣斯於長丘。

　　光旦：《魯世家》謂是宋武公時事，歷代注疏家對此頗有爭議，詳《考證》本此卷，頁三三。

《史記》卷三二《齊太公世家》：

　　［齊］惠公二年，長翟來，王子城父攻殺之，埋之於北門。

　　瀧川：《左傳》文十一年，冬十月甲午，敗狄于鹹，獲長狄喬如，富父終甥摏其喉以戈，殺之，埋其首於子駒之北門。晉之滅潞也，獲喬如之弟棼如（魯宣十五年）。齊襄公之二年（魯桓十六年），鄋瞞伐齊，齊王子成父獲其弟榮如，埋其首於周首之北門。衛人獲其季弟簡如。

　　瀧川：《左傳》［以此］爲齊襄二年事，誤。

　　裴駰：《穀梁傳》云，身橫九畝，斷其首而載之，眉見於軾。

　　張守節：夏時號防風。（《會注考證》）

光旦：弟兄四人出現先後有不可通處，詳《考證》，同上卷，頁三六。

　　光旦：此種翟人或較一般人爲高大，因稱"長翟"，穀梁及它處"其骨專車"等議論則誇矣。

　　光旦：即防風氏，其流布曾南至浙江北部。

狄——長狄

《史記》卷四七《孔子世家》：

　　孔子長九尺有六寸，人皆謂之"長人"而異之。

　　光旦：孔之先世豈嘗與長狄通婚歟？祖曰防叔，父葬於魯東之防山，而孔子於防風氏之由來，又能言之鑿鑿，或皆其證也。

《史記》卷四七《孔子世家》：

　　吳伐越，墮會稽，得骨，節專車。吳使使問仲尼："骨何者最大？"仲尼曰："禹致羣神於會稽山，防風氏後至，禹殺而戮之，其節專車，此爲大矣。"……客曰："防風何守？"仲尼曰："汪罔氏之君守封禺之山，爲釐姓。在虞、夏、商爲汪罔，於周爲長翟，今謂之大人。"客曰："人長幾何？"仲尼曰："僬僥氏三尺，短之至也。長者不過十之，數之極也。"

　　裴駰：韋昭曰：封，封山；禺，禺山：在吳郡永安縣。駰案：晉太康元年改永安爲武康縣，今屬吳興郡。

　　光旦：長狄既爲狄，而北南移，終於浙北，疑亦畲瑤之一派。封、禺二山，《考證》謂即在武康，疑原是越人之地，封、禺，猶武夷與番禺也；越人節節南移，汪罔氏始據而有之。又汪罔與後之"汪"姓或亦有涉，出現之時代雖殊，地區則一也。

　　光旦：長狄、僬僥，俱爲畲、瑤、苗之分派。

狄——白狄

《史記》卷四三《趙世家》：

　　[趙惠文王]十六年……廉頗將，攻齊昔陽，取之。

　　裴駰：杜預曰，樂平沾縣有昔陽城。

　　張守節：《括地志》云，"昔陽故城一名陽城，在并州樂平縣東。《春秋釋地名》云：'昔陽，服國所都也。樂平城沾縣東昔陽城。服姓，白狄別種也。樂平縣城，漢沾縣城也。'"

《史記》卷四三《趙世家》：

　　[趙幽繆王]三年，秦攻赤麗、宜安，李牧率師與戰肥下，卻之。

　　　　張守節：《括地志》云，肥纍故城在恆州藁城縣西七里，春秋時肥子國，白狄別種也。

翟——隗姓

《史記》卷六：

　　[秦琅邪刻石所列從者姓名有]丞相隗狀。

　　　　光旦：《姓氏考略》引《姓苑》，春秋時狄與廧咎如均隗姓。

氐

《史記》卷一《五帝紀》：

　　西，戎、析枝、渠廋、氐、羌。

東　胡

《史記》卷四三《趙世家》：

　　[趙]東有燕、東胡之境。(《考證》本，頁五六)

　　變服騎射，以備……三胡……(《考證》本，頁五七)

　　[趙]東有胡。(《考證》本，頁五〇)

　　　　張守節：趙東有瀛州之東北。營州之境即東胡、烏丸之地。

　　　　張守節：服虔云，東胡，烏丸之先，後爲鮮卑也。

《史記》卷四三《趙世家》：

　　[趙惠文王]二十六年，取東胡歐代地。

　　　　張守節：今營州也。

　　　　司馬貞：東胡叛趙，驅略代地人衆以叛，故取之也。

《史記》卷八一《廉、藺列傳》：

　　[李牧]破東胡。

《史記》卷九三《韓信盧綰傳》：

　　漢十二年……盧綰遂將其衆亡入匈奴，匈奴以爲東胡盧王。……孝景中六年，盧綰孫他之，以東胡王降。

  瀧川：顧炎武曰，封之爲東胡王也，其姓盧，故稱東胡盧王。

  裴駰：《漢紀》，東胡，烏丸也。

仡佬

仡佬

《史記》卷一：

  申命羲叔，居南交。

    孔安國：夏與春交。

    司馬貞：孔未是。……是交阯不疑。

    光旦：交自是交阯。唯"交"之名何由來，向未見言之，疑仡佬二字之切音也。

仡佬？——有過

《史記》卷三一《吳太伯世家》：

  [伍子胥諫吳王夫差不許越成]曰："昔有過氏殺斟灌，以伐斟尋，滅夏后帝相。帝相之妃后緡方娠，逃於有仍，而生少康。……[少康]後遂收夏衆……滅有過氏，復禹之績。"

    司馬貞：過音戈。寒浞之子澆所封國也，猗姓國。《晉地道記》曰，東萊掖縣有過鄉，北有過城，古過國也。

    司馬貞：斟灌、斟尋，夏同姓……[見]《系本》。按：《地理志》北海壽光縣，應劭曰古斟灌亭是也。平壽縣，復云古北斟尋，禹後，今斟城是也。然斟與斟同。

    司馬貞：[有仍，]未知其國所在。《春秋經》桓五年，天王使仍叔之子來聘，《穀梁經傳》並作任叔。仍任聲相近，或是一地，猶甫呂、虢郭之類。案：《地理志》東平有任縣，蓋古仍國。

    光旦：有過疑亦百越之一部分初在山東者，屬仡佬系統。理由：

    1. 過，與今老撾之撾，皆音戈，皆同"仡"之音。

    2. 有過，今東平，在山東中部，而迤東即爲勞山地區，"勞"之稱，向亦疑亦與仡佬之先有涉，勞即佬也，駱也。

3. 少康庶子封於越，爲句踐之先，蓋亦有其因緣。不論夏后氏之族屬如何，先則在山東與百越有雜居關係，繼則支庶有與之共同南徙者，亦可理解。

鬼　方

《史記》卷四〇《楚世家》：

[楚之先]吴回生陸終，陸終生子六人，坼剖而産焉。

司馬貞：《系本》云，陸終娶鬼方氏妹，曰女嬇。

張守節：陸終娶鬼方氏之妹，謂之女嬇，産六子，孕而不毓三年，啓其右脇，六人出焉。（《會注考證》）

光旦：一般以鬼方在北，亦有以爲在西南者，如民國《貴州通志》。楚之先世，"或在中國，或在蠻夷"，其活動範圍主要在中原之西南，季連之後之所以封於鄂西當亦有其歷史根源，而非率意指派者。果爾，則鬼方之在西南，似多出一分理由矣。

漢

漢

《史記》卷一《五帝本紀》：

黄帝……官名皆以雲命，爲雲師。

應劭：黄帝受命，有雲瑞。

張晏：黄帝有景雲之應。

光旦：龍從雲也，黄帝之族以龍爲標幟故耳。

《史記》卷一《五帝紀》：

自黄帝至舜、禹，皆同姓，而異其國號。

《史記》卷一：

古帝王生、都、葬地：

帝王	姓、氏、名號	生（今地）	都（今地）	葬（今地）
黃帝	姓公孫，名軒轅，號有熊	有熊國（今河南新鄭）	涿鹿（但遷徙不常）	橋山（上郡）
顓頊	高陽		帝丘（東郡濮陽）	帝丘
嚳	高辛		亳（河南偃師）	帝丘
摯				
堯	放勛、陶唐		平陽（《詩》之唐國，今中山唐縣）	濟陰城陽
舜	重華、有虞	冀州之人 耕歷山（在河東） 漁雷澤（濟陰） 陶河濱（濟陰） 作器壽丘（魯東門北） 就時有夏（衛地）		零陵
禹（夏，夏后氏）			河南陽城，後移河南陽翟	會稽

《史記》卷一：

黃帝源流：

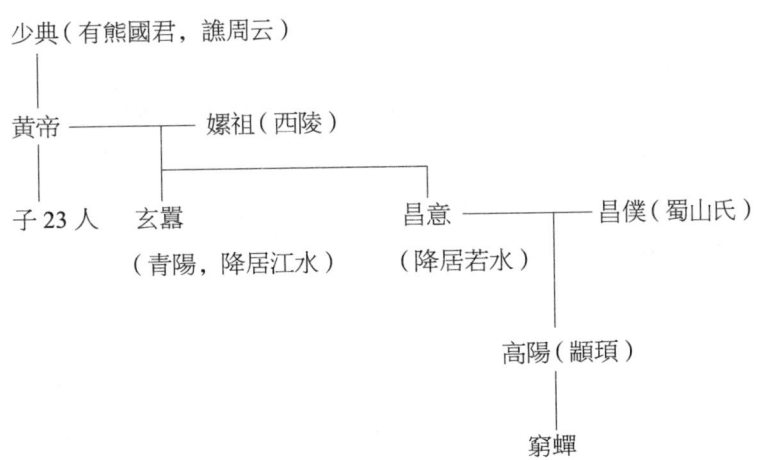

譙周：少典，有熊國君。皇甫謐：有熊，今河南新鄭。

《史記》卷一：

帝嚳源流：

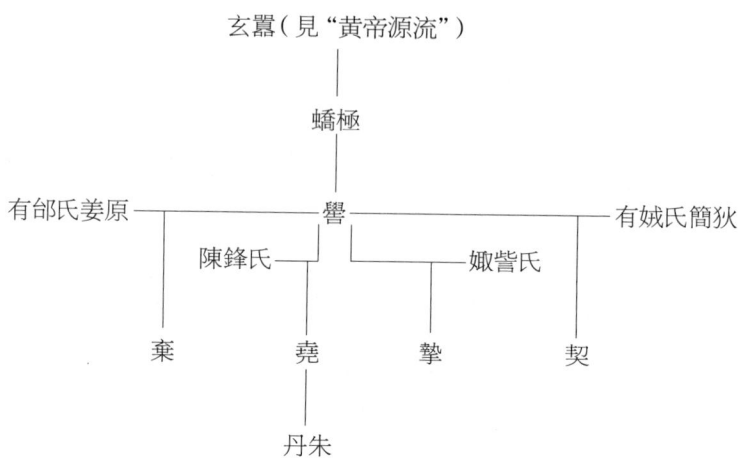

《史記》卷二：

舜之源流：

禹之源流：

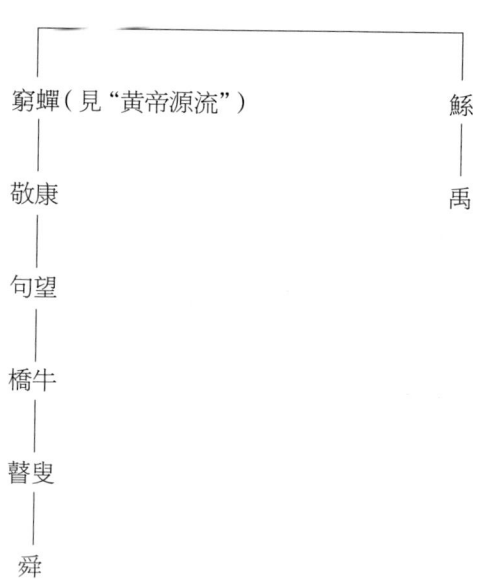

光旦：舜為禹之從玄孫！

司馬貞：《漢書·律曆志》則云，"顓頊五代而生鯀"。……［是則］鯀非顓頊之子，蓋班氏之言近得其實。

《史記》卷四：

［周族是在良好的民族關係基礎上興起的：］

后稷卒，子不窋立。不窋末年，夏后氏政衰，去稷不務，不窋以失其官而犇戎狄之間。［至孫］公劉，雖在戎狄之間，復修后稷之業……自漆、沮渡渭，取材用，行者有資，居者有畜積……百姓懷之，多徙而保歸焉。周道之興自此始……公劉卒，子慶節立，國於豳。……［逾七世至］古公亶父復修后稷、公劉之業……國人皆戴之。薰育戎狄攻之，欲得財物，予之。已復攻，欲得地與民。民皆怒，欲戰。古公曰："有民立君，將以利之。今戎狄所為攻戰，以吾地與民。民之在我，與其在彼，何異。民欲以我故戰，殺人父子而君之，予不忍為。"乃與私屬遂去豳，渡漆、沮，踰梁山，止於岐下。豳人舉國扶老攜弱，盡復歸古公於岐下。及他旁國聞古公仁，亦多歸之。於是古公乃貶戎狄之俗，而營築城郭室屋，而邑別居之。

漢——周宣王經營四方

瀧川資言《史記會注考證》卷四 周宣王下：

張文虎：史叙宣王中興，止此十八字，凡《詩》所稱北逐玁狁，南征荊蠻，及吉甫、方叔之倫，概不書。……

崔述：《豐鎬考信錄》，《詩·小雅·六月》云……《出車》云……此詠宣王征西北之事也；《大雅·崧高》云……《烝民》云……《韓奕》云……此詠宣王經略中原之事也；《小雅·采芑》云……《大雅·江漢》云……《常武》云……此詠宣王經略東南之事也。……（詳《考信錄》本文及《史記考證》本，卷四，頁五八—五九）

漢——春秋齊之影響

《史記》卷三二《齊太公世家》：

周成王少時，管蔡作亂，淮夷畔周，乃使召康公命太公曰："東至海，西至河，南至穆陵，北至無棣，五侯九伯，實得征之。"齊由此得征伐，為大國。

司馬貞：舊說穆陵在會稽，非也。按：今淮南有故穆陵門，是楚之境。

無棣在遼西孤竹。……蓋言其征伐所至之域也。

　　光旦：司馬貞云"所至之域"應作"所可至之域"。

《史記》卷三二《齊太公世家》：

是時（齊桓三十六年）周室微，唯齊、楚、秦、晉爲彊。晉初與會，獻公死，國內亂。秦穆公辟遠，不與中國會盟。楚成王初收荊蠻有之，夷狄自置。唯獨齊爲中國會盟，而桓公能宣其德，故諸侯賓會。於是桓公稱曰："寡人南伐至召陵，望熊山；北伐山戎、離枝、孤竹；西伐大夏，涉流沙；束馬懸車，登太行，至卑耳山而還。諸侯莫違寡人。寡人兵車之會三，乘車之會六，九合諸侯，一匡天下。……"

　　光旦：語有誇大，但進一步團結諸夏，同化異族之功不可滅，故孔子有"微管仲，吾其被髮左衽"之語。

漢——楚（春秋）族之範圍

《史記》卷四〇《楚世家》：

吳回生陸終。陸終生子六人，坼剖而產焉。……一曰昆吾；二曰參胡；三曰彭祖；四曰會（鄶）人；五曰曹姓；六曰季連，芈姓，楚其後也。

　　光旦：《集解》《索隱》俱引《世本》，謂昆吾是衛；參胡是韓，其後不傳；彭祖是彭城；會人是鄭；曹姓是邾及諸曹所出；季連之後爲楚本部。是楚族在其初起時之範圍也。大抵皆在大河以南，其在北者，則終於不傳（宋忠曰，無後）。

　　光旦：楚全盛時之四至大致亦有此相似，參顧棟高（《史記會注考證》卷四〇，頁二引，或其原書）《春秋大事表》。

漢——春秋吳之勢力所及

《史記》卷三一《吳太伯世家》：

［闔廬九年（楚昭十，周敬十四）］吳兵……入郢。

　　瀧川：顧棟高按，武王定天下，此時泰伯之子孫已自立于句吳，武王因而封之。時大江以南尚屬蠻夷之地，分茅胙土之所不及……春秋初，尚服屬于楚。自後寖強，遂爲勍敵，而其所并吞之國亦歷歷可紀焉。大抵北出則擾廬壽，東（西？）出則向番陽；其他略有江南全省；而徐州屬宋，廬鳳屬楚，安慶屬羣舒；最後廬鳳亦入于吳，而入郢之禍自此始。太平府則與楚之和州對岸，江寧府則與楚之六合接境；其自浙之嘉興，以及湖州、杭州，則與越日相角逐之區也。其自浙之嚴州，以及江南之徽州、江西之饒州，則與楚日相窺之地也。方輿家以江西全省亦俱爲吳地，然于經傳無所見。

漢——杞之東徙

《史記》卷三六《陳杞世家》：

　　杞東樓公者，夏后禹之後苗裔也。

　　　司馬貞：宋忠曰，杞，今陳留雍丘縣故地。……至春秋時杞已遷東國，故左氏隱四年《傳》云"莒人伐杞，取牟婁"。牟婁，曹東邑也。僖十四年《傳》云"杞遷緣陵"。《地理志》北海有營陵，淳于公之縣。臣瓉云"即春秋緣陵，淳于公所都之邑"。……杞後代又稱子者，以微小又假居東夷，故襄二十九年《經》稱"杞子來盟"，《傳》曰"書曰子，賤之"是也。

　　　光旦：雍在今杞縣，營陵即營丘，今臨淄。

漢

《史記》卷五：

　　秦之先世：

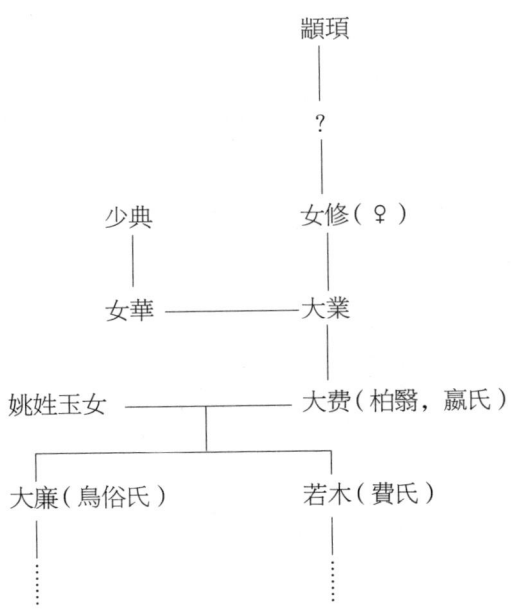

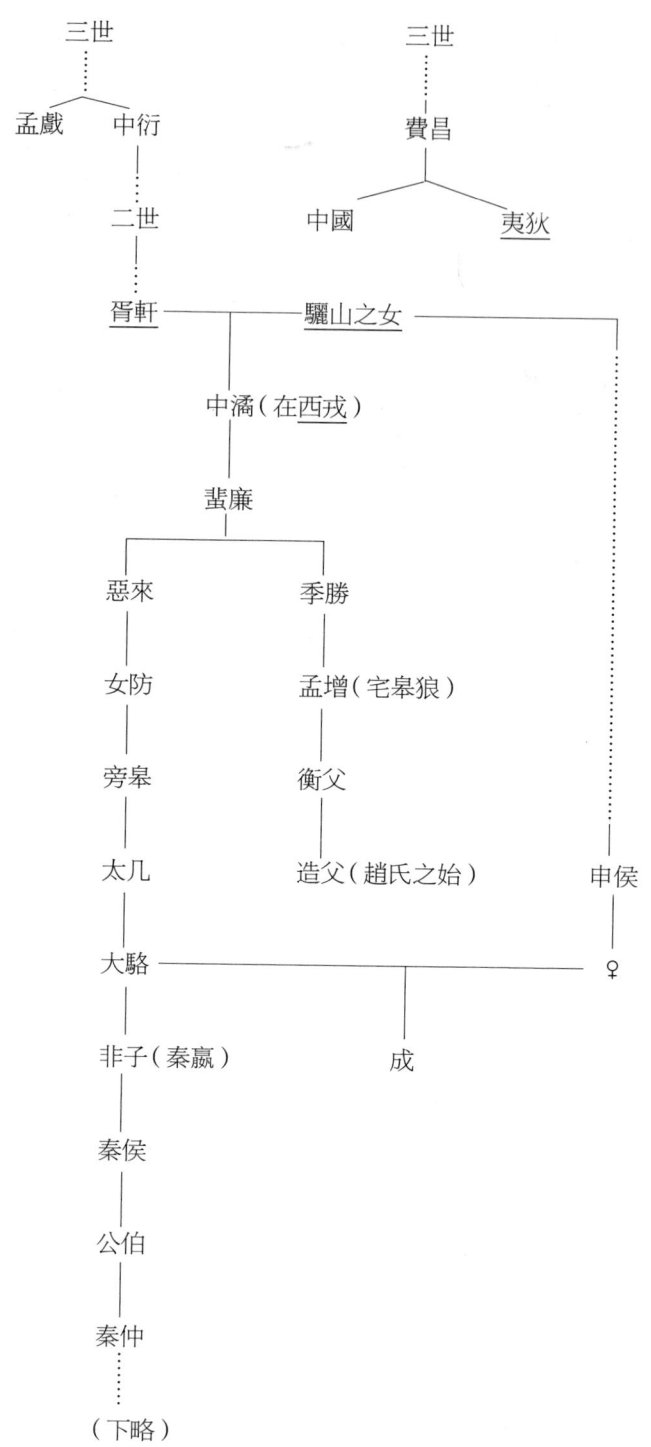

漢——秦起於戎

《史記》卷五《秦本紀》：

[秦起於戎中（參"先世"片）：]

費昌，子孫或在中國，或在夷狄。（費昌，夏桀時人。）……

中潏，在西戎，保西垂。生蜚廉。蜚廉生惡來（殷末周初）。……

[周]孝王欲以[非子]爲大駱適嗣。申侯之女爲大駱妻，生子成爲適。申侯乃言孝王曰："昔我先酈山之女，爲戎胥軒妻，生中潏，以親故歸周，保西垂，西垂以其故和睦。今我復與大駱妻，生適子成。申駱重婚，西戎皆服，所以爲王。王其圖之。"於是孝王曰："昔伯翳爲舜主畜，畜多息，故有土，賜姓嬴。今其後世亦爲朕息馬，朕其分土爲附庸。"邑之秦，使復續嬴氏祀，號曰秦嬴。亦不廢申侯之女子爲駱適者，以和西戎。……

周厲王無道……西戎反王室，滅犬丘大駱之族。周宣王即位，乃以秦仲爲大夫，誅西戎。西戎殺秦仲。秦仲立二十三年，死於戎。……宣王乃召[其子]莊公[等]昆弟五人，與兵七千人，使伐西戎，破之。於是復予秦仲後……其先大駱地犬丘并有之，爲西垂大夫。

光旦：此後與戎關係尚多，見下文，從略。大抵自胥軒前一二代至秦嬴時，前後約十代，與戎合，此後即分異。

光旦：申侯語中，胥軒是"戎"。

光旦：同起戎狄之人，周以農，而秦則以牧。

光旦：申氏之先爲驪戎，申侯語可證。而申爲姜姓，是驪戎爲羌之一派無疑。

光旦：秦仲爲大夫，誅西戎，《諸侯年表》系秦仲四年，實在周宣即位前十三、十四年，即所謂"共和元年"也。

《史記》卷五：

[秦]莊公居其故西犬丘，生子三人，其長男世父。世父曰："戎殺我大父仲，我非殺戎王則不敢入邑。"遂將擊戎，讓其弟襄公……代立。……襄公二年，戎圍犬丘世父，世父擊之，爲戎人所虜。歲餘，復歸世父。

[秦襄公]七年春……西戎犬戎與申侯伐周，殺幽王酈山下。而秦襄公將兵救周……有功。周避犬戎難，東徙雒邑，襄公以兵送周平王。平王封襄公爲諸侯，賜之岐以西之地。曰："戎無道，侵奪我岐、豐之地，秦能攻逐戎，即有其地。"……

[秦襄公]十二年，伐戎而至岐。……

　　[秦襄公]生文公。……文公[十六年]，以兵伐戎，戎敗走。於是文公遂收周餘民有之，地至岐，岐以東獻之周。……

　　[文公孫]寧公二年……遣兵伐蕩社。三年，與亳戰，亳王奔戎，遂滅蕩社。（皇甫謐：亳王號湯，西夷之國。）……

　　[寧公子]武公元年，伐彭戲氏，至于華山下。（張守節：彭戲，戎號也，蓋同州彭衙故城。）……

　　[武公]十年，伐邽、冀戎，初縣之（隴西上邽縣，天水冀縣）。

　　[武公]十一年……滅小虢（張守節：一云羌之別種）。

《史記》卷五：

　　繆公……三十四年……戎王使由余於秦。由余，其先晉人也，亡入戎，能晉言。聞繆公賢，故使由余觀秦。秦繆公示以宮室、積聚。由余曰："使鬼爲之，則勞神矣。使人爲之，亦苦民矣。"繆公怪之，問曰："中國以詩書禮樂法度爲政，然尚時亂，今戎夷無此，何以爲治，不亦難乎？"由余笑曰："此乃中國所以亂也。……戎夷不然。上含淳德以遇其下，下懷忠信以事其上，一國之政猶一身之治，不知所以治，此真聖人之治也。"於是繆公退而問內史廖曰："孤聞鄰國有聖人，敵國之憂也。今由余賢，寡人之害，將柰之何？"內史廖曰："戎王處辟匿，未聞中國之聲。君試遺其女樂，以奪其志；爲由余請，以疏其間；留而莫遣，以失其期。戎王怪之，必疑由余。君臣有間，乃可虜也。且戎王好樂，必怠於政。"繆公曰："善。"因與由余曲席而坐，傳器而食，問其地形與其兵勢盡營，而後令內史廖以女樂二八遺戎王。戎王受而説之，終年不還。於是秦乃歸由余。由余數諫不聽，繆公又數使人間要由余，由余遂去降秦。繆公以客禮禮之，問伐戎之形。……三十七年，秦用由余謀伐戎王，益國十二，開地千里，遂霸西戎。

　　　瀧川：司馬光謂由余議論乃黃老之徒攙入，頗怪史公信以爲真。《韓非子·十過》、《韓詩外傳》第九、《説苑·反質》，皆與此異。

《史記》卷五：

　　[厲共公]十六年……以兵二萬伐大荔，取其王城。……

　　[厲共公]三十三年，伐義渠，虜其王。……[躁公]十三年，義渠來伐，至渭南。

《史記》卷五：

〔秦孝公初，〕周室微，諸侯力政，爭相併。秦僻在雍州，不與中國諸侯之會盟，夷翟遇之。〔於是孝公乃發憤圖強。〕

《史記》卷五：

　　孝公元年……西斬戎之獂王。

《史記》卷五：

　　〔惠文君〕十一年，縣義渠。……義渠君爲臣。

　　　　光旦：此時間上有問題，詳"戎——義渠"本片。

漢——秦起於戎

　　光旦：疑秦出於犬戎，或其先主要成分之一爲犬戎。姑就二事言之：

　　1.《秦本紀》，德公二年，"初伏，以狗禦蠱。"徐廣於此引《年表》曰："初作伏，祠社，磔狗邑四門也"。張氏《正義》曰："蠱者，熱毒惡氣……磔狗以禦之"。秦人以狗血禦蠱，蓋以狗血爲最屬神聖有效，猶湘西土家之以貓（虎）血盟也。

　　2.《秦本紀》太史公曰："秦之先爲嬴姓。其後分封，以國爲姓（按應作氏），有徐氏……"分封之姓，以徐爲首，疑所佔之比重不小，與"徐偃"之徐不能無涉，而徐偃之後固以"鵠倉龍犬"爲其祖者也。

　　姑書存此說，續加考證。

《史記》卷五：

　　〔秦文公〕二十年，法初有三族之罪。

　　　　瀧川：余有丁曰，秦法自來慘刻，蓋夷狄之故俗也。

　　　　瀧川：黃淳耀曰，三族之罪始於秦文公，而商鞅因之，漢祖名爲除秦苛政……而〔此〕秦法……終漢世不變，吾故謂漢非雜霸也，雜秦耳。……

《史記》卷五：

　　〔襄公八年，周平王封襄公爲諸侯，〕襄公於是始國……乃用騮駒、黃牛、羝羊各三，祠上帝西畤。

　　　　瀧川：梁玉繩，按：《年表》及《封禪書》，上帝當作白帝。

《史記》卷一四《十二諸侯年表》：

　　秦襄公八年，初立西畤，祠白帝。

　　　　光旦：白帝疑本巴人信仰，即白虎之神，而巴亦戎也。至文公十年立鄜畤，則始與"中原"之"黃蛇"發生關係，明其由戎即夏矣。

《史記》之部 ··· 047

《史記》卷二八《封禪書》：

　　秦襄公既侯，居西垂，自以爲主少皞之神，作西畤，祠白帝，其牲用騮駒、黄牛、羝羊各一云。

　　　　瀧川：沈欽韓曰，周禮正祭，皆無用馬牲之事……（若干不屬於正祭之例外，不録）至匈奴殺馬以祭天，戎狄皆然；則秦乃循西戎之俗也。

《史記》卷二八《封禪書》：

　　其後十六年，秦文公［卜居］汧渭之間……夢黄蛇自天下屬地，其口止於鄜衍。……於是作鄜畤，用三牲郊祭白帝焉。

　　　　光旦：此自戎即夏矣。白帝應作黄帝。

　　　　光旦：衍，猶壩子也。

《史記》卷三一《吳太伯世家》：

　　［吳］王餘祭……四年……季札聘於魯……觀……樂……歌《秦》。曰："此之謂夏聲。……其周之舊乎？"

　　　　裴駰：杜預曰：秦仲始有車馬禮樂，去戎狄之音而有諸夏之聲……

《史記》卷三九《晉世家》：

　　［晉惠公自秦釋歸，遣呂省報秦，秦繆問晉人對秦態度是否一致，］對曰："不和。小人懼失君亡親……曰'必報讎，寧事戎狄'。其君子則……"

　　　　光旦：戎狄，《正義》謂不事秦而事戎狄，《考證》謂即指秦，《考證》得之，文義與事實皆應爾。

《史記》卷四四《魏世家》：

　　无忌謂魏王曰："秦與戎翟同俗，有虎狼之心，貪戾好利無信，不識禮義德行。苟有利焉，不顧親戚兄弟，若禽獸耳，此天下之所識也。"

《史記》卷六八《商君列傳》：

　　商君相秦十年，宗室貴戚多怨望者。趙良見商君。……商君曰："子不說吾治秦與？"……"始秦戎翟之教，父子無別，同室而居。今我更制其教，而爲其男女之別……"

《史記》卷八七《李斯列傳》：

　　［李斯上書論逐客：］"夫擊甕叩缶彈箏搏髀，而歌呼嗚嗚快耳目者，真秦之聲也。"

　　　　光旦：此單純之樂器疑本戎，而秦亦用之。

漢——初起時範圍之狹小

　　光旦：諸夏之初起，範圍狹小，散布雖逐步推廣，無往而與其他民族雜處。以今省區言之，陝本戎地，豫嘗有伊洛之戎，晉西有戎，北有胡，燕有山戎，魯有萊夷及其他東夷，外此可不論矣。張儀説燕昭王以事秦，昭王從之，自爲卑辭曰"寡人蠻夷僻處，雖大男子裁如嬰兒……"（《史記》卷七〇，《張儀列傳》）吴、楚之君更有與此相似之詞。皆可證也。

漢——四"至"

《史記》卷一《五帝本紀》：

　　黄帝……披山通道，未嘗寧居。東至于海，登丸山，及岱宗。西至于空桐，登雞頭。南至于江，登熊、湘。北逐葷粥，合符釜山，而邑于涿鹿之阿。

　　徐廣：丸，一作凡。

　　裴駰：《地理志》曰，丸山在郎邪朱虛縣。

　　應劭：空桐，山名。

　　韋昭：空桐，在隴右。

　　《封禪書》：南伐至于召陵，登熊山。

　　《地理志》：湘山在長沙益陽縣。

　　光旦：此漢族祖先最初之"四至"，未必真"至"，或僅知其處耳，或族人足跡所及耳。

《史記》卷一《五帝紀》：

　　帝顓頊高陽［時］……北至于幽陵，南至于交阯，西至于流沙，東至于蟠木。……

　　《山海經》：東海中有山……曰度索。上有大桃樹，屈蟠三千里。

　　方五千里，至于荒服。南撫交阯、北發，西戎析枝、渠廋、氐、羌，北山戎、發、息慎，東長、鳥夷，四海之内，咸戴帝舜之功。

漢——四至

《史記》卷六：

　　［秦統一中國，］地東至海暨朝鮮，西至臨洮、羌中，南至北嚮户，北據河爲塞，並陰山至遼東。

《史記》卷六：

琅邪臺，立石刻，頌……六合之內，皇帝之土。西涉流沙，南盡北戶。東有東海，北過大夏。

張守節：杜預云，"大夏，太原晉陽縣。"……"遷實沈於大夏……"即此。

瀧川：錢大昕，大夏，《周書·王會解》，"正北空同大夏"，《大宛傳》，張騫自月氏至大夏，即其地也。始皇立石誇聲教之遠，豈近取晉陽之地乎，《正義》非也。

光旦：誠如錢氏後半所云，則應在西而不在北，恐亦非是。此《紀》下文云"禹鑿龍門，通大夏"，《正義》引《括地志》曰，"大夏，今并州晉陽及汾、絳等州是。昔高辛氏子實沈居之，西近河"，言禹鑿龍門，河水道得大通，并州之地不壅溢也。大夏既與龍門可通，其不可能為月氏以西之大夏，不待言矣。

漢——五服

《史記》卷五：

[秦武公]十年，伐邽、冀戎，初縣之。

姚鼐：周之制，王所居曰國中，分命大夫所居曰都鄙，自國而外……凡齊魯衛鄭之國，率同王朝都鄙之制。蓋周法：中原侯服，疆以"周索"，國近蠻夷者，乃疆以"戎索"，故……晉、秦、楚乃不同於周，不曰都鄙，曰縣。然始者有縣而已，尚無郡名。(《會注考證》)

光旦：注意"周索"對"戎索"。

漢——東北

《史記》卷三四《燕召公世家》：

[燕]王喜……二十九年，秦攻拔我薊，燕王亡，徙居遼東……三十三年，秦拔遼東，虜燕王喜，卒滅燕。

漢——山東（齊）為遠古民族之匯合地

參"越——自稱"片。

漢

《史記》卷六：

> 太史公引賈誼《過秦論》：秦王既沒，餘威振於殊俗。
>
> 瀧川：西方諸國稱禹域曰支那，又作震旦、真丹，皆秦字引音，亦可以見秦威振於殊俗也。

《史記》卷三〇《平準書》：

> ［漢武事四夷，］嚴助、朱買臣等招來東甌，事兩越，江淮之間蕭然煩費矣。唐蒙、司馬相如開路西南夷，鑿山通道千餘里，以廣巴蜀，巴蜀之民罷焉。彭吳賈（穿字之誤？）滅（誠字之誤？）朝鮮，置滄海之郡，則燕齊之間靡然發動。及王恢設謀馬邑，匈奴絕和親，侵擾北邊，兵連而不解，天下苦其勞……其後漢將歲以數萬騎出擊胡，及車騎將軍衛青取匈奴河南地，築朔方。當是時，漢通西南夷道，作者數萬人，千里負擔饋糧，率十餘鍾（六石四斗）致一石，散幣於邛僰以集之。數歲道不通，蠻夷因以數攻，吏發兵誅之。悉巴蜀租賦不足以更（光旦：賡也）之，乃募豪民田南夷……東至滄海之郡，人徒之費，擬於南夷，又興十萬餘人，築衛朔方，轉漕甚遼遠，自山東咸被其勞，費數十百巨萬，府庫益虛。……其後四年（元朔五年）而漢遣大將將六將軍，軍十餘萬，擊右賢王……明年……仍再出擊胡……捕斬首虜之士受賜黃金二十餘萬斤，虜數萬人皆得厚賞，衣食仰給縣官；而漢軍之士馬死者十餘萬，兵甲之財、轉漕之費不與焉。

《史記》卷三〇《平準書》：

> 漢連兵三歲，誅羌，滅南越，番禺以西至蜀南者置初郡十七，且以其故俗治，毋賦稅。南陽、漢中以往郡，各以地比給初郡吏卒奉食幣物，傳車馬被具。而初郡時時小反，殺吏，漢發南方吏卒往誅之，間歲萬餘人……
>
> 裴駰：案晉灼曰，元鼎六年，定越地，以為南海、蒼梧、鬱林、合浦、交趾、九真、日南、珠崖、儋耳郡；定西南夷，以為武都、牂柯、越嶲、沈犂、汶山郡；及《地理志》、《西南夷傳》所置犍為、零陵、益州郡，凡十七也。

漢——"道"

《史記》卷一〇：

> "縣有蠻夷［雜居］曰道。"（《正義》）

嚴道——[漢文帝]六年，羣臣請處[淮南]王[長]蜀嚴道邛都。

　　張守節：嚴道，今爲縣，即邛州所理縣也。……按……邛筰山在雅州榮經縣界。榮經，武德年間置，本秦嚴道地。

漢——流徙
《史記》卷一：

　　舜……請流共工于幽陵，以變北狄；放驩兜於崇山，以變南蠻；遷三苗於三危，以變西戎；殛鯀於羽山，以變東夷。……

　　光旦：此堯時之事。

　　舜……乃流四凶族，遷于四裔，以御魑魅。（帝鴻氏不才子渾沌，少皞氏不才子窮奇，顓頊氏不才子檮杌，縉雲氏不才子饕餮。）

　　光旦：此舜時事。

《史記》卷三：

　　自契至湯八遷。湯始居亳，從先王居。

　　孔安國：十四世凡八徙國都。

　　張守節：《括地志》云，宋州穀熟縣西南三十五里南亳故城，即南亳，湯都也。宋州北五十里大蒙城爲景亳，湯所盟地，因景山爲名。河南偃師爲西亳，帝嚳及湯所都，盤庚亦徙都之。

　　孔安國：契父帝嚳都亳，湯自商丘遷焉，故曰"從先王居"。

　　張守節：湯即位，都南亳，後徙西亳。（商丘→偃師）

《史記》卷三：

　　帝盤庚之時，殷已都河北，盤庚渡河南，復居成湯之故居，迺五遷，無定處。殷民咨胥皆怨，不欲徙。……

　　孔安國：自湯至盤庚凡五遷都。

　　光旦：下文爲經告諭後，終於渡河，南治亳（皇甫謐曰，今偃師）。

《史記》卷三：

　　帝武乙立。殷復去亳，徙河北。

《史記會注考證》卷三：

　　張守節：《括地志》云，相州安陽本盤庚所都，即北蒙殷墟。

　　張守節：《竹書紀年》云，盤庚自奄遷于北蒙，曰殷墟。

　　張守節：[五遷都：]湯，南亳→西亳；仲丁，西亳→隞（鄭州滎澤縣）；河亶甲，隞→相（相州内黄縣）；祖乙，相→耿（即邢，音耿，《索隱》，河東皮氏縣，《正義》，絳州龍門縣）；盤庚，耿→西亳。

瀧川：引梁玉繩據皇甫謐之論，認爲湯只都南亳，未嘗都西亳。

《史記》卷四：

太伯、虞仲知古公欲立季歷以傳昌，乃二人亡如荊蠻，文身斷髮。

應劭：常在水中，故斷其髮，文其身，以象龍子，故不見傷害。

光旦：至闔廬時尚爾，見《吳世家》。

《史記》卷四：

周初定天下……頗收殷餘民，以封武王少弟封爲衛康叔。

張守節：《尚書·洛誥》云，"我卜瀍水東，亦惟洛食，以居邶、鄘、衛之衆。"

張守節：《尚書·多士序》云，"成周既成，遷殷頑民。"是爲東周。

張守節：按武王滅殷國爲邶、鄘、衛，三監尹之。武庚作亂，周公滅之，徙三監之民於成周，頗收其餘衆，以封康叔爲衛侯，即今衛州是也。

光旦：應自從河北今安陽一帶遷至河南從今洛陽以東至衛輝一綫。距離雖不大，但頗有殷周兩族交雜之作用。

《史記會注考證》卷三九：

司馬貞曰，唐本堯後，封在夏墟，而都於鄂。鄂，今在大夏是也。及［周］成王滅唐之後，乃分徙之於許、郢之間，故《春秋》有唐成公是也，即今之唐州也。（《史記索隱》卷一二）

《史記會注考證》卷三九《晉世家》：

張守節曰，《春秋》云夏孔甲時，有堯苗裔劉累者，以豢龍事孔甲……[後因不勝孔甲對龍肉之誅索，]懼而[自山西翼城？]遷於魯縣。夏后召孟別封劉累之孫于大夏之墟爲侯。至周成王時，唐人作亂，成王滅之，而封大叔（唐叔虞），更遷唐人子孫于杜，謂之杜伯，即范匄所云"在周爲唐杜氏"。按：魯縣汝州魯山縣是。今隨州棗陽縣東南一百五十里上唐鄉故城，即後子孫徙於唐。

光旦：自晉遷豫西南，先後二次。

《史記》卷二六《曆書》：

幽、厲之後，周室微……史不記時，君不告朔，故疇人子弟分散，或在諸夏，或在夷狄，是以其禨祥廢而不統。

《史記》卷四〇《楚世家》：

[楚莊王]十七年……莊王圍鄭……克之。……鄭伯肉袒牽羊以逆，曰："……敢不惟命是聽！賓（擯也，錢大昕）之南海……亦惟命是聽。"

光旦：是驩兜以後，與此之前，擯居南海者當已不一其例。

《史記》卷三二《齊太公世家》：

[齊景公]三年……田、鮑、高、欒氏相與謀慶氏。……慶封……奔魯。齊人讓魯，封奔吳。吳與之朱方，聚其族而居之，富於在齊。

瀧川：本《左傳》襄二十八年而小異。

光旦：朱方，今丹徒東南。

《史記》卷三二《齊太公世家》：

[齊景公]五十八年……立少子荼爲太子，逐羣公子，遷之萊。景公卒……羣公子畏誅，皆出亡。荼諸異母兄公子壽、駒、黔奔衛，公子鉏、陽生奔魯。萊人歌之曰……（歌見"萊人"片）

光旦：謫徙於少數民族地區，即小範圍亦然，此是一佳例。

光旦：諸公子出亡自是在遷萊之後而從萊出發者，故萊人歌之；萊猶是齊之邊邑，誅殺仍所難免，故亡而之它國。

光旦：萊在登州府黃縣，已見別片。

《史記》卷四三《趙世家》：

[晉定公之十五年，趙]簡子謂邯鄲大夫午曰："歸我衛士五百家，吾將置之晉陽。"……

裴駰：服虔曰，往年趙鞅圍衛，衛人恐懼，故貢五百家，鞅置之邯鄲，[今]又欲更徙於晉陽。

《史記》卷三七《衛康叔世家》：

衛出公……立二十一年卒。

司馬貞：……卒于越。

[衛]出公季父黔攻出公而自立，是爲悼公。悼公五年卒。

司馬貞：按《[竹書？]紀年》云，四年卒于越。

《史記》卷四四《魏世家》：

[田]子方[答子擊]曰："亦貧賤者驕人耳。夫諸侯而驕人則失其國，大夫而驕人則失其家。貧賤者，行不合，言不用，則去之楚、越，若脫躧然！"

光旦：當時窮人走楚、越者必大有其人，故田子方爲此語。猶中世紀云"南走越，北走胡"也。

光旦：最接近《共產黨宣言》之結束語。"脫韄"猶云"掉失索鏈"。

《史記》卷一〇〇《季布欒布列傳》：

[朱家說滕公夏侯嬰爲季布解圍：]"以季布之賢而漢求之急如此，此不北走胡即南走越耳。"

《史記》卷六八《商君列傳》：

秦民初言令不便者有來言令便者，衛鞅曰"此皆亂化之民也"，盡遷之於邊城。

《史記》卷七四《孟子荀卿列傳》：

楚有尸子、長盧。

裴駰：劉向《別錄》曰，楚有尸子，疑謂其在蜀。今按《尸子書》，晉人也，名佼，秦相衛鞅客也。……商君被刑，佼恐并誅，乃亡逃入蜀。自爲造此二十篇書……卒，葬蜀。

《史記》卷四三《趙世家》：

[趙惠文王]三年，滅中山，遷其王於膚施。

《史記》卷七五《孟嘗君列傳》：

太史公曰：吾嘗過薛，其俗閭里率多暴桀子弟，與鄒、魯殊。問其故，曰："孟嘗君招致天下任俠，姦人入薛中蓋六萬餘家矣。"

《史記》卷五：

[秦昭襄王]二十一年，[司馬]錯攻魏河內。魏獻安邑，秦出其人，募徙河東賜爵，赦罪人遷之。

瀧川：沈家本，昭襄王之赦罪人，遷之以實初地也，[後]始皇之徙謫以實初縣，其策始本於此。

《史記》卷五：

[秦昭襄王]二十六年，赦罪人遷之穰。……

[秦昭襄王]二十七年……赦罪人遷之南陽。……

張守節：[二地]皆今鄧州。

[秦昭襄王]二十八年，大良造白起攻楚，取鄢、鄧，赦罪人遷之。

瀧川：梁玉繩，[據《表》《楚世家》、及《白起傳》，應爲鄢、鄧、西陵三城，]《紀》失書西陵。

《史記》卷七九《范睢蔡澤傳》：

須賈頓首言死罪……請自屏於胡貉之地。

《史記》卷六：

　　[秦始皇]八年，王弟長安君成蟜將軍擊趙，反，死屯留，軍吏皆斬死，遷其民於臨洮。

《史記》卷六：

　　[秦始皇]九年，[嫪毐之亂，]奪爵遷蜀四千餘家，家房陵。

　　　　光旦：房陵爲流徙之地，由來已久。

　　　　光旦：下文十二年秋，"復嫪毐舍人遷蜀者"。

《史記》卷六：

　　[秦始皇]十二年，文信侯[呂]不韋死，竊葬。其舍人臨者，晉人也逐出之；秦人六百石以上奪爵，遷；五百石以下不臨，遷，勿奪爵。自今以來，操國事不道如嫪毐、不韋者籍其門，視此。

　　　　張守節：遷，遷移於房陵。

《史記》卷七：

　　項王、范增……陰謀曰："巴、蜀道險，秦之遷人皆居蜀。"……"巴、蜀亦關中地也。"故立沛公爲漢王，王巴、蜀、漢中，都南鄭。

　　　　光旦：劉邦之所以能用巴人板楯七姓以定三秦者，亦正緣此陰謀也。

《史記》卷八五《呂不韋列傳》：

　　始皇九年……九月……諸嫪毐舍人皆没其家而遷入蜀。……十年十月，免相國呂不韋。……與家屬徙處蜀。……呂不韋、嫪毐皆已死，乃皆復歸嫪毐舍人遷蜀者。

　　　　光旦：呂不韋本人似未遷，得訊，自酖，故洛陽有其冢。

　　　　光旦：呂氏子孫有在粵者，亦有在雲南永昌者。

《史記》卷四三《趙世家》：

　　[趙幽繆王]七年，[趙亡於秦，]王遷降。

　　　　裴駰：《淮南子》云，趙王遷流於房陵，思故鄉，作爲山水之謳，聞之者莫不流涕。

　　　　張守節：[趙王遷流於房陵，卒葬於此。]《括地志》云，墓在房州房陵縣西九里。

　　　　光旦：房州爲"高級"流徙之地，此爲最早之例，或即此時開其端。房州地屬巴區。

《史記》卷五八《梁孝王世家》：

濟川王明者，梁孝王子……孝景中六年爲濟川王。七歲，坐射殺其中尉（傅？）……廢……爲庶人，遷房陵。

　　　　光旦：遷房陵之第二例。

《史記》卷五九《五宗世家》：

　　廢王后脩（景帝少子舜之妃），徙王勃（舜與王后所生太子）以家屬處房陵。（事在孝景中五年後三十二年或三十三年。）

《史記》卷四四《魏世家》：

　　[魏王假]三年，秦灌大梁，虜王假。

　　　　瀧川：《高祖紀》，魏人周市曰，"豐，故梁徙也。"《集解》引文穎云，梁惠王孫假爲秦所滅，轉東徙於豐，故曰，"豐，梁徙"。據此，則魏滅，餘衆徙於豐也。

《史記》卷六：

　　[秦始皇]二十六年……徙天下豪富於咸陽十二萬户。

《史記》卷六：

　　[秦始皇]二十八年……徙黔首三萬户琅邪臺下，復十二歲。

　　　　瀧川：沈家本，秦漢徙民有二端，如秦時成蟜、嫪毐、呂不韋諸事，有罪所遷者也；至二十八年之徙，因樂其地；三十五年，除道道九原抵雲陽，塹山堙谷，直通之，作阿房宮，或作麗山，因徙三萬家麗邑，五萬家雲陽，亦與有罪而遷者不同。漢代徙民亦如是。（《考證》）

《史記》卷六：

　　[始皇]三十三年，發諸嘗逋亡人、贅壻、賈人略取陸梁地，爲桂林、象郡、南海，以適遣戍。

　　　　裴駰：徐廣曰，五十萬人守五嶺。

《史記》卷六：

　　[始皇三十三年，]西北斥逐匈奴。自榆中並河以東，屬之陰山，以爲三十四縣……徙謫，實之初縣。

　　　　瀧川：梁玉繩曰，《表》作四十四縣，《匈奴傳》同，此誤。

　　　　瀧川：沈家本，按此亦有罪而遷，爲實邊計。……此策漢亦用之，後世言實邊者，多主此策。

《史記》卷八九《張耳陳餘傳》：

　　[秦始皇三十三年，]南有五嶺之戍。

裴駰：《漢書音義》曰，嶺有五……在交阯界中。
　　司馬貞：裴氏《廣州記》云，大庾、始安、臨賀、桂陽、揭陽。
　　瀧川：吳仁傑曰，案《淮南書》，始皇……使尉屠睢發卒五十萬爲五軍，一軍塞鐔城之領，一軍守九疑之塞，一軍處番禺之都，一軍守南野之界，一軍結餘干之水……所謂五嶺者此也。
　　光旦：淮南曰"番禺"之都，番禺爲一批人，宛然。

《史記》卷六：
　　[始皇]三十四年，適治獄吏不直者，築長城及南越地。
　　張守節：謂戌五嶺，是南方越地。

《史記》卷六：
　　[始皇]三十五年……益發謫徙邊。
　　瀧川：沈家本，此言徙，實永戌。
　　光旦：據上文"阬諸生"及下文扶蘇諫語，此所發者多爲當時知識分子。此與邊地之文化開發不無關係。

《史記》卷六：
　　[始皇]三十六年……遷北河榆中三萬家。拜爵一級。
　　張守節：北河，勝州也。榆中，勝州榆林縣。

《史記》卷六：
　　[始皇]三十五年……徙三萬家麗邑，五萬家雲陽，皆復不事十歲。

《史記》卷八九《張耳陳餘傳》：
　　[秦末，張耳、陳餘立趙歇爲趙後，]章邯引兵至邯鄲，皆徙其民河內，夷其城郭。
　　瀧川：何焯曰，徙民夷城，恐兵去而還，復爲趙守也。

《史記》卷八：
　　[高帝]九年……徙貴族楚昭、屈、景、懷、齊田氏關中。
　　瀧川：姚範曰，從婁敬策。

《史記》卷九九《劉敬……傳》：
　　劉敬從匈奴[結和親約歸]來，因言"匈奴河南白羊、樓煩王，去長安近者七百里，輕騎一日一夜可以至秦中。秦中新破，少民，地肥饒，可益實。夫諸侯初起時，非齊諸田，楚昭、屈、景莫能興。今陛下雖都關中，實少人。北近胡寇，東有六國之族，宗彊，一日有變，陛下亦未得高枕而臥也。臣願陛下徙齊諸田，楚昭、屈、景，燕、趙、韓、魏後，及豪桀名家居關中。無事，可以備胡；諸侯有變，亦足率以東伐。此彊本弱末之術也"。上曰："善。"廼使劉敬徙所言關中十餘萬口。

《史記》卷八：

[高帝]十年……更命酈邑曰新豐。

瀧川：徐中行曰，《西京雜記》，以太上皇思故豐邑，因作新豐，并移舊社，衢巷棟宇，物色惟舊，士女老幼，相携路首，各知其室，放牛馬雞鴨於通塗，亦競識其家，匠人胡寬所營也。

光旦：建邑移民在前，至此太上皇崩，始改邑名。

光旦：所徙只太上皇故人，即只豐之部分閭里而已，故十二年高祖至沛，沛人爲豐人請復，比於沛。

《史記》卷八：

[高帝十一年]夏，梁王彭越謀反，廢遷蜀；復欲反，遂夷三族。

光旦：在蜀有無子遺，乃至果遷否，不可知。

《史記》卷一〇：

[文帝]六年……淮南王長……謀反……廢勿王。羣臣請處王蜀嚴道邛都，帝許之。長未到處所，行病死。

《史記》卷一〇一《袁盎傳》：

[漢文帝六年]柴武太子謀反事覺，治，連淮南王，淮南王徵，上因遷之蜀，轞車傳送。……至雍，病死。

《史記》卷一一：

[漢景帝]五年三月，作陽陵渭橋。五月，募徙陽陵，予錢二十萬。

光旦：當是受募者，戶得二十萬錢。

光旦：尚有早於茂陵者。

《史記》卷五八《梁孝王世家》：

濟東王彭離者，梁孝王子，以孝景中六年爲濟東王。二十九年[坐剟殺人]……廢……爲庶人，遷上庸。

光旦：時上庸應亦巴人地區。

《史記》卷二九《河渠書》：

久之，河東渠田廢，予越人，令少府以爲稍入。

裴駰：如淳曰，時越人有徙者，以田與之，其租稅入少府。

司馬貞：其田既薄，越人徙居者習水利，故與之，而稍少其稅，入之于少府。

　　光旦：是山西西南部漢時曾種水稻。

《史記》卷三〇《平準書》：

　　[漢武開西南夷]悉巴蜀租賦不足以更（賡，或償）之，乃募豪民田南夷，入粟縣官，而内受錢於都内。

《史記》卷三〇《平準書》：

　　[漢武帝元狩三年，]山東被水菑，民多飢乏⋯⋯乃徙貧民於關以西，及充朔方以南新秦中，七十餘萬口。

　　裴駰：如淳曰，長安以北，朔方以南。

　　裴駰：瓚曰，秦逐匈奴以收河南地，徙民以實之，謂之新秦。今以地空，故復徙民以實之。

　　光旦：按秦亡之後，漢武之前，匈奴曾再取河南地，此自在衛青重收河南地之後。

漢——海外移民

《史記》卷六：

　　[秦始皇]二十八年⋯⋯齊人徐巿等上書，言海中有三神山，名曰蓬萊、方丈、瀛洲，僊人居之。請得齋戒，與童男女求之。於是遣徐巿發童男女數千人，入海求僊人。

　　張守節：《括地志》，亶洲在東海中，秦始皇使徐福將童男女入海求仙人，正在此洲，共數萬家，至今洲上人有至會稽市易者。吳人《外國圖》云亶洲去琅邪萬里。

漢——革命之際之多民族關係

《史記》卷四：

　　武王朝至于商郊牧野，乃誓。⋯⋯曰："遠矣西土之人！"⋯⋯"嗟！我有國家君，司徒、司馬、司空、亞旅、師氏、千夫長、百夫長，及庸、蜀、羌、髳、微、纑、彭、濮人，稱爾戈，比爾干，立爾矛，予其誓。"

　　光旦：是亦最早之統一戰綫矣。

《史記》卷七：

［漢之四年，］項王令壯士出挑戰。漢有善騎射者樓煩，楚挑戰三合，樓煩輒射殺之。……

　　裴氏：應劭曰，樓煩，胡也，今樓煩縣。

　　瀧川：顧炎武曰，樓煩，即趙西北邊之國，其人強悍習騎射。《史記·趙世家》，武靈王"行新地，遂出代西，遇樓煩王於西河而致其兵"，致云者，致其兵而用之也；是以楚漢之際，多用樓煩人別爲一軍；高祖《功臣年表》，陽都侯丁復，以趙將從起鄴，至霸上，爲樓煩將……《灌嬰傳》，擊破柘公王武，斬樓煩將五人，攻龍且，生得樓煩將十人，擊破項籍軍陳下，斬樓煩將二人，攻黥布別將于相，斬樓煩將三人，《功臣表》，平定侯齊受，以驍騎都尉擊項籍，得樓煩將，則項王及布亦各有樓煩之兵矣。

　　瀧川：李奇曰，樓煩人善騎射，謂士爲樓煩，取其稱耳，未必樓煩人也。

　　光旦：此亦不矛盾，樓煩人參軍在前，凡善射者稱樓煩在後，亦理之自然者。

漢──對他族之歧視

《史記》卷二八《封禪書》：

　　萇弘以方事周靈王，諸侯莫朝周，周力少，萇弘乃明鬼神事，設射貍首。貍首者，諸侯之不來者。依物怪欲以致諸侯。諸侯不從，而晉人執殺萇弘。周人之言方怪者自萇弘。

　　光旦：此疑與後之"蠻首"有涉。

漢──借助他族以自存立

《史記》卷八六《刺客列傳》：

　　［燕鞫武諫太子丹一面］遣樊將軍（於期）入匈奴以滅口，［一面］請西約三晉，南連齊、楚，北購（講、媾，和也，合也）於單于，其後迺可圖［秦而自存］也。

　　瀧川：徐孚遠曰，戰國時，未有用胡騎爲援者，燕國弱，而近匈奴，故欲購之。

　　光旦：太子丹認爲緩不濟急，未從。然作爲借助他族以圖自存之議，此是最早之例。

漢——出亡入他族中

《史記》卷八，卷九三：

　　[漢高帝]十二年……盧綰聞高祖崩，遂亡入匈奴。

《史記》卷八六《刺客列傳》：

　　秦將樊於期得罪於秦王，亡之燕，[鞠武懼秦之讎燕，更以此爲辭，諫太子丹曰，]"願太子疾遣樊將軍入匈奴以滅口。"[太子不從。]

　　　　光旦：此是未成事實之例。

漢——反叛者與他族的聯繫

《史記》卷五七《周勃世家》：

　　周勃……以將軍從高帝擊反韓王信於代。……以前至武泉，擊胡騎，破之武泉北。轉攻韓信軍銅鞮，破之。……擊韓信胡騎晉陽下，破之，下晉陽。後擊韓信軍於硰石，破之，追北八十里。還攻樓煩三城，因擊胡騎平城下。

　　　　光旦：雖未明言韓王信勾結匈奴，其爲勾結，已顯然也。

　　　　光旦：武泉，右玉縣西北；銅鞮，今山西沁縣界；硰石城在今忻縣界；樓煩，今崞縣界；平城，今定襄。

《史記》卷五七《絳侯周勃世家》：

　　[七國之反，]使輕騎兵弓高侯等絕吳、楚兵後食道。

　　　　司馬貞：弓高侯，韓頹當也。

　　　　瀧川：弓高侯，韓王信子，自匈奴來降者。

漢——反叛者與他族的聯繫

　　漢高帝時韓王信與匈奴——詳"匈奴"片。

　　漢高帝時盧綰、陳豨與匈奴——詳"匈奴"片。

《史記》卷一〇六《吳王濞傳》：

　　[吳楚七國之反，]趙王遂……陰使匈奴與連兵。

　　　　光旦：《史記》卷五〇，《楚元王世家》，較此爲詳，見另片。

《史記》卷一〇：

　　[漢文帝]六年……淮南王[劉]長……謀反，遣人使閩越及匈奴，發其兵。

《史記》卷五〇《楚元王世家》：

　　漢景帝時……吳、楚反，趙王[劉]遂與合謀起兵。……發兵屯其西界，欲待吳與俱西。北使匈奴，與連和攻漢。……［後］吳、楚敗於梁，不能西。匈奴聞之，亦止，不肯入漢邊。

《史記》卷五七：

[太尉周亞夫大破吳，]吳王濞……走，保於江南丹徒。……月餘，越人斬吳王頭以告。

張守節：越人即丹徒人。［越滅吳，秦設郡，丹徒屬會稽郡，故。］

瀧川：陳仁錫曰，越人，即東甌王，《正義》誤。

《史記》卷一〇六《吳王濞傳》：

七國之發也，吳王……南使閩越、東越，東越亦發兵從。孝景三年正月……發使遺諸侯書曰："……敝國……精兵可具五十萬。寡人素事南越三十餘年，其王君皆不辭分其卒以隨寡人，又可得三十餘萬。……越直長沙者，因王子定長沙以北，西走（定？）蜀、漢中。告越（上文謂南越，此乃東越，見諸注疏）、楚王、淮南三王，與寡人西面……燕王、趙王固與胡王有約，燕王北定代、雲中，搏胡眾入蕭關。"

《史記》卷一〇六《吳王濞傳》：

太史公曰：吳王……親越謀宗，竟以夷隕。……故古者諸侯……"毋親夷狄，以疏其屬"，蓋謂吳邪？

漢——五天帝

《史記》卷六《秦本紀》

《史記》卷一四《十二諸侯年表》

《史記》卷一五《六國年表》

《史記》卷二八《封禪書》：

五帝設置——五畤：

畤名	設置之年	設置地點	所祀帝
西畤	秦襄八	漢隴西郡西縣	白帝
鄜畤	秦文十	漢馮翊郡鄜縣	白帝（疑應作黃帝）
密畤	秦宣四	渭南	青帝
上畤	秦靈三	吳陽	黃帝
下畤	秦靈三	吳陽	炎帝（即赤帝）
畦畤	秦獻十七（一作十八）	櫟陽	白帝

　　　　　北畤　　　　漢高帝時　　　　　　長安?　　　　黑帝

《史記》卷二八《封禪書》：

　　自未作[西畤]鄜畤也，而雍旁故有吳陽武畤，雍東有好畤，皆廢無祠。或曰："自古以雍州積高，神明之隩，故立畤郊上帝，諸神祠皆聚云。蓋黃帝時嘗用事，雖晚周亦郊焉。"其語不經見，縉紳者不道。

漢——來自少數民族之文化特點

《史記》卷四三《趙世家》：

　　[趙武靈王曰，]諺曰"以書御者不盡馬之情，以古制今者不達事之變。"……遂胡服招騎射。

　　　　瀧川：顧炎武曰，《詩》云，"古公亶父，來朝走馬"，古者馬以駕車，不可言走，曰走者，單騎之稱；古公之國，鄰於戎翟，其習尚有相同者；然則騎射之法不始於趙武靈王也。

漢——他族音樂

《史記》卷四七《孔子世家》：

　　[齊、魯夾谷之會，齊有司初進萊人之樂，後又進俳儒之戲，俱爲孔子所反對而罷，倡優侏儒且因而受誅戮，]景公……歸而大恐，告其羣臣曰："魯以君子之道輔其君，而子獨以夷狄之道教寡人，使得罪於魯君，爲之奈何？"

　　　　光旦：參"民族政策——變俗與從俗"片。

漢——他族習尚

《史記》卷五六《陳丞相世家》：

　　呂太后乃徙[陳]平爲右丞相，以辟陽侯審食其爲左丞相。左丞相不治，常給事於中。

　　　　張守節：秦漢[及]以前，右爲上，左爲下，晉宋以來，左爲上也。（《會注考證》）

　　　　瀧川：中井積德曰，後世官上左，是北胡之俗而入夏也。

漢——與畬關係

《史記》卷八：

高祖……母曰劉媼。

  司馬貞：今近有人云"母溫氏"。貞時打得班固泗水亭長古石碑文，其字分明作"溫"字，云"母溫氏"。貞與賈膺復、徐彥伯、魏奉古等執對反覆，沈歎古人未聞，聊記異見，於何取實也？

  光旦：此與德慶悦城龍母故事必有涉。龍母即姓溫。至龍母故事與徐偃王傳說中之孤獨母有係，詳見別片。

《史記》卷八：

  高祖被酒，夜徑澤中……有大蛇當徑……拔劍擊斬蛇。蛇遂分爲兩……後人來至蛇所，有一老嫗夜哭。人問何哭，嫗曰："人殺吾子，故哭之。"人曰："嫗子何爲見殺？"嫗曰："吾子，白帝子也，化爲蛇，當道，今爲赤帝子斬之，故哭。"

  光旦：是亦與龍母、子故事有涉。

漢——民族文史選讀目

流放"罪人"於四裔		
"四罪"	（參《書經》）	《史記》卷一
"流四凶族"		《史記》卷一
五服之分	（參《書經》，《周禮》）	《史記》卷二
祭公謀父諫征犬戎	（參《國語》）	《史記》卷四
漢文帝諭匈奴意	（文帝後二年）	《史記》卷一〇
趙武靈王論胡服騎射	（武靈王十九年）	《史記》卷四三

和　夷

《史記》卷二：

  華陽黑水惟梁州……蔡、蒙旅平，和夷厎績。

  鄭玄：《地理志》，蔡、蒙在漢嘉縣。

  司馬貞：[蒙]在蜀郡青衣縣。青衣後改爲漢嘉。

  張守節：《括地志》云，蒙山在雅州嚴道縣南十里。

  馬融：和夷，地名。

  光旦：和夷，疑亦族名，言禹平此部分水土，此種人亦曾出力致功也。

此地區爲"彝"族舊地，或當禹時已爾。姑存此一説。

黑　姑

《史記》卷四三《趙世家》：

[趙襄子得竹節中朱書讖文，稱其子孫將]"奄有河宗……南伐晉别，北滅黑姑"。

張守節：黑姑，亦戎國。

胡

胡（匈奴）

《史記》卷六：

燕人盧生……奏《録圖書》，曰"亡秦者胡也"。始皇乃使將軍蒙恬發兵三十萬人北擊胡，略取河南地。（始皇三十二年）

張守節：今靈、夏、勝等州。

光旦：河套或鄂爾多斯族地（Ordus）稱"河南"，似從此始，至南北朝時代沿用不絶。

《史記》卷六：

太史公引賈誼《過秦論》：使蒙恬北築長城而守藩籬，卻匈奴七百餘里，胡人不敢南下而牧馬。

胡（樓煩）

《史記》卷七：

[漢之四年，]項王令壯士出挑戰。漢有善騎射者樓煩，楚挑戰三合，樓煩輒射殺之。……

裴氏：應劭曰，樓煩，胡也。

淮　夷

参《詩經·大雅·江漢》。

《史記》卷二：

　　海岱及淮維徐州……淮夷蠙珠臮魚。

　　　　鄭玄：淮夷，淮水之上民也。

　　　　孔安國：淮、夷，二水名。

　　　　光旦：二注，孔在前，顯誤。鄭氏是。孔氏以嵎夷、萊夷皆爲地名，此又爲二水名，皆有未達。

《史記》卷四：

　　成王……東伐淮夷，殘奄，遷其君薄姑。成王自奄歸，在宗周，作《多方》。既絀殷命，襲淮夷，歸在豐，作《周官》。

　　　　鄭玄：奄國在淮夷之北。

　　　　馬融：薄姑，齊地。

　　　　張守節：《括地志》云，泗水徐城縣北三十里，古徐國，即淮夷也。……曲阜縣奄里，即奄國之地也。

　　　　張守節：《括地志》云，薄姑故城在青州博昌縣東北六十里。薄姑氏，殷諸侯。

　　　　瀧川：《書》序，薄姑作蒲姑。

《史記》卷三二《齊太公世家》：

　　周成王少時，管、蔡作亂，淮夷畔周，乃……命太公［得專征伐］。

《史記》卷三三《魯周公世家》：

　　管、蔡、武庚等果率淮夷而反。周公乃奉成王命，興師東伐，作《大誥》。遂誅管叔，殺武庚，放蔡叔。收殷餘民，以封康叔於衛，封微子於宋，以奉殷祀。寧淮夷東土，二年而畢定。

　　　　光旦：反中央統治之起事者往往引少數民族合作，此自是最早之例。

《史記》卷三三《魯周公世家》：

　　伯禽即位之後，有管、蔡等反也，淮夷、徐戎亦並興反。於是伯禽率師伐之於肸，作《肸誓》。

　　　　瀧川：王鳴盛曰，大約今淮揚二府近海之地，皆古淮夷，而此經淮夷（《尚書·費誓》）則在淮北者也。

　　　　裴駰：徐廣曰，肸一作"鮮"，一作"獮"。駰案：《尚書》作"費"。

　　　　司馬貞：《尚書》作《費誓》。

　　　　張守節：周公伐三監，魯公伐淮夷。（《會注考證》）

光旦：與上則是一回事，特父子分工耳。上則未言徐戎。

穢 貊

《史記》卷五五《留侯世家》：

[張]良嘗……東見倉海君。得力士。

裴駰：如淳曰，秦郡縣無倉海。或曰東夷君長。

司馬貞：姚察以[爲]武帝時東夷穢君降，爲倉海郡，或因以名，蓋得其近也。

張守節：《漢書·武帝紀》云，"元年，東夷穢君南閭等降，爲倉海郡"，今貊穢國，得之。太史公修史時已降爲郡，自書之。

張守節：《括地志》云，穢貊在高麗南，新羅北，東至大海西。

姜 戎

《史記》卷四：

[宣王]三十九年，戰于千畝，王師敗績于姜氏之戎。

司馬貞：千畝，在西河介休縣。

閻若璩：千畝，周之籍田，[宣王廢而不耕，]離鎬京應不甚遠。（《會注考證》）

韋昭：姜戎，西夷別種，四嶽之後。

光旦：疑即羌耳。

僬 僥

見"侏儒"片。

荆 蠻

參《詩經·小雅·采芑》。

《史記》卷三一《吳太伯世家》：

太伯之犇荆蠻，自號句吳。荆蠻義之，從而歸之千餘家。

　　司馬貞：荆者，楚之舊號，以州而言之曰荆。蠻者，閩也，南夷之名；蠻亦稱越。……地在楚、越之界，故稱荆蠻。

《史記》卷三二《齊太公世家》：

　　楚成王初收荆蠻有之，夷狄自置。

　　光旦：此論齊桓稱霸之際其它强國光景。

九　黎

《史記》卷二六《歷書》：

　　少皡氏之衰也，九黎亂德，民神雜擾，不可放物……

　　裴駰：《漢書音義》，九黎，少皡時諸侯作亂者。

　　瀧川：九黎與三苗並言，蓋南方種族名，言九者，非一族也。

　　光旦：係之今日尚存之民族，不出二可能，一即海南之黎，一爲黔桂之仡佬，仡佬與九黎音近。九黎之不必爲"九"，猶百越之不必爲"百"也。

《史記》卷二六《歷書》：

　　其後三苗服九黎之德……

　　光旦：三苗亦作亂，如九黎之所爲。

《史記》卷四〇《楚世家》：

　　[楚靈王三年，申之會後，伍舉謂靈王曰：]"紂爲黎山之會，東夷叛之"。

　　裴駰：服虔曰，黎，東夷國名，子姓。

九　夷

《史記》卷六九《蘇秦列傳》：

　　齊……北夷方七百里，加之以魯、衛，彊萬乘之國也……

　　瀧川：王念孫曰，北夷當作九夷……《秦策》云，楚包九夷，方千里；《魏策》云，"楚破南陽九夷"；李斯上始皇書云，"包九夷，制鄢、郢"；是九夷之地，南與楚接。……《淮南·齊俗》篇云，越王句踐"霸天下，泗上十二諸侯皆率九夷以朝"，是九夷之地，東與十二諸侯接，而魯爲十二諸侯之一，故此言齊并九夷與魯衛也。……今本之北夷，乃九夷之誤，而不得以山戎當之也。（末句斥《索隱》與《正義》。）

光旦：是又一九夷，在中原諸夏之南。見於文獻更早之九夷，則在東，如堣夷之類。

光旦：此九夷之內包如何？其中有包，不成問題。亦不可能無畬、瑤、苗之先，乃至侗人之先曰谿子者，見同卷蘇秦説韓王語。

光旦：録語爲蘇代遺燕昭王書中之一部分。

苴

《史記》卷七〇《張儀列傳》：

苴、蜀相攻擊，各來告急於秦。

光旦：苴有二説：

1. 就《史記集解》《索隱》及二者所引譙周語言之，苴即巴也，巴人自稱"巴苴"，取其自稱之後一音綴而言也。

2. 《華陽國志》及《史記正義》則以爲蜀侯之弟封漢中爲"苴侯"者當之。

然二説亦不矛盾，漢中亦巴人地域，蜀侯弟之所以稱苴侯者，正緣所封之地有"巴苴"人耳，或其地本屬巴苴耳。

光旦：《水經注》亦主第二説："秦惠王遣張儀等救苴侯于巴"。

張守節：《括地志》云，苴侯都葭萌，今利州益昌縣五十里葭萌故城是。

昆侖

《史記》卷二：

織皮昆侖、析支、渠搜，西戎即序。

瀧川：《逸周書·王會解》，"正西昆侖、狗國、鬼親、祝已、翕耳、丹甸、雕題、離止、漆齒"；孔晁注，"九者西戎之別名"。是西戎亦有昆侖也。（《會注考證》）

光旦：參"析支"片。

昆明子

《史記》卷三〇《平準書》：
　　［漢武帝］作昆明池。
　　　　司馬貞：按《黃圖》云，昆明池周四十里，以習水戰。
　　　　司馬貞：荀悅云，昆明子居滇河中，故習水戰，以伐之也。

萊　夷

萊夷

《史記》卷二：
　　海岱維青州……萊夷爲牧。
　　　　孔安國：萊夷，地名，可以牧放。
　　　　光旦：萊夷不止地名，地名亦因人而得，同嵎夷或郁夷之例。
　　　　司馬貞：《左傳》云，萊人劫孔子，孔子稱"夷不亂華"，又云，"齊侯伐萊"，服虔以爲東萊黃縣是。今按：《地理志》黃縣有萊山，恐即此地之夷。
《史記》卷六：
　　［秦始皇二十八年，東巡，］過黃、腄。
　　　　張守節：《括地志》，黃縣故城在萊州黃縣東南二十五里，古萊子國也。
《史記》卷一〇：
　　［漢文帝封宋］昌爲壯武侯。
　　　　張守節：《括地志》，壯武故城在萊州即墨縣西六十里，古萊夷國，有漢壯武縣故城。
《史記》卷三二《齊太公世家》：
　　武王已平……天下，封師尚父於齊營丘。東就國……萊侯來伐，與之爭營丘。營丘邊萊。萊人，夷也，會紂之亂而周初定，未能集遠方，是以與太公爭國。
　　　　張守節：《括地志》，營丘在青州臨淄北百步。
　　　　瀧川：營丘在青州昌樂縣。

太公至國，修政，因其俗，簡其禮，通商工之業，便魚鹽之利，而人民多歸齊。

  光旦：緊接上引文。

萊人

《史記》卷三二《齊太公世家》：

  ［齊景公］四十八年，與魯定公好會夾谷。犂鉏曰："孔丘知禮而怯，請令萊人爲樂，因執魯君，可得志。"景公害孔丘相魯，懼其霸，故從犂鉏之計。方會，進萊樂，孔子歷階上，使有司執萊人斬之，以禮讓景公。景公慙，乃歸魯侵地以謝，而罷去。

  裴駰：夾谷，服虔曰，東海祝其縣。

  光旦：按，今江蘇贛榆縣南。

  裴駰：杜預曰，萊人，齊所滅萊夷。

  瀧川：此則本《左傳》、《穀梁傳》定公十八年。①

  光旦：萊人蹤跡南至蘇北。

  光旦：採用少數民族樂舞，此亦甚早之一例；早於此者自是周武王以巴人樂舞隨軍。

  光旦：所以執萊人斬之者，以其爲"淫樂"故，見《史記》卷三三《魯周公世家》，在彼云"誅齊淫樂"。

《史記》卷四七《孔子世家》：

  ［夾谷之會］齊有司……請奏四方之樂……孔子……舉袂而言曰："吾兩君爲好會，夷狄之樂何爲於此！"

  光旦：未言萊人之樂。

《史記》卷三二《齊太公世家》：

  ［齊景公］五十八年……立少子荼爲太子，逐羣公子，遷之萊。景公卒……羣公子畏誅，皆［自萊］出亡，［三人奔衛，二人奔魯。］萊人歌之曰："景公死乎弗與埋，三軍事乎弗與謀，師乎師乎，胡黨之乎？"

  裴駰：服虔曰，師，衆也。黨，所也。

  光旦：言羣公子之衆何所歸乎？

---

① 見《左傳》、《穀梁傳》定公十年。——整理者注

光旦：萊人善歌，存此篇什。
《史記》卷二八《封禪書》注：
　　裴駰《集解》：韋昭曰，成山在東萊不夜……不夜，古縣名。
　　司馬貞《索隱》：案解道彪《齊記》云，不夜城，蓋古有日，夜出見於境，故萊子立城，以不夜爲名。
　　光旦：見《史記》卷二八，《封禪書》，齊地八神下注解。
　　光旦：參"越——自稱"片，疑萊人爲"百越"之留於齊地者。

萊夷

《史記》卷六二《管晏列傳》：
　　晏平仲嬰者，萊之夷維人也。
　　張守節：晏氏《齊記》云，齊城三百里有夷安，即晏平仲之邑。漢爲夷安縣，屬高密國。應劭云，故萊夷維邑。
　　光旦：今山東高密縣治。
《史記》卷八三《魯仲連鄒陽傳》：
　　[魯仲連說新垣衍以帝秦之害]曰："……齊湣王將之魯，夷維子爲執策而從……"
　　司馬貞：按維，東萊之邑，其居（君？）夷也，號夷維子。故晏子爲萊之夷維人是也。
　　張守節：密州高密縣，古夷安城。應劭云，故萊夷維邑也。蓋因邑爲姓。子，男子美稱，又云子爵。
　　光旦：下文歷叙夷維子說魯、鄒等國以接待天子之禮納齊湣王，魯、鄒拒而不納。

驪　戎

《史記》卷四：
　　[閎夭之徒求]驪戎之文馬[等，獻之於紂，以贖西伯]。
　　張守節：《括地志》云，驪戎故城在雍州新豐縣東南十六里，殷、周時驪戎國城也。
《史記》卷六：

［秦始皇］十六年……魏獻地於秦，秦置麗邑。

張守節：《括地志》，"雍州新豐縣本周時驪戎邑。《左傳》云，晉獻公伐驪戎，杜注云在京兆新豐縣，其後秦滅之以爲邑。"

《史記》卷一四：

晉獻公五年，伐驪戎，得姬。

《史記》卷一四：

晉獻公十二年，太子申生［等諸子出奔］，驪姬故。

《史記》卷三九《晉世家》：

［晉獻公］五年，伐驪戎，得驪姬、驪姬弟（《左傳》作娣），俱愛幸之。

林　胡

《史記》卷四三《趙世家》：

［趙武靈王］召樓緩謀曰："我先王……敗林人於荏，而功未遂。……西有林胡、樓煩。"

張守節：林胡、樓煩，即嵐、勝之北也。

《史記》卷四三《趙世家》：

變服騎射，以備……三胡……

司馬貞：三胡，林胡、樓煩、東胡也。

［趙武靈王］二十年……西略胡地，至榆中。林胡王獻馬。

《史記》卷八一《廉、藺列傳》：

［李牧］降林胡。

樓　煩

《史記》卷七：

［漢之四年，］項王令壯士出挑戰，漢有善騎射者樓煩，楚挑戰三合，樓煩輒射殺之。……

光旦：項羽兵中亦有樓煩人爲兵者，詳"漢——革命之際之多民族關係"片。

《史記》卷四三《趙世家》：

[趙之]西有林胡、樓煩……

變服騎射，以備……三胡……

司馬貞：三胡，林胡、樓煩、東胡也。

《史記》卷四三《趙世家》：

西有樓煩、秦、韓之邊。

瀧川：胡三省曰，漢雁門郡樓煩縣，樓煩胡所居之地。按：今山西寧武府。

《史記》卷四三《趙世家》：

[趙]惠文王二年，主父（武靈王傳位於子後之自稱）行新地，遂出代西，遇樓煩王於西河而致其兵。

瀧川：胡三省曰，西河即漢西河郡之地。

《史記》卷九五《樊酈滕灌列傳》：

[灌嬰於燕西破王武之役，]所將卒斬樓煩將五人……

[灌嬰斬龍且之役，]生得……樓煩將十人……

[灌嬰破項籍軍於陳下，]斬樓煩將二人……

[黥布反，灌嬰攻布別將於相，]斬亞將樓煩將三人。

光旦：樓煩將三說：

1. 樓煩胡人爲騎射將者。

2. 樓煩縣人爲騎射將者。

3. 將騎射兵者，不限胡人或樓煩縣人。

《史記》卷九九《劉敬……傳》：

劉敬從匈奴來，因言"匈奴河南白羊、樓煩王，去長安近者七百里，輕騎一日一夜可以至秦中"。

裴駰：張晏曰，白羊，匈奴國名。

司馬貞：二者並在河南。河南者，案在朔方之河南，舊並匈奴地也，今亦謂之新秦中。

張守節：兩胡國……在朔方之南靈、夏、勝等三州之地，秦得之，號新秦中，漢爲朔方郡，而勝州河東□嵐州，亦樓煩胡地也。（《會注考證》）

光旦：樓煩至此時猶存，只在河東之一部分成爲秦漢之樓煩縣而其人漢化耳。

纑 人

《史記》卷四：

　　武王……曰："遠矣西土之人！……庸、蜀、羌、髳、微、纑、彭、濮人……"

　　孔安國：八國皆蠻夷戎狄。……纑、彭在西北。

　　張守節：《括地志》云，戎府之南，古微、濾、彭三國之地。

　　光旦：今其地猶有瀘州。

廬 戎

《史記》卷九二《淮陰侯列傳》：

　　項王亡將鍾離眛家在伊廬。

　　裴駰：徐廣曰，東海朐縣有伊廬鄉。駰案：韋昭曰，今中廬縣。

　　司馬貞：徐[廣]注出司馬彪《郡國志》。

　　張守節：《括地志》云，中廬在義清縣北二十里，本春秋時廬戎之國也，秦謂之伊廬，漢爲中廬縣。項羽之將鍾離眛家在。

　　光旦：居東而稱戎，疑與徐戎相近，均自西方移來者。

陸 梁

《史記》卷六：

　　[秦始皇]三十三年，發諸嘗逋亡人、贅壻、賈人略取陸梁地，爲桂林、象郡、南海，以適遣戍。

　　張守節：嶺南之人多處山陸，其性强梁，故曰陸梁。

　　光旦：張氏《正義》說非是，望文生義耳。陸、梁均當地人自稱之音，"陸"即"駱"，"梁"近"高涼"之"涼"，"甌駱"、"高涼"，皆"仡佬"也，而此一帶爲仡佬或"僮牯老"之聚居地無疑。

髳 人

《史記》卷四：

　　武王……曰："遠矣西土之人！……庸、蜀、羌、髳、微、纑、彭、濮人……"

　　　　孔安國：八國皆蠻夷戎狄。……蜀、髳、微在巴蜀。

　　　　張守節：《括地志》云，姚府以南，古髳國之地。

苗

《史記》卷二六《歷書》：

　　少暤氏之衰也，九黎亂德……其後三苗服九黎之德。

　　　　光旦：苗即今之苗，九黎如爲今之黎或仡佬，諸夏之先，先與黎或仡佬衝突，後與苗衝突，於時序亦順。

《史記》卷一《五帝本紀》：

　　三苗在江淮、荆州數爲亂。於是舜歸而言於帝，請流共工于幽陵，以變北狄；放驩兜於崇山，以變南蠻；遷三苗於三危，以變西戎；殛鯀於羽山，以變東夷：四辠而天下咸服。

　　　　光旦：此苗即今之苗也，曰"三"者，疑當時即已有三支，猶後之畬、瑶、苗也，江淮下游則畬之先，江淮中上游則瑶之先，而荆州則今苗之先也。

　　　　光旦：或曰，既遷三危，則苗應在西，不應在南，疑所遷者只族中之領袖而已，整個之族類固不可得而遷也，今日猶不可，況當日之條件下乎？

　　　　張守節：淮讀作匯……今彭蠡湖也。本屬荆州。

　　　　光旦：此説有義亦可通，當是受戰國吴起"左洞庭，右彭蠡"一言之影響；然於時代不合，堯之時苗人疑尚未過江也。淮應作本字解爲是。

　　　　《通鑑輯覽》：三苗即今湖南溪峒諸苗，其種不一，故唐虞時即號三苗。(《會注考證》)

《史記》卷一：

縉雲氏有不才子，貪于飲食，冒于貨賄，天下謂之饕餮。

　　張守節：謂三苗也。

　　裴駰：賈逵曰，縉雲氏，姜姓也，炎帝之苗裔，黃帝時任縉雲之官。

　　張守節：括州縉雲縣，蓋其所封。

　　光旦：案以饕餮爲三苗，初見於孔安國《書傳》，張守節蓋沿其說。

《史記》卷一《五帝本紀》：

　　舜……分北三苗。

　　鄭玄：所竄三苗爲西裔諸侯者猶爲惡，乃復分析流之。

　　光旦：此猶襲遷三危之說而爲言。然江淮、荊州間仍應有此族人，亦未嘗不可"分北"。此言"分北"，則在堯時所"遷"者，亦"分北"耳，亦"分析流之"耳。誤以遷三危爲盡族而遷者，觀此可以一悟矣。

《史記》卷二：

　　黑水西河惟雍州……三危既度，三苗大序。

　　孔安國：西裔之山，已可居，三苗之族，大有次序。

《史記》卷二：

　　知人則智，能官人；能安民則惠，黎民懷之。能知能惠……何遷乎有苗？

　　光旦：初作"有苗"，前此只作"三苗"。

《史記》卷二：

　　[禹平水土，建長吏，]各道有功，苗頑，不即功。

　　光旦：此處始單用"苗"字，前此多用"三苗"，一度用"有苗"。

　　光旦：漢族形成初期，苗族之抵抗力最強；後世猶爾者，初疑概出漢人之壓迫而然，然禹時即已如此，則原因固不盡外鑠也。

《史記》卷二　裴注引：

　　《皇覽》曰：禹冢在山陰縣會稽山上。會稽山本名苗山……《越傳》曰禹到大越，上苗山，大會計，爵有德，封有功……更名苗山曰會稽。

　　光旦：如此"苗"與苗人有涉，則此族之渡江而南遠在徐偃敗亡之前。可以設想，先驅甚早，而大隊則遲至周初。縉雲氏不才子如果爲苗，有如孔安國所說，則與此可相發明。

《史記》卷二八《封禪書》：

　　禹封泰山，禪會稽。

　　司馬貞：晉灼云"本名茅山"。《吳越春秋》云"禹巡天下，登茅山，羣臣乃大會計，更名茅山爲會稽"。亦曰苗山也。

《史記》卷六五《孫子吳起列傳》：

[吳]起對[魏武侯]曰："在德不在險，昔三苗氏，左洞庭，右彭蠡，德義不修，禹滅之。"

瀧川：沈家本曰，《國策》，左右二字，與此互易。

光旦：《國策》爲《史記》所本，言右洞庭、左彭蠡者是，亦合於自來東左西右之分。

光旦：曰"昔"，是尚在戰國之前，遠溯之虞、夏時代也。自彼時至宋明，苗之分布竟無大變更，參朱熹、王應麟、及方氏《通雅》。

鳥　夷

《史記》卷一《五帝紀》：

東，長、鳥夷。

《史記》卷二《夏本紀》：

鳥夷皮服。夾右碣石。

鄭玄：鳥夷，東北之民，賦食鳥獸者。

孔安國：服其皮，明水害除。

《史記》卷二《夏本紀》：

淮海維揚州：彭蠡既都，陽鳥所居。

孔安國：隨陽之鳥，鴻雁之屬，冬月居此澤。

光旦：疑孔氏又誤。陽鳥，疑即鳥夷之類，以鳥爲其族之標幟者，猶南方之"朱雀"也。疑自東北南移者。

《史記》卷二　注：

[禹葬會稽山，]裴氏《集解》引《地理志》云，山上有禹井、禹祠，相傳以爲下有羣鳥耘田者也。

光旦：此自非真鳥，疑即鳥夷也，亦即"鴃舌"之人也。會稽山既舊稱"苗山"，而山下又有此種耘田之人，疑早在禹之年代，百越與畬族之先已開始大雜小聚而居矣。

甌　越

《史記》卷四三《趙世家》：
　　夫翦髮文身，錯臂左袵，甌越之民也。黑齒雕題，卻冠秫絀，大吳之國也。故禮服莫同，其便一也。
　　　　光旦：大吳，疑今傣之屬。

彭　人

《史記》卷四：
　　武王……曰："遠矣西土之人！……庸、蜀、羌、髳、微、纑、彭、濮人……"
　　　　孔安國：八國皆蠻夷戎狄。……纑、彭在西北。
　　　　張守節：《括地志》云，戎府之南，古微、瀘、彭三國之地。
　　　　光旦：即酉、秀、黔、彭之彭。

濮　人

《史記》卷四：
　　武王……曰："遠矣西土之人！……庸、蜀、羌、髳、微、纑、彭、濮人……"
　　　　孔安國：八國皆蠻夷戎狄。……庸、濮在江漢之南。

《史記》卷四〇《楚世家》：
　　[楚]熊霜元年，周宣王初立。熊霜[立]六年，卒，三弟爭立。仲雪死；叔堪亡，避難於濮；而少弟季徇立。
　　　　裴駰：杜預曰，建寧郡南有濮夷
　　　　張守節：劉伯莊云，濮在楚西南。

《史記》卷四〇《楚世家》：
　　[楚武王]三十七年，楚熊通……自立爲武王，與隨人盟而去。於是始開濮地而有之。

瀧川：［開濮之語見］《國語·鄭語》。

羌

羌

《史記》卷一《五帝紀》：

  西，戎，析枝、渠廋、氐、羌。

《史記》卷四《周本紀》：

  武王……曰："遠矣西土之人！……庸、蜀、羌、髳、微、纑、彭、濮人……"

《史記》卷六《始皇本紀》：

  ［秦統一中國，］西至臨洮、羌中。

  張守節：羌中，從臨洮西南芳州扶松府以西，並古諸羌地也。

《史記》卷一〇九《李將軍列傳》：

  ［李廣與望氣者王朔語其身世：］"吾嘗爲隴西守，羌嘗反，吾誘而降，降者八百餘人，吾詐而同日殺之。至今大恨……"朔曰："禍莫大於殺已降，此乃將軍所以不得侯者也。"

羌——虢

《史記》卷五：

  ［秦武公十一年，］滅小虢。

  張守節：《括地志》，故虢城在岐州陳倉縣東四十里。次西十餘里又有城，亦名虢城。又云，小虢，羌之別種。

  洪亮吉：《正義》［引《括地志》］謂是羌之別種，較是。（《會注考證》）

  光旦：虢爲羌之別種，可進一步肯定爲是。字從虎，西方民族中以虎爲族之標志者不一而足，巴、彝中皆有之，羌與巴甚近，更有可能。果爾，則凡以"虢"稱之古地名，最東可至今陝縣，皆曾爲此別種羌人所居，而其在陳倉者，當是尚有其人。

渠廋

《史記》卷一《五帝紀》：

西，戎，析枝、渠廋、氐、羌。

光旦：参"析支"片。

犬戎

犬戎

《史記》卷四：

[殷之末年，周自岐遷於豐之前，文王]伐犬戎。

張守節：《山海經》云，有人，人面獸身，名曰犬戎。（《會注考證》）

裴駰：同。

張守節：《山海經》又云，黄帝生苗龍，苗龍生融吾，融吾生弄明，弄明生白犬。白犬有二，是爲犬戎。

張守節：《説文》，"赤狄本犬種"，故字從犬。

張守節：《後漢書》云，犬戎，槃瓠之後也，今長沙武陵之郡大半是也。

張守節：《毛詩疏》，"犬戎，昆夷"是也。

瀧川：《詩·大雅·緜》，"混夷駾矣，維其喙矣。"

瀧川：《尚書大傳》，文王受命，四年，伐犬夷。鄭玄注，犬夷，混夷也。按古鈔本及《毛詩疏》引史文，犬戎作犬夷，與《大傳》合。（《會注考證》本）

《史記》卷四：

穆王將征犬戎，祭公謀父諫曰："不可。先王燿德不觀兵。……夫先王之制……戎翟荒服。……荒服者王。……有不王則修德，[修德]……而有不至，則……有文告之辭。布令陳辭而有不至，則增修於德……今自大畢、伯士之終也，犬戎氏以其職來王，天子曰'予必以不享征之，且觀之兵'，無乃廢先王之訓，而王幾頓乎？吾聞犬戎樹敦，率舊德而守終純固，其有以禦我矣。"王遂征之，得四白狼、四白鹿以歸。自是荒服者不至。

徐廣：大畢，伯士，犬戎之君。

光旦：不享則征之，所以應付侯衛賓服之人，根本不適用於戎翟荒服，詳部分未引之上文。

張守節：賈逵云，大畢，伯士，犬戎之二君。

《史記》卷四：

［幽王廢申后，］申侯怒，與繒、西夷、犬戎攻幽王。幽王舉烽火徵兵，兵莫至。遂殺幽王驪山下，虜褒姒，盡取周賂而去。……平王立，東遷于雒邑，辟戎寇。

瀧川：《國語·晉語》①，"十一年幽王乃滅，周乃東遷。"

瀧川：戎狄入都取賂，以是爲始。

崔述：世皆謂申侯啓戎，戎遂克周，［不然］……其來有漸……觀《召旻》之卒章……曰，"今也日蹙國百里"，戎之蠶食，亦非一日矣。……（《會注考證》本）

《史記》卷四：

［襄王］三年，叔帶與戎、翟謀伐襄王，襄王欲誅叔帶，叔帶犇齊。齊桓公使管仲平戎于周，使隰朋平戎于晉。

服虔：戎伐周，晉伐戎救周，故和也。

光旦：此戎應仍是犬戎。時滅西周不久，其勢猶盛。其間或雜有其它北方之族類，故亦言"戎翟"，但主體應是犬戎，故齊使二人所平者均爲"戎"也。然其後翟勢更張，又有翟人入周之事，見下文十六年。

《史記》卷五：

［秦］躁公二年，南鄭反。

瀧川：《水經注》，鄭桓公死于犬戎，其民南奔，故稱南鄭。

《史記》卷一四《十二諸侯年表》：

鄭桓公友。

司馬貞：宣王母弟。宣王二十二年封之鄭，立三十六年，與幽王俱死犬戎之難。

《史記》卷四二《鄭世家》：

［鄭徙洛東之］二歲，犬戎殺幽王於驪山下，并殺桓公。

---

① 見《國語·周語》。——整理者注

犬夷

《史記》卷三二《齊太公世家》：

[文王]伐崇、密須、犬夷。

瀧川：錢大昕曰，犬戎即昆夷。

戎

戎——蕩社

《史記》卷五：

[秦]寧公二年……遣兵伐蕩社。三年，與亳戰，亳王奔戎，遂滅蕩社。

徐廣：蕩音湯。社，一作"杜"。

司馬貞：西戎之君，號曰亳王，蓋成湯之胤。其邑曰蕩社。徐廣云一作"湯杜"，言湯邑在杜縣之界，故曰湯杜也。

張守節：《括地志》，雍州三原縣有湯陵。又有湯臺，在始平縣西北八里。按：其國蓋在三原始平之界矣。

梁玉繩：蕩即湯，古字通，西戎亳王號湯，湯在杜縣，後人以杜字注其下，混入正文，又譌爲社。(《會注考證》本）

皇甫謐：亳王號湯，西夷之國也。

戎——彭戲

《史記》卷五：

[秦]武公元年，伐彭戲氏。

光旦：參"秦起於戎"片。

光旦：此與巴人自稱之音近似。

戎——邽、冀

《史記》卷五：

[秦武公]十年，伐邽、冀戎，初縣之。（參"秦起於戎"片）

戎——茅，茅津

《史記》卷五：

[秦]繆公……元年，自將伐茅津，勝之。

　　劉伯莊：茅津，戎號也。（張守節《正義》引）

　　張守節：《括地志》，茅津及茅城在陝州河北縣西二十里。《水經注》：茅亭，茅戎號。

　　光旦：今尚有茅津渡。

戎

《史記》卷六八《商君列傳》：

　　[趙良語商君，論百里奚相秦之功：]"施德諸侯，而八戎來服。由余聞之，款關請見。"

　　光旦：言戎派別之多，不必定爲八數也。

《史記》卷四《周紀》：

　　[襄王]三年，叔帶與戎翟謀伐襄王。

　　光旦：此泛言戎，不具體指何種或何地戎，姑另立片，有緣確定時再加歸納，下同。

《史記》卷三二《齊世家》：

　　[桓公]三十八年，周襄王弟帶與戎翟合謀伐周，齊使管仲平戎於周。

　　光旦：即上則事。

《史記》卷三二《齊世家》：

　　[桓公]四十二年，戎伐周，周告急於齊，齊令諸侯各發卒戍周。

《史記》卷三九《晉世家》：

　　[晉悼公]三年……使[魏絳]和戎，戎大親附。十一年，悼公曰："自吾用魏絳，九合諸侯，和戎翟，魏子之力也。"

　　光旦：參《左》襄四年。

戎——己氏

《史記》卷三七《衛康叔世家》：

　　[衛莊公]三年，莊公上城，見戎州。曰："戎虜何爲是？"戎州病之。十月，戎州告趙簡子，簡子圍衛。十一月，莊公出犇。

　　裴駰：賈逵曰，戎州，戎人之邑。

　　司馬貞：杜預云，陳留濟陽縣東南有戎城。濟陽與衛相近，故莊公登臺望見戎州。

張守節：《括地志》云，宋州楚丘縣，古戎州己氏之城也。《左傳》隱七年，戎伐凡伯于楚丘，以歸；《括地志》云，楚丘故城，在楚丘縣北三十里，衛楚丘之邑也。按：諸侯爲衛城楚丘居文公者，即滑州南縣是也（梁玉繩認爲與此異——光旦）。（《會注考證》）

張守節：《左傳》哀十七年，初衛莊公登城以望戎州，以問之，以告，公曰，"我姬姓也，何戎之有焉？"［翦之。］（《會注考證》）

瀧川：《吕氏春秋·慎小》篇云，莊公登臺以望，見戎州而問之曰，"是何爲者也？"侍者曰，"戎州也。"公曰，"我姬姓也，戎人安敢居國？"使奪之宅，殘其州。

光旦：又莊公登臺見己氏之妻髮美，髡之以爲夫人髢，卒見殺於己氏，詳《左傳》（哀十七年）。

光旦：是亦大雜居中之小聚居，而衛莊公竟爾不知，有待登城發見！

光旦：按二楚丘，一在山東曹縣，一在河南滑縣，此是前者，漢之己氏縣。

戎——大荔

《史記》卷五：

［秦厲共公］十六年……以兵二萬伐大荔，取其王城。

裴駰：徐廣曰，今之臨晉，臨晉有王城。

張守節：《括地志》，同州東三十里朝邑縣東三十步，故王城。大荔近王城邑。

光旦：最後六字費解。

戎

《史記》卷四三《趙世家》：

［趙襄子］娶空同氏，生五子。

張守節：《括地志》云，"崆峒山在肅州福祿縣東南六十里，古西戎地。又原州平高縣西百里亦有崆峒山，即黃帝問廣成子道處。"俱是西戎地，未知孰是。

光旦："空同"或是西戎之一派，兩處有其山，示其東西分布所及。襄子所娶，應是後者。

戎——義渠

《史記》卷五：
　　［秦厲共公］三十三年，伐義渠，虜其王。
　　　　裴駰：應劭曰，義渠，北地也。
《史記》卷五：
　　［秦躁公］十三年，義渠來伐，至渭南。
　　　　瀧川：盧文弨曰，渭南，《六國表》作渭陽，水北曰陽，［據《表》，則此爲非］。
《史記》卷五：
　　［秦惠文君］十一年，縣義渠。……義渠君爲臣。
　　　　裴駰：《地理志》云，北地郡義渠道，秦縣也。《括地志》云，寧、原、慶三州秦北地郡，戰國及春秋時爲義渠戎國之地，周先公劉、不窋居之，古窋西戎也。
　　　　瀧川：今甘肅寧縣西北有義渠故城。
　　　　瀧川：杭世駿曰，此時義渠不得爲縣，《犀首傳》云，其後五國伐秦，陰以文繡千純、婦人百人遺義渠君，義渠君起兵襲，大敗秦李伯下；若義渠已爲縣，秦必更置令長，何至十年之後，反爲所敗。沈家本曰，疑縣乃伐字之誤。
　　　　光旦：但此非不可能。義渠雖縣，未盡服也。
《史記》卷五：
　　［秦惠文王］十年……伐取義渠二十五城。
　　　　瀧川：《表》在十一年。
　　　　光旦：是義渠雖縣而猶未滅也，十餘年前所縣者只部分義渠境耳，故其後五國伐秦時，義渠猶得出兵相助。上引杭世駿、沈家本之異議似不成立。
《史記》卷五：
　　［秦］武王元年……伐義渠、丹、犁。
《史記》卷七〇《張儀列傳》：
　　張儀去［魏，復相秦］，義渠君朝於魏。犀首聞張儀復相秦，害之。犀首乃謂義渠君曰："……中國無事，秦得燒掇焚杅君之國；有事，秦將輕使重幣事君之國。"其後五國伐秦（《表》，秦惠王後元七年）。……陳軫謂秦王曰："義渠君者，蠻夷之賢君也，不如賂之以撫其志。"秦王曰："善。"乃以文繡千純，婦女百人遺義渠君。義渠君致群臣而謀曰："此公孫衍（即犀首）所謂邪？"乃起兵襲秦，大敗秦人李伯之下。

戎——獂

《史記》卷五：

  [秦]孝公元年……西斬戎之獂王。

    裴駰：《地理志》，天水有獂道縣。應劭曰，獂，戎邑，音桓。

戎——丹

《史記》卷五：

  [秦惠文王]十四年……丹、犁臣。

    張守節：丹、犁，二戎號也……在蜀西南姚府管內，本西南夷，戰國時蜀滇國，唐初置犁州、丹州也。

    光旦：疑亦彝之屬。

《史記》卷五：

  [秦]武王元年……伐義渠、丹、犁。

戎——犁

《史記》卷五：

  [秦惠文王]十四年……丹、犁臣。

    光旦：詳"戎——丹"片。

《史記》卷五：

  [秦]武王元年……伐義渠、丹、犁。

山　都

《史記》卷四七《孔子世家》：

  "丘聞之，木石之怪夔、罔閬。"

裴駰：或云夔，一足，越人謂之山繅也。或言獨足魍魎，山精，好學人聲而迷惑人也。

司馬貞：《家語》作"魍魎"。繅音騷。然山繅獨一足是山神名，故謂之夔。夔，一足獸，狀如人也。

光旦：繅，亦畬瑤合音。

山　戎

《史記》卷三二《齊太公世家》：

螯公……二十五年，北戎伐齊。鄭使太子忽來救齊。

光旦：北戎，山戎也，《十二諸侯年表》作"山戎"。

《史記》卷三五《管蔡世家》：

[曹莊公]三十一年，莊公卒，子螯公夷立。

瀧川：《春秋》莊二十四年，戎侵曹，曹羈出奔陳，赤歸于曹。左氏無傳。……赤，僖公也，蓋爲戎所納，故曰歸。與此異。

光旦：此戎果不知何戎。按曹地爲今山東定陶，此戎當非自西來者。疑自北而來之山戎，齊桓伐山戎爲魯莊三十年事，後此六年。是則齊桓此舉，固不止救燕而已，戎之南逼已深入今魯西，就齊自身出發，亦有非伐不可者矣。

《史記》卷五：

[秦]成公元年……齊桓公伐山戎，次于孤竹。

張守節：《括地志》，孤竹故城在平州盧龍縣……殷時諸侯竹國也。

《春秋經》：莊三十年，"齊人伐山戎"。

《國語·齊語》：桓公北伐山戎，斬孤竹。

《史記》卷二八《封禪書》：

[齊]桓公曰："寡人北伐山戎，過孤竹。"

司馬貞：服虔云，蓋今鮮卑是。

《史記》卷三二《齊太公世家》：

桓公……二十三年，山戎伐燕，燕告急於齊。齊桓公救燕，遂伐山戎，至于孤竹而還。

瀧川：梁玉繩曰，《左傳》(莊三十年)及《燕世家》，伐山戎在齊桓二十二年，此與《年表》並誤書于二十三年。

　　瀧川：[事亦見]《管子・小匡》篇。

《史記》卷三二《齊太公世家》：

　　桓公稱曰："寡人……北伐山戎、離枝、孤竹。"

　　裴駰：《地理志》，令支縣有孤竹城，疑離枝即令支也。

　　司馬貞：離枝音零支，又音令祇，又如字。離枝，孤竹，皆古國名。秦以離枝爲縣，故《地理志》遼西令支縣有孤竹城。

　　瀧川：離枝，《國語》作令支，《管子》作泠支。

　　光旦：山戎是人，後二者是此族人所立之國。

《史記》卷三四《燕召公世家》：

　　[燕]桓侯七年卒。

　　裴駰：《世本》曰，桓侯徙臨易。宋忠曰，今河間易縣是也。

　　光旦：或是避山戎侵逼之故。

《史記》卷三四《燕召公世家》：

　　[燕莊公]二十七年，山戎來侵我，齊桓公救燕，遂北伐山戎而還。

　　張守節：《左傳》莊三十年，"齊人伐山戎"。杜預云，山戎，北狄無終國名也。《括地志》云，幽州漁陽縣，本北戎無終國，其後晉滅山戎也。（《會注考證》）

《史記》卷三四《燕召公世家》：

　　[此後，燕乃得]復修召公之法，[通職貢於周天子。]

　　瀧川：《穀梁傳》莊三十年云，"燕，周之分子也，貢職不至，山戎爲之伐矣。"范甯注，"言由山戎爲害，伐擊燕，使之隔絶於周室。"

畲

畲——荼

《史記》卷四六《田完世家》：

　　[齊]景公……有寵姬曰芮子，生子荼。……景公卒……立……是爲晏孺子。

　　司馬貞：荼，音舒，又如字。

　　光旦：《齊世家》荼下無此音注。

畲——俆

《史記》卷三二《齊太公世家》：

[齊]簡公四年……田常執簡公于俆州。……田常弒簡公于俆州。

裴駰：《春秋》作"舒州"。賈逵曰，陳氏邑也。

司馬貞：俆音舒，其字從人，左氏作"舒"……《說文》作"郐"，郐在薛縣。

瀧川：《田完世家》《正義》云，[俆州，]齊之西北界上地名。愚按是時薛尚存，《正義》可從。

光旦：徐、俆、舒、郐、余、畲等皆同類字，代表同一事物，一個人羣，字音、字形前後均相聯屬，畲爲徐後，相繩一脈，不可誣也。

光旦：俆爲陳邑，即田氏之邑，自是後起，其初應是"俆人"之聚居點，無疑。

光旦：以徐戎之散布言之，"俆州"應在薛，而不在齊之西北隅，《正義》恐誤。"俆"在薛之範圍以內，同時存在，有何不可？

光旦：田常弒其君於俆州，亦見於《魯世家》哀公十四年。

《史記》卷四六《田完世家》：

[齊]簡公(四年)出奔，田氏之徒追執簡公于徐州。……遂殺簡公。

司馬貞：徐音舒。徐州，齊邑，薛縣是也，非九州之徐。

張守節：齊之西北界上地名，在渤海郡東平縣也。

瀧川：洪頤煊曰，張氏《正義》是。

光旦：徐應作"俆"，《齊世家》即作"俆"，《索隱》已有說，何至此又與"徐"混？

《史記》卷四四《魏世家》：

[魏]襄王元年，與諸侯會徐州，相王也。

裴駰：徐廣曰，今薛縣。

瀧川：今山東滕縣。

光旦：應作"俆"，參它"畲——俆"片。

《史記》卷四六《田完世家》：

[齊宣王九]年，與魏襄王會徐州，諸侯相王也。十年，楚圍我徐州。

光旦：同上一事。

《史記》卷七五《孟嘗君列傳》：

[齊]宣王九年，田嬰相齊。齊宣王與魏襄王會徐州，而相王也。

　　張守節：《紀年》云，梁惠王三十年，下邳遷于薛，改名徐州。

　　瀧川：襄王應作惠王，見《魏世家》。

　　光旦：徐應作"俆"。

　　光旦：此條下文，"楚威王聞之，怒田嬰。明年，楚伐敗齊師於徐州"。徐亦應作"俆"。

《史記》卷四〇《楚世家》：

　　[楚威王]七年，齊孟嘗君父田嬰欺楚，楚威王伐齊，敗之於徐州。

　　瀧川：徐州，今山東滕縣薛城。

　　光旦：既因田嬰故伐齊，又洵如瀧川《考證》所云今地，則此徐州應作俆州，各本正文及《考證》文皆誤。

《史記》卷四一《越世家》：

　　句踐已平吳，乃以兵北渡淮，與齊、晉諸侯會於徐州。

　　瀧川：沈家本曰，《吳越春秋》注引《索隱》曰，徐音舒，徐州齊邑薛縣是也，其字從人，左氏作舒。

　　光旦：上則光旦按語不誤。

　　光旦：句踐自此受周命為伯，稱霸，見下文。

《史記》卷三三《魯周公世家》：

　　[魯頃公]十九年，楚伐我，取徐州。

　　裴駰：徐廣曰，徐州在魯東，今薛縣。

　　司馬貞：按《說文》，邾，邾之下邑，在魯東。又《郡國志》曰，魯國薛縣，六國時曰徐州。又《紀年》云，梁惠王三十一年，下邳遷于薛，故名曰徐州，則俆與邾並音舒也。

　　瀧川：梁玉繩曰，徐州即舒州，自來屬齊，其屬魯也，蓋在齊湣王之世，故《呂氏春秋·首時》云，"齊以東帝困于天下，而魯取徐州。"

畬、瑤

《史記》卷一二：

　　越人……以雞卜。

　　張守節：雞卜法，用雞一、狗一生祝，願訖，即殺雞狗煮熟，又祭，獨取雞兩眼骨……[以占吉凶。]

光旦：雞卜法而雜用狗，又只是陪襯性質，不作正用，疑是後來之發展，反映越人中雜居之畬瑤一族人日多也。

舒

舒
《史記》卷四〇《楚世家》：
　　[楚莊王]十三年，滅舒。
　　裴駰：杜預曰，廬江六縣東有舒城。
　　瀧川：《年表》，舒下有蓼字。《左傳》宣八年云："楚為衆舒叛，故伐舒蓼滅之"……舒蓼即羣舒之一。與穆四年所滅蓼自別。

舒——地名
《史記》卷四三《趙世家》：
　　平舒——[趙孝成王]十九年……燕以葛、武陽、平舒與趙。
　　裴駰：徐廣曰，平舒在代郡。
　　張守節：《括地志》云，平舒故城在蔚州靈丘縣北九十三里。

蜀

蜀
《史記》卷一三：
　　[《三代世表》後，褚先生曰：]"蜀王，黃帝後世也，至今……常來朝。"
　　司馬貞：按《系本》，蜀無姓，相承云黃帝後。且黃帝二十五子，分封賜姓，或於蠻夷，蓋當然也。《蜀王本紀》云，朱提有男子杜宇從天而下，自稱望帝，亦蜀王也。則杜姓出唐杜氏，蓋陸終氏之胤，亦黃帝之後也。
　　張守節：譜記普(？)云，蜀之先肇於人皇之際。黃帝與子昌意娶蜀山氏女，生帝俈，立，封其支庶於蜀，歷虞夏商。周衰，先稱王者蠶叢，國破，子孫居姚、嶲等處。
　　光旦：黃帝之後之說，自是倒果為因之說。後世假設一個各民族之共同祖先，然後以不同之民族盡繫其下。此最早之民族"統戰"做法也。

光旦：杜宇之杜，與其繫之唐杜氏，無寧繫之板楯七姓之"庹"，或較切實，今酉、秀、黔、彭猶多此姓。

蜀人

《史記》卷四：

　　武王……曰："遠矣西土之人！……庸、蜀、羌、髳、微、纑、彭、濮人……"

　　　　孔安國：八國皆蠻夷戎狄。……蜀、髳、微在巴蜀。

《史記》卷五：

　　[秦]厲共公二年，蜀人來賂。

《史記》卷五：

　　[惠公]十三年，伐蜀，取南鄭。

　　　　瀧川：《紀》、《表》前此書秦城南鄭及南鄭反矣，則南鄭非蜀土也。程一枝曰，史《表》，"蜀取我南鄭"，當從史《表》爲是。

《史記》卷五：

　　[秦]惠文君元年……蜀人來朝。

《史記》卷五：

　　[秦惠文王]九年，司馬錯伐蜀，滅之。

　　　　司馬貞：蜀，西南夷，舊有君長，故昌意娶蜀山氏女也。其後有杜宇，自立爲王，號曰望帝。《蜀王本紀》曰，張儀伐蜀，蜀王開[明]戰不勝，爲儀所滅也。

《史記》卷五：

　　[秦惠文王]十一年……公子通封於蜀。

　　　　裴駰：徐廣曰，是歲王赦元年。

　　　　司馬貞：《華陽國志》，"赦王元年，秦惠王封子通國爲蜀侯，以陳莊爲相。"徐廣[蓋本此]。

　　　　瀧川：《表》在十二年；通作繇通。

《史記》卷五：

　　[秦惠文王]十四年……蜀相壯殺蜀侯來降。

　　　　瀧川：按《張儀傳》及《秦策》云，司馬錯定蜀，蜀王更號爲侯，而使陳莊相，據此則是《紀》所云蜀相壯，即陳莊，其所殺蜀侯，非蜀王，則蜀王子，非秦所封公子通也。

  中井：通之封，蓋受采於蜀地，非爲蜀侯也，《華陽國志》蓋謬。

（《紀》上文"公子通封於蜀"下《考證》引）

《史記》卷五：

  [秦]昭襄王……六年，蜀侯煇反，司馬錯定蜀。

  司馬貞：《華陽國志》曰，"秦封王子煇爲蜀侯。蜀侯祭，歸胙於王，後母疾之，加毒以進，王大怒，使司馬錯賜煇劍。"此煇不同也。

  光旦：末一語費解，疑有脫誤，查汲古閣本。

  瀧川：煇，疑非秦公子，蓋前蜀侯子弟，《華陽國志》不足據也。

蜀

《史記》卷七〇《張儀列傳》：

  苴、蜀相攻擊，各來告急於秦。……[司馬錯與張儀爭於秦惠王前，前者主伐蜀，後者主先伐韓。張]儀曰："……今夫蜀，西僻之國，而戎翟之倫也……爭於戎翟，去王業遠矣。"司馬錯曰："……夫蜀，西僻之國也，而戎翟之長也"，[攻之易而不危，且無不義之名]……卒起兵伐蜀，[二十二年]十月，取之，遂定蜀，貶蜀王更號爲侯，而使陳莊相蜀。

  張守節：《括地志》云，蜀侯都益州巴子城，在合州石鏡縣南五里，故墊江縣也。巴子都江州，在都（江?）之北，又峽州界也。

  光旦：《括地志》所云蜀都如是之東，且名巴子城，所未解。豈蜀嘗侵占巴地，取其舊都以爲都，而逼使巴都東遷至江州歟？

《史記》卷七一《樗里子甘茂傳》：

  [秦]惠王卒，武王立。……蜀侯煇、相壯反。秦使甘茂定蜀。

  司馬貞：煇……秦之公子，封蜀也。《華陽國志》作"暉"。壯……姓陳。

  瀧川：中井積德曰，據《張儀傳》，惠王之時伐取蜀，貶蜀王爲侯，使陳莊相蜀。[是則]以原蜀王爲蜀侯也，然則蜀侯煇蓋原蜀王，或當其子；《本紀》則有公子通封於蜀之文，事相淆亂，豈通之封……只受采於蜀而已，非[出之蜀]爲蜀侯邪？

《史記》卷七一《樗里子甘茂列傳》：

  [甘茂對秦武王曰：]"始張儀西并巴、蜀之地，北開西河之外，南取上庸，

天下不以多張子而以賢先王（惠王）。"

　　瀧川：梁玉繩曰，《張儀傳》，不書儀并蜀；《秦紀》，稱司馬錯滅蜀，而此言儀者，《水經注》云，惠王使儀、錯等滅蜀；《華陽國志》云，蜀王伐苴侯，苴侯奔巴，求救于秦，惠文王使儀、錯伐蜀滅之——是二人同往也。

《史記》卷五五《留侯世家》：

　　漢元年正月，沛公爲漢王，王巴、蜀。

　　張守節：巴、通、壁、蓬、開、集、合、萬、忠、渠、渝等十一州，本巴國地也；蜀、益、彭、劍、綿、閬、杲（果？）、遂、梓、眉、邛、雅、資、嘉、普、戎、嶲、姚、利等十九州，本蜀侯之國也。（《會注考證》）

蜀——雍氏

《史記》卷五五《留侯世家》：

　　［漢高］封雍齒爲什方侯。

　　張守節：《括地志》云，雍齒城在益州什邡縣南四十步。漢什邡縣，漢初封雍齒爲侯國。

　　瀧川：錢大昕曰，漢《功臣表》作汁防。

　　光旦：遠封西南，雍氏或本蜀西南之人。三國時蜀有雍闓。什邡或即齒之鄉里，封什邡侯，猶陳平之封户牖侯也，平爲陽武户牖鄉人。

肅　　慎

《史記》卷四七《孔子世家》：

　　孔子……至陳……有隼集于陳廷而死，楛矢貫之，石砮，矢長尺有咫。陳湣公使使問仲尼。仲尼曰："隼來遠矣，此肅慎之矢也。昔武王克商，通道九夷百蠻，使各以其方賄來貢，使無忘職業。於是肅慎貢楛矢石砮，長尺有咫。先王欲昭其令德，以肅慎矢分大姬，配虞胡公而封諸陳。……分異姓以遠方職，使無忘服。故分陳以肅慎矢。"試求之故府，果得之。

　　張守節：《肅慎國記》云，其地在夫餘國東北，河六十日行。其弓四尺強，勁弩射四百步，今之靺鞨國方有此矢。

　　瀧川：東北夷之國，後音轉爲女真，在今寧古塔。

土家——用貓血盟

《史記》卷七六《平原君虞卿列傳》：

  毛遂［將與楚王歃血爲盟］，謂楚王之左右曰："取雞、狗、馬之血來。"

    司馬貞：按盟之所用牲貴賤不同，天子用牛及馬，諸侯用犬及豭，大夫以下用雞。

    光旦：張守節《正義》同，出周禮。

    光旦：土家人盟誓用貓血，古今僅見。襄已作推論，當與虎有關，虎血不可常得，故以貓血代之。

微　人

《史記》卷四：

  武王……曰："遠矣西土之人！……庸、蜀、羌、髳、微、纑、彭、濮人……"

    孔安國：八國皆蠻夷戎狄。……蜀、髳、微在巴蜀。

    張守節：《括地志》云，戎府之南，古微、瀘、彭三國之地。

析　支

《史記》卷一《五帝紀》：

  西，戎，析枝、渠廋、氐、羌。

《史記》卷二：

  織皮昆侖、析支、渠搜，西戎即序。

    孔安國：此四國，在荒服之外，流沙之内。羌、髳之屬皆就次序，美禹之功及戎狄。

    司馬貞：鄭玄以爲衣皮之人居昆侖、析支、渠搜，三山皆在西戎。……王肅以爲地名，而不言渠搜。

    光旦：織皮外，三者疑皆本族名，國名、山名、地名云者，皆族名之引伸。

息慎（肅慎）

《史記》卷一《五帝紀》：
　　北，山戎、發、息慎。
　　　　鄭玄：或謂之肅慎，東北夷。

《史記》卷四《周本紀》：
　　成王既伐東夷，息慎來賀，王賜榮伯作《賄息慎之命》。

鮮　虞

《史記》卷四三《趙世家》：
　　［趙獻侯］十年，中山武公初立。
　　　　司馬貞：中山，古鮮虞國，姬姓也。
　　　　司馬貞：《系本》云中山武公居顧，桓公徙靈壽，爲趙武靈王所滅。
　　　　瀧川：王應麟曰，中山，春秋時爲鮮虞；定四年《傳》"中山不服"，中山之名始見于此；魏文侯使樂羊取之；及武侯之世，《趙世家》書"與中山戰于房子"，是時蓋已復國，其後與諸國並稱王，其勢又強矣。
　　　　光旦：鮮虞，當非諸夏，武公之由來，注疏家有爭論，可能爲諸夏，且爲姬姓，猶太伯之於吳也。其基本人口當亦山戎之類。

《史記》卷四四《魏世家》：
　　［魏文侯］十七年，伐中山，使子擊守之，趙倉唐傳之。
　　　　光旦：中山，春秋鮮虞地。

獫　狁

　　參《詩經·小雅·六月》《出車》《采芑》。

匈　奴

匈奴——由來

《史記》卷一一〇《匈奴列傳》：

　　匈奴，其先祖夏后氏之苗裔也，曰淳維。唐虞以上有山戎、獫狁、葷粥，居于北蠻。

　　　　裴駰：《漢書音義》曰，淳維，匈奴始祖名。

　　　　司馬貞：張晏曰，淳維以殷時奔北邊。

　　　　司馬貞：樂產《括地譜》云，夏桀無道，湯放之鳴條，三年而死。其子獯粥妻桀之衆妾，避居北野，隨畜移徙，中國謂之匈奴。

　　　　司馬貞：應劭《風俗通》云，殷時曰獯粥，改曰匈奴。

　　　　司馬貞：服虔云，堯時曰葷粥，周曰獫狁，秦曰匈奴。（光旦：《集解》引晉灼，亦云。）

　　　　司馬貞：韋昭云，漢曰匈奴，葷粥其別名。

　　　　司馬貞：[合上諸家之說，]則淳維是其始祖，蓋與獯粥是一也。

　　　　瀧川：《周書·王會》篇云，"匈奴狡犬"；篇後附載成湯獻令[云]，正北之夷十有三，亦有匈奴國名。

　　　　瀧川：《通典》云，"《山海經》已有匈奴。"其餘先秦諸書，未見記匈奴者。

　　　　光旦：山戎疑不是一事，不應連舉言之。

匈奴——生產、習俗

《史記》卷一一〇《匈奴列傳》：

　　[匈奴]居于北蠻，隨畜牧而轉移。其畜之所多則馬、牛、羊，其奇畜則橐駞、驢、驘、駃騠、騊駼、驒騱。逐水草遷徙，毋城郭常處耕田之業，然亦各有分地。毋文書，以言語爲約束。兒能騎羊，引弓射鳥鼠；少長則射狐兔：用爲食。士力能毌弓，盡爲甲騎。其俗，寬則隨畜，因射獵禽獸爲生業，急則人習戰攻以侵伐，其天性也。其長兵則弓矢，短兵則刀鋋。利則進，不利則退，不羞遁走。苟利所在，不知禮義。自君王以下，咸食畜肉，衣其皮革，被旃裘。壯者食肥美，老者食其餘。貴壯健，賤老弱。父死，妻其後母；兄弟死，皆收

其妻妻之。其俗有名不諱，而無姓字。

匈奴——與漢關係

《史記》卷一一〇《匈奴列傳》：

夏道衰，而公劉失其稷官，變于西戎，邑于豳。

其後三百有餘歲，戎狄攻大王亶父，亶父亡走岐下，而豳人悉從亶父而邑焉，作周。

其後百有餘歲，周西伯昌伐畎夷氏。

後十有餘年，武王伐紂而營雒邑，復居于酆鄗，放逐戎夷涇、洛之北，以時入貢，命曰"荒服"。

其後二百有餘年，周道衰，而穆王伐犬戎，得四白狼四白鹿而歸。自是之後，荒服不至。……

穆王之後二百有餘年，周幽王用寵姬褒姒之故，與申侯有郤。申侯怒而與犬戎共攻殺周幽王于驪山之下，遂取周之焦穫，而居于涇渭之間，侵暴中國。秦襄公救周，於是周平王去酆鄗而東徙雒邑。當是之時秦襄公伐戎至岐，始列爲諸侯。

是後六十有五年，而山戎越燕而伐齊，齊釐公與戰于齊郊。

其後四十四年，而山戎伐燕。燕告急于齊，齊桓公北伐山戎，山戎走。

其後二十有餘年，而戎狄至洛邑，伐周襄王，襄王奔于鄭之汜邑。初，周襄王欲伐鄭，故娶戎狄女爲后，與戎狄兵共伐鄭。已而黜狄后，狄后怨，而襄王後母曰惠后，有子子帶，欲立之，於是惠后與狄后、子帶爲内應，開戎狄，戎狄以故得入，破逐周襄王，而立子帶爲天子。於是戎狄或居于陸渾，東至於衛，侵盜暴虐中國。中國疾之，故詩人歌之曰……

匈奴——漢人亡入

《史記》卷八，卷九三：

［高帝］十二年……盧綰聞高帝崩，遂亡入匈奴。

《史記》卷八六《刺客列傳》：

［燕鞫武諫太子丹］疾遣樊將軍（於期）入匈奴以滅口。

光旦：此未成事實。

《史記》卷九三，卷九九：

高帝罷平城歸，韓王信亡入胡。

  光旦：此卷九九中語，詳見卷九三。

匈奴

《史記》卷五：

  ［秦惠文王］七年……韓、趙、魏、燕、齊帥匈奴共攻秦。秦使庶長疾與戰修魚……

    瀧川：梁玉繩曰，［據同書其它部分所記，］匈奴不與［此役］。

《史記》卷八一《廉、藺列傳》：

  李牧者，趙之北邊良將也。常居代鴈門，備匈奴。以便宜置吏，市租皆輸入莫府，爲士卒費。日擊數牛饗士，習射騎，謹烽火，多間諜，厚遇戰士。爲約曰："匈奴即入盜，急入收保，有敢捕虜者斬。"匈奴每入，烽火謹，輒入收保，不敢戰。如是數歲，亦不亡失。然匈奴以李牧爲怯，雖趙邊兵亦以爲吾將怯。趙王……使他人代將。……匈奴每來，出戰。出戰，數不利，失亡多，邊不得田畜。復請李牧。［強起之。李牧請如故約。］……匈奴數歲無所得。終以爲怯。邊士日得賞賜而不用，皆願一戰。於是乃具選車得千三百乘，選騎得萬三千匹，百金之士五萬人，彀者十萬人，悉勒習戰。大縱畜牧，人民滿野。匈奴小入，詳北不勝，以數千人委之。單于聞之，大率衆來入。李牧多爲奇陳，張左右翼擊之，大破殺匈奴十餘萬騎。滅襜襤，破東胡，降林胡，單于奔走。其後十餘歲，匈奴不敢近趙邊城。

    光旦：事在趙悼襄王元年以前。

《史記》卷六：

  ［始皇］三十三年……西北斥逐匈奴。自榆中並河以東，屬之陰山，以爲三十四縣，城河上爲塞。又使蒙恬渡河取高闕、陶山、北假中，築亭障以逐戎人。徙謫，實之初縣。

《史記》卷七：

  陳餘遺章邯書："蒙恬爲秦將，北逐戎人，開榆中地數千里。"

    光旦：匈奴泛稱胡，此二則中亦稱戎。

《史記》卷八：

  ［漢高帝］二年……繕治河上塞。

    裴駰：晉灼曰，《晁錯傳》，秦時北攻胡，築河上塞。

瀧川：齊召南曰，河上塞，即河上郡之北境，與匈奴邊界處，非秦時蒙恬所取河南地因河爲塞者也；蓋自諸侯叛秦，匈奴稍度河南，與中國界於故塞，《匈奴傳》可證也；河上郡後爲馮翊，前即塞王國，此時初得其地，即後（便？）繕治障塞耳。晉灼注……非也。

匈奴——與韓王信

《史記》卷九三《韓信盧綰列傳》：

［漢高帝六］年春……徙韓王信王太原，以北備禦胡，都晉陽。信上書曰："國被邊，匈奴數入，晉陽去塞遠，請治馬邑。"上許之，信乃徙治馬邑。秋，匈奴冒頓大圍信，信數使使胡求和解。漢發兵救之，疑信數間使，有二心，使人責讓信。信恐誅，因與匈奴約共攻漢，反，以馬邑降胡，擊太原。

七年冬，上自往擊，破信軍銅鞮，斬其將王喜。信亡走匈奴。與其將白土人曼丘臣、王黃等立趙苗裔趙利爲王，復收信敗散兵，而與信及冒頓謀攻漢。匈奴使左右賢王將萬餘騎與王黃等屯廣武以南，至晉陽，與漢兵戰，漢大破之，追至于離石，復破之。匈奴復聚兵樓煩西北，漢令車騎擊破匈奴。匈奴常敗走，漢乘勝追北，聞冒頓居代上谷，高皇帝居晉陽，使人視冒頓，還報曰"可擊"。上遂至平城。上出白登，匈奴騎圍上，上乃使人厚遺閼氏。閼氏乃說冒頓曰："今得漢地，猶不能居；且兩主不相戹。"居七日，胡騎稍引去。時天大霧，漢使人往來，胡不覺。護軍中尉陳平言上曰："胡者全兵，請令彊弩傅兩矢外嚮，徐行出圍。"入平城，漢救兵亦到，胡騎遂解去。漢亦罷兵歸。

韓［王］信爲匈奴將兵往來擊邊。

漢十年，信令王黃等說誤陳豨。

十一年春，故韓王信復與胡騎入居參合，距漢。漢使柴將軍擊之，遺信書，［勸信復歸漢，信報曰，信有三罪，勢不可］……遂戰。柴將軍屠參合，斬韓王信。

匈奴

《史記》卷八：

［高帝］七年，匈奴攻韓王信馬邑，信因與謀反太原。［信臣］白土曼丘臣、王黃立故趙將（後？）趙利爲王以反，高祖自往擊之。……遂至平城。匈奴圍我平城，七日而後罷去。令樊噲止定代地，立兄劉仲爲代王。

瀧川：梁玉繩，依信本傳及《漢書・紀》、《表》，應作六年。
　　張守節：《搜神記》，秦人築城於武周塞以備胡，城將成而崩者數矣。有馬馳走，周旋反覆，父老異之，因依以築城，乃不崩，遂名馬邑。
　　瀧川：山西朔平府馬邑縣。
　　瀧川：平城，大同府大同縣。

《史記》卷五六《陳丞相世家》：
　　[漢高大封功臣之明年，陳平從高帝]攻反者韓王信於代。卒至平城，爲匈奴所圍，七日不得食。高帝用陳平奇計，使單于閼氏，圍以得開。高帝既出，其計祕，世莫得聞。
　　光旦：所云奇計有説，見裴氏《集解》引桓譚《新論》及《漢書音義》應劭説。（《考證》本，卷五六，頁一四）

《史記》卷九五《樊酈滕灌傳》：
　　[夏侯嬰]從擊韓[王]信軍胡騎晉陽旁，大破之。追北至平城，爲胡所圍，七日不得通。高帝使使厚遺閼氏，冒頓開圍一角。高帝出欲馳，嬰固徐行，弩皆持滿外向，卒得脱。……
　　復以太僕從擊胡騎句注北，大破之。以太僕擊胡騎平城南，三陷陳，功爲多。

《史記》卷九九《劉敬……傳》：
　　漢七年，韓王信反，高帝自往擊之。至晉陽，聞信與匈奴欲共擊漢，上大怒，使人使匈奴。匈奴匿其壯士肥牛馬，但見老弱及羸畜。使者十輩來，皆言匈奴可擊。上使劉敬復往使匈奴，還報曰："兩國相擊，此宜夸矜見所長。今臣往，徒見羸瘠老弱，此必欲見短，伏奇兵以爭利。愚以爲匈奴不可擊也。"是時漢兵已踰句注，二十餘萬兵已業行。上怒，罵劉敬……械繫敬廣武。遂往，至平城，匈奴果出奇兵圍高帝白登，七日然後得解。高帝至廣武，赦敬，曰："……吾皆已斬前使十輩言可擊者矣。"

《史記》卷一〇六《吳王濞傳》：
　　高帝……七年，立劉仲爲代王。而匈奴攻代，劉仲不能堅守，弃國亡，間行走雒陽……天子爲骨肉故，不忍致法，廢以爲郃陽侯。

匈奴——與陳豨

《史記》卷九三《韓信盧綰列傳》：

高祖七年冬，韓王信反，入匈奴，上至平城還，迺封豨爲列侯，以趙相國將監代邊兵，邊兵皆屬焉。［趙相周昌告豨賓客甚盛，］恐有變。……豨恐，陰令客通使王黄、曼丘臣所。

　　及高祖十年七月……使人召豨，豨稱病甚。九月，遂與王黄等反，自立爲代王……

　　上自往，至邯鄲……上曰："陳豨將誰？"曰："王黄、曼丘臣，皆故賈人。"上曰："吾知之矣。"迺各以千金購黄、臣等。……皆生得，以故陳豨軍遂敗。……

　　高祖十二年冬，樊噲軍卒追斬豨於靈丘。

　　　　光旦：王黄，胡人，見《樊噲傳》，見下。

　　　　光旦：靈丘，今蔚縣。

《史記》卷九五《樊酈滕灌傳》：

　　［樊］噲……破豨別將胡人王黄軍於代南。

匈奴——與盧綰、陳豨

《史記》卷九三《韓信盧綰列傳》：

　　漢十一年秋，陳豨反代地，高祖如邯鄲擊豨兵，燕王綰亦擊其東北。當是時，陳豨使王黄求救匈奴。燕王綰亦使其臣張勝於匈奴，言豨等軍破。張勝至胡，故燕王臧荼子衍出亡在胡，見張勝曰："公所以重於燕者，以習胡事也。燕所以久存者，以諸侯數反，兵連不決也。……［因勸勝］且緩陳豨而與胡和……勝還，具道所以爲者。燕王寤……［乃使勝］得爲匈奴間……

　　十二年……高祖使使召盧綰，綰稱病。……不行。……又得匈奴降者……言張勝亡在匈奴，爲燕使。於是上曰："盧綰果反矣！"使樊噲擊燕。……四月，高祖崩，盧綰遂將其衆亡入匈奴，匈奴以爲東胡盧王。

　　綰爲蠻夷所侵奪，常思復歸。居歲餘，死胡中。

　　高后時，盧綰妻子亡降漢……

　　孝景中六年，盧綰孫他之，以東胡王降。

匈奴

《史記》卷一〇〇《季布欒布列傳》：

　　單于嘗爲書嫚呂后，不遜，呂后大怒……上將軍樊噲曰："臣願得十萬衆，

横行匈奴中。"……［季布折之。］

　　　　瀧川：匈奴書，見《漢書·匈奴傳》。

《史記》卷一〇：

　　　　［漢文帝三年］五月，匈奴入北地，居河南爲寇。……六月，帝曰："漢與匈奴約爲昆弟，毋使害邊境，所以輸遺匈奴甚厚。今右賢王離其國，將衆居河南降地，非常故，往來近塞，捕殺吏卒，驅保塞蠻夷，令不得居其故，陵轢邊吏，入盜，甚敖無道，非約也。其發邊吏騎八萬五千詣高奴，遣丞相潁陰侯灌嬰擊匈奴。"匈奴去。

　　　　光旦：約爲昆弟一事，未見《高紀》，見《匈奴傳》。

　　　　光旦：瀧川，高奴，今膚施縣。

　　　　光旦：下文"帝自甘泉之高奴，因幸太原"，"濟北王興居聞帝之代，欲往擊胡，乃反"，說明 1. 文帝曾擬親征；2. 胡即匈奴。

《史記》卷九五《灌嬰本傳》：

　　　　［漢文帝三年，灌］嬰爲丞相……是歲，匈奴大入北地、上郡，令丞相嬰將騎八萬五千往擊匈奴。匈奴去。

《史記》卷一〇：

　　　　［漢文帝］十四年冬，匈奴謀入邊爲寇，攻朝那塞，殺北地都尉［孫］卬。上乃遣三將軍軍隴西、北地、上郡，中尉周舍爲衛將軍，郎中令張武爲車騎將軍，軍渭北，車千乘，騎卒十萬。……帝欲自將擊匈奴，羣臣諫，皆不聽。皇太后固要帝，帝乃止。於是以東陽侯張相如爲大將軍，成侯［董］赤爲内史，欒布爲將軍，擊匈奴。匈奴遁。

　　　　張守節：《括地志》，朝那故城在原州百泉縣西七十里，漢朝那縣是也；塞，即蕭關，今名隴山關。（《會注考證》）

　　　　瀧川：朝那故城在今平涼府平涼縣西北。

　　　　瀧川：齊召南曰［三將軍］，上郡，昌侯盧卿，北地，寧侯魏遬，隴西，隆慮侯周竈，見《匈奴傳》。

《史記》卷一〇：

　　　　［漢文帝］後二年［文帝諭意單于和親］。

　　　　光旦：詳"民族政策——和親"片。

　　　　光旦：是否有成議，所不知，惟後六年，即諭意三年後，匈奴入寇上郡、雲中，見另片。

《史記》卷一〇：

　　［漢文帝］後六年冬，匈奴三萬人入上郡，三萬人入雲中。以中大夫令勉爲車騎將軍，軍飛狐；故楚相蘇意爲將軍，軍句注；將軍張武屯北地；河內守周亞夫爲將軍，居細柳；宗正劉禮爲將軍，居霸上；祝茲侯軍棘門：以備胡。數月，胡人去，亦罷。

　　　　光旦：上文後二年文帝方諭意和親。

《史記》卷一〇：

　　［漢文帝後六年］與匈奴和親，匈奴背約入盜，然令邊備守，不發兵深入，惡煩苦百姓。

　　　　光旦：此與上則同年而略後，時漢以十月爲歲首，故以冬季始。至武帝頒太初曆後始改。

《史記》卷一一：

　　［漢景帝］元年……匈奴入代，與約和親。

《史記》卷一一：

　　［漢景帝］中二年，匈奴入燕，遂不和親。

《史記》卷一一：

　　［漢景帝］中三年……春，匈奴王二人率其徒來降，皆封爲列侯。

　　　　光旦：據同書《表》及《漢書·表》，皆作七人。

《史記》卷五七《周勃世家》：

　　文帝之後六年，匈奴大入邊。乃以宗正劉禮爲將軍，軍霸上；祝茲（瀧川云，應作松茲）侯徐厲（瀧川云，應作悍）爲將軍，軍棘門；以河內守［周］亞夫爲將軍，軍細柳：以備胡。

　　　　光旦：等於京師戒嚴，亦見當時匈奴威力。

《史記》卷九七《酈生陸賈傳》：

　　［文帝時，平原君朱建子］拜爲中大夫。使匈奴，單于無禮，迺罵單于，遂死匈奴中。

　　　　光旦：朱建子佚其名。惟知與史遷善，見《傳》末"太史公曰"。

《史記》卷一〇二《……馮唐傳》：

　　［漢文帝時，］魏尚爲雲中守，其軍市租盡以饗士卒，私養錢，五日一椎牛，饗賓客軍吏舍人，是以匈奴遠避，不近雲中之塞。虜曾一入，尚率車騎擊之，所殺甚衆。……

  光旦：此出馮唐對文帝語中，以諷文帝不善用邊防將士。

  光旦：參卷一〇四《田叔列傳》中田叔論孟舒事。《考證》引洪邁曰，"孟舒、魏尚，皆以文帝時爲雲中守，皆坐匈奴入寇獲罪，皆得士死力，皆用他人言復故官，事切相類，疑其只一事。"

《史記》卷一一：

  [漢景帝]中六年……八月，匈奴入上郡。

    瀧川：《漢紀》在六月。

《史記》卷一一：

  [漢景帝]後二年正月……郅將軍擊匈奴。

    光旦：參《郅都傳》。

《史記》卷一一：

  [漢景帝後二年]三月，匈奴入鴈門。

《史記》卷一〇八《韓長孺傳》：

  建元六年……匈奴來請和親，天子下議。大行王恢，燕人也，數爲邊吏，習知胡事。議曰："漢與匈奴和親，率不過數歲即復倍約。不如勿許，興兵擊之。"[御史大夫韓]安國曰："千里而戰，兵不獲利。今匈奴負戎馬之足，懷禽獸之心，遷徙鳥舉，難得而制也。得其地不足以爲廣，有其衆不足以爲彊，自上古不屬爲人。漢數千里爭利，則人馬罷，虜以全制其敝。且彊弩之極，矢不能穿魯縞；衝風之末，力不能漂鴻毛。非初不勁，末力衰也。擊之不便，不如和親。"羣臣議者多附安國，於是上許和親。

《史記》卷一〇八《韓長孺傳》：

  元光元年（建元六年之明年），雁門馬邑豪聶翁壹因大行王恢言上曰："匈奴初和親，親信邊，可誘以利。"陰使聶翁壹爲間，亡入匈奴，謂單于曰："吾能斬馬邑令丞吏，以城降，財物可盡得。"單于愛信之，以爲然，許聶翁壹。聶翁壹乃還，詐斬死罪囚，縣其頭馬邑城，示單于使者爲信。曰："馬邑長吏已死，可急來。"於是單于穿塞將十餘萬騎，入武州塞。當是時，漢伏兵車騎材官三十餘萬，匿馬邑旁谷中。衛尉李廣爲驍騎將軍，太僕公孫賀爲輕車將軍，大行王恢爲將屯將軍，太中大夫李息爲材官將軍。御史大夫韓安國爲護軍將軍，諸將皆屬護軍。約單于入馬邑而漢兵縱發。王恢、李息、李廣別從代主擊其輜重。於是單于入漢長城武州塞。未至馬邑百餘里，行掠鹵，徒見畜牧於野，不見一人。單于怪之，攻烽燧，得武州尉史。……尉史曰："漢兵數十萬伏馬邑下。"單于顧謂左右曰："幾爲漢所賣！"乃引兵還。出塞，曰："吾得尉史，乃天也。"命尉史爲"天王"。……漢兵追至塞，度弗及，即罷。［王恢首謀無功，懼誅，卒自殺。］

《史記》卷一〇八《韓長孺傳》：

［元光六年，］車騎將軍衛青擊匈奴，出上谷，破胡蘢城。將軍李廣爲匈奴所得，復失之；公孫敖大亡卒：皆當斬，贖爲庶人。

明年（元朔元年），匈奴大入邊，殺遼西太守，及入鴈門，所殺略數千人。車騎將軍衛青擊之，出鴈門。衛尉［韓］安國爲材官將軍，屯於漁陽。安國捕生虜，言匈奴遠去。即上書言方田作時，請且罷軍屯。罷軍屯月餘，匈奴大入上谷、漁陽。安國壁乃有七百餘人，出與戰，不勝，復入壁。匈奴虜略千餘人及畜產而去。天子聞之，怒……徙安國益東，屯右北平。

匈奴——與李廣

《史記》卷一〇九《李將軍列傳》：

孝文帝十四年，匈奴大入蕭關，而［李］廣以良家子從軍擊胡，用善騎射，殺首虜多……［後］爲太谷太守，匈奴日以合戰。……［歷］徙上郡……隴西、北地、鴈門、代郡、雲中太守，皆以力戰爲名。……匈奴畏李廣之略……

後漢以馬邑城誘單于，使大軍伏馬邑旁谷，而廣爲驍騎將軍……是時單于覺之，去，漢軍皆無功。

其後四歲（元光六年），廣以衛尉爲將軍，出鴈門擊匈奴。匈奴兵多，破敗廣軍，生得廣。……［旋得脫歸，罪應］斬，贖爲庶人。……

居無何，匈奴入殺遼西太守，敗韓將軍（安國）。韓將軍徙右北平，死。於是……廣爲右北平太守。……匈奴聞之，號曰"漢之飛將軍"，避之數歲，不敢入右北平。……

元朔六年，廣復爲後將軍，從大將軍軍出定襄，擊匈奴。諸將多中首虜率，以功爲侯者，而廣軍無功。

後二歲，廣以郎中令將四千騎出右北平，博望侯張騫將萬騎與廣俱，異道。行可數百里，匈奴左賢王將四萬騎圍廣……廣乃使其子敢往馳之。敢獨與數十騎馳，直貫胡騎，出其左右而還，告廣曰："胡虜易與耳。"……廣爲圜陳外嚮，胡急擊之，矢下如雨。漢兵死者過半，漢矢且盡。廣乃令士持滿毋發，而廣身自以大黃（角弩名）射其裨將，殺數人，胡虜益解。……明日，復力戰，而博望侯軍亦至，匈奴軍乃解去。漢軍罷，弗能追。……

［元狩四年，］大將軍、驃騎將軍大出擊匈奴……以［廣］爲前將軍。……既出塞，［大將軍］青捕虜知單于所居，乃自以精兵走之，而令廣并於右將軍，軍出東道。……［廣自請仍居前，不許。］起行……失道，後大將軍。

大將軍與單于接戰，單于遁走，弗能得而還。……

［既絕幕而南，將治失道後期之罪，］廣謂其麾下曰："廣結髮與匈奴大小七十餘戰，今幸從大將軍出接單于兵，而大將軍又徙廣部行回遠，而又迷失道，豈非天哉！且廣年六十餘矣，終不能復對刀筆之吏。"遂引刀自剄。

休溷

《史記》卷四三《趙世家》：

［趙襄子得竹節中朱書讖文，謂其子孫將］奄有河宗，至於休溷諸貉……

張守節：自河宗、休溷諸貉，乃戎狄之地。

光旦：休溷，亦薰育、葷粥之倫，字異耳。

涂

徐

《史記》卷五：

太史公曰：秦之先爲嬴姓。其後分封，以國爲姓（按應作氏），有徐氏……

《史記》卷三三《魯周公世家》：

伯禽即位之後，有管、蔡等反也，淮夷、徐戎亦並興反。於是伯禽率師伐之於肸，作《肸誓》曰："……我甲戌築而征徐戎，無敢不及，有大刑。"作此《肸誓》，遂平徐戎，定魯。

光旦：《集解》《索隱》皆云《肸誓》即《費誓》，肸即費。

光旦：誓文未及"淮夷"，似徐戎爲此役主要對象。

光旦：據此《世家》，伯禽在位四十六年，土著服從者變革之，抗拒者征伐之，此外未作一事。其所變革者亦多淮夷、徐戎之類也。

光旦：此以甲戌出師伐徐，而《齊世家》莊公享莒子，亦以甲戌，疑戌日爲有特殊意義，徐固有鵠倉龍犬關係，疑莒亦其類也。

徐——偃王

《史記》卷五：

　　周繆王……西巡狩，樂而忘歸。徐偃王作亂，造父爲繆王御，長驅歸周，一日千里以救亂。

　　裴駰：《地理志》，臨淮有徐縣，云故徐國。

　　裴駰：《尸子》，徐偃王有筋而無骨。駰謂號偃由此。

　　張守節：《括地志》，大徐城在泗州徐城縣北三十里，古徐國也。

　　張守節：《博物志》，徐君宫人有娠而生卵，以爲不祥，弃於水濱洲。獨孤母有犬鵠蒼，銜所弃卵以歸，覆煖之，乃成小兒。生時正偃，故以爲名。宫人聞之，更取養之。及長，襲爲徐君。後鵠蒼臨死，生角而九尾，化爲黄龍也。鵠蒼或名后蒼。

　　張守節：又《括地志》，徐城在越州鄮縣東南入海二百里。夏侯《志》云，翁洲上有徐偃王城。傳云昔周穆王巡狩，諸侯共尊偃王，穆王聞之……自還討之。或云命楚王帥師伐之，偃王乃於此處立城以終。

　　張守節：《古史考》，徐偃王與楚文王同時，去周穆王遠矣。……言此事非實。按《年表》，穆王元年去楚文王元年三百一十八年矣。

　　瀧川：《韓非子·五蠹》，"徐偃王處漢東，地方五百里，行仁義，割地而朝者三十有六國；荆文王恐其害己也，舉兵伐徐，遂滅之。"

　　瀧川：《淮南子·人間訓》所云略同[《韓非子·五蠹》篇]。據此[二書]，則滅徐者楚文王，非周穆王也；而此《紀》及《趙世家》[乃如此云云]，《楚世家》亦不載文王伐徐事。至《後漢·東夷傳》則云，[徐]"偃王處潢池東，地方五百里，陸地而朝者三十有六國。穆王……以告楚，令伐徐……於是楚文王大舉兵而滅之。偃王仁而無權，不忍鬭其人，故致於敗，乃北走彭城武原縣東山下，百姓隨之者以萬數，因名其山爲徐山……"

　　瀧川：韓愈《徐偃王廟碑》亦本此爲説。

　　瀧川：崔述曰，前乎穆王者，有魯公之《費誓》，曰，"徂兹淮夷，徐戎并興"，後乎穆王者，有宣王之《常武》，曰，"震驚徐方"，"徐方來庭"：是徐本戎也，與淮夷相倚爲邊患，叛服不常，其來久矣，非能行仁義以服諸侯，亦非因穆王遠遊而始爲亂也；且楚文王立於周莊王之八年，上距共和之初已一百五十餘年，自穆王至是，不下三百年，而安能與之共伐徐乎？……（《會注考證》本）

《史記》卷四三《趙世家》：

[周]繆王使造父御，西巡狩，見西王母，樂之忘歸。而徐偃王反，繆王日馳千里馬，攻徐偃王，大破之。乃賜造父以趙城，由此爲趙氏。

《史記會注考證》卷三三：

瀧川資言引俞樾曰：魯亡於頃公，齊亡於康公，晉亡於靜公，國亡矣，其君何以有謚也？鄭君乙，《世家》無謚，而《年表》曰鄭康公。宋王偃，《史記》無謚，而《吕氏春秋》作宋康王，《荀子》作宋獻王。則亦有謚也。楊倞注《荀子》曰，國滅之後，其臣子各私自爲謚。然則魯、齊諸君之有謚，亦其臣子所爲也。

光旦：據羅氏《路史》，徐偃王亦謚曰康，其來諒亦由此。

光旦：齊康、鄭康、宋康、徐康，似亡國之君私謚多作康，當亦有説。

徐

參《詩經·大雅·常武》。

《史記》卷二　張守節《正義》：

[古三江五湖之五湖]皆太湖東岸五灣……古時應別，今並相連。[其一曰]菱湖，在莫釐山東……西口闊二里，其口南則莫釐山，北則徐侯山。

光旦：此徐侯山之徐侯疑與偃王有涉，兩浙多徐偃遺跡，全係江淮三十六國人渡江攜與俱來者，閩贛亦有之，吳地不能獨無，此殆一例也。

《史記》卷三二《齊太公世家》：

初，齊桓公之夫人三：曰王姬、徐姬、蔡姬。

瀧川：梁玉繩曰，徐本嬴姓，《左傳》作徐嬴，是也。

光旦：是時，徐已與上國通婚。

《史記》卷三一《吳太伯世家》：

季札之初使，北過徐君。徐君好季札劍，口弗敢言。季札心知之，爲使上國，未獻。還至徐，徐君已死，於是乃解其寶劍，繫之徐君冢樹而去。……

瀧川：[亦見]《論衡·祭意篇》、《書虛篇》、《新序·節士》篇，及《藝文類聚》。《新序》又載徐人之歌曰："延陵季子兮不忘故，脱千金之劍兮帶丘墓。"

張守節：《括地志》云，徐君廟在泗州徐城縣西南一里，即延陵季子挂劍之徐君也。

光旦：是時徐之文化必已相當高：能以季扎爲客，一也；能賞識寶劍，二也；能作可能是漢文之詩歌，三也；然詩歌體裁頗若後起，疑是後人爲之而嫁名於徐人者。

《史記》卷四〇《楚世家》：

[楚靈王]十一年，伐徐以恐吳。

裴駰：《左傳》曰，使蕩侯等圍徐。

瀧川：徐，吳與國。

《史記》卷三一《吳太伯世家》：

[吳闔閭弑王僚而自立，]公子燭庸、蓋餘二人將兵遇圍於楚者……乃以其兵降楚，楚封之於舒（徐？）。

司馬貞：《左傳》昭二十七年曰"掩餘（即蓋餘）奔徐，燭庸奔鍾吾"。三十年《經》曰"吳滅徐，徐子奔楚"。《左傳》曰"吳子使徐人執掩餘，使鍾吾人執燭庸。二公子奔楚，楚子大封而定其徙"。無封舒之事，當是"舒""徐"字亂，又且疏略也。

光旦：舒、徐混亦有故，徐、舒皆畲、瑶之先也，二字音亦近似；"羣舒"必在擁護徐偃之三十六國之內；宋代湖南南江舒氏，疑爲其後裔，新化梅山蠻蘇氏亦然，初皆瑶族也。

光旦：自周穆至楚文三百餘年，自楚文元至魯昭三十徐滅於吳約一百八十年，合共約五百年；徐偃之亡，無論其時代爲周穆，抑爲楚文，要不等於徐之滅，特其國境、從屬之國、影響，大見削弱耳。

光旦：徐偃之亡，一說周穆，再說楚文，明其爲民間傳說，然傳說亦必有其事實根據，而此事實之發生必甚早，周穆或周穆之前，但不能早於《費誓》之年代耳。

《史記》卷五：

[秦]孝公元年……淮、泗之間小國十餘。

瀧川：胡三省曰，小國謂魯、宋、邾、滕、薛等國。

光旦：周初江淮三十六國，至此自已不復存在，其民或南渡江，或爲當地諸侯國所吸收役屬，胡三省所云之各國中必有不小之一部分爲三十六國之遺民後裔，已不同程度諸夏化矣。

光旦：然其時或尚有徐，參《檀弓》。

徐——地名

《史記》卷四三《趙世家》：

徐水——張守節引《括地志》云，易州永樂縣有徐水，出廣昌嶺，三源奇發，同瀉一澗，流至北平縣東南……（《考證》本，頁九二）

樂徐——［趙幽繆王］五年，代地大動，自樂徐以西，北至平陰，臺屋牆垣大半壞，地坼東西百三十步。

裴駰：徐廣曰，徐一作"除"。

張守節：樂徐在晉州。

張守節：其坼溝見在，亦在晉、汾二州之界也。（《考證》本，頁九五—九六）

《史記》卷四六《田完世家》：

徐州——［齊威王以人爲寶］曰，"吾吏有黔夫者，使守徐州，則燕人祭北門，趙人祭西門，徙而從者七千餘家。"

瀧川：吳熙載曰，徐州，今直隸保定府安肅縣有徐城，與下言燕趙合；胡三省注言薛縣，非也。

徐——徐姓

《史記》卷四三《趙世家》：

［趙烈侯時，相公仲連納番吾君之薦，舉徐越，以］徐越爲内史。

光旦：徐姓見於史最早之例之一。

《史記》卷八六《刺客列傳》：

［燕太子丹使荆軻刺秦王，］豫求天下之利匕首，得趙人徐夫人匕首……

徐——蕭

《史記》卷三二《齊太公世家》：

［齊頃公十年，晉伐齊，齊敗，晉］必得笑［郤］克者蕭桐叔子。

裴駰：杜預曰，桐叔，蕭君之字，齊侯外祖父。子，女也。難斥言其母，故遠言之。賈逵曰，蕭，附庸，子姓。

光旦：蕭亦已與上國通婚，猶齊桓公三夫人中之有徐嬴也。

《史記》卷七：

漢之二年……漢……入彭城……項王乃西從蕭，晨擊漢軍。

張守節：《括地志》，徐州蕭縣，古蕭叔之國，春秋時爲宋附庸。

瀧川：蕭……［今］蕭縣西北。

光旦：此蕭、浙東之蕭山、閩浙贛民間信仰中多蕭姓之神、乃至此一地區之"山魈"等，疑皆過江前後"畬、瑤"之遺；"蕭"亦"畬、瑤"二音之切。

葷　粥（薰育）

《史記》卷一《五帝本紀》：

黃帝……北逐葷粥。

裴駰：《匈奴傳》曰，"唐虞以上有山戎、獫狁、葷粥，居于北蠻。"

《史記》卷四：

［古公亶父居豳，］薰育戎狄攻之，欲得財物，予之。已復攻，欲得地與民。民皆怒，欲戰。［古公避之，遷於岐下。］

瑤

瑤──猶

《史記》卷三一《吳太伯世家》：

［夫差二十三年］越敗吳。……吳王……自剄死。

裴駰：《越絕書》，夫差冢在猶亭西卑猶位……近太湖，去縣五十七里。

司馬貞：猶亭，亭名，"卑猶位"三字共爲地名，《吳地記》曰"徐枕山，一名卑猶山"是。

光旦：瑤族之先渡江南行，太湖流域尚有其跡，此或一例。徐枕一稱卑猶，徐、猶互用，亦非偶然。

《史記》卷九：

呂祿、呂產欲發亂關中……猶與未決。

司馬貞：崔浩云，猶，猨類也。卬鼻，長尾，性多疑。

張守節：一曰，隴西俗謂犬子爲猶。

光旦：由前說，瑤之所以與山魈、狒狒相混也。由後說，故有"上猶"，瑤中有"猶姓"，閩有"尤溪"，"尤"亦小犬也。後一說音義俱合。

瑶

《史記》卷六九《蘇秦列傳》：

[蘇秦]説楚威王曰，"……西有黔中、巫郡。"

張守節：今朗州，楚黔中郡，其故城在辰州西二十里，皆盤瓠後也。

光旦："皆盤瓠後"，襲《後漢書》之誤。不盡爲盤瓠後。

瑶——游

《史記》卷一二：

游水發根乃言曰："上郡有巫，病而鬼下之。"上召置祠之甘泉。

裴駰：晉灼曰，《地理志》游水，水名，在臨淮淮浦也。

司馬貞：顏師古，游水姓，發根名，蓋或因水爲姓。

光旦：疑與瑶人自稱有涉，姓從水得名，水先從所居族得名也；臨淮之地望亦合。

夷

《史記》卷七七《魏公子列傳》：

太史公曰：吾過大梁之墟，求問其所謂夷門。夷門者，城之東門也。

光旦：夷門，侯生所居。何以東門稱夷門，歷來注疏家似未有説明。豈以其所向爲夷人之地域乎？

彝

《史記》卷二八《封禪書》：

於社（杜）亳有三社（杜？）主之祠……而雍菅廟亦有杜主。杜主，故周之右將軍，其在秦中，最小鬼之神者。各以歲時奉祠。

司馬貞：徐廣，京兆杜縣有亳亭，則[前一]"社"字誤。

瀧川：梁玉繩，《漢[書]·郊祀志》作"杜亳有五杜主之祠"，此誤杜爲社（第二社字）。

光旦：此疑與雲貴彝區之"土主廟"有淵源關係，"土主"亦"最小鬼之神者"。

《史記》卷二八《封禪書》：

　　秦巫，祠社（杜？）主。

　　　　光旦：此亦秦出於戎之一證。

庸　人

《史記》卷四：

　　武王……曰："遠矣西土之人！……庸、蜀、羌、髳、微、纑、彭、濮人……"

　　　　孔安國：皆蠻夷戎狄。……庸、濮在江漢之南。

　　　　張守節：《括地志》云，房州竹山縣及金州，古庸國。

《史記》卷四〇《楚世家》：

　　當周夷王之時……［楚］熊渠甚得江漢間民和，乃興兵伐庸……

　　　　張守節：《括地志》云，房州竹山縣……古之庸國，昔周武王伐紂，［以庸蠻從，］庸蠻在焉。

《史記》卷四〇《楚世家》：

　　［楚莊王］三年……是歲滅庸。

郁　夷（嵎夷）

《史記》卷一：

　　帝堯……分命羲仲居郁夷。

　　　　裴駰：《尚書》作"嵎夷"。孔安國：東表之地稱嵎夷。

　　　　光旦：此是地名，疑地因所居人而得名。古越，今僮及佈依自稱猶是此二字音，越本在東表之地，後轉東南，更入西南，此亦一證。

《史記》卷二：

　　海岱維青州，嵎夷既略，濰、淄既道。

　　　　馬融：嵎夷，地名。

　　　　光旦：此本《書‧禹貢》文，作"嵎夷"。

　　　　光旦：百越之先，遠古曾居山東。

越

越

《史記》卷三：

> 伊陟贊言于巫咸。
>
> > 張守節：按巫咸及子賢家皆在蘇州常熟縣西海虞山上，蓋二子本吳人也。
> >
> > 光旦：巫音及"布"，越語"人"也，後即以之爲姓氏。地望亦合。

《史記》卷一二：

> 古者天子常以春秋解祠，祠……武夷君用乾魚。
>
> > 光旦：注只張氏《正義》云"神名"，餘無所言，今已可知武夷君爲越族之神，亦即武夷山神也。

《史記》卷三一《吳太伯世家》：

> 太王欲立季歷以及昌，於是太伯、仲雍二人乃犇荆蠻，文身斷髮，示不可用……
>
> 太伯之犇荆蠻，自號句吳。荆蠻義之，從而歸之千餘家，立爲吳太伯。
>
> > 司馬貞：荆者，楚之舊號，以州而言之曰荆。蠻者，閩也，南夷之名；蠻亦稱越。此言自號句吳，吳名起於太伯，明以前未有吳號。地在楚越之界，故稱荆蠻。顏師古注《漢書》，以吳言"句"者，夷語之發聲，猶言"於越"耳。
> >
> > 光旦：句吳、句踐、句章、岣嶁山，當屬一類。岣嶁即仡佬之音之轉，疑太伯南奔時，乃至遲至春秋年代，大江下游南岸尚多"仡佬"族之人。"句"疑不是發聲、或語助，而代表一種共性之事物，如"人"：果爾，則"仡佬"者，猶言"駱人"也，即"甌駱"也；"句章"者，亦仡佬之別派，猶言"章人"也，湘省之仡佬，在消失不久以前，尚有"大、小章"之稱；然則"句吳"云者，亦即"吳人"耳。惟"吳"字由來，各家均未有說明，疑泰伯、虞仲南奔之前，所封之地即爲"吳"名，故襲用之，"虞仲"亦即"吳仲"。
> >
> > 光旦：其後又有句卑、句餘、柯相、柯盧、屈羽、去齊之稱，前一字疑皆同音異寫。

《史記》卷四〇《楚世家》：

[楚]成王惲元年……使人獻天子，天子賜胙，曰："鎮爾南方夷越之亂，無侵中國。"於是楚地千里。

《史記》卷四〇《楚世家》：

[楚]莊王左抱鄭姬，右抱越女……

《史記》卷四一《越世家》：

越王句踐，其先禹之苗裔，而夏后帝少康之庶子也。封於會稽，以奉守禹之祀。文身斷髮，披草萊而邑焉。後二十餘世，至於允常。[始與吳相戰伐，而見於經傳。]

張守節：《吳越春秋》云……至少康，恐禹迹宗廟祭祀之絕，乃封其庶子於越，號曰無餘。

張守節：賀循《會稽記》云，少康，其少子號曰於越，越國之稱始此。

張守節：《越絕書》，無餘都，會稽山南故越城是也。

瀧川：梁玉繩曰，禹葬會稽之妄，說在《夏紀》……而少康封庶子一節，即緣禹葬于越偽撰，蓋六國時有此談，史公繆取入《史》，後之著書者，相因成實，《史》并謂閩越亦禹苗裔，豈不誕哉！

《墨子·非攻下》篇，"越王繄虧出自有遽，始邦於越。"

《漢書·地理志》注，臣瓚曰，"自交阯至會稽七八千里，百越雜處，各有種姓，不得盡云少康之後。"

《世本》，"越爲芊姓，與楚同祖"，故：

《鄭語》，"芊姓夔越。"故：

韋昭《吳語》注，"句踐，祝融之後。"又：

《越語》范蠡語及《韓詩外傳》八云云，又示越非夏封，至周始封。

（《考證》本）

《史記》卷四〇《楚世家》：

[楚]昭王卒……子閭[等]……迎越女之子章立之，是爲惠王。

《史記》卷三六《陳杞世家》：

楚惠王滅杞，其後越王句踐興。

瀧川：梁玉繩曰，勾踐非禹後，說在《越世家》。

《史記》卷六五《孫子吳起列傳》：

吳起……去[魏]……之楚（時爲悼王）……至則相楚。……於是南平百越；

北并陳蔡……

　　光旦：吳起平百越，史竟無具體資料，可憾。

《史記》卷四一《越世家》：

　　楚威王興兵而伐……越，殺王無疆，盡取故吳地至浙江……而越以此散，諸族子爭立，或爲王，或爲君，濱於江南海上，服朝於楚。後七世，至閩君摇，佐諸侯平秦。漢高帝復以摇爲越王，以奉越後。東越，閩君，皆其後也。

　　光旦：越亡於楚，實後於此，其殺王無疆，當在周赧王八年，即楚懷王之二十二年，詳黄以周之論，見《考證》本，卷四一，頁二二—二三。

《史記》卷六：

　　[秦始皇]二十五年……王翦遂定荆江南地；降越君，置會稽郡。

　　張守節：言王翦遂平定楚及江南地。

　　張守節：楚威王已滅，其餘自稱君長，今降秦。

　　光旦：荆江南地者，楚在江南之地也。越滅吳，楚滅越，故越爲荆江南之地。

《史記》卷七三《白起王翦列傳》：

　　[王翦既滅楚，]因南征百越之君。……秦始皇二十六年，盡并天下，王氏、蒙氏功爲多。

　　光旦：此與前楚之吳起"南平百越"同樣不具體。但《秦本紀》較此略詳，見另片。事在始皇二十五年。

《史記》卷六：

　　[秦始皇]徙黔首三萬户琅邪臺下。

　　張守節：《括地志》，"密州諸城縣東南……有琅邪臺，越王勾踐觀臺也。臺西北十里有琅邪故城。《吳越春秋》云，越王勾踐二十五年，徙都琅邪，立觀臺以望東海，遂號令秦、晉、齊、楚，以尊輔周室，歃血盟。"

《史記》卷一〇：

　　[漢文帝]後六年……南越王尉佗自立爲武帝，然上召貴尉佗兄弟，以德報之，佗遂去帝稱臣。

《史記》卷八三《魯仲連鄒陽傳》：

　　[鄒陽從獄中上梁孝王書：]齊用越人蒙而强威、宣。

　　司馬貞：越人蒙未見所出。《漢書》作"子臧"。又張晏云"子臧，越人"。或蒙之字也。

《史記》卷一二：

　　[武帝]既滅南越，越人勇之乃言"越人俗信鬼，而其祠皆見鬼，數有效。昔東甌王敬鬼，壽至百六十歲。後世謾怠，故衰耗"。乃令越巫立越祝祠，安臺無壇，亦祠天神上帝百鬼，而以雞卜。上信之，越祠雞卜始用焉。

　　張守節：雞卜法，用雞一狗一生祝，願訖，即殺雞狗煮熟，又祭，獨取雞兩眼骨，上自有孔裂，似人物形則吉，不足則凶。今嶺南猶此法也。

　　光旦：雞卜，南方朱雀，族以鳥為標志，固宜。然卜時亦以狗，而又不作正用，只與雞作陪而已，所以爾者，疑自二物兼用之日始，或更早於此，越人中雜有比較日益眾多之畬瑤族人也。張氏唐代人，當時自是如此，但勇之最初介紹雞卜法時，果不知雜用狗否耳。

《史記》卷一二：

　　太初元年，是歲，西伐大宛。……丁夫人、雒陽虞初等以方祠詛匈奴、大宛焉。

　　瀧川：應劭曰，丁夫人，其先丁復，越人，封陽都侯，夫人其後，以詛軍為功。

　　光旦：詛呪，或具體到詛軍，是越人信仰之一部分。

越——自稱

《史記》卷四七《孔子世家》：

　　[仲尼答吳使者問長人]曰，"汪罔氏之君，守封禺之山。"

　　裴駰：封山，禺山，韋昭曰在吳郡永安縣。

　　裴駰：晉太康元年改永安為武康。

　　光旦：比較"番禺"。

　　光旦：又戰國時有"番吾君"，見《趙策》及《史記·趙世家》，"番吾"地名由來，或亦與"越人"有涉，但"番吾君"自己不可能為越人耳，於時越人南遷已久。

《史記》卷二八《封禪書》：

　　始皇遂東遊海上，行禮祠名山大川及八神……八神將自古而有之，或曰太公以來作之。……[或曰，]莫知起時。八神……七曰日主，祠成山。成山斗入海,最居齊東北隅,以迎日出云。

　　裴駰:韋昭曰,成山在東萊不夜……不夜,古縣名。

　　司馬貞:案解道彪《齊記》云,不夜城,蓋古有日,夜出見於境,故萊子立城,以不夜爲名。

　　光旦:"不夜"之由來,自是望文生義。疑與越或百越之自稱有涉,越之先自西而東,散布東海岸全部,故北有"夫餘",中有"不夜",南有"武夷"、"番禺";又疑齊境之"不夜"係從東北渡海而來,故先至成山,成山最東,日初出處,二事相合,乃演爲"日夜出"之説。

　　光旦:山東因形勢關係,最易成爲古代民族成分之會合點:巴人自西來,故有天齊之神(八神之第一);苗人自北來,故有蚩尤主兵之神(八神之第三);越人自東北來,故有"不夜"主日之神(八神之第七);然則八神中之第二即地主神,有可能爲傣人先輩之貢獻,故所祠之山爲泰山云。

《史記》卷六:

　　[史公引賈誼《過秦論》曰,]南取百越之地,以爲桂林、象郡,百越之君俛首係頸,委命下吏。

　　光旦:"百越"云者,《集解》引韋昭曰,"越有百邑。"《考證》引李善曰,"《音義》云,百越非一種,若今言百蠻。"此固可通,然我疑即越人自稱也,今僮語稱"人"曰"布",音近"百",言"百越"者,即"人越"或"越人"耳。黔省之仲家人自稱"佈依","佈依"亦即"百越"也。

越——吳

《史記》卷三一《吳世家》:

　　[吳]壽夢二年,楚之亡大夫申公巫臣怨楚將子反而犇晉,自晉使吳,教吳用兵乘車,令其子爲吳行人,吳於是始通於中國。

　　光旦:詳參《左傳》魯成二年、七年。

《史記》卷三三《魯周公世家》:

　　[魯哀公]七年,吳王夫差彊,伐齊,至繒,徵百牢於魯。季康子使子貢説吳王及太宰嚭,以禮詘之。吳王曰:"我文身,不足責禮。"乃止[不徵]。

《史記》卷四七《孔子世家》:

　　[魯哀公七]年,吳與魯會繒,徵百牢。……康子使子貢往,然後得已。

　　司馬貞:周禮上公九牢,侯伯七牢,子男五牢。今吳徵百牢,夷不識礼故也。子贡对以周礼，而後吴亡是徵也。

《史记》卷四一《越世家》：

范蠡事越王句践。

张守节：《越绝书》云，蠡曰，"吴越之邦，同风共俗"。

越——番君

《史记》卷七：

乃分天下……[项羽以]鄱君吴芮率百越佐诸侯，又从入关，故立芮为衡山王，都邾。

光旦：《史记》卷八略同。

《史记》卷七：

[项羽以]番君将梅鋗功多，故封十万户侯。

光旦：《史记》卷八略同。

《史记》卷八：

秦二世三年……襄侯王陵降西陵。还攻胡阳，遇番君别将梅鋗，与皆，降析、郦。

《史记》卷八：

[高帝]五年……徙衡山王吴芮为长沙王，都临湘。番君之将梅鋗有功，从入武关，故德番君。

《史记》卷八：

[高帝]十年十月……长沙王吴芮，[与其他异姓及同姓诸王]……来朝长乐宫。

光旦：十月为岁首。

《史记》卷九一《黥布列传》：

番君以其女妻[黥布]。

《史记》卷九一《黥布列传》：

[黥布败]走江南。布故与番君婚，以故长沙哀王使人绐布，伪与亡，诱走越，故信而随之番阳。番阳人杀布兹乡民田舍，遂灭黥布。

裴骃：徐广曰，《表》云成王臣，吴芮之子也。骃案：晋灼曰，芮之孙固。或曰是成王，非哀王也，传误。

司马贞："哀"字误也。是成王臣，吴芮之子也。

張守節："哀"字誤，當作"成"。(《會注考證》)

越——南越

《史記》卷九七《酈生陸賈傳》：

　　高祖時，中國初定，尉他平南越，因王之。高祖使陸賈賜尉他印爲南越王。陸生至，尉他魋結箕倨見陸生。陸生因進說他曰："足下中國人，親戚昆弟墳墓在真定。今足下反天性，弃冠帶，欲以區區之越與天子抗衡爲敵國，禍且及身矣。……"
　　於是尉他迺蹶然起坐，謝陸生曰："居蠻夷中久，殊失禮義。"……
　　陸生卒拜尉他爲越王，令稱臣奉漢約。

《史記》卷九七《酈生陸賈列傳》：

　　孝文帝即位，欲使人之南越。陳丞相等乃言陸生爲太中大夫，往使尉佗，令尉佗去黃屋稱制，令比諸侯，皆如意旨。

越——閩越、東越

《史記》卷一〇八《韓長孺傳》：

　　[漢建元六年]閩越、東越相攻，[韓]安國及大行王恢將兵。未至越，越殺其王降，漢兵亦罷。
　　　瀧川：《閩越傳》、《漢書·武紀》、《兩粵傳》，東越作"南越"，此誤。
　　　瀧川：越即閩越，閩越王名郢。

越——漢亡入

《史記》卷一〇六《吳王濞傳》：

　　吳大敗……吳王乃與其麾下壯士數千人夜亡去，度江，走丹徒，保東越。東越兵可萬餘人……漢使人以利啗東越，東越即紿吳王，吳王出勞軍，即使人鏦殺吳王，盛其頭，馳傳以聞。吳王子子華、子駒亡走閩越。

越——巫姓

《史記》卷三四《燕召公世家》：

　　在太戊時……巫咸治王家；在祖乙時，則有若巫賢。
　　　張守節：巫咸，吳人，今蘇州常熟縣西海隅(虞)山上有巫咸冢及巫

　　　　賢冢。(《會注考證》)

　　　　裴駰：孔安國曰，賢，咸子；巫，氏也。

　　　　光旦：出《尚書·君奭》。

越——薄氏

《史記》卷四九《外戚世家》：

　　薄太后，父吳人，姓薄氏，秦時與故魏王宗家女魏媼通，生薄姬……

　　　　光旦：薄，猶番也。今山西薄氏或本源於此。

《史記》卷一〇五《扁、倉傳》：

　　臨菑氾里女子薄吾病甚……

越

《史記》卷二九《河渠書》：

　　番姓——

　　其後河東守番係言〔從山東運漕入關之損失與煩費〕。

　　　　司馬貞：番音婆，又音潘。按《詩·小雅》云"番維司徒"，番，氏也。

　　　　光旦：同書卷下文云以河東廢渠田與徙來之越人耕種(種稻？)，則此番姓之河東守疑即以其首領爲之者。番爲越姓，亦即"百越"之合音，於此得以證明。

月　氏

《史記》卷一〇四《田叔列傳》：

　　〔田叔對漢文帝語中：〕匈奴冒頓新服北夷，來爲邊害，〔雲中守孟舒念士卒罷敝，不忍驅之使戰，而士卒自奮，死者數百人。〕

允　戎

《史記》卷四：

　　定王元年，楚莊王伐陸渾之戎。

　　　　杜預：允姓之戎居陸渾，在秦、晉西北，二國誘而徙之伊川，遂從戎號，今洛州陸渾縣，取其號也。

《後漢書》：陸渾戎自瓜州遷于伊川。

《左傳》：初，平王之東遷也，辛有適伊川，見被髮而祭于野者，曰"不及百年，此其戎乎？其禮先亡矣"。

張守節：按至（應作自？）僖公二十二年秋，秦、晉遷陸渾之戎於伊川，計至辛有言，適百年也。

張守節：《括地志》云，"故麻城謂之蠻中，在汝州梁縣界。《左傳》'單浮餘圍蠻氏'，杜預云'城在河南新城東南，伊洛之戎陸渾蠻氏城也。俗以爲麻蠻，聲相近故耳'"。按：新城，今伊闕縣是也。

瀧川：襄王十四年，秦、晉遷陸渾之戎于伊川。陸渾故城，在今河南嵩縣。（《會注考證》本）

光旦：按晉以後此地之所以稱爲蠻，疑尚別有故。當時已不可能尚有允戎存在，而猶有蠻中及麻蠻之稱者，疑東漢三國之際，巴人更自西南入據其地也。

《史記》卷四〇《楚世家》：

[楚莊王]八年，伐陸渾戎。

裴駰：服虔曰，在洛西南。

張守節：允姓之戎，徙居陸渾。

瀧川：陸渾故城在……嵩縣。

侏　儒

《史記》卷四七《孔子世家》：

[吳使者]曰："人長幾何？"仲尼曰："僬僥氏三尺，短之至也。"

裴駰：韋昭曰，"僬僥，西南蠻之別名也"。

光旦：僬僥，即侏儒之音轉，猶今之"瑤"即三國之"由"也。

光旦：韋昭曰"西南蠻"，是，但只就韋昭所存活之年代言之耳。前乎此，則似魯皖等地皆有之，今皖南尚有發見。

光旦：曰屬西南蠻，亦似今日語氣，今黔苗中尚大有人在。

《史記》卷四七《孔子世家》：

[魯齊夾谷之會，齊有司初進萊人之樂，孔子斥去之。]有頃，齊有司……

請奏宮中之樂。景公曰："諾。"優倡侏儒爲戲而前。孔子[復進]曰："匹夫而熒惑諸侯者罪當誅！請命有司！"有司加法焉，手足異處。

　　光旦：以侏儒爲戲樂，此是見於文獻最早之例。齊之侏儒從何而來，史未詳，疑當時本地即有之，不必由遠方俘販而來也。

《春秋左傳》《國語》《戰國策》《汲冢周書》《竹書紀年》之部

《春秋左傳》　　〔晉〕杜預注
　　　　　　　　〔清〕姚培謙補注
〔清〕顧棟高《春秋大事表》
《國語》　　　　〔吳〕韋昭解
《戰國策》　　　〔宋〕鮑彪注
　　　　　　　　〔元〕吳師道補注
《汲冢周書》　　〔晉〕孔晁注
《竹書紀年》　　〔梁〕沈約注
〔清〕徐文靖《竹書紀年統箋》

總　錄

總錄——古帝王出生或興起之地

《竹書紀年·前編》：

　　太昊庖羲氏……生……于成紀。

《竹書紀年·前編》：

　　炎帝神農氏……育於江水……其起本於烈山，號烈山氏（《一統志》，烈山在今德安府隨州）。

《竹書紀年》卷一：

　　黃帝軒轅氏……生……于壽丘（《帝王世紀》同，今曲阜東北六里）。

　　《統箋》：姚瞻［據《水經注》軒轅谷之地名］以爲黃帝生于天水，在上邽縣東七十里軒轅谷。

《竹書紀年》卷一：

　　顓頊高陽氏……生……於若水（母爲蜀山氏女，《蜀國春秋》曰，名景僕。）……即位，居濮。（東郡濮陽云。）

《竹書紀年》卷二：

　　帝舜有虞氏……生……于姚虛（濮州雷澤縣東十三里）。

《竹書紀年》卷三：

　　帝禹夏后氏……生……于石紐（《蜀本紀》，汶山郡廣柔縣；《括地志》，石紐山在茂州汶川縣西七十二里；《遁甲開山圖》榮氏解曰，［母名］女狄）。

　　《統箋》：《晉載記》，劉元海曰，大禹出于西戎，文王生于西夷，顧惟德所授耳。

　　光旦：《孟子》，舜東夷之人，文王西夷之人。

總錄——巡狩及四裔

《竹書紀年》卷二：

　　［堯］五年，初巡狩四岳。

　　《統箋》：［據此，］五年一巡狩，自堯昉也。

《統箋》：王韶之《始興記》，含洭縣有堯山，堯巡狩至于此，立行臺也。

光旦：此殆非事實。堯山者，瑤山耳。王韶之南朝宋人，時始興一帶已有瑤人，其所居山區因即以其名稱之，猶今廣西之有大瑤山也。然則"瑤"之稱實不始於宋，第有音無字耳，其所以無其字者，中原人之妄自尊大爲之屬階也。

總錄——殷商武丁時四至

《竹書紀年》卷六：

武丁……五十九年陟。（以下似爲沈氏附注）王，殷之大仁也……是時輿地，東不過江黃（《郡國志》，汝南安陽有江亭，弋陽有黃亭），西不過氐羌，南不過荊蠻，北不過朔方，而頌聲作……

光旦：東必不然，餘大致不謬。殷虛書契於此方面知識大擴充矣。

總錄——商之四裔

《汲冢周書》卷七《王會》第五十九，附四方獻令：

正東——符婁、仇州、伊慮、漚深、九夷、十蠻、越、漚、鬋、文身。

正南——甌鄧、桂國、損子、產里、百濮、九菌。

正西——崑崙、狗國、鬼親、枳巳、閭耳、貫胸、雕題、離丘、漆齒。

正北——空同、大夏、莎車、姑他、旦略、貌胡、戎翟、匈奴、樓煩、月氏、孅犁、其龍、東胡。

光旦：此未必可靠，其中不少爲後起之名稱，商初不可能有。故不另立片，總錄於此備查。

總錄——服

《汲冢周書》卷七《王會》第五十九：

成周之會……［內圈自是天子及其卿士，及"中國"諸侯］……比服次之，要服次之，荒服次之……方千里之外爲比服，方［？］千里之內爲要服，三千里之內爲荒服，是皆朝於內。

孔晁：此服名因於殷，非周制也。

光旦：［？］肯定脫一"二"字。

《汲冢周書》卷八《職方》第六十二：

　　……乃辯九服之國，方千里曰王圻，其外方五百里爲侯服，又其外方五百里爲甸服，又其外方五百里曰男服，又其外方五百里爲衛服，又其外方五百里曰蠻服，又其外方五百里爲鎮服，又其外方五百里爲藩服。

　　光旦：合王畿只八，而非九。

　　光旦：比較《周禮·大司徒》。

總錄——職方

《汲冢周書》卷八《職方》第六十二：

　　職方氏掌天下之圖，辯其邦國、都鄙、四夷、八蠻、七閩、九貉、五戎、六狄之人民。

　　光旦：比較《周禮·大司徒》。

《汲冢周書》篇末，序：

　　王化雖弛，天命方永，四夷八蠻，攸尊王政，作《職方》。（即《職方解第六十二》之篇名。）

總錄——周之四裔

《春秋左傳》昭公九年《傳》：

　　晉梁丙、張趯率陰戎伐潁（周邑）。王使詹桓伯辭（責讓）於晉，曰："我自夏以后稷，魏、駘、芮、岐、畢，吾西土也。及武王克商，蒲姑、商奄，吾東土也；巴、濮、楚、鄧，吾南土也；肅慎、燕、亳，吾北土也。……"

　　杜：駘在始平武功縣所治鳌城。　　姚：依字應作邰、釐，均他來反。鳌城，今武功縣南八里。

　　杜：蒲姑，在樂安博昌縣北。　　姚：今青州府博興縣東南十五里。

　　姚：服虔曰，蒲姑，齊也；商奄，魯也。　　姚：蒲姑，《史記》作"薄姑"。

總錄——職貢

《竹書紀年》卷五：

　　[成湯二十五年，]初巡狩，定獻令。

　　光旦：即《汲冢周書·王會》第五十九末所附之文，已另有片。此處只言其事，未著其文。

總錄——職貢（周，王會；商，四方獻令）

《汲冢周書》卷七《王會》第五十九：

（周初王會中之職貢，分見個別族類片。）

《汲冢周書》卷七《王會》第五十九附：

湯問伊尹曰："諸侯來獻，或無馬牛之所生，而獻遠方之物，事實相反，不利。今吾欲因其地勢所有獻之，必易得而不貴，其爲四方獻令。"伊尹受命，於是爲四方令，曰："臣請正東符婁、仇州、伊慮、漚深、九夷、十蠻、越、漚、鬋、文身，請令以魚支之鞞、□鰂之醬、鮫瞂、利劍爲獻；正南甌鄧、桂國、損子、產里、百濮、九菌，請令以珠璣、玳（瑇）瑁、象齒、文犀、翠羽、菌鶴、短狗爲獻；正西崑崙、狗國、鬼親、枳巳、闟耳、貫胸雕題、離丘、漆齒，請令以丹青、白旄、紕罽、江歷、龍角、神龜、爲獻；正北空同、大夏、莎車、姑他、旦略、貌胡、戎、翟、匈奴、樓煩、月氏、孅犁、其龍、東胡，請令以橐駝、白玉、野馬、騊駼、駃騠、良弓爲獻。"湯曰："善。"

總錄——職貢

《國語》卷五《魯語下》：

〔仲尼答陳惠公關於肅慎楛矢之問，〕"昔武王克商，通道于九夷、百蠻，使各以其方賄來貢，使無忘職業。於是肅慎氏貢楛矢、石砮……

"古者，分同姓〔諸侯〕以珍玉，展親也；分異姓〔諸侯〕以遠方之職貢，使無忘服也。故分陳以肅慎氏之貢。"

光旦："職貢"一詞之由來與解釋，應入"辭海"。

總錄——"王會"

《汲冢周書》卷三《寶典》第二十九：

〔周公旦對武王，〕"……既能生寶（以義爲寶——孔），未能生仁，恐無後親，王寶生之，恐失王會。……"

光旦：亦"文德來遠論"之一部分。文德云者，應包括仁與義，有義而無仁，猶不足以來之。

光旦："王會"在當時似成一常用之詞，終乃有"王會"之舉動，見卷七，《王會解》第五十九。

《汲冢周書》篇末，序：

周室既寧，八方會同，各以其職來獻，欲垂法厥後，作《王會》(即《王會解第五十九》之篇名)。

總錄——王會之類
《汲冢周書》卷六《明堂》第五十五：

周公攝政君天下，弭亂六年(三監之亂後)而天下大治。乃會方國諸侯於宗周，大朝諸侯[於明堂]。明堂之位……門內之西，北面東上，九夷之國；東門之外，西面北上，八蠻之國；南門之外，北面東上，六戎之國；西門之外，東面南上，五狄之國；北門之外，南面東上，四塞九口之國……明堂，明諸侯之尊卑也，故周公建焉，而明諸侯於明堂之位，制禮作樂，頒度量，而天下大服；萬國各致其方賄。

光旦：此與卷七《王會》第五十九所載是否爲一事，或此爲抽象之格局，而彼爲具體之內容，容再推敲。

光旦：此只錄夷蠻戎狄，"中國"之部分全從略。

光旦：夷、蠻、戎、狄之稱，且各有數目，疑周初尚非定局，此乃戰國時追叙者。此點尚待進一步肯定或否定。

總錄——王會中之位次
《汲冢周書》卷七《王會》第五十九：

成周之會……南人至衆，皆北嚮。

光旦：參"(越)"片。

總錄——王會
《竹書紀年》卷七：

[周成王]二十五年，王大會諸侯于東都，四夷來賓。

徐《箋》：《周書·王會解》，成周之會……(另有片)

《竹書紀年》卷八：

[周穆王]三十九年，[於四方征討之後，]王會諸侯于塗山。

徐《箋》：《左》昭四年，椒舉曰，"穆有塗山之會"。塗山在壽春東北，見杜注。

總錄——中原勢力之南暨(東南)

《竹書紀年》卷八：

[周康王十一(？)年,]王南巡狩,至九江廬山。

光旦：十一年而列十二年後,有問題。

光旦：廬山一名匡山,匡有人謂原作康,即因康王曾巡狩至其地而來。

《竹書紀年》卷八：

[穆王]三十七年,大起九師,東至于九江,架黿鼉以爲梁。遂伐越,至于紆。荊人來貢。

徐《箋》：即廬山尋陽之九江。

總錄——中原勢力之南暨(中南)

《竹書紀年》卷八：

[周昭王]十六年,伐楚,涉漢。……十九年……祭公辛伯從王伐楚。……喪六師于漢,王陟。

徐《箋》：《左》僖四年,昭王南征而不復,君其問諸水濱。杜氏曰,昭王時漢非楚境,故不受罪。

光旦：據是,則昭王南征前後跨三年。

《竹書紀年》卷八：

[周穆王元年,]命辛伯餘靡。

徐《箋》：《呂氏春秋》,周昭王親將征荊蠻,辛餘靡長且多力,爲王右,還反涉漢,梁敗,王及祭公隕于漢中,辛餘靡振王北濟(未成),反振祭公(恐亦未成),周乃侯之(其子,恐非本人,本人亦未復)于西翟。

總錄——周穆王與西北

《竹書紀年》卷八 沈約截至穆王十七年附注：

王北征,行流沙千里,積羽千里；征犬戎,取其五王以東,西征于青鳥所解(附注之注,三危山)。西征還。[共]履天下億有九萬里。

徐《箋》：《山海經》,三危之山,三青鳥居之。

徐《箋》：《穆傳》,天子大朝于宗周之廟,乃里西土之數曰,自宗周至于西北大曠原萬四千里,乃還南復至于陽紆,七千里,還歸于周,三千里。各行兼數三萬有五千里。安得如約説[之多]乎？

總錄——周宣王之攘夷

《竹書紀年》卷九：

　　［周宣王］三年……大夫仲伐西戎。（西）

　　［周宣王］五年……尹吉甫……伐玁狁。（北）

　　［周宣王五年，］方叔……伐荊蠻。（南）

　　［周宣王］六年，召穆公……伐淮夷。（東）

　　［周宣王六年，自］伐徐戎。（東）

　　　　光旦：詳見各分片。

　　　　光旦：各有詩美其事。

　　［周宣王］九年，［遂］會諸侯于東都。

　　　　徐《箋》：《詩》序，"《車攻》，宣王復古也，宣王能內修政事，外攘夷狄，復文武之境土……復會諸侯于東都。"

總錄——德對刑

《竹書紀年》卷二：

　　［堯］十二年，初治兵。

　　　　《統箋》：《莊子》曰，"昔者堯攻叢枝、胥敖，國為虛厲，身為刑戮。"又曰，"昔者堯問於舜曰，我欲伐宗膾、胥敖，南面而不釋然，其故何也？"

　　　　《統箋》：《六韜》，堯與有苗戰于丹水之陽。

　　　　《統箋》：［據上，知］堯之治兵，蓋有以用之也。

　　　　光旦：此文德來遠論之反證。

總錄——文德來遠論

《汲冢周書》卷三《大明武》第二十七：

　　［武王語周公，］"余聞國有……五和……"［其］五［曰］遠方不爭。

　　　　孔晁：以文德來遠。

總錄——先德後刑

《國語》卷一《周語上》：

　　［祭公謀父諫穆王不伐犬戎：］"先王耀德不觀兵。……夫先王之制，邦內

甸服，邦外侯服，侯衛賓服，蠻夷要服，戎翟荒服。甸服者祭，侯服者祀，賓服者享，要服者貢，荒服者王。日祭，月祀，時享，歲貢，終王……有不祭則脩意，有不祀則脩言，有不享則脩文，有不貢則脩名，有不王則脩德。序成而有不至則脩刑。於是乎有刑不祭，伐不祀，征不享，讓不貢，告不王。於是乎有刑罰之辟，有攻伐之兵，有征討之備，有威讓之令，有文告之辭。布令陳辭而又不至，則又增脩於德，無勤民於遠。是以近無不聽，遠無不服。……"

  光旦：一般是先德後刑，其對要、荒，則終以德爲主。恐此非完全空論，舜之格有苗，湯之征葛伯，多少有其事實根據。

  光旦：諸夏初起時，夷夏雜居，周即其例，故夷夏之分不嚴，而地域遠近之分，則爲一必須顧到之事實。唯其不甚分夷夏，而只分遠近，斯他族得進而爲夏，以至爲漢。此中國民族史上一大關鍵。尚不止先德後刑之政策性的見解也。

總錄——內德外刑
《國語》卷二《周語中》：

  [周襄王]以陽樊賜晉文公。陽人不服，晉侯圍之。倉葛呼曰……[陽人]"謂君其何德之布以懷柔之，使無有遠志。……夫三軍之所尋（討也），將蠻夷戎翟之驕逸不虔，於是乎致武。……陽豈有裔民？夫亦皆天子之父兄甥舅也，若之何其虐之也？"晉侯聞之曰："是君子之言也。"乃出陽民。

  光旦：《國語》卷一〇《晉語》中亦載此段故實，唯"蠻夷戎翟"一語或其類似語氣無。

總錄——德、刑之適用
《春秋左傳》僖公二十五年《傳》：

  [晉文公平王室公子帶之難，王]與之陽樊、溫、原、欑茅之田。……陽樊不服，圍之。蒼葛（陽樊人）呼曰："德以柔中國，刑以威四夷，宜吾不敢服也。……"

總錄——"不可一"論
《春秋左傳》昭公元年《傳》：

  [虢之會，晉趙孟語楚公子圍，論諸侯之"不可壹"：]王、伯之令也（有

令德時），引其封疆，而樹之官……而著之制令，過則有刑；［然］猶不可壹。於是乎虞有三苗，夏有觀、扈，商有姺、邳，周有徐、奄。……

　　光旦：不可硬性地化異爲同。

總錄——遠近、內外之分對夷夏之分

　　遠近之分——見"總錄——先德後刑"片。

　　內外之分（以德行之依據爲主，親疏爲副）——見"翟（赤翟）"片（富辰諫襄王不納翟后一番議論）。

總錄——變夷、變夏

《春秋左傳》僖公二十三年：

　　《經》：冬十有一月，杞子卒。

　　《傳》：杞成公卒，書曰子，杞，夷也。

　　杜（《經》注）：杞入春秋稱侯；莊二十七年，絀稱伯；至此用夷禮，貶稱子。

　　杜（《傳》注）：成公始行夷禮以終其身，故於卒貶之。杞實稱伯，仲尼以文貶稱子，故《傳》言"書曰"，以明之。

　　姚：劉氏敞曰，天子貶之也；王者之後稱公。程子曰，杞，二王後，而伯爵，疑前世黜之也，中間子之，後復稱伯。

　　光旦：用夷變夏則貶，當是春秋原則之一，最不必問發之者爲何人也。

　　光旦：此所變而受貶者適爲夏後，最是一大諷刺，正唯其爲夏後，在例更不得不貶。

　　光旦：於以見遲至春秋，"諸夏"雖已漸具一致之形勢，凡在諸夏者雖堅持"用夏變夷"之原則，變則進之，不變或已變而又淪爲夷者，則退之——反覆曲折，尚甚多也。

《春秋左傳》文公十二年《經》：

　　春王正月，杞伯（桓公）來朝。

　　杜：復稱伯，舍夷禮［故也］。

《春秋左傳》僖公二十七年：

　　《經》：春，杞子來朝。

　　《傳》：春，杞桓公來朝。用夷禮，故曰子。公卑杞，杞不共也。

杜：杞，先代之後，而迫於東夷，風俗雜壞，言語衣服，有時而夷；故杞子卒（二十三年《經》，另片），《傳》言其夷也。今稱朝者，始於朝禮，終而不全，異於介葛盧，故唯貶其爵。

　　杜：杞用夷禮，故賤之。

《春秋左傳》昭公十年《傳》：

　　秋七月，平子伐莒，取郠。獻俘，始用人於亳社。臧武仲在齊，聞之，曰："周公其不饗魯祭乎！周公饗義，魯無義。《詩》曰：'德音孔昭，視民不佻。'佻之謂甚矣，而壹用之，將誰福哉？"

　　杜：郠，莒邑。　　姚：當在青州府沂水縣界。

　　光旦：莒本夷也，魯待以夷，亦自淪於夷。猶僖十九年宋使邾子用鄫子於次睢之社也，宋亦嘗淪於夷也。正唯其宋亦嘗夷，故用人不於它處，而於亳社，杜云，亳社，殷社也。

　　光旦：姚云郠當在青州府沂水縣界，而次睢之社亦在沂州境，均屬東夷之地，且絕近。亳社地點應查。

　　光旦：杞，夏後，久用夷禮，屢見於《春秋經傳》；宋，殷後，亦嘗用夷禮，且墮落至用人於社；今魯，周公之後，周文化之代表，而亦行此，且不假手於人。三代如此，諸夏之不終於夷也，亦間不容髮矣！

《春秋左傳》昭公十七年《傳》：

　　[郯子朝於魯，答昭子以鳥名官之問，並備論遠古各族以事物名官之傳説；]仲尼聞之，見於郯子而學之。既而告人曰："吾聞之，'天子失官，學在四夷'，猶信。"

　　光旦：是郯亦夷也。杜云，"《傳》言聖人無常師"，郯子之所以爲不常，正以其爲"夷"也。

　　光旦："天子失官，學在四夷"，猶云"禮失而求諸野"也。禮亦可作文化之總稱，少數民族中可能保留更多的中原舊文化，即"學在四夷"也。

《戰國策》卷六《趙策》：

　　（趙武靈王實行胡服騎射）——見"中山——與趙之胡服騎射"片。

　　光旦：此爲有作用之"用夷變夏"之典型例子，不能以文化交流之眼光衡量。

《戰國策》卷六《趙策》：

　　[武靈]王破（破卒散兵）原陽，以爲騎邑（專居騎士於此）。

光旦：胡服後，實行騎射之一個措施。

鮑：原陽屬雲中。

總錄——獎邊功

《春秋左傳》文公四年《傳》：

諸侯敵王所愾，而獻其功，王於是乎賜之彤弓一、彤矢百、玈弓矢千，以覺報宴。

杜：謂諸侯有四夷之功，王[則]賜之弓矢……

總錄——賞邊功

顧棟高《范爲士會邑考》（《表》卷三九）：

余嘗考[范]武子之封范，蓋自宣十五年晉人滅潞之後始也。……案十五年荀林父滅潞，十六年士會滅甲氏、留吁、[鐸辰]，晉侯請于王，命爲太傅，王享之，其時止稱武子……十七年請老，遂稱范武子，以後世世稱范。意范爲赤狄潞氏地，晉滅其族，而因以爲武子賞功之邑耳。何則？滅潞之役，士會、荀林父二人同功，荀林父賞狄臣千室……士會滅甲氏、留吁，豈獨無賞？《傳》但載其將中軍，爲太傅，而偶遺其封邑耳。……

總錄——獻捷

《竹書紀年》卷六：

[殷商文丁]十一年，周公季歷伐翳徒之戎，獲其三大夫，來獻捷。

光旦：征討四裔，獻捷獻俘於中央，前似未見。

《春秋左傳》成公二年《傳》：

[鞌之戰，晉勝齊敗，]晉侯使鞏朔獻齊捷于周。王弗見，使單襄公辭焉，曰："蠻夷戎狄，不式王命，淫湎毀常，王命伐之，則有獻捷。王親受而勞之，所以懲不敬、勸有功也。兄弟甥舅，侵敗王略，王命伐之，告事而已，不獻其功……"

光旦：亦所以重夷夏之分之一端。

總錄——邊緣族類

《春秋左傳》成公四年《傳》：

秋，[魯]欲求成于楚而叛晉。季文子曰："不可。……《史佚之志》有之曰：'非我族類，其心必異。'楚雖大，非吾族也，其肯字我乎？"公乃止。

  光旦：杜注謂族類指同姓，楚非魯同姓，恐不是此意，楚尚未入諸夏之列耳。

總錄——諸夏混一之趨勢

《竹書紀年》卷三：

  [禹]五年，巡狩，會諸侯于塗山。

  光旦：《左》哀《傳》七年，[時]"執玉帛者萬國"。

《竹書紀年》卷五：

  [湯]放桀于南巢而還，諸侯八譯而來者，千八百國。

  《統箋》：《書·仲虺之誥》，"表正萬邦，纘禹舊服。"

  《統箋》：《戰國策》，顏斶曰，"古大禹之世時，諸侯萬國，及湯之時，諸侯三千。"

《竹書紀年》卷七：

  周武王……將伐紂，至于孟津，八百諸侯不期而會。……遂東伐紂，勝于牧野，兵不血刃，而天下歸之。……

  徐氏《統箋》：《洛誥》傳，天下諸侯采服來受命于周者一千七百七十三。

  光旦：是則成湯時，顏斶三千之說較勝，曰一千八百者，只指遠方重譯而來者爾。

《竹書紀年》卷七：

  [周武王]十三年……大封諸侯。

  徐《箋》：《漢書·賈山傳》，"周蓋千八百國"。

總錄——諸夏之兼併、統一

《春秋左傳》哀公七年《傳》：

  [魯諸大夫答季康子論魯伐邾之宜否：]"禹合諸侯於塗山（壽春東北），執玉帛者萬國。今其存者，無數十焉，唯大不字小、小不事大也。"

總錄——諸夏統一之趨勢

《戰國策》卷四《齊策》：

[顏斶説齊宣王語，]"斶聞古大禹之時，諸侯萬國。……及湯之時，諸侯三千。當今之世，南面稱寡者，乃二十四。"

總錄——中原力量之南進

《戰國策》卷四《齊策》：

[齊宣王時，]田忌亡齊而之楚……[楚]封之於江南。

總錄——中原勢力之南進（楚之四至）

《戰國策》卷五《楚策》：

蘇秦爲趙合從，説楚威王曰："……楚地西有黔中、巫郡，東有夏州、海陽，南有洞庭、蒼梧，北有汾陘之塞、郇陽。

總錄——中原勢力之南進

《戰國策》卷五《楚策》：

長沙之難，楚太子横爲質於齊。……

鮑：長沙，荆州國。懷二十九年秦大破楚……於此。

光旦：此當在秦已得黔中之後，或用巴蜀黔中之卒爲之。

《戰國策》卷九《燕策》：

秦召燕[昭]王，[蘇代止燕王不往，語及]"楚得枳而國亡"。

光旦：意義見"（巴）——枳"片。

總錄——中原力量的南進（秦）

《戰國策》卷三《秦策》：

蘇秦始將連横，説秦惠王曰："大王之國，西有巴、蜀、漢中之利，北有胡貉、代馬之用，南有巫山、黔中之限，東有殽、函之固。"

鮑：黔，故楚地。……秦昭三十年始定爲黔中郡，後爲武陵郡。見《後志》。

吳：[武陵郡，]《大事記》，今黔、辰、施、沅等州。

《戰國策》卷三《秦策》：

[始皇十三年，韓非説秦王，]"秦與荆人戰，大破荆，襲郢，取洞庭、五都（應作渚）、江南。"

　　吴師道：在昭王二十九年，楚頃襄王之二十一年。

　　光旦：五渚，注疏家所説不一，要已逾江而南也。

　　光旦：楚地早已跨江而南，然尚不可謂中原力量。

總錄——秦出於戎

《戰國策》卷七《魏策》：

　　魏將與秦攻韓，朱己（《史》作無忌）謂魏王曰："秦與戎翟同俗，有虎狼之心，貪戾好利而無信，不識禮義德行。……"

　　光旦：詳見《史記》片。

總錄——胡越連稱

《戰國策》卷九《燕策》：

　　或獻書燕王[噲]："……胡與越人，言語不相知，志意不相通，同舟而凌波，至其相救助如一也。今山東[諸國]之相與[對秦之東侵也]，智又不如胡、越之人矣。"

總錄——中國之所以爲中

《戰國策》卷六《趙策》：

　　[公子成對武靈王論胡服騎射之非，]"臣聞之，中國者，聰明叡智之所居也，萬物財貨之所聚也，聖賢之所教也，仁義之所施也，詩書禮樂之所用也，異敏技藝之所試也，遠方之所觀赴也，蠻夷之所義行也。"

　　鮑：義行，以中國爲自義有行。

　　光旦：不成意義。義行，猶《詩》，"儀刑文王，萬邦作孚"之儀刑耳。

　　吴：似《周官·大司徒》文。

總錄——流移

《竹書紀年》卷二：

　　[堯]一百年，帝陟于陶，帝子丹朱避舜于房陵，舜讓不克。

　　光旦：房陵爲巴、庸之地，歷史上向爲統治階層流放其對手方之地，此其創例也。

《戰國策》卷四《齊策》：

[馮煖客孟嘗君，諷待遇之不厚，第三次彈鋏而歌曰，]"長鋏歸來乎！無以爲家。"

吳師道：吳氏《韵補》，家，叶工乎反。

光旦：今江南只無錫人作此音，其鄰境則否。豈無錫人中多魯南蘇北移民之後裔乎？存此備參考。田氏之薛，於田氏受封前曾爲徐州，其基本人口實自下邳遷來，故名；是則或徐人先有此音讀也。徐戎春秋時多過江者，此點除江南多徐姓而外，向乏證據，此雖間接，或亦有助於作證。

光旦：然應注意者：漢班昭稱曹大家，家讀如姑，則此音似不限於馮煖所從出或所曾作客之地區。應續作探索。

《戰國策》卷四《齊策》：

[雍門司馬語齊王建，]"三晉大夫，皆不便秦，而在阿、鄄之間者百數……鄢、郢大夫，不欲爲秦，而在[齊]城南下者百數……"

光旦：齊後亡，此皆晉、楚大夫流亡在齊者。雍門司馬欲齊王建用之帥師，以收復晉、楚。

總錄——流徙

《竹書紀年》卷七：

[周成王]八年，作象舞。

徐《箋》：《呂氏春秋》，成王立，殷民反，周公踐伐之，商人服。象爲虐於東夷，周公遂以師逐之，至于江南。

光旦：至于江南者，殷人似亦有分，但至要爲東夷，包括與殷武庚同反之奄、徐、淮夷在內。東夷渡江而南，此或成批之第一次，第二次則在周穆王時徐偃王見滅之後矣。

總錄——奔亡

《國語》卷八《晉語》：

[狐偃勸重耳奔翟，]翟……愚陋而多怨……多怨可以共憂。……乃遂之翟。（晉獻二十二年，魯僖五年。）

光旦：多怨共憂之論極是，此唐宋遷謫詩所以對遷謫地之少數民族有比較深厚之同情而遺留較多之紀錄也。

總錄——流放
《國語》卷一《周語上》：

[周內史過語周襄王：]"……有嚴、遷、解慢而著在刑辟，流在裔土，於是乎有夷蠻之國。"

光旦：一若夷蠻之國即由流放之罪人組成者，等同蠻夷之民於中國之罪人！

總錄——流放實例
《國語》卷四《魯語上》：

莒大子僕殺[其父]紀公，以其寶來奔。[宣公以書命季文子速予之邑，未達，里革竊改其辭曰，]"爲我流之於夷。……"明日，有司復命，[已流之矣。]

韋：夷，東夷也。

《國語》卷一〇《晉語》：

[胥臣對晉文公語各種畸缺之人，]僮昏、嚚瘖、僬僥，官師所不材也，以實裔土。

總錄——諸夏之放逐，例
《春秋左傳》：

襄公二十八年《傳》——齊慶封盡室奔吳。

昭公元年《傳》——鄭放游楚於吳。

昭公三年《傳》——齊子雅放盧蒲嫳于北燕。（子雅，公孫竈也。）

昭公八年《經》——楚滅陳，放公子招于越。

總錄——邊緣地區人口調動
《春秋左傳》昭公九年：

《經》：春……許遷于夷。

《傳》：二月庚申，楚公子棄疾遷許于夷，實城父。取州來、淮北之田以益之（益許田），伍舉授許男田。然丹遷城父人於陳，以夷濮西田益之。遷方城外人於許（成十五年，許遷於葉，今又遷於夷，故以方城外人實葉）。

總錄——移民

《竹書紀年》卷一二：

　　周隱王（即赧王）十三年，邯鄲命吏，大夫奴（原作奴，應作孥）遷于九原。

　　　　徐《箋》：《漢書·地理志》，五原郡有九原縣。

　　　　徐《箋》：《史記索隱》，秦曰九原，漢武帝改五原郡。

　　　　徐《箋》：[五原各有名，見]《郡縣志》。

　　　　徐《箋》：《方輿紀要》，九原，今榆林衛西北七百餘里廢豐州境。

　　　　徐《箋》：《一統志》，九原縣在大同府西北四百二十里。

　　　　徐《箋》：奴與孥同，《趙策》，腹擊對主父曰，"臣羈旅也，宮室小而孥不衆"，是孥遷之證。

總錄——"不穀"之稱

《汲冢周書》卷二《大匡》第十一：

　　[文王]曰，"不穀不德……二三子尚助不穀。"

　　　　光旦：《國語》卷一〇《晉語》，楚成王語公子重耳，自稱不穀。韋昭引《曲禮》解之曰，四夷之大國，[其君]於境內自稱"不穀"。觀此，殊不爾。文王豈亦以"夷"自居者乎？然由此亦可見遲至商末，夷夏之分不清，亦尚未有"諸夏"之存在；孟子不云"文王，西夷之人"乎？亦猶曰，"西方邊裔執弓之人"耳。

　　　　光旦：然誠如《曲禮》所言，四夷自各有其語言文化，其君長何以有此統一之謙稱，亦難以索解。

《國語》卷一〇《晉語》：

　　[楚成王語晉重耳，欲聞歸晉後將何以報楚：]"不穀願聞之。"

　　　　韋：《曲禮》，四夷之大國[之君]，於境內自稱不穀。

《國語》卷二一《越語下》：

　　[句踐語范蠡，]"不穀之國家，蠡之國家也，蠡其圖之。"

　　　　光旦：越王亦以不穀自稱。此外尚有若干例，不具列。

《國語》卷二一《越語下》：

　　[越入吳，吳王請成曰，]"今君王其圖不穀，不穀請復會稽之和。"……

　　　　光旦：夫差亦以此自稱。

總錄——戎狄書子

顧棟高《論》(《表》卷三九)：

　　戎狄書子……余嘗疑之，其爵非先王之所賜，亦非時王別命以土，直以戎狄各居一方，桀驁難制，大國請于王而命之，如唐世外彝有叛者，就加節度使之類耳。……

　　春秋[初]于外彝多從其故號，如楚之武、文，改爲楚已久（自荆改？），而終莊公之世，止書荆人。

總錄——"裔民"

《國語》卷二《周語中》：

　　[陽人責讓晉文公對陽用武：]"夫陽，豈有裔民？夫亦皆天子之父兄甥舅也，若之何其虐之也？"

　　　　韋：裔民，謂凶惡之民放在荒裔者。

　　　　光旦：天子之父兄甥舅，諸夏也。然則裔民亦指，或更應指蠻夷戎翟也。參"夷蠻"片，亦出《周語上》。

　　　　光旦：此名詞大有意義，凡屬不合於中國文化與生活準則之人皆可謂之"裔民"。非諸夏之人而合乎此準則，可納而入之諸夏，諸夏之人而反此準則，亦裔民而已矣。不以夷夏分畛域，此亦一例。

總錄——稱謂

《春秋左傳》文公十六年《傳》：

　　秋……楚大饑，戎伐其西南……又伐其東南……

　　　　杜：戎，山夷也。

　　　　姚：孔《疏》，四夷之名，隨方定稱，則曰東夷、西戎、南蠻、北狄，其當處立名，則各從方號，故北戎病燕，齊侯伐山戎，北方得有戎，故楚西亦有戎——戎是山間之民，夷爲四方總號：故云，戎，山夷也。

總錄——紀錄之所以少

《春秋左傳》宣公十八年《經》：

　　秋七月……甲戌，楚子旅卒。

　　　　杜：吳楚之葬，僭而不典，故絕而不書，同之夷蠻，以懲求名之僞。

光旦：曰"同之夷蠻"，是實已不爲夷蠻矣。

光旦：同之夷蠻，則絕而不書，是則真爲夷蠻者，其不書者多矣。是民族史料之所以難得也。

總錄——民族與等級

《春秋左傳》昭公五年《傳》：

[卜人楚丘爲莊叔解釋筮辭，有曰，]"日之數十（甲至癸），故有十時，亦當十位。自王已下，其二爲公，其三爲卿。"

杜：日中當王，食時當公，平旦爲卿，雞鳴爲士，夜半爲皁，人定爲輿，黃昏爲隸，日入爲僚，晡時爲僕，日昳爲臺。

光旦：末尾三等顯與諸夏初起時所接觸而俘獲之少數民族有涉——僚，今仡佬也；僕，周初至秦漢前見於文獻之濮也；臺，今之傣也。

《春秋左傳》昭公七年《傳》：

[楚無宇對楚靈王語：]"人有十等。下所以事上，上所以共神也。故王臣公，公臣大夫，大夫臣士，士臣皁，皁臣輿，輿臣隸，隸臣僚，僚臣僕，僕臣臺。"

光旦：較上二則，卿與大夫同一等，可互稱。

總錄——體型

《春秋左傳》昭公十七年《傳》：

[楚、吳長岸之戰，吳用公子光（後爲吳王闔廬）計，]使長鬣者三人潛伏於舟側，[從而奪回吳先王之乘舟（即上"舟側"之舟）餘皇。]

杜：長鬣，多髭鬚，與吳人異形狀，詐爲楚人。

光旦：吳人少髭鬚，今越人猶如此。楚人則多髭鬚，可知其別有來源，與越人異趣。

總錄——土兵之始

《竹書紀年》卷六：

[殷商帝辛]五十二年，庚寅，周始伐殷。……庸、蜀、羌、髳、微、盧、彭、濮從周師伐殷。

光旦：注分見八國分片。

光旦：據《華陽國志》，尚有巴，疑即微或彭也，然《括地志》謂微、彭均在戎府以南，則又若不是，或其亦有所未達，不知戎府以北亦有此種人也。

總錄——土兵先例
《戰國策》卷八《韓策》：
　　張儀爲秦連橫説韓［襄］王曰："……秦馬之良，戎兵之衆……"

總錄——東南民族
《國語》卷六《齊語》：
　　［管仲相齊桓公，］擇天下之甚淫亂者而先征之。即位數年，東南多有淫亂者，萊、莒、徐夷、吳、越，一戰帥服三十一國。

總錄——西南民族
《春秋左傳》文公十六年《傳》：
　　秋……楚大饑，戎伐其西南……又伐其東南……庸人帥羣蠻以叛楚，麇人率百濮聚於選，將伐楚。於是申、息之北門不啓。（杜：備中國。）楚人謀徙於阪高（姚：襄陽府西境）。
　　光旦：戎、蠻、濮，分見另片。戎以外，各有下文。
　　光旦：蠻、戎疑一事，前者來自巴蜀，後者來自西北，沿漢水而下，疑皆巴之屬。濮則後之獠也。

總錄——西北民族與馬
《竹書紀年》卷八：
　　［周孝王］五年，西戎來獻馬。
　　徐《箋》：西戎獻馬，馬漸蕃，而非子以牧馬起，其禍（！）實始于此。
《竹書紀年》卷八：
　　［周孝王］八年，初牧馬于汧渭。
　　徐《箋》：《秦本紀》，非子居犬邱，好馬及畜善養之。犬邱人言之周孝王，孝王召使主馬于汧渭之間，馬大蕃息。孝王于是分土爲附庸，邑之秦。
　　光旦：秦出於戎，且以馬起家。

總録——燕北尚無農業

《戰國策》卷九《燕策》：

蘇秦將爲從，北説燕文侯曰："……北有棗栗之利，民雖不田作，棗栗之實，足食於民矣。"

光旦：北方尚胡，無農業，肉食外用"木本糧食"。

鮑：[策首叙四至，]北有新城、故安、涿縣、良鄉、新昌。及勃海之安，而樂浪、玄菟亦屬焉。

總録——大西北（玉之所出）

《戰國策》卷六《趙策》：

[蘇厲爲齊上書説趙惠文王，]"秦以三軍攻王之上黨而危其北，則勾注（山，雁門縣西北）之西，非王之有也。……[如]此[則]代馬胡駒不東，而崑山之玉不出也。"

鮑：《後志》，金城臨羌有崑山。

吴：《禹貢》，雍州貢球琳、琅玕。《爾雅》，崑崙虚之璆琳、琅玕。《李斯傳》，崑山之玉。《正義》云，崑岡在于闐國東北，出玉。按，武帝以于闐山出玉，故號玉所出曰崑崙。

總録——邊裔樂舞

《竹書紀年》卷四：

[夏后]帝發（一名敬，或作發惠）元年，乙酉，帝即位……諸夷入舞。

《統箋》：《孝經緯》，東夷之樂曰韎，南夷之樂曰任，西夷之樂曰侏離，北夷之樂曰禁。

《統箋》：《五經通義》，舞四夷之樂，明德澤廣被四表也。東夷之樂持矛舞，助時之生，南夷之樂持羽舞，助時之養。

《統箋》：賈公彦《周禮疏》，凡舞夷樂者，皆門外爲之。[按]此言諸夷入舞者，不知其舞于門外否也。

光旦：此按語迂，曰入者，入至王都也，與門何涉？

總録——武舞

《竹書紀年》卷七：

［周成王］八年，作象舞。

徐《箋》：《仲尼燕居》，"兩君相見……升堂而樂闋，下管象武。"注，言象而兼言武者，象蓋武舞之樂也。

徐《箋》：《呂氏春秋》，成王立，殷民反，周公踐伐之，商人服。象爲虐於東夷，周公遂以師逐之，至于江南，乃爲《三象》以嘉其德。高誘，《三象》，周公所作樂名。

徐《箋》：《淮南子·齊俗》，"周人之禮，其樂《大武》《三象》《棘下》"。

徐《箋》：《維清》，奏象舞也。鄭《箋》："象用兵時刺伐之舞，武王制焉。"

徐《箋》：《墨子·三辨》，武王因先王之樂又自作象。

徐《箋》：［鄭氏與墨子］以象爲武王所作，時《竹書》未出，皆誤以爲武王也。

光旦：然武舞當不始於成王。武王伐商，巴人前歌後舞，實武舞之濫觴，後世直至唐，武舞中尚保有其成分。有可能《大武》即爲武王所作，而其中包含部分巴渝舞也。

總錄——圖騰

《汲冢周書》卷六《嘗麥》第五十六：

昔天之初……［赤帝、黃帝之後，既滅蚩尤］……乃命少昊請司馬鳥師，以正五帝之官，故名曰質天，用大成，至于今不亂。……

《春秋左傳》昭公十七年《傳》：

秋，郯子來朝……昭子問焉，曰："少皞氏鳥名官，何故也？"郯子曰："吾祖也，我知之。昔者黃帝氏以雲紀，故爲雲師而雲名；炎帝氏以火紀……共工氏以水紀……大皞氏以龍紀……我高祖少皞摯之立也，鳳鳥適至，故紀於鳥，爲鳥師而鳥名……自顓頊以來，不能紀遠，乃紀於近。爲民師而命以民事……"仲尼聞之，見於郯子而學之。既而告人曰："吾聞之，'天子失官，學在四夷。'"

光旦：此應可用"圖騰"來解釋。

光旦：黃帝以雲紀，雲不必爲圖騰，而是龍，雲從龍也，且應作女媧氏算起，女媧雲姓。

光旦：大皡初以虎紀，風姓，風從虎也；逮後與女媧爲婚，更後子孫自母系轉入父系，始亦以龍紀，說詳我《湘西北的"土家"與古代的巴人》稿。其本族則歷久維持虎紀，成爲巴人與廩君之族。

光旦：鳥紀與南方之"朱鳥"必有涉，猶東方蒼龍與西方白虎之於龍紀、虎紀也。

光旦：曰"學在四夷"，是郯亦東夷也。

總錄——五色帝
《竹書紀年》卷七：

[叙周之興有天命]赤雀銜書及豐，置于昌戶，昌拜稽首受之，其文要曰，姬昌，蒼帝子，亡殷者紂。

徐《箋》：《尚書中候》[之文也]。

光旦：此段想亦是沈氏附注之文。然戰國時已有讖緯，《竹書》作者已早染此種迷信矣，不待沈約也。

光旦：《史記·高祖紀》，高祖爲赤帝子，當是因其起於彼時之東南。項羽爲白帝子，初頗不解，因其興起實更在劉邦之南，然項同向，疑本巴人自西徂東者，三國時浙江有嚴白虎，略可爲據。今姬昌爲蒼帝子，蒼，青也，屬東方，不知何所據而云然，孟子不曰"文王西夷之人"乎？

巴

巴
《竹書紀年》卷三：

[帝啓]八年，帝使孟涂如巴涖訟。

《統箋》：《山海經》，夏后啓之臣孟涂，是司神于巴，巴人訟于孟涂之所，其衣有血者乃執之，是請生居丹山西。郭璞曰，今建平郡丹陽城，秭歸縣東七里，即孟涂所居也。

巴人
《汲冢周書》卷七《王會》第五十九：

成周之會……巴人以比翼鳥。……東嚮。

孔晁：巴人在南者。

巴

《春秋左傳》桓公九年《傳》：

　　巴子使韓服告于楚，請與鄧爲好。楚子使道朔將巴客以聘於鄧。鄧南鄙鄾人攻而奪之幣，殺道朔及巴行人。楚子使薳章讓於鄧，鄧人弗受。夏，楚使鬭廉帥師及巴師圍鄾。鄧養甥、聃甥帥師救鄾。三逐巴師。〔楚、巴〕不克。鬭廉衡陳其師於巴師之中，以戰，而北。鄧人逐之，背巴師；而〔巴師〕夾攻之。鄧師大敗。鄾人宵潰。

　　　　杜：巴國在巴郡江州縣。　　　姚：隋改江州爲巴縣，今屬四川重慶府。
　　　　杜：鄾，今鄧縣南，沔水之北。　　姚：襄陽府襄陽縣東北有鄾城。
　　　　光旦："巴客"之稱，甚有後世南方漢人稱附近少數民族爲"……客"，如"山客"之味。
　　　　光旦：鄾人，以字音論，疑與後之"由"有涉。更以此推人，疑"鄧人"亦爾也。
　　　　光旦：巴人初見於《春秋》。
　　　　光旦：顧《表》有。

《春秋左傳》莊公十八年《傳》：

　　初，楚武王克權……遷權於那處，使閻敖尹之。及文王即位，與巴人伐申，而驚其（巴）師。巴人叛楚而伐那處，取之，遂門于楚。閻敖游涌而逸。楚子殺之。其族爲亂。冬，巴人因之以伐楚。

　　　　杜：南郡編縣東南有那口城。　　　姚：安陸府荆門州東南。
　　　　杜：涌水在南郡華容縣。
　　　　光旦：顧《表》有。

《春秋左傳》莊公十九年《傳》：

　　春，楚子禦之（巴），大敗於津。

　　　　杜：爲巴人所敗。津……或曰，江陵縣有津鄉。　　姚：在枝江縣。

（巴）

《國語》卷八《晉語》：

　　虢公夢在廟，有神人面白毛虎爪，執鉞立于西阿，公懼而走。神曰："無走！帝命曰：'使晉襲于爾門'"（預示晉將襲虢）。公……覺，召史嚚占之，對曰："如君之言，則蓐收也，天之刑神也……"

　　韋：蓐收，西方白虎，金正之官也。《傳》曰，少皞氏有子曰該，爲蓐收。

　　光旦：《傳》指《左傳》昭二十九年，文字略有不同，別有片。

《春秋左傳》僖二十一年《傳》：

　　任、宿、須句、顓臾，風姓也，實司太皞與有濟之祀，以服事諸夏。邾人滅須句。須句子來奔，因成風也。成風爲之言於公曰："崇明祀，保小寡，周禮也；蠻夷猾夏，周禍也。若封須句，是崇皞、濟而脩祀、紓禍也。"

　　二十二年《經》：春，公伐邾，取須句。

　　二十二年《傳》：……反其君焉，禮也。

　　杜：任，今任城縣；顓臾，在泰山南武陽縣東北；須句，在東平須昌縣西北；四國封近於濟，故世祀之。　　姚：任城縣，今濟寧州；顓臾城，費縣西北八十里；須句故城，在東平州東南，俱屬兗州府。

　　光旦：曰"猾夏"，是須句等已爲諸夏之一部分；曰"服事諸夏"，明須句等尚未完全成爲諸夏。

　　光旦：據《山海經》及《路史》，伏羲爲巴人之先，而此四國者，實司其祀，且亦同爲風姓，故以之列作"巴"；加括號者，《春秋經傳》固未嘗以此稱之也。

　　光旦：其司有濟之祀，亦自有故，"齊"、"濟"等稱，均出當地對"天齊"之信仰，即《史記》所稱"八祀"之一，而此則又與巴人之語言乃至自稱有關；曰"封近於濟"，何言之淺也？

《春秋左傳》文公七年《傳》：

　　春，公伐邾……三月甲戌，取須句，寘文公子焉，非禮也。

　　杜：邾文公子叛在魯，故公使爲守須句大夫也，[從而]絶大皞之祀……

巴

《春秋左傳》文公十六年：

　　《經》：秋……楚人、秦人、巴人滅庸。

　　《傳》：秋……楚大饑……庸人帥羣蠻以叛楚……[楚人]伐庸……次于句

滧（杜：西界；姚：均州西）。使廬戢黎侵庸，及庸方城（姚：竹山縣東四十五里）。庸人逐之。［又戰］……七遇皆北，唯裨、鯈、魚人實逐之。庸人［驕］……遂不設備。楚子乘馹，會師于臨品（姚：均州界），分爲二隊……以伐庸。秦人、巴人從楚師。羣蠻從楚子盟，遂滅庸。

　　　光旦：顧《表》有。

（巴）

《國語》卷一一《晉語》：

　　［趙宣子告趙同，論伐國用樂，］伐備鐘鼓，聲其罪也；戰以錞于、丁寧，儆其民也。

　　　韋：錞于，形如碓頭，與鼓相和。丁寧，謂鉦也。

　　　光旦：錞于，二字合成之詞，原非諸夏樂器，諸夏亦止採用過一個時期，春秋時曾用於軍樂，此可證。後此文獻中有迹象説明原係巴人樂器，故列於此。

《國語》卷一九《吳語》：

　　［黃池之會（魯哀十三年），吳晉爭先歃，吳備一戰，］昧明，［吳］王乃秉枹親就鳴鐘、鼓、丁寧、錞于，振鐸。

　　　光旦：錞于在春秋時爲軍樂之組成部分，此又一例證。

《春秋左傳》成公二年《傳》：

　　［鞌之戰，］六月壬申，［晉］師至于靡笄之下。……

　　　杜：靡笄，山名。

　　　姚：《史記》，晉平公元年，伐齊，戰于靡下；徐廣曰，靡，當作"歷"，《志》曰歷山，即《左傳》靡笄之山也。今名千佛山，在濟南府南十里。

　　　光旦：山名疑與巴人自稱有係，徐廣説恐誤，或知一而不知其二。猶"鼻息"也。亦猶"天齊"也，巴語稱天爲"墨"。

巴

《春秋左傳》昭公九年《傳》：

　　晉梁丙、張趯率陰戎伐潁。王使詹桓伯［讓之，因備論周之四裔］曰，"……巴、濮、楚、鄧，吾南土也。"

（巴）

《春秋左傳》昭公十一年：

　　《經》：冬，十有一月，丁酉，楚師滅蔡，執蔡世子有以歸，用之。

　　　　杜：用之，殺以祭山。

　　　　光旦：此或由於巴俗影響。巴人祭白虎，用人，至南宋尚有之，見朱熹《楚辭集註》。此條無可歸，姑列"巴"下。

　　《傳》：冬，十一月，楚子滅蔡，用隱大子于岡山。申無宇曰："不祥。五牲不相爲用，況用諸侯乎！王必悔之！"

巴

《春秋左傳》昭公十三年《傳》：

　　初，[楚]共王無冢適，有寵子五人……乃與巴姬密埋璧於大室之庭，使五人齊，而長入拜。[曰，"當璧而拜者，神所立也，"]康王跨之，靈王肘加焉，子干、子皙皆遠之。平王……再拜，皆厭紐。

　　　　光旦：杜云，"巴姬，共王妾"。是楚與巴人爲婚。

（巴）

《春秋左傳》昭公二十九年《傳》：

　　[蔡墨對魏獻子問，]"……有五行之官……[即]社稷五祀……金正曰蓐收（秋物摧蓐而可收也，其祀該焉）……""少皞氏有四叔，曰重、曰該、曰脩、曰熙……該爲蓐收。"

　　　　光旦：五行之官、或社稷五祀出此段文字，必要時可詳參，此只參"金正"。

　　　　光旦：蓐收，金正之神，人面、白毛、虎爪，見《國語》卷八《晉語》，韋昭解爲"西方白虎"。

《春秋左傳》定公四年《經》：

　　冬，十有一月，庚午，蔡侯以吳子及楚人戰于柏舉，楚師敗績。

　　　　姚：《名勝志》云，麻城縣東北三十里有柏子山，縣東南有舉水，柏舉之名，蓋合柏山舉水而得之。麻城屬黃州府。

　　　　光旦：柏子、柏舉，舉皆與巴人之自稱有涉。此一帶在晉爲五水蠻地，蠻即巴也。是早在春秋年代，鄂東早已有巴人。鄂省之所以爲鄂，亦足說明此點。固不待東漢初年而始有所稱江夏蠻也。

《春秋左傳》哀公四年《傳》：

楚人既克夷虎，乃謀北方。……

杜：夷虎，蠻夷叛楚者。

光旦：夷虎者，虎夷也，巴人崇祀白虎神，廩君死後所化也，其分布爲楚之西與南，此既定，乃得謀北方，地望亦合。

光旦：東漢、三國，川東有"白虎夷"，南北朝，鄂西北、陝東南有"虎蠻"，遠在春秋時乃已有"夷虎"！此前所未喻，可見書不可不遍讀、細讀。

光旦：曰夷虎者，猶言夷人所構成之虎，非真虎也，亦猶王子香故事中之王白虎與《齊書·祥瑞志》所錄之無數白虎也。

巴

《春秋左傳》哀公十八年《傳》：

春……巴人伐楚，圍鄾（姚：襄陽縣東北有鄾城，古鄾子國）。……［楚］使［右司馬子國］帥師而行。……三月，楚公孫寧（即子國）、吳由于、薳固，敗巴師于鄾。

《戰國策》卷五《楚策》：

蘇秦爲趙合從，說楚威王……楚王曰："寡人之國，西與秦接境，秦有舉巴蜀、并漢中之心。"

鮑：［交談］當在威王七或八年。

吳：《大事記》，在威七年。

《戰國策》卷五《楚策》：

張儀爲秦破從連橫，說楚王："……秦西有巴蜀，方船積粟，起於汶山，循江而下……不至十日而距扞關。"

吳：徐廣云，魚復有扞水扞關。《史》，楚肅王四年，蜀伐楚，取茲方，於是楚作扞關拒之。

光旦：吳引《史》，蜀伐楚之"蜀"應作"巴"，蜀存時巴亦存也。

《戰國策》卷五《楚策》：

（同上下文）"扞關驚，則從竟陵以東盡城守矣，黔中、巫郡非王之有已。"

光旦：是此時秦尚未取黔中；黔中郡之設自在巴、蜀郡之後。

  光旦：巫郡時屬楚，不知稱郡從何時始。

  光旦：查下文《莊辛謂楚襄王》策中謂辛諫王不納，去之趙，留五月，秦果舉鄢、郢、巫、上蔡、陳之地。鮑注謂此二十一年（頃襄王）白起［爲之］。巫郡豈設於是年乎？白起拔郢，設南郡，則可以肯定者。

《戰國策》卷三《秦策》：

  ［甘茂對秦武王語中，］"臣聞張儀西幷巴、蜀之地……"

《戰國策》卷九《燕策》：

  秦召燕［昭］王，［蘇代止毋往，設爲秦王之辭，以見秦之暴，］"……告楚曰，'蜀地之甲，輕舟浮於汶（即岷江），乘夏水而下江，五日而至郢。漢中之甲，輕舟出於巴，乘夏水下漢，四日而至五渚'"（《史》注謂在洞庭，吳說應在江北漢水下游）。

  光旦：此巴字，非山非水，疑亦指巴人區域也，即漢水中游之巴人地域，此遲至唐、五代，遺跡猶多，巴人亦未盡散亡，見《全唐詩》、杜光庭《錄異記》等書。

（巴）——自稱

《竹書紀年》卷四：

  ［夏后帝癸（桀）］三十一年，商自陑（河曲之南）征夏邑……戰于鳴條（《括地志》，安邑縣北三十里南阪口，即古鳴條陌），夏師敗績，桀出奔三朡（《郡國志》，濟陰定陶縣有三朡亭），商師征三朡（《書》叙，湯伐三朡，俘厥寶玉，誼伯、仲伯作《典寶》），戰于郕（《郡國志》，濟陰成縣，本國。杜注，東平剛父縣有郕鄉），獲桀于焦門（高誘注《淮南子》，"焦或作巢"），放之于南巢。

  光旦：此與《汲冢周書·殷祝》一篇不同，未言桀"止於不齊"，然實則不異，三朡、郕，俱不齊境内地也。

《汲冢周書》卷九《殷祝》第六十六：

  ［湯伐桀，］桀與其屬五百人南徙千里，止於不齊，民往奔湯於中野。

  孔：不齊，地名。

  光旦：湯伐桀，桀由其國都首奔千里外之不齊，繼又從不齊奔魯，最後由魯去之南巢，湯即放桀於此，以方向推之，不齊即後之齊地也，地名之"齊"，神名之"天齊"，水名之"濟"，概從此"不齊"而來。"不齊"者，古代伏羲之後、巴人、今湘西土家之共通而亙古未變之自稱也。"齊"取其二音綴之一，"濟"添水旁，"天齊"則半爲對音，半爲譯意，今土家語稱天爲"墨"，墨即不也，其自稱亦作"墨齊"；"不齊"之稱爲時當屬最早，故猶存在全。

伏羲風姓之後在齊魯之間者，春秋時尚有任、宿、須句、顓臾等四國，是巴人之屬早即入齊境之證，其早或在任何其他族類之前，或雖不最早，而文化最較發達，力量最較雄厚，故地得其名。

孔子弟子宓不齊，宓即宓犧之宓，"不齊"之名與此"不齊"之地名出於同一來源，無疑。

光旦：《汲冢周書》可用之材料不多，此一事尚差強人意。"天齊"，參《史記》有關片。

《國語》卷一一《晉語》：

鞌笄之役……（五度見）

光旦：參魯成二年《左傳》，別有片。

光旦：又同節文字下文，"齊師大敗，逐之，三周華不注之山"，章解，"華，齊地。不注，山名。""不注"之名亦可疑。閱摘《左氏傳》時，未慮及此。

《戰國策》卷九《燕策》：

［張儀破從連橫，説燕昭王絶趙，謂趙狼戾無親，昔趙襄子以姊適代王，而以計刺殺代王，遂滅代，］"其姊聞之，摩笄（簪也）以自刺也。故至今有摩笄之山。"

吳：《史記正義》，摩笄山在蔚州飛狐縣東北百五十里。

光旦：山東亦有摩笄之山，見《左傳》同眉片。疑與巴人之自稱有涉。此在晉北，巴人散布雖廣，恐不相涉，姑存此備考。

（巴）——鄂

《春秋左傳》隱公六年《傳》：

翼九宗五正頃父之子嘉父逆晉侯于隨，納諸鄂，晉人謂之鄂侯。

姚：今平陽府鄉寧縣南。

光旦：商末別有鄂侯，爲紂三公之一，爲紂所脯，封地亦在晉境。有可能商代即有巴人入居晉境，正未可知。

《戰國策》卷六《趙策》：

　　〔魯仲連對辛垣衍論不帝秦，〕"昔者鬼侯、鄂侯、文王，紂之三公也。……紂……醢鬼侯。鄂侯爭之急……故脯鄂侯……"

　　　　吳：《左傳》隱六年"納諸鄂"注，晉別邑。《路史》云，在大夏。《世本》云，叔虞居鄂。未知即此否。

　　　　光旦：有可能即爲巴人鄂姓所處之地。果爾，則商代巴人已有東入晉境者。

（巴）——枳

《戰國策》卷九《燕策》：

　　秦召燕〔昭〕王，〔蘇代止燕王不往〕曰，"楚得枳而國亡"。

　　　　鮑：屬巴郡。

　　　　光旦：後秦昭王二十七、二十八年，連拔楚郡，枳亦入於秦，故曰楚亡。

　　　　光旦：今涪陵及迤南之地，楚之勢力更南矣，而秦隨之。

（巴）——相

《戰國策》卷五《楚策》：

　　〔莊辛謂楚襄王，〕"食湘波之魚"。

　　　　光旦：湘字疑初見。屈原作品應與此同時，或略早，在懷王時。《尚書》似尚無此字。

巴——姓

《戰國策》卷七《魏策》：

　　〔魏惠王二年，〕公叔痤……與韓、趙戰澮北（《說文》，"澮水出霍山，西南入汾"），〔勝而歸，惠王頒賞厚，公叔辭，謂應賞吳起之後人及其將佐，曰，〕"前脉地形之險阻，決利害之備，使三軍之士不迷惑者，巴寧、爨襄之力也。"……於是〔賞〕巴寧、爨襄田各十萬。

　　　　光旦：以巴爲姓氏，此爲最早之一例。

白　民

《汲冢周書》卷七《王會》第五十九：
　　成周之會……白民［以］乘黃，乘黃者似騏，背有兩角。……西嚮。
　　孔晁：白民亦南夷。

白　州

《汲冢周書》卷七《王會》第五十九：
　　成周之會….白州［以］北閭，北閭者，其革若於（？），伐其木以爲車，終行不敗。……北嚮。
　　孔：白州，東南蠻也，與白民接也；水中可居者洲，洲中出此珍也。
　　光旦：白民另有片。

般　吾

《汲冢周書》卷七《王會》第五十九：
　　成周之會……其西般吾［以］白虎。……北嚮。
　　孔：次西般吾，北狄近西也。
　　光旦：其西，據上文，應是山戎之西，"王會"上列次之西乎？
　　光旦：以所貢而論，應是巴人之屬。
　　光旦：據下文"魚復"下注，"西"指會上列次。

畢　程

畢程

《竹書紀年》卷六：
　　［殷商武乙］二十四年，周（遷岐後二十三年，古公亶父薨後三年）師伐程，戰于畢，克之。
　　《統箋》：周穆王時左史戎夫記曰，昔有畢程氏……（別有片）周師伐程，戰于畢，蓋即爲畢程也。

《統箋》：《地理志》，扶風安陵縣，師古曰，闞駰以爲周之程邑也。

《統箋》：《書》叙，惟王季宅程。《史記正義》引［此，作宅郢］，郢即程也。郢故城在雍州咸陽縣東二十里。……畢陌在程西北。

光旦：前疑畢或與巴人有涉。今日畢程，更若與巴人自稱相近，加强疑似之感矣。

畢程氏

《汲冢周書》卷八《史記》第六十一：

［左史戎夫叙古亡國之事以戒於周穆王，］"爵重禄輕，比□不成者亡，昔有畢程氏，損禄增爵，群臣貐賾，比而戾民，畢程氏以亡。"

卜　盧

《汲冢周書》卷七《王會》第五十九：

成周之會……卜盧以羊，羊者牛之小者也。……東嚮。

孔晁：卜盧，盧人，西北戎也，今盧水是。

光旦：此與春秋時楚之盧戎不知有涉否。

卜　人

《汲冢周書》卷七《王會》第五十九：

成周之會……卜人以丹沙。……東嚮。

孔：卜人，西南之蠻，丹沙所出。

光旦：疑即濮人。

不　令　支

《汲冢周書》卷七《王會》第五十九：

成周之會……不令支［以］玄模。……北嚮。

孔：不令支，皆東北夷；模曰狐，玄模則黑狐也。

光旦：孔注中"皆"字疑冗，下文"不屠何"注云"亦東北夷"，可知"不令支"亦只一種人耳。"不"疑即"百越"語中之"人"，"令支"爲其專名，猶"佈儂"之爲"儂人"也。下文"不屠何"亦然。

光旦：此東北有"百越"之又一可能證據。

光旦：令支後爲地名，可查。

光旦：模，疑獏。

不屠何

《汲冢周書》卷七《王會》第五十九：

成周之會……不屠何[以]青能。……北嚮。

孔：不屠何，亦東北夷也。

光旦：參"不令支"片下反應。

蒼梧

蒼梧——一説

《竹書紀年》卷二：

[舜]四十九年，帝居于鳴條。五十年，帝陟。……鳴條有蒼梧之山，帝崩，遂葬焉，今海州。

光旦：此條後半自是休文附注，非正文。

《統箋》：《帝王世紀》，舜薦禹于天，使禹攝政，有苗氏叛，南征，崩于鳴條，殯以瓦棺，葬于蒼梧九疑山之陽，是爲零陵。

《統箋》：《方輿紀勝》，蒼梧山，《山海經》注即九疑也，在今永州府道州寧遠縣南六十里。《湘中記》曰，九山相似，行者疑惑，故曰九疑。

《統箋》：據《帝王世紀》，則舜以征有苗道死，何三十五年命夏后征有苗，至[此]，十五年後，舜年百有十歲，轉又自征有苗，何舜之不憚煩耶？

《統箋》：司馬光詩，"虞舜在倦勤，薦禹爲天子，豈有復南巡，迢迢渡湘水？"

《統箋》：《困學紀聞》，世傳舜葬蒼梧之野。……（下轉另片）

蒼梧——又一説

《竹書紀年》卷二：

[舜]四十九年，帝居于鳴條。五十年，帝陟。……鳴條有蒼梧之山，帝崩，遂葬焉，今海州。

《統箋》：《困學紀聞》，世傳舜葬蒼梧之野。《孟子》以爲卒于鳴條。《吕氏春秋》[則云]舜葬于紀蒼梧山，在海州界，近莒之紀城。鳴條在陳留之平丘。今考《九域志》，海州東海縣有蒼梧山，與休文附注正同。則舜不當遠葬于零陵。

《統箋》：[此論]庶爲得之。

光旦：王應麟之議論至何句爲止，須一查本書。①

光旦：孟軻、吕不韋、沈約、王應麟之説得之。然諸家所言蒼梧，野也，山也。實不止此，蒼梧亦族也，百越之一部分，粵西稱僮人爲"僮牯老"之"僮牯"也。越者，總稱，蒼梧者，分號也。東海舊有鬱洲，亦作郁洲，粵西有鬱林，皆總稱也；粵西有蒼梧或湘南有蒼梧，而蘇北東海亦有蒼梧，皆分號也。越人自東轉入西南，於郁洲外，於此更得一證明，可喜也。

倉吾

《汲冢周書》卷七《王會》第五十九：

成周之會……倉吾[以]翡翠，翡翠者，所以取羽。……北嚮。

孔：倉吾，亦蠻也。

光旦：翠鳥之羽。

光旦：今蒼梧，舊亦以人而得名。僮人當地往往稱僮牯老，僮牯即蒼梧、倉吾也。"臧獲"亦源於此。

長 股 氏

《竹書紀年》卷一：

[黄帝五十九年，]長股氏來賓。

---

① 查王應麟《困學紀聞》卷五："九嶷山在零陵，而云舜葬蒼梧者，文穎曰九嶷半在蒼梧半在零陵。"——整理者注

《統箋》:《海外西經》,長股氏之國在雒常北,一曰長腳。郭注,在赤水東,黃帝時至。

《統箋》:《尸子》,四夷之民,有貫胸者,有深目者,有長股者,黃帝之德嘗致之。

《統箋》:《淮南·墜形訓》,"海外三十六國,自西北至西南方,有修股民。"高誘注,[作者父名"長",故諱作"修"。]

朝　鮮

《竹書紀年》卷七:

[周武王]十六年,箕子來賓。

徐氏《統箋》:《汲冢周書》,王曰,咨爾商王父師……乃朝鮮于周,底于遐逖,其以屬父師。

光旦:此當出《箕子解第四十一》,然今本(繆氏藏明刊本)存其目而無其篇,不知徐氏於何得之。

徐氏《統箋》:《史記·宋世家》,既作《洪範》,武王乃封箕子于朝鮮。

徐氏《統箋》:《後漢書·東夷傳》,昔武王封箕子于朝鮮,箕子教以禮義,用蠱,又制八條之教。其人終不相盜,無門戶之閉。

徐氏《統箋》:《括地志》,高麗治平壤城,本漢樂浪郡王險城,即古朝鮮也。

徐氏《統箋》:鄭開陽《朝鮮圖說》,井田在平壤府外城內,箕子區畫井田,遺蹟宛然。

《戰國策》卷九《燕策》:

蘇秦將為從,北說燕文侯曰:"燕東有朝鮮、遼東,北有林胡、樓煩……"

蚩　尤

《汲冢周書》卷六《嘗麥》第五十六:

昔天之初囗作二后,乃設建典,命赤帝分正二卿,命蚩尤于宇少昊,以臨四方,司囗囗上天未成之慶。蚩尤乃逐帝,爭于涿鹿之河(阿?),九隅無遺。赤帝大懾。乃說于黃帝,執蚩尤殺之于中冀,以甲兵釋怒,用大正順天思序紀于大帝用名之曰絕轡之野。……

　　光旦：文字不清楚。《嘗麥》有此一段，似與"麥"有關，但關係亦看不出。

《竹書紀年》卷一：

　　黃帝……［命］應龍攻蚩尤，戰［以］虎豹熊羆四獸之力；以女魃止淫雨。

　　《統箋》：《通鑑［前紀？］》注，蚩尤，姜姓，炎帝之裔也，好兵喜亂，作刀戟大弩以暴虐天下，并諸侯，無度，炎帝榆罔不能制之，令居少顥，以臨四方。蚩尤益肆其惡，出洋水，登九淖，以伐炎帝榆罔于空桑。炎帝避居涿鹿。軒轅乃徵師諸侯，與蚩尤戰于涿鹿之野。蚩尤作大霧，軍士昏迷，軒轅為指南車以示四方，遂擒蚩尤，戮之中冀，因名其地曰絕轡之野。

　　《統箋》：《黃帝本紀》，軒轅教熊羆、貔貅、貙虎，以與炎帝戰于阪泉之野，三戰然後得其志。

　　光旦：此是已擒蚩尤後事，對象為榆罔或其後人，非一事。

　　《統箋》：《山海經》，蚩尤作兵伐黃帝，黃帝乃令應龍攻之冀州之野，應龍畜水，蚩尤請風伯縱大風雨，黃帝乃下天女曰魃，雨止，遂殺蚩尤。

　　光旦：《通鑑前紀》注總合各書，言之最完整。

《戰國策》卷三《秦策》：

　　蘇秦……說秦惠王曰……"昔者……黃帝伐涿鹿（屬上谷）而禽蚩尤"。

　　鮑：九黎氏之後。

　　光旦：《國語》韋解謂三苗為九黎之後，鮑說或得之。

厹　由

《戰國策》卷一《西周》：

　　秦令樗里疾以車百乘入周……楚王怒……游騰謂楚王曰："昔智伯（智瑤）欲伐厹由，遺之大鐘，載以廣車，因隨入以兵，厹由卒亡，無備故也。"

　　鮑彪：夷國，屬臨淮。《漢志》，"由"作"猶"。又《九域圖》，并州有仇猶城，引此。

　　吳師道：高誘注，狄國。《括地志》，并州孟縣外城俗名原仇山。《史·樗里傳》作"仇猶"；《韓子》，"仇䍩"；《呂春秋》、劉《外紀》，"夙䍩"。高注，或作"仇首"。《漢志》，臨淮乃泗之漣水，《路史》謂非智伯所伐者。

厹又作"㕧"、"吼"。

光旦：二說不必矛盾。厹由，國而族者也，晉有之，臨淮亦可有之，族分而名不廢也。智伯所滅，自是在晉者，《路史》說是。

光旦：其在晉者，滅於智氏者不久當即諸夏化，不復存在，其在臨淮者，春秋前後，部分南遷過江，或與瑤有涉；瑤之舊稱，繇（閩之繇王）、由（《吳志·黃蓋傳》）、猶（贛上猶縣，黔古州猶氏）與此皆有聯繫。曰夷、曰狄，關係不大，要自西北而至東南者。

楚

《竹書紀年》卷八：

[周昭王]十六年，伐楚，涉漢，遇大兕。十九年……祭公辛伯從王伐楚。……喪六師于漢，王陟。穆王元年……命辛伯餘靡。

光旦：參"中原勢力之南暨"的"總錄"片。

光旦：楚初見，前此只是"荊"。

《竹書紀年》卷八：

[周穆王]十四年，王帥楚子伐徐戎，克之。

光旦：《箋》注詳"徐戎"片。

光旦：參"荊"、"荊人"片。

《竹書紀年》卷八：

[周夷王七年，]楚子熊渠伐庸，至于鄂。

光旦：《箋》見"庸"片。

徐《箋》：廣川書跋，楚本熊穴，後世以熊為號。

光旦：此前所未聞，當亦圖騰之類。

《竹書紀年》卷八：

[周厲王元年，]楚人來獻龜貝。

大　夏

《汲冢周書》卷七《王會》第五十九：

成周之會……大夏[以]茲白牛。……北嚮。

孔：大夏，西北戎；茲白牛，野獸也，似白牛形也。

光旦：上文有"義渠以茲白"，人、地、物，疑均相近似。

代

代人

《竹書紀年》卷一二：

[周顯王]十七年，燕伐趙，圍濁鹿，趙靈王及代人救濁鹿，敗燕師于勺。

徐《箋》：《水經注》，[勺]疑即古勺梁。

徐《箋》：溫公《稽古錄》，[以年代推之，此趙靈王應]是趙肅侯。

徐《箋》：《水經注》，今廣昌東嶺之東有山，俗名之濁鹿。

光旦：時代已為襄子所滅，國亡人在，受趙驅策。

（代）

《竹書紀年》卷一二：

[周顯王]二十一年，魏殷臣、趙公孫哀伐燕，還，取夏屋，城曲逆。

徐《箋》：燕文公時[事]。

徐《箋》：《呂氏春秋》，趙襄子上于夏屋，以望代俗，其樂甚美。高誘曰，夏屋，代之南山也。

徐《箋》：《漢書·地理志》，太原廣武縣，賈屋山在北，即夏屋。

光旦：按是時趙似已取代，何尚待別取其南山乎？

代

《竹書紀年》卷一二：

[周隱王（赧王）]十三年，邯鄲（趙武靈王）命……將軍、大夫、適子、代史皆貂服。

徐《箋》：《韓非子·初見秦》，代四十六縣。

徐《箋》：漢高帝詔，代地居常山之北，與夷狄邊，趙乃從山南有之。

光旦：貂服，即胡服騎射事，詳他書片。《竹書》前後未見一"胡"，此處亦不用，亦奇特。

（蠻）

《國語》卷五《魯語下》：

　　（見"（畬）"片。）

狄

翟

《竹書紀年》卷六：

　　［殷商帝辛（名受，即紂）］十七年，西伯伐翟。

　　《統箋》：王符《潛夫論》，白狄，嬴姓。

　　《統箋》：《地理通釋》，翟，隗姓。白狄有延安府鄜、丹、綏、廓、銀、石州之地。

　　《統箋》：《漢·匈奴傳》，西河圁洛之間有赤翟、白翟。師古曰，"《春秋》所書晉滅赤翟潞氏、郤缺獲白狄子者。"西伯伐翟，殆即此與？

　　光旦：白狄，嬴姓，河北有道縣，可聯係看。

狄（五狄）

《汲冢周書》卷六《明堂》第五十五：

　　西門之外，東面南上，五狄之國。

翟人（陵翟）

《竹書紀年》卷八：

　　［周穆王十四年，］秋九月，翟人侵畢。

　　徐《箋》：《穆傳》，季秋宿于房，畢人告戎，曰，陵翟來侵，天子使孟忿如畢討戎。

　　徐《箋》：《穆傳》，天子四日休于濩澤，陵翟至，賂良馬百駟，歸畢之寶，以詰其成，陵子㠱胡口東牡。郭璞曰，陵翟隗姓國，屬胡名；歸畢之寶，言翟前取此寶也；詰猶責也，成謂平也。

翟人

《竹書紀年》卷八：

[周懿王]十三年，翟人侵岐。

徐《箋》：《左傳》，詹桓伯曰，魏、駘、芮、畢、岐，吾西土也。

徐《箋》：《漢書·匈奴傳》，"懿王時王室遂衰，戎狄交侵，暴虐中國。"

翟（赤、白翟）

《國語》卷一六《鄭語》：

[鄭桓公爲司徒（幽王八年），王室多難，欲覓地卜遷以避之，問於史伯，]史伯對曰：王室將卑，戎狄必昌，[四方皆是，北方尤盛]……北有……翟鮮虞、路、洛、泉、徐、蒲……西有……隗……"

韋：鮮虞，姬姓在翟者。

韋：路、洛、泉、徐、蒲，皆赤翟隗姓也。

光旦：路，當即潞。餘未詳。蒲，當是原居蒲，即重耳所奔之邑者。

光旦："西有……隗……"，韋解謂姬姓，疑亦與赤翟有涉。

狄（赤狄？）

《竹書紀年》卷一〇：

[周平王]四十二年，狄人伐翼，至于晉郊。

徐《箋》：《史記索隱》，翼本晉都……平陽絳邑縣東翼城。

光旦：據顧氏棟高，魯宣十五年以前見於《春秋》之狄皆赤狄也。此已接近《春秋》之始。

狄（"赤狄"）

《春秋左傳》莊公三十二年《經》：

冬……狄伐邢。（無《傳》）

杜：邢國在廣平襄國縣。　　姚：襄國故城在今順德府邢臺縣西南。

光旦：狄初見，注未作解釋，杜於山戎注稱北狄，豈即山戎乎？據顧《表》，是赤狄。

《春秋左傳》閔公元年：

《經》：春……齊人救邢。

《傳》：狄人伐邢（即上條）。管敬仲言於齊侯曰："戎狄豺狼，不可厭也；諸夏親暱，不可弃也。……《詩》云：'豈不懷歸？畏此簡書。'簡書，同惡相恤之謂也。請救邢以從簡書。"齊人救邢。

翟？

《國語》卷七《晉語》：

　　獻公田，見翟柤之氛（凶氣），歸寢不寐。郤叔虎……遇士蒍曰："……君不寐，必爲翟柤也。夫翟柤之君[貪臣諂]，民各有心，無所據依……伐之，可克也。……"士蒍以告……乃伐翟柤。郤叔虎……乘城……被羽先升，遂克之。

　　　　韋：翟柤，國名。

　　　　光旦：翟，族；柤，邑。據顧棟高宣十五以前皆爲赤狄之說推之，此應是赤翟之邑。

翟（赤翟，東山皋落氏）

《國語》卷七《晉語》：

　　驪姬[欲去大子申生，言於獻公]曰："以皋落翟之朝夕苛我邊鄙，使[民]無日以牧田野，君之倉稟固不實，又恐削封疆。君盍使之伐翟……"公[從之]……使申生伐東山……其言曰："盡敵而反。"……

　　十七年冬，公使大子伐東山。……遂行……至于稷桑（皋落翟地），翟人出逆……敗翟於稷桑而反。

狄（赤狄，東山皋落氏）

《春秋左傳》閔公二年《傳》：

　　晉侯使大子申生伐東山皋落氏。里克諫曰："……臣聞皋落氏將戰。君其舍之！"[晉侯不聽]……大子帥師……狐突歎曰："……雖欲勉之，狄可盡乎？"……先丹木曰："……曰'盡敵而反'，敵可盡乎？……"（不見《經》）

　　　　杜：赤狄別種也，皋落，其氏族。

　　　　姚：《晉語》，申生敗翟于稷桑而反。

　　　　顧：今山西平陽府垣曲縣。縣西北六十里有皋落鎮。

翟（赤翟）

《竹書紀年》卷一〇：

[周惠王]十七年（惠王元年爲晉獻公元年），衛懿公及赤翟戰于洞澤。

沈約附注：洞當作"泂"。

徐《箋》：《左傳》閔二年，"狄人伐衛，衛懿公好鶴……"（另有片）

徐《箋》：[《左傳》作熒（滎）澤，]洞澤即熒澤也。

徐《箋》：[據《周語》① 史伯云云（別有片）及韋昭解，此]則赤翟與衛近者，乃徐、蒲也。

徐《箋》：《後漢書·郡國志》，樂安臨濟，本狄國。

狄（"赤狄"）

《春秋左傳》閔公二年：

《經》：冬……十有二月，狄入衛。

杜：書入，不能有其地。

顧：衛，今衛輝府淇縣。

《傳》：冬十二月，狄人伐衛。衛懿公好鶴，鶴有乘軒者。將戰，國人受甲者皆曰："使鶴，鶴實有禄位，余焉能戰？"……及狄人戰于熒澤，衛師敗績，遂滅衛。……狄人囚史華龍滑與禮孔，以逐衛人。二人曰："我大史也，實掌其祭。不先，國不可得也"（杜：夷狄畏鬼，故恐言當先白神）。乃先之。……夜與國人出。狄入衛，遂從之，又敗諸河（杜：衛將東走渡河，狄復逐而敗之）。……宋桓公逆諸河……衛之遺民男女七百有三十人，益之以共、滕之民爲五千人。立戴公以廬于曹。許穆夫人賦《載馳》。齊侯使公子無虧帥[卒乘]戍曹。……

杜：此熒澤當在河北。

姚：孔《疏》，《禹貢》，豫州，滎波既豬，導沇水，入于河，溢爲滎——是滎在河南；此時衛都河北，爲狄所敗，乃東徙渡河，故知熒澤當在河北；但沇水入河乃泆，被河南多，故專得滎名，其北雖少，亦稱滎也。

姚：曹，《詩》作漕，在河南，大名府滑縣南二十里白馬故城是也。

---

① 徐《箋》稱《周語》，實爲《鄭語》，已見上文"翟（赤、白翟）"條。——整理者注

《春秋左傳》昭公四年《傳》：

[晉司馬侯對晉侯追論閔二年狄滅衛]："衛邢無難，敵亦喪之。"

翟

《國語》卷六《齊語》：

翟人攻衛，衛人出廬于曹，桓公城楚丘以封之。

光旦：參《左傳》閔二年、僖二年。

狄（"赤狄"）

《春秋左傳》僖公元年：

《經》：春……齊師、宋師、曹伯次于聶北，救邢。

姚：東昌府聊城縣東北有聶城，齊之西界，近邢地。

《經》：夏六月，邢遷于夷儀。齊師、宋師、曹師城邢。

姚：夷儀，邢臺縣西。

《傳》：諸侯救邢。邢人潰，出奔師。師遂逐狄人。具邢器用而遷之，師無私焉。夏，邢遷于夷儀，諸侯城之，救患也。凡侯伯，救患、分災、討罪，禮也。

顧棟高：《後漢志》，聊城有夷儀聚，今聊城縣西南十三里。

光旦：此與姚說異。恐誤。

翟

《國語》卷六《齊語》：

翟人攻邢，桓公築夷儀以封之。

光旦：參《左傳》莊三十二年及僖元年。

狄（"赤狄"）

《春秋左傳》閔公二年《傳》後：

僖之元年，齊桓公遷邢于夷儀。二年封衛于楚丘。邢遷如歸，衛國忘亡。

光旦：狄先後滅二國，桓公爲之善後也。

《春秋左傳》僖公二年：

《經》：春王正月，城楚丘。

《傳》：春，諸侯城楚丘而封衛焉。

　　姚：楚丘在今滑縣東六十里，與戎伐凡伯之楚丘爲二。

《春秋左傳》僖公十二年《傳》：

春，諸侯城衛楚丘之郛，懼狄難也。（《經》無）

　　光旦：杜注謂"爲明年春狄侵衛《傳》。"僖十三年《經》曰，"春，狄侵衛"，是未嘗無《經》也。

《春秋左傳》僖公十三年《經》：

（已見上。）

　　顧棟高：趙氏鵬飛曰，"前年（光旦：實僖十年）狄滅溫，溫子奔衛。今狄侵衛，以衛納溫子也。齊桓坐視而不救，失其職矣。"

翟（"赤狄"）

《春秋左傳》僖公五年《傳》：

［晉獻］公使寺人披伐蒲。重耳……出奔翟。

　　光旦：重耳爲戎女所生，又曾娶於戎，而奔則就翟，翟即戎乎？杜氏於"山戎"下注云"北狄"，是則左氏於戎狄固不甚分別也。

　　光旦：前此左氏文皆作"狄"字，《經》亦爾，"翟"字之寫法於此初見。

　　光旦：顧《表》不列。

狄（"赤狄"）

《春秋左傳》僖公六年《傳》：

春，晉侯使賈華伐屈。夷吾……將奔狄，郤芮［諫以爲］不如之梁。……乃之梁。

　　光旦：重耳奔翟，而此作"狄"。

　　光旦：顧《表》不列。

狄（赤狄？）

顧棟高（《表》卷四，《疆域》）：

蒲爲狄地，不知何年屬于晉。

　　今山西隰州，州治北四十五里有蒲陽故城，入晉爲蒲邑，即重耳所居［者］。

屈爲狄地，不知何年屬于晉。

今山西吉州，州治東北二十一里有北屈廢縣，爲晉北屈邑，即夷吾所居[者]。

狄（"赤狄"）

《春秋左傳》僖公八年：

《經》：夏，狄伐晉。

《傳》：[前年，]晉里克帥師，梁由靡御，虢射爲右，以敗狄于采桑。梁由靡曰："狄無恥（不恥走），從之，必大克。"里克曰："懼之而已，無速衆狄。"虢射曰："期年狄必至，示之弱矣。"[此年]夏，狄伐晉，報采桑之役也。復期月（虢射之言驗）。

杜：平陽北屈縣西南有采桑津。　姚：今平陽府寧鄉縣西大河津濟處。

光旦：杜注中所云"前年"，當即上年，即前一年。

狄（赤狄？）

《竹書紀年》卷一〇：

[周惠王]二十五年（晉獻二十五年）春，狄人伐晉。

徐《箋》：《晉世家》，獻公二十五年，晉伐翟，翟以重耳故，亦擊晉于齧桑。

狄（"赤狄"）

《春秋左傳》僖公十年：

《經》：春……狄滅溫，溫子奔衛。

杜：蓋中國之狄滅，而居其土地。

光旦：狄初滅衛，齊桓又率諸侯滅狄，而遷衛於河之南之楚丘，故曰"中國之狄滅"也。

《傳》：春，狄滅溫，蘇子無信也。蘇子叛王即狄，又不能於狄，狄人伐之，王不救，故滅。蘇子奔衛。

杜：蘇子，周司寇蘇公之後也，國於溫，故曰溫子，叛王事在莊十九年。

《春秋左傳》成公十一年《傳》：

[晉郤至爭溫之田（郤田，郤，溫別邑），王命劉康公、單襄公訟於晉，二子追論僖十年之事曰：]"昔周克商，使諸侯撫封，蘇忿生以溫爲司寇……[後（即上僖十年《經傳》所指事）]蘇氏即狄，又不能於狄而奔衛。襄王勞文公而賜之溫……"

《春秋左傳》僖公十四年《經》：

　　秋……狄侵鄭。（無《傳》）

　　　　顧：今鄭州。

　　　　顧：趙氏鵬飛曰，狄至是復侵鄭，甚矣！如是之甚，而復不能討，桓公之伯心怠哉！

《春秋左傳》僖公十六年《傳》：

　　秋，狄侵晉，取狐廚、受鐸，涉汾，及昆都，因晉敗也。（《經》無）

　　　　杜：臨汾縣西北，有狐谷亭。　　姚：亭今屬平陽府襄陵縣；平陽府南有昆都聚。

《春秋左傳》僖公十八年《經》：

　　夏……狄救齊。

　　　　杜：無《傳》，救四公子之徒。

　　　　光旦：不可云全無《傳》。《傳》云："齊人將立孝公，不勝四公子之徒。"四公子有狄之援以爭位也。

　　　　顧棟高：時齊桓公卒，宋襄公圖伯，伐齊，納孝公，殺無虧，狄救四公子之徒。

《春秋左傳》僖公十八年：

　　《經》：冬，邢人、狄人伐衛。

　　《傳》：邢人、狄人伐衛，圍菟圃。衛侯（文公燬）以國讓父兄子弟及朝衆。……衆不可而後師于訾婁。狄師還。

　　　　杜：狄稱人者，史異辭，傳無義例。

　　　　光旦：前不稱人，此稱人，狄諸夏化之程度日深也。不可云無義例。看下文如何。

　　　　姚：訾婁，大名府滑縣西南六十里，與長垣縣接界。

《春秋左傳》僖公二十年：

　　《經》：齊人、狄人盟于邢。

　　《傳》：齊、狄盟于邢，爲邢謀衛難也。於是（時）衛方病邢。

光旦：此處《經》亦稱狄爲人。

《春秋左傳》僖公二十一年《經》：

春，狄侵衛。（無《傳》）

杜：爲邢故。

顧棟高：[僖十八年冬，"狄人伐衛"，此爲] 狄稱人之始。先儒以其伐衛救齊爲義，故稱人以進之。非也。不可謂邢狄伐衛，故加一人字以別之耳。杜氏謂無義例爲得之。《彙纂》曰，狄與邢伐衛稱人，至二十一年狄獨伐衛，則復書狄，皆取便文也。

光旦：是則凡以爲有義例者適自暴其內諸夏而外夷狄之傳統心理，亦未可厚非也。

光旦：別有議論在二十年、二十一年下，見顧《表》，不具錄。

翟

《國語》卷一○《晉語》：

[晉重耳自齊返晉，] 過衛，衛文公有邢、翟之虞，不能禮焉。

光旦：魯僖十八年冬。

狄（"赤狄"）

《春秋左傳》僖公二十四年：

《經》：夏，狄伐鄭。……冬，天王出居于鄭。

《傳》：[周襄] 王使伯服、游孫伯如鄭請滑。鄭伯……不聽王命而執二子。王怒，將以狄伐鄭。富辰諫曰："不可。[鄭有四德，不宜伐，狄有四惡，不應用其師以伐鄭] ……耳不聽五聲之和爲聾，目不別五色之章爲昧，心不則德義之經爲頑，口不道忠信之言爲嚚。狄皆則之，四姦具矣。……"王弗聽，使頹叔、桃子出狄師。夏，狄伐鄭，取櫟。王德狄人，將以其女爲后。富辰[又]諫曰："不可。……[否則] 狄必爲患。"王又弗聽。

初，甘昭公（王子帶）有寵於惠后，惠后將立之，未及而卒。昭公奔齊，王復之，又通於隗氏（杜：王所立狄后），王替（廢也）隗氏。頹叔、桃子曰："我實使狄，狄其怨我。"遂奉大叔以狄師攻王。……王遂出，及坎欿……秋，頹叔、桃子奉大叔以狄師伐周，大敗周師，獲周公忌父、原伯、毛伯、富辰。王出適鄭，處于氾。大叔以隗氏居于温。

杜：坎欿，在鞏縣東。

光旦：隗爲赤狄姓，此狄應是赤狄。

翟（赤翟）

《國語》卷二《周語中》：

襄王十三年（魯僖之二十年），鄭人伐滑。王使游孫伯請滑，鄭人執之。王怒，將以翟伐鄭。富辰諫曰："不可。……鄭在天子，兄弟也。……兄弟之怨，不徵於它（翟也），徵於它，利乃外矣。章怨外利，不義；棄親即翟，不祥……"王不聽。十七年（魯僖二十四年），王降翟師以伐鄭。

王德翟人，將以其女爲后，富辰諫曰："不可。夫婚姻，禍福之階也。利內則福由之，利外則取禍。今王外利矣（樹利於翟），其無乃階禍乎？……（歷舉若干例子，以示）內利親親……（又若干反面例子，以示）外利離親……（下論七德，合則內利，不合則外利）……夫翟無列於王室（一不德）……翟，豺狼之德也（二不德）……翟，隗姓也（三不德），鄭出自宣王……王以翟女間姜、任（四不德，姜、任世爲周妃嬪，今以翟女間之）……王一舉而棄七德（對鄭而言，若與翟對比言之，則與翟有關者僅四不德），臣故曰利外矣。……王不忍小忿而棄鄭，又登叔隗以階翟［禍］。翟，封豕豺狼也，不可厭也。"王弗聽。十八年（僖二十五年），王黜翟后。翟人來誅，殺譚伯。……［富辰］以其屬死之。……王乃出居于鄭，晉文公納之（亦僖二十五年）。

（翟）（赤翟）

《國語》卷一《周語上》：

惠后之難，王（周襄）出在鄭。

韋：惠后，周惠王之后、襄王繼母陳媯也。陳媯有寵，生子帶，將立，未及而［惠后］卒。子帶奔齊，王復之，又通於襄王之后隗氏。王廢隗氏。周大夫頹叔、桃子奉帶以翟師伐周。王出適鄭，處于氾。［事］在僖二十四年。

光旦：顧棟高《春秋大事表》以此爲赤翟，而又以隗后爲白狄女，曰，白狄亦隗姓，未免自相矛盾。以地域密邇言之，此應是赤翟，后亦赤翟女。

光旦：周亦通婚於狄，且爲后，狄因強，亦以見夷夏之界限不嚴也。

光旦：韋昭注《周語中》富辰諫襄王不納翟后一段，亦云是赤翟。

翟（赤翟？）

《國語》卷一〇《晉語》：

　　［晉子犯說文公納周襄王，且平叔帶之難，公從之，］乃行賂于草中之戎與麗土之翟，以求東道。

　　　　韋：二邑戎翟，間在晉東。

　　　　光旦：草中、麗土，當是邑名，《左傳》未載。具體方位不詳，當在晉之南部，則此翟應是赤翟之近河者。當時戎翟隔斷周晉交通，亦從可知矣。

《戰國策》卷七《魏策》：

　　……［或］謂魏王曰："昔……原恃秦、翟以輕晉，秦、翟年穀大凶，而晉人亡原。"

　　　　鮑：僖二十五年，原降，使趙衰處原。

　　　　光旦：以原亡之早推之，此翟應是赤翟。

狄（"赤狄"）

《春秋左傳》僖公二十八年《傳》：

　　晉侯作三行（戶郎反）以禦狄。荀林父將中行，屠擊將右行，先蔑將左行。

　　　　光旦：晉已有三軍，今又增三行，杜注謂"以辟天子六軍之名"。說明狄逼加甚，或假狄之名以自大。

　　　　光旦：顧《表》不列。

《春秋左傳》僖公三十年：

　　《經》：夏，狄侵齊。

　　《傳》：春，晉人侵鄭，以觀其可攻與否。狄間晉之有鄭虞也，夏，狄侵齊。

　　　　杜：齊，晉與國。

《春秋左傳》僖公三十一年《傳》：

　　秋，晉蒐于清原，作五軍以禦狄。趙衰爲卿［爲新軍帥］。

　　　　杜：二十八年晉作三行，今罷之，更爲上、下新軍。

　　　　杜：河東聞喜縣北有清原。　　姚：平陽府稷山縣西北二十里。

　　　　光旦：顧《表》不列。

《春秋左傳》僖公三十一年：

　　《經》：冬……狄圍衛。十有二月，衛遷于帝丘。

　　《傳》：冬，狄圍衛，衛遷于帝丘，卜曰三百年。……

杜：辟狄難也。帝丘，今東郡濮陽縣，故帝顓頊之虛。　　姚：今大名府開州有顓頊城是也。

光旦：據下文及注，夏后相亦嘗都帝丘。

光旦：衛避狄難，至此二遷矣。

顧棟高：吳氏澂曰，狄去年侵齊，今又圍衛，若無晉伯然，豈以晉文居狄之久而狎之歟？

《春秋左傳》僖公三十二年：

《經》：夏……衛人侵狄。秋，衛人及狄盟。

《傳》：夏，狄有亂，衛人侵狄，狄請平焉。秋，衛人及狄盟。

杜：[衛所以]報前年狄圍衛。不地者，就狄廬帳盟。

顧棟高：《傳》"狄有亂"三字最宜著眼看。自是赤白狄分，號令不一。狄亦浸微。自閔元年至此，狄之橫于中國三十四年矣。

光旦：顧氏"赤白狄分"一語，不知何據，且與《表》之列法與《表》上文莊三十二年下所云有矛盾。顧氏於彼曰，"自宣十五年以前凡單以狄舉者皆赤狄也。"今曰"赤白分"，曰"號令不一"，則僖三十二年以後《經傳》所單舉之狄亦有兼括白狄者矣。

《春秋左傳》僖公三十三年：

《經》：夏……狄侵齊。

《傳》：狄侵齊，因晉喪也。

《傳》：冬，公如齊朝，且弔有狄師也。

《春秋左傳》僖公三十三年：

《經》：秋……晉人敗狄于箕。

《傳》：秋……狄伐晉，及箕。八月戊子，晉侯敗狄于箕。……（餘詳"狄（白狄）"片）

光旦：此役獲白狄子，顧棟高謂白狄爲赤狄將佐者。復見"狄（白狄）"片。

光旦：顧氏殊誤，所獲何以僅白狄子一人？亦曰擒賊擒王耳，非赤狄之將佐也。但姑亦復見於"赤狄"下。

《春秋左傳》文公四年《經》：

狄侵齊。（無《傳》）

《春秋左傳》文公六年：

《經》：冬……晉殺其大夫陽處父（實賈季殺之）。晉狐射姑出奔狄（射姑即賈季，狐偃子）。

《傳》：賈季怨陽子之易其班也（本中軍帥，易以爲佐）……九月，［使人］殺陽處父。……十一月……賈季奔狄。宣子（趙盾）使臾駢送其帑。……臾駢……盡具其帑，與其器用財賄，親帥扞之，送致諸竟。

　　光旦：狐射姑全家入狄。

　　光旦：顧《表》不列。

狄（赤狄潞氏）

《春秋左傳》文公七年：

《經》：夏……狄侵我西鄙。

《傳》：夏……狄侵我西鄙，公使告于晉。趙宣子使因賈季問酆舒，且讓之。酆舒問於賈季曰："趙衰、趙盾孰賢？"……

　　杜：酆舒，狄相。

　　光旦：時賈季出奔在狄，見另片。

　　光旦：晉與狄之關係深，故魯告之。

狄（"赤狄"）

《春秋左傳》文公九年《經》：

　　夏，狄侵齊。（無《傳》）

《春秋左傳》文公十年《經》：

　　冬，狄侵宋。（無《傳》）

《春秋左傳》文公十一年：

《經》：秋……狄侵齊。冬十月，甲午，叔孫得臣敗狄于鹹（魯地）。

《傳》：……（另見"狄（長狄）"片）

　　光旦：此中有長狄，見"狄（長狄）"片。

　　顧棟高：此狄是赤狄也。下言獲長狄僑如……俘獲之將佐爾。《經》不書，以夷狄故略之。《彙纂》亦云，先言敗狄于鹹，後言獲長狄僑如，蓋以長狄爲狄中之一人，非以長狄爲國號，與我意合。

　　顧棟高：高氏閌曰，十餘年之間，狄四侵齊，其強如此，所以大鹹之功也。

《春秋左傳》文公十三年《經》：

　　冬……狄侵衛。（無《傳》）

　　　　顧棟高：趙氏鵬飛曰，狄自鹹之敗，銳鋒頓挫。今復侵衛者，以衛迫于狄。時成公方會魯于沓，故狄乘虛而侵之。

《春秋左傳》文公十三年《傳》：

　　晉……六卿相見於諸浮。趙宣子曰："隨會在秦，賈季在狄，難日至矣，若之何？"中行桓子曰："請復賈季，能外事……"

　　　　姚：孔《疏》，賈季是狐突之孫、狐偃之子，本是狄人，能知外竟之事，謂知狄之情，得豫爲之備。

　　　　光旦："大戎狐姬生重耳"，是狐氏本戎也，而孔《疏》稱之爲狄，賈季之所以奔狄，亦自因其有淵源關係，則所奔之狄亦即戎也。戎狄不分如此。

　　　　光旦：此顧《表》所不列。

狄（赤狄）

《春秋左傳》宣公三年《經》：

　　秋，赤狄侵齊。（無《傳》）

　　　　顧棟高（《表》）：赤狄始見《經》。

　　　　顧棟高（《表》）：狄自入春秋以來，俱止書狄，蓋舉北方引弓之人合而爲一也。即[在]狄有亂以後，箕之役，白狄見矣，而[猶]以狄冠之，白狄猶爲之屬。至是，顯然分國爲二，其自通于中國[者]加一赤字之號；而白狄亦以[宣]八年偕晉伐秦，自爲盟會征伐，不復就赤狄之役矣。此匈奴分爲南北單于之始也。

《春秋左傳》宣公四年《經》：

　　夏……赤狄侵齊。（無《傳》）

《春秋左傳》宣公六年《傳》：

　　秋，赤狄伐晉，圍懷及邢丘。晉侯欲伐之，中行桓子曰："使疾其民，以盈其貫。將可殪也。……"

　　　　杜：邢丘，今河內平皋縣。　　姚：今懷慶府河內縣東南七十里有平皋故城。

　　　　杜：爲下文宣十五年晉滅狄傳。

《春秋左傳》宣公七年《傳》：

[秋]，赤狄侵晉，取向陰之禾。(《經》無)
　　　杜：晉用桓子謀，故縱狄。
　　　光旦：向陰，地名，未詳。

狄（赤狄潞氏）

《春秋左傳》宣公十一年《傳》：
　　　晉郤成子求成于衆狄。衆狄疾赤狄之役，遂服于晉。秋，會于欑函，衆狄服也。
　　　杜：赤狄潞氏最強，故服役衆狄。
　　　光旦：衆狄包括赤狄，以赤狄爲主爾。

狄（赤狄）

《春秋左傳》宣公十三年《傳》：
　　　秋，赤狄伐晉，及清，先縠召之也。冬，晉人討邲之敗與清之師，歸罪於先縠而殺之，盡滅其族。
　　　杜：邲戰不得志，故召狄欲爲變。清，一名清原。　　姚：今平陽府稷山縣西北二十里有清原城。
　　　光旦：《經》只言："冬，晉殺其大夫先縠。"
　　　光旦：顧《表》不列，漏。

狄（赤狄潞氏）

《春秋左傳》宣公十五年：
　　　《經》：夏……六月癸卯，晉師滅赤狄潞氏，以潞子嬰兒歸。
　　　杜：潞，赤狄之別種。　　姚：今山西潞安府潞城縣東北四十里有古潞城。
　　　《傳》：潞子嬰兒之夫人，晉景公之姊也。酆舒爲政而殺之，又傷潞子之目。晉侯將伐之。諸大夫皆曰："不可。酆舒有三儁才，不如待後之人。"伯宗曰："必伐之。狄有五罪，儁才雖多，何補焉？不祀，一也。耆酒，二也。弃仲章而奪黎氏地，三也。虐我伯姬，四也。傷其君目，五也。怙其儁才，而不以茂德，滋益罪也。後之人，或者將敬奉德義，以事神人，而申固其命，若之何待之？不討有罪，曰'將待後，後有辭而討焉'，毋乃不可乎？夫恃才與衆，亡之道也。……天反時爲災，地反物爲妖，民反德爲亂。亂則妖災生。故文，反正爲乏。盡在狄矣。"晉侯從之。六月癸卯，晉荀林父敗赤狄于曲梁；辛亥，滅潞。酆舒奔衛，衛人歸諸晉，晉人殺之。

　　杜：酆舒，潞相。仲章，潞賢人。黎氏，黎侯國，上黨壺關縣有黎亭（姚：今潞安府長治縣西三十里有黎侯亭）。曲梁，今廣平曲梁縣（姚：故城在今直隸廣平府永年縣東北）。

《春秋左傳》宣公十五年《傳》：

　　秋七月……壬午，晉侯治兵于稷，以略狄土，立黎侯而還。……晉侯賞桓子狄臣千室；亦賞士伯以瓜衍之縣，曰："吾獲狄土，子之功也，微子，吾喪伯氏矣。"……

　　杜：聞喜縣西有稷山。壬午，七月二十九日，晉時新破狄（赤狄潞氏），土地未安……故……東行定狄地。　　姚：今平陽府稷山縣南五十里有稷神山，山下有稷亭，即晉侯治兵處。

　　杜：黎，狄奪其地，故晉復立之。

　　顧：黎，長治縣西三十里有黎侯亭。

《傳》（接上）：晉侯使趙同獻狄俘于周。

　　顧棟高（《表》卷四，《疆域》）：潞氏封域極廣，國都在潞安，而其邊邑則在今直隸廣平府之曲梁縣，直接山東之界……荀林父［之］師反出其東而轉攻之，以絶其奔逸也。

《春秋左傳》成公十三年《傳》：

　　夏四月，戊午，晉侯使呂相絕秦，曰："……君……利吾有狄難……我是以有輔氏之聚。"

　　光旦：宣十五年晉滅赤狄潞氏。

　　光旦：此係追論，故顧《表》不列。

翟（赤翟）

《國語》卷一三《晉語》：

　　［晉悼公既立，獎功臣後，］曰："昔克潞之役，秦來圖敗晉功，魏顆以其身卻退秦師于輔氏，親止杜回……其子不可不興也。"

　　光旦：魯宣十五年滅赤狄潞氏。

狄（赤狄甲氏、留吁、鐸辰）

《春秋左傳》宣公十六年：

　　《經》：春，王正月，晉人滅赤狄甲氏及留吁。

　　《傳》：春，晉士會帥師滅赤狄甲氏及留吁、鐸辰。三月，獻狄俘[于王]。

　　　　杜：甲氏、留吁，赤狄別種。晉滅潞氏，今又并盡其餘黨。　　姚：《水經注》云，絳水經屯留故城，即故留吁國，今山西潞安府屯留縣南十三里屯留故城是。

　　　　杜：鐸辰，留吁之屬。　　姚：當在潞安府境。

　　　　顧棟高：甲氏，今廣平府雞澤縣地。

　　　　顧棟高：宣十一年之盟衆狄，此等俱不在內，以其爲赤狄之種類，故必殄滅之而後已；[因]知前日之所盟者白狄也。

　　　　光旦：何以知"此等俱不在內"？若曰盟者不伐，又安知宣十五潞氏滅後，兔死狐悲，不背盟乎？背盟而伐之，晉有辭矣。

狄（赤狄？）

《春秋左傳》成公二年《傳》：

　　[鞌之戰，齊師大敗，]齊侯免，求[逢]丑父，三入三出。每出，齊師以帥退。入于狄卒，狄卒皆抽戈楯冒之。以入于衛師，衛師免之。

　　　　杜：迸入狄卒，狄卒者，狄人從晉討齊者。

　　　　杜：狄、衛畏齊之強，故不敢害齊侯，皆共免護之。

　　　　光旦：此在晉滅赤狄之後，狄卒疑從赤狄征來者。以所服之少數民族充軍伍，此是甚早之一例。

　　　　光旦：此類資料，顧氏《表》皆不列，備戰不列，狄亡後之下落不列，所列只限若干直接之打交道——亦隘矣。

狄（赤狄廧咎如）

《春秋左傳》僖公二十三年《傳》（《經》無）：

　　晉公子重耳……奔狄。……狄人伐廧咎如，獲其二女叔隗、季隗，納諸公子。公子取季隗，生伯儵、叔劉，以叔隗妻趙衰，生盾。將適齊，謂季隗曰："待我二十五年，不來而後嫁。"對曰："我二十五年矣，又如是而嫁，則就木焉。請待子。"

杜：廧咎如，赤狄之別種，隗姓。

　　光旦：重耳戎出（大戎狐姬子），居狄十二年，又娶於赤狄隗氏，關係亦云複雜矣。

《春秋左傳》僖公二十四年《傳》：

　　狄（白？）人歸季隗（赤狄）于晉，而請其二子（伯儵、叔劉）。文公妻趙衰，生原同、屏括、樓嬰。趙姬請逆盾與其母（叔隗）……以［盾］爲嫡子，而使其三子下之，以叔隗爲內子，而己下之。［從之。］

　　光旦：對不同民族如此無偏見，亦可驚。

《春秋左傳》文公六年《傳》：

　　杜祁……以狄故，讓季隗而己次之。

　　光旦：皆晉文公"夫人"。

《春秋左傳》宣公二年《傳》：

　　趙盾請以括爲公族，曰："君姬氏之愛子也。微君姬氏，則臣狄人也。"公許之。

　　光旦：盾，赤狄叔隗子，見上僖二十三年《傳》。

　　光旦：顧《表》皆不列。

《春秋左傳》成公三年：

　　《經》：秋……晉郤克、衛孫良夫伐廧咎如。

　　《傳》：秋……晉郤克、衛孫良夫伐廧咎如，討赤狄之餘焉。廧咎如潰，上失民也。

　　杜：宣十五年，晉滅赤狄潞氏，其餘民散入廧咎如，故討之。

　　光旦：何以知其"散入"，即無潞人散入，廧咎如本身亦未始非赤狄之餘也，甲氏、鐸辰、留吁亦已見滅於晉矣。

　　顧棟高：是年赤狄之種盡絕。

　　光旦：顧氏之斷語太絕對，果盡絕，則前云匈奴南北單于之始，豈不是落了空？應曰，赤狄之在中國者盡矣，盡者，亦曰同化而已矣。然即此亦應有所保留，安知六族之外，中國更無其他赤狄？《經傳》未及之耳。

狄（赤狄）

《春秋左傳》成公十六年《傳》：

　　［鄢陵戰前，范文子與郤至論戰退，各追論往事，郤至主戰，文子主退，］

文子曰，[往者]"吾先君之亟戰也，有故。秦、狄、齊、楚皆彊，不盡力，子孫將弱。今三彊服矣（齊、秦、狄），敵楚而已。唯聖人能外內無患。自非聖人，外寧必有內憂，盍釋楚以爲外懼乎？"

  光旦：狄爲晉強敵，與秦、齊、楚垺。主要當是指赤狄，赤狄今滅矣。

  光旦：凡此屬追論性之段落，顧《表》亦不列。

狄（北狄）（赤狄）

《春秋左傳》襄公二十六年《傳》：

[聲子對子木論楚材晉用：]"子反與子靈（申公巫臣）爭夏姬……子靈奔晉，晉人與之邢，以爲謀主，扞禦北狄，通吳於晉。"

  光旦：此所云北狄，應是赤狄。查申公巫臣奔晉當在宣十四年，是時晉方謀滅赤狄，初則潞，繼則甲氏、留吁、鐸辰，終則廧咎如，巫臣通吳後，以其子留吳，而己則居晉，故始終爲晉畫策也。

  光旦：顧《表》自不列此。

狄（"赤狄"）

《春秋左傳》昭公十三年《傳》：

[平丘之會，晉信邾、莒之訴，欲討魯，故]公不與盟。晉人執季孫意如，以幕蒙之，使狄人守之。……

  光旦：此狄人真不知爲何種矣。平丘之會在是年八月，至是赤狄已亡，白狄之肥已滅，白狄之鮮虞則尚未敗，守季孫意如者可能爲赤狄，亦有可能爲白狄之肥。以理推之，赤狄爲更可能，時赤狄人口久已成爲晉人口之一部分，而猶或存赤狄或狄人之名，而肥則新滅，或尚不適宜於當此種差遣也。

  光旦：此類事實，顧《表》不列。

《春秋左傳》定公十四年《傳》：

[晉范氏、中行氏之亂，]夏……析成鮒、小王桃甲率狄師以襲晉（杜：二子，晉大夫，范、中行氏之黨），戰于絳中，不克而還。士鮒奔周，小王桃甲入于朝歌（時范、中行氏逃在彼）。

  光旦：此狄疑是晉所滅之赤狄，按同年冬十二月，《傳》云"晉人敗范、中行氏之師於潞"，潞故赤狄國也。蓋用以赤狄所組成隊伍襲晉。

光旦：顧《表》自不列此。

翟（白翟？）

《國語》卷七《晉語》：

驪姬[欲逐羣公子，]賂二五（梁五、東關五，均晉大夫）言於[獻]公……使[二五]俱曰[除備戎人（韋昭解以爲包括蒲南之陸渾之戎與二屈北之山戎）有必要外，又有被翟之利]，"翟之廣莫，於晉爲都。晉之啓土，不亦宜乎"公説。乃城……蒲，公子重耳處焉；又城二屈，公子夷吾處焉。

韋：廣莫，北翟沙莫也。下邑曰都，使如爲晉下邑。

光旦：此翟當是尚未甚與中國接觸之白翟，即漢之白部胡以至更廣大之匈奴。

翟（白翟）

《國語》卷八《晉語》：

驪姬既殺太子申生，又譖二公子（重耳、夷吾）……公令奄楚刺重耳，重耳逃于翟。……

韋：奄楚，寺人披之字，於文公時爲勃鞮，[初名伯楚]。

韋：翟，北翟隗姓也。

光旦：應是赤翟。然"吕相絶秦"語中有"白狄吾之昏姻"之言，顯指此段時期翟以所伐取廥咎如之女妻文公一事，廥咎如固赤狄，而主婚者應是白狄也。不可必矣。

[獻公]二十二年，重耳[自蒲]出亡……[卜所適]，狐偃曰："無卜……以偃之慮，其翟乎！夫翟近晉而不通，愚陋而多怨，走之易達。不通可以竄惡，多怨可以共憂。……"乃遂之翟。

光旦：據狐偃所言"不通"與"愚陋"，則此翟可進一步肯定爲白翟。是宣十五以前《春秋經傳》所叙亦未嘗無白狄也，顧棟高之論不盡然矣。

《國語》卷六《齊語》：

[管仲相桓公，攘四夷，首東南，次南方，次北方，]西征攘白翟之地，至于西河。

韋：白翟，赤翟之别種。西河，白翟之西。

《國語》卷八《晉語》：

二十六年（魯僖九年），獻公卒。……既殺奚齊、卓子，里克及丕鄭使屠岸夷告公子重耳於翟。……［秦穆公亦］使公子縶弔公子重耳于翟。［皆欲公子重耳入爲晉君，重耳以禮辭。］

《國語》卷九《晉語》：

……國人［亦］誦之曰："……若翟公子，吾是之依兮！"

《國語》卷一〇《晉語》：

文公在翟十二年。

《國語》卷一〇《晉語》：

［文公責寺人勃鞮，］"又爲惠公從余于渭濱……"

光旦：時重耳從翟君獵於渭濱，勃鞮爲惠公就殺之未成。

《國語》卷一〇《晉語》：

（接上文）［勃鞮答，時各爲其君，重耳猶翟人，叛亡在外，勃鞮只奉命除之而已，］"蒲人（重耳在蒲時，寺人披奉獻公命，已行刺過一次）、翟人，余何有焉？……今君即位，其無蒲、翟乎？"（意謂如不忍舊惡，蒲、翟之經驗或重演也。）

狄（白狄）

《春秋左傳》僖公三十三年：

《經》：秋……晉人敗狄于箕。

《傳》：秋……狄伐晉及箕。八月戊子，晉侯敗狄于箕。郤缺獲白狄子。先軫……免冑入狄師，死焉。狄人歸其元，面如生。

杜：太原陽邑縣南有箕城。　　姚：今太谷縣東南三十里。（顧《表》作三十五里。）

杜：白狄，狄別種也。故西河郡有白部胡。

顧：白狄始見《傳》。

《春秋左傳》成公十六年《傳》：

［夏，鄢陵之戰，郤至追敘往事曰，］"箕之役，先軫不反命"，［死於狄也。］

光旦：顧《表》以此列入赤狄，顯誤。《傳》文中明言獲白狄子，一也。以箕之方位言之，狄來自東方或東北方，二也。顧於案語中自云"狄連歲爲中國患，侵齊伐衛，今竟敢于伐晉，且深入至箕"，與上文（僖三十二年衛人侵狄下）所云"狄亦浸微"之語矛盾，三也。

　　光旦：然顧氏亦有說，在"白狄"欄中曰，白狄子者，赤狄之將佐耳。然此尚有困難，所獲何僅白狄子一人？愚謂此役應以白狄爲主，獲白狄子者，亦擒賊擒王耳。

翟

《國語》卷一二《晉語》：

　　[鄢陵戰前，欒武子與范文子爭戰與否，武子追論自惠公以來，晉已有三大恥，其一爲]"箕之役（僖三十三年），先軫不復命（晉敗翟于箕，先軫死之）……今我任晉國之政，不損晉恥，又以違（避也）蠻夷以重之（蠻夷，楚也）……"[范文子則以爲自惠以來，君臣多不睦，應先求國內之和睦，不與楚戰，]曰，"……姑以違蠻夷爲恥乎？"

狄（白狄）

《春秋左傳》宣公八年：

　　《經》：夏……晉師、白狄伐秦。
　　《傳》：春，白狄及晉平。夏，會晉伐秦。……
　　　　顧棟高：白狄始見《經》。
　　　　顧棟高：此時白狄知赤狄之將亡，而欲結晉以自固也。
　　　　光旦：顧氏之論，想當然爾。

狄

《竹書紀年》卷一一：

　　[周定王]六年（晉成六年），晉成公與狄伐秦，獲秦諜，殺之絳市，六日而蘇。
　　　　徐《箋》：《左》宣八年春，白狄及晉平，夏，會晉伐秦……（餘相同，已別有片）

狄（"白狄"）

《春秋左傳》宣公十一年：

　　《經》：秋，晉侯會狄于欑函。

《傳》：晉郤成子求成于衆狄。衆狄疾赤狄之役，遂服于晉。秋，會于欑函，衆狄服也。……

　　光旦：顧氏棟高以"衆狄"專指白狄，故《表》中列入白狄欄。我不謂然，因別立"衆狄"片，説見彼，但此處姑亦立片，以存異説。

狄（白狄）

《春秋左傳》成公九年：

　　《經》：冬……秦人、白狄伐晉。
　　《傳》：冬……秦人、白狄伐晉，諸侯貳故也。
　　　　顧棟高：是時秦召楚與狄伐晉，故十二年晉敗狄而旋即伐秦也。

狄（"白狄"）

《春秋左傳》成公十二年：

　　《經》：秋，晉人敗狄于交剛。
　　《傳》：狄人間宋之盟（指同年夏"宋華元合晉楚之成"）以侵晉，而不設備。秋，晉人敗狄于交剛。
　　　　杜：交剛，地闕。
　　　　顧棟高：高氏閌曰，此狄蓋白狄也，九年，秦人、白狄伐晉，此先敗狄而後伐秦，是知報九年之役也。
　　　　顧棟高：是時赤狄之種盡絶，故中國直名白狄爲狄，不復別之，如赤狄之在閔、僖之世也。

狄（白狄）

《春秋左傳》成公十三年《傳》：

　　夏四月……晉侯使吕相絶秦，［其辭曰，］"……白狄及君同州，君之仇讎，而我之昏姻也。君來賜命曰：'吾與女伐狄。'寡君不敢顧昏姻，畏君之威，而受命于吏。君有二心於狄，曰：'晉將伐女。'狄應且憎，是用告我。"

　　　　光旦：當是成十一年令狐之會以後之事，即最近年餘中事。
　　　　光旦：杜注昏姻指狄以赤狄廧咎如之女季隗妻晉文公。恐不止此一例。且此例爲與赤狄婚，與白狄無直接關係。
　　　　光旦：顧《表》不列。

《春秋左傳》成公十三年《傳》：

夏四月，[晉伐秦，]秦桓公既與晉厲公爲令狐之盟，而又召狄與楚，欲道以伐晉，諸侯是以睦於晉。

光旦：據上文"呂相絕秦"所用辭，此爲白狄無疑。

光旦：意圖，尚不是事實，故顧《表》不列。

《春秋左傳》成公十七年《傳》：

[長魚矯既殺三郤，又欲殺欒書、中行偃，晉厲公不可，矯]遂出奔狄。

光旦：當是白狄，時赤狄已滅。

光旦：此類個別人士之交道，顧《表》亦不列。

翟（白翟）

《國語》卷一二《晉語》：

長魚蟜既殺三郤，[又欲厲公殺欒書、中行偃，厲公不忍，]乃奔翟。

光旦：魯成十七年十二月。時赤翟已滅，故應是白翟。

狄（白狄）

《春秋左傳》襄公十八年：

《經》：春，白狄來。

《傳》：春，白狄始來。

杜：未嘗與魯接，故曰始。

顧棟高：高閌曰，《春秋》書白狄，于是焉止。

《春秋左傳》襄公二十八年《傳》：

夏，齊侯、陳侯、蔡侯、北燕伯、杞伯、胡子、沈子、白狄朝于晉，宋之盟故也。（不見《經》）

《春秋左傳》昭公元年《傳》：

[祁午語趙文子，叙其相晉七年之功，有曰，]"服齊、狄，寧東夏"。

杜：襄二十八年齊侯、白狄朝晉。

光旦：即上條，於此追叙。

顧棟高：[二十八年]時白狄屬楚。

狄("白狄")

《春秋左傳》昭公元年:

　　《經》:夏……晉荀吳帥師敗狄于大鹵。

　　　　杜:大鹵,大原晉陽縣。

　　　　姚:《穀梁傳》,"中國曰大原,夷狄曰大鹵。"

　　《傳》:晉中行穆子(荀吳)敗無終及羣狄于大原,崇卒也(舍車用步)。將戰,魏舒曰:"彼徒我車,所遇又陀,以什共車(十人當一車之用),必克。困諸陀,又克。請皆卒,自我始。"乃毀車以爲行,五乘爲三伍。荀吳之嬖人不肯即卒,斬以徇。爲五陳以相離,兩於前,伍於後,專爲右角,參爲左角,偏爲前拒,以誘之。翟人笑之。未陳而薄之,大敗之。

　　　　顧棟高:羣狄即所云衆狄,蓋白狄也。宣十一年,郤缺求成于衆狄,以攜赤狄之黨,遂滅潞氏。是後[衆狄]役于晉,從晉伐秦,中間爲秦所誘,而有交剛之敗。……閱四十二年,復牽帥無終以伐晉。無終今直隸薊州,在太原東口二千餘里,且曾與晉和,羣狄敢爲搆煽,爲患邊鄙,宜其啓晉雄心,而有肥、鼓之滅也。

狄(白狄,肥)

《春秋左傳》昭公十二年《傳》(《經》無):

　　晉荀吳僞會齊師者,假道於鮮虞,遂入昔陽。秋八月,壬午,滅肥,以肥子緜皋歸。

　　　　杜:肥,白狄也。鉅鹿下曲陽縣西南有肥累城。　　姚:肥累城,在今藁城縣西南七里。

　　　　光旦:餘注見"狄(白狄,鮮虞)"片。

狄(白狄,鮮虞)

《春秋左傳》昭公十二年《傳》(《經》無):

　　晉荀吳僞會齊師者,假道於鮮虞,遂入昔陽。秋八月,壬午,滅肥,以肥子緜皋歸。

　　　　杜:鮮虞,白狄別種,在中山新市縣;昔陽,肥國都,樂平沾縣東有昔陽城。　　姚:今真定府新樂縣西南有新市故城,俗名新城舖,其地有鮮虞亭;太原府平定州有昔陽城,一說＊今真定府藁城縣西南昔陽亭是,此鼓之都，非肥都。

　　　　光旦：* 此是顧棟高氏之説。顧又云，肥之國都與今新樂縣接壤。

《春秋左傳》昭十二年：

　　《經》：冬……晉伐鮮虞。

　　《傳》：晉伐鮮虞，因肥之役也。

《春秋左傳》昭公十三年《傳》（《經》無）：

　　鮮虞人聞晉師之悉起也（赴平丘之盟，甲車四千乘），而不警邊，且不脩備。晉荀吴自著雍，以上軍侵鮮虞，及中人，驅衝競，大獲而歸。

　　　　杜：中山望都縣西北有中人城。　　姚：城今屬保定府唐縣。

　　　　光旦：顧氏棟高誤保定爲真定。

《春秋左傳》昭公十五年：

　　《經》秋，晉荀吴帥師伐鮮虞。

　　《傳》秋……晉荀吴帥師伐鮮虞，圍鼓。……

　　　　光旦：餘見"狄（白狄，鼓）"片。

　　　　光旦：鮮虞與肥、鼓之關係不清楚，肥、鼓當是鮮虞之屬國，故其君亦稱"子"。

狄（白狄，鼓）

《春秋左傳》昭公十五年《傳》：

　　秋……晉荀吴帥師伐鮮虞，圍鼓。鼓人或請以城叛，穆子弗許。……使鼓人殺叛人而繕守備。圍鼓三月，鼓人或請降。使其民見，曰："猶有食色，姑脩而城。"……鼓人告食竭力盡，而後取之。克鼓而反，不戮一人，以鼓子鳶（一作鳶）鞬歸。

　　　　杜：鼓，白狄之别。鉅鹿下曲陽縣有鼓聚。　　姚：下曲陽故城，在今真定府晉州西，今晉州治，即鼓國，《漢志》所謂鼓聚也。

　　　　光旦：然則何以必取鼓？所未解。

翟（白翟）

《國語》卷一五《晉語》：

　　中行穆子（荀吴）帥師伐翟，圍鼓。鼓人或請以城畔，穆子不受……（一段議論，言不受之理，略）……令軍吏呼城儆，將攻之，未傅而鼓降。

韋：翟，鮮虞也。鼓，白翟別邑。在魯昭十五年。
《國語》卷一五《晉語》：
　　中行伯既克鼓，以鼓子宛支（韋云，即鳶鞮）來。令鼓人各復其所，非僚勿從〔行〕。鼓子之臣曰夙沙釐，以其孥行，軍吏執之，辭曰："我君是事，非事土也，名曰君臣，豈曰土臣？今君實遷，臣何賴於鼓？"穆子召之曰："鼓有君矣，爾止事君，吾定而禄爵。"對曰："臣委質於翟之鼓，未委質於晉之鼓……〔穆子嘉之〕，乃使行。既獻……與鼓子田於河陰，使夙沙釐相之。

狄（白狄，鼓）

《春秋左傳》昭公二十一年《傳》：
　　冬……鼓叛晉，晉將伐鮮虞。
　　　　杜：叛晉〔而歸〕屬鮮虞。
《春秋左傳》昭公二十二年《傳》：
　　晉之取鼓也（昭十五年），既獻，而反鼓子焉。又叛於鮮虞。六月，荀吳略東陽（杜：魏郡廣平以北），使師僞糴者，負甲以息於昔陽之門外（故肥子都）；遂襲鼓，滅之，以鼓子鳶鞮歸，使涉佗守之。
　　　　顧棟高：是時白狄之種亦絕，獨留一鮮虞，至戰國時爲中山王。

狄（白狄，鮮虞）

《春秋左傳》定公三年《傳》：
　　秋，九月，鮮虞人敗晉師于平中（晉地），獲晉觀虎，恃其勇也。（不見《經》）
　　　　杜：爲定五年士鞅圍鮮虞張本。
《春秋左傳》定公四年：
　　《經》：秋……晉士鞅、衛孔圉帥師伐鮮虞。
　　《傳》：晉荀寅求貨於蔡侯，弗得，言於范獻子，〔謂晉自身方危，不宜爲蔡伐楚（時諸侯正爲此合于召陵）曰，〕"……中山不服，棄盟取怨，無損於楚，而失中山，不如辭蔡侯。"
　　　　杜：中山〔即〕鮮虞。
　　　　光旦：時已有中山之名，不待至戰國也。
　　　　顧棟高：趙氏鵬飛曰，晉伐楚，諸侯之利而六卿之害也。……晉伐鮮虞，晉之害而六卿之利也。故荀氏、士氏、趙氏交伐以顯其績。

《春秋左傳》定公五年：

《經》：冬，晉士鞅帥師圍鮮虞。

《傳》：晉士鞅圍鮮虞，報觀虎之役也。

杜：定三年，鮮虞獲晉觀虎。

《春秋左傳》哀公元年《傳》：

秋……齊侯、衛侯會于乾侯，救范氏也。師及齊師、衛孔圉、鮮虞人伐晉，取棘蒲。

光旦：《經》載是事，但不列鮮虞人，杜云，"狄帥賤故不書"。

姚：真定府趙州城中有棘蒲社。

《春秋左傳》哀公三年《傳》：

春，齊、衛圍戚，求援于中山。

杜：中山，鮮虞。

顧棟高：戚爲衛太子蒯聵所居，而景公方與晉爭伯，助子圍父，助臣叛君，而皆求助于外裔，中國之不道甚矣。

光旦：然不如是，外裔又何從而諸夏化乎？

《春秋左傳》哀公四年《傳》：

[晉范氏、中行氏之亂，荀寅奔邯鄲，]秋七月，齊陳乞、弦施，衛甯跪救范氏。……九月，趙鞅圍邯鄲。冬，十一月，邯鄲降。荀寅奔鮮虞……國夏伐晉，取邢、任……壺口[等邑]，會鮮虞，納荀寅于柏人。（不見《經》）

顧棟高：自昭元年以來，晉無歲不興邊功，置楚不問，而與外裔爲難，滅肥、鼓，并欲刳鮮虞。而銳意立功者，荀吳、范鞅也。身歿未幾，而其子爲晉所逐，反求託庇，黷武之禍，至于如此。天道好還，可不戒哉！

《春秋左傳》哀公六年：

《經》：春……晉趙鞅帥師伐鮮虞。

《傳》：春，晉伐鮮虞，治范氏之亂也。

杜：四年，鮮虞納荀寅于柏人。

顧棟高：鮮虞與肥、鼓，杜注皆云白狄種。歷觀諸《傳》，其地大抵在直隸真、保之間，益知《史記》所云居于河西者誤也。

翟（白翟）

《國語》卷一五《晉語》：

　　趙襄子（無卹）使新稺穆子伐翟，勝左人、中人（翟之二邑）。

　　　　韋：在春秋後。

狄（赤、白狄）

《春秋左傳》僖公二十三年《傳》（《經》無）：

　　晉公子重耳之及於難也，晉人伐諸蒲城。……遂奔狄。從者狐偃、趙衰、顛頡、魏武子、司空季子。狄人伐廧咎如，獲其二女叔隗、季隗，納諸公子。公子取季隗，生伯儵、叔劉，以叔隗妻趙衰，生盾。……［公子］處狄十二年而行（僖五至十六）。……

　　　　光旦：所伐廧咎如爲赤狄，此豈白狄乎？

《春秋左傳》僖公二十四年《傳》：

　　［重耳歸國，語寺人披，］"余從狄君以田渭濱，女爲惠公來求殺余……"

　　　　光旦：此是白狄，參成十三年《傳》"呂相絕秦"時用語，别有片。

　　　　光旦：顧《表》皆不列。

　　　　光旦：片眉作"赤、白狄"，是最後結論。"赤"之依據爲廧咎如，無疑；"白"之依據則成十三年呂相絕秦曰，"白狄及君同州，君之仇讎，而我昏姻也"。以季隗妻文公，自是白狄主婚！

顧棟高（《表·叙》）：

　　赤狄之種有六：……潞［氏］爲上黨之潞縣，處晉腹心。……留吁、甲氏俱在今之廣平，鐸辰在潞安境。（東山皋落氏及廧咎如地闕。）白狄之種有三，其先與秦同州，在陝之延安，所謂西河之地。其別種在今之真定藁城、晉州者曰鮮虞、曰肥、曰鼓。……

　　荀林父敗赤狄于曲梁，遂滅潞，而晉侯身自治兵于稷，以略狄土。稷在河東之聞喜，而曲梁在廣平之雞澤，綿地七百餘里。……狄所攘奪衛之故地如朝歌、邯鄲、百泉，其後悉爲晉邑。班氏所謂河内殷墟更屬于晉者，蓋自滅狄之役始也。

顧棟高《論》（《表》卷三九）：

　　白狄故居河西（它處顧又否定此語），其別種在中國者，赤狄能役屬之。而長狄尤其酋豪中之魁異者。……其疆域（衆狄合言之）自晉蒲屈以東，東與齊、魯、衛爲界，蓋自平陽潞安以及山東之境，雜居山谷，綿地千里。……魯僖公之三十二年而狄始亂。……種類自相攜貳。……狄[將佐]之死國難者，《春秋》賤之，故不書，使不得與潞子嬰兒等，則其種之貴賤可知矣(已有階級)。……

莊公三十二年而狄伐邢，暴橫中國更三十有四年，而狄有亂，赤狄、白狄始分。又三十有五年而赤狄潞氏滅于晉。又六十有五年而晉滅肥。又十年而晉滅鼓，白狄止存鮮虞——首尾百四十有四年……

太史公稱諸戎翟自有君長，莫能相一，蓋據春秋之末至戰國而言耳，非所論于魯閔、僖之世……

狄(長狄)

《春秋左傳》：

[桓公十六年，即]齊襄公之二年，鄭瞞伐齊。齊王子成父獲其(長狄僑如)弟榮如。……衛人[於其退經衛境時，又]獲其季弟簡如。

光旦：詳文十一年"狄(長狄)"片，此即從彼摘補。

姚：顧氏炎武曰，《史記》魯、齊世家及《十二諸侯年表》皆作齊惠二年，即魯宣之二年，此《傳》(文十一年)恐誤。

《春秋左傳》文公十一年：

《經》：秋……狄侵齊。冬十月，甲午，叔孫得臣敗狄＊于鹹(魯地)。

光旦：＊主要爲赤狄，而其中有長狄。

《傳》：鄭瞞侵齊，遂伐我。公卜使叔孫得臣追之，吉。侯叔夏御莊叔(即得臣)，緜房甥爲右，富父終甥駟乘。冬十月，甲午，敗狄于鹹。獲長狄僑如，富父終甥摏其喉以戈，殺之。埋其首於子駒之門。以命宣伯(得臣子，命以僑如之名，以紀功)。

初，宋武公之世，鄭瞞伐宋(在春秋前，此追述)，司徒皇父帥師禦之。耏班御……公子穀甥爲右，司寇牛父駟乘，以敗狄于長丘(姚：封丘縣東有長丘亭)，獲長狄緣斯(僑如之先)，皇父之二子死焉。宋公於是以門賞耏班，使食其征，謂之耏門。

晉之滅潞也(宣十五年)，獲僑如之弟焚如。

齊襄公之二年(魯桓之十六年。顧炎武指出，《史記》魯、齊世家及《十二諸侯年表》皆作齊惠二年，即魯宣之二年，此《傳》恐誤)，鄭瞞伐齊。齊王子成父獲其弟榮如。埋其首於周首之北門。衛人[於其退走時又]獲其季弟簡如。

鄋瞞由是遂亡。（杜：長狄之種絕。）

杜：鄋瞞，狄國名，防風之後，漆姓。僑如，鄋瞞國之君，蓋長三丈，獲僑如不書，賤夷狄也。

杜：子駒之門，魯郭門也（骨節非常，故志埋處）。

姚：周首，今有周首亭，《水經注》稱盧子亭，東阿縣東北。

《春秋左傳》：

[宣公十五年]晉之滅潞也，獲[長狄]僑如之弟焚如。

光旦：據文十一年《傳》文補片。

顧棟高：焚如……是赤狄之殉難者耳。晉盟衆狄而長狄不與，兄弟與國同死，可謂義矣。如果有鄋瞞之國在吳郡之永安，何爲不歸其國而甘以其身爲赤狄殉乎？

翟（長翟）

《國語》卷三《周語下》：

柯陵之會，單襄公[語]魯成公[論晉不足畏]……"且夫長翟之人，利而不義，其利淫矣，流之若何？"魯侯歸，乃逐叔孫僑如。

光旦：韋解謂長翟即指叔孫僑如。恐不爾。叔孫第以長狄僑如得名耳，非真長狄也。亦曰顧名思義，或因名之不正，叔孫不免沾染長翟"利而不義"之實耳。古人重名，名有感召作用故。

光旦：然"利而不義"亦表示發言者對長狄之歧視心理。

光旦：顧棟高謂長狄不是一個族，恐誤，此處稱"長翟之人"，自是指一個羣體也。

狄（長狄）

《春秋左傳》襄公三十年《傳》：

[晉師曠追溯七十三年前，即文公十一年事]曰，"是歲也，狄伐魯，叔孫莊叔於是乎敗狄于鹹，獲長狄僑如……"

翟（長翟）

《國語》卷五《魯語下》：

吴伐越，堕会稽，获骨焉，节专车。吴子使……问之仲尼……客执骨而问曰："敢问骨何为大？"仲尼曰："丘闻之，昔禹致群神於会稽之山（神，主山川之君），防风氏後至，禹杀而戮之，其骨节专车，此为大矣。"……客曰："防风氏何守也？"仲尼曰："汪芒氏之君也，守封隅之山者也，为漆姓。在虞、夏、商为汪芒氏，於周为长翟，今为大人。"客曰："人长之极几何？"仲尼曰："僬侥氏长三尺，短之至也。长者不过十之，数之极也。"

　　韦：汪芒，长翟之国名。封，封山。隅，隅山。在今吴郡永安县。周世，其国北迁，为长翟。十之，三丈，则防风氏也。

狄（衆狄）

《春秋左傳》僖公八年《傳》：

　　[七年，晋里克帅师败狄于采桑，梁由靡主穷追，里克不可] 曰："惧之而已，无速衆狄。"虢射曰："期年狄必至，示之弱矣。"[此年]夏，狄伐晋，报采桑之役也。……

　　　　光旦：馀详同年"狄（'赤狄'）"片，宣十五以前，衆狄服属於赤狄也。参宣十一年同眉片。

《春秋左傳》宣公十一年：

《經》：秋，晋侯会狄于欑函。

《傳》：晋郤成子求成于衆狄。衆狄疾赤狄之役，遂服于晋。秋，会于欑函，衆狄服也。是行也，诸大夫欲召狄。郤成子曰："吾闻之，非德莫如勤，非勤何以求人，能勤有继，其从之也。"

　　杜：晋侯往会之，故以狄为会主。欑函，狄地。

　　杜：赤狄潞氏最强，故服役衆狄。

　　光旦：复见"狄（赤狄潞氏）"片。

　　顾栋高：衆狄专係白狄之种类，若鲜虞、肥、鼓之属是也。晋侯亲在会，盖欲携赤狄之党，以绝其援。至十五年遂灭潞氏，益知前日之合而今日之分也。僖公初年，当狄之初起，里克曰，"惧之而已，无速衆狄"。盖此时合诸部为一，力大势盛，遂无敌於天下。

　　光旦：前此我亦以为"衆狄"不包括赤狄，更不包括潞氏，以今观之，殊不尔，"衆狄"犹"诸夏"、"羣舒"也，宣十一之"衆狄"，谓为不包括潞氏，犹可，其他赤狄必在内也，僖八之"衆狄"则无不包也。因别立一片，與"諸夏"同。

顧棟高(《表》,"長狄僑如"之後):

先儒皆以長狄、白狄爲國號,[故]《經》當云晉敗白狄于箕,叔孫得臣敗長狄于鹹。今《經》《傳》皆直云狄,而後言郤缺獲白狄子,叔孫得臣獲長狄僑如,足知狄之君爲赤狄,而長狄、白狄皆其將佐之臨陣見獲者爾。《左傳》又言,晉之滅潞,獲僑如之弟焚如,非其明證歟?

若說僑如爲鄋瞞之君,防風氏之後,守封隅之山,去中國二千餘里,安能爲患?公羊以爲一之齊,一之魯,一之晉。穀梁又以爲直敗一人之辭。自古未有以一人而能爲寇患者,誕愈甚矣。蓋長狄不過如後世巨毋霸之屬,狄人恃以爲威猛,而卒見獲,其勢遂日微,情理想當如是爾。

光旦:顧說亦自有見,然尚有困難:

1. 何以解於"白狄子"之"子"字?
2. 鄋瞞之稱如何交代?

狄(羣狄)

《春秋左傳》昭公元年《傳》:

晉中行穆子(荀吳)敗無終及羣狄于大原……

光旦:顧棟高氏以此羣狄即僖八與宣十一之"衆狄",皆白狄也。我則以爲僖八之"衆狄",以赤狄爲主,其中包括不與於采桑之役之其他赤狄,曰"無速"者,亦無速及此輩也。宣十一之"衆狄",則始以白狄爲主,欑函之會,所以孤立赤狄也,與會者宜以白狄爲多。此之羣狄,自亦不能不以白狄爲主,其時赤狄久滅;然亦不宜於絕對化,散入中國之赤狄雖盡,不能必邊境上不復有其族類也。參"狄('白狄')"下複見片,以見顧氏論點之全。

翟(羣狄)

《春秋左傳》昭公元年《傳》:

夏……晉中行穆子(荀吳)敗無終及羣狄于大原,崇卒也。將戰,[晉舍車而徒,作了種種臨時安排,以應狄之步卒於阨地,大異尋常作戰方式。]……翟人笑之。

光旦:《左傳》用"翟"字,此第二次,第一次爲僖五年。

  光旦："翟"、"狄"完全通用。

  光旦：別詳同年"狄"及"戎（山戎，無終）"片。

  光旦：此片複出，端爲"翟"字而立。

狄戎

《春秋左傳》哀公四年《傳》：

  楚……司馬［眅］起豐、析與狄戎，以臨上雒，［以追擊已潰之戎蠻子。］

  光旦：起狄戎之衆也。凡此皆屬先已服於楚者。

（狄）（代）

《戰國策》卷九《燕策》：

  張儀爲秦破從連橫，謂燕［昭］王曰："……昔趙主（襄子）以其姊爲代王妻，欲并代，約與代王遇於勾注之塞。……酒酣……［命廚人以進羹之長尾金斗］反斗而擊代王，殺之。……其姊聞之，摩笄以自刺也。故至今有摩笄之山……"

  吳：《大事記》，元王元年，晉趙無恤（襄子）滅代。《解題》，代，北狄之別也，其國在今蔚州。《史記》誤以簡子（襄子父）卒在貞定王十一年，十二年滅代；今從《外紀》。

  光旦：代、岱等地名不知與後之"傣"有淵源關係否。

（狄）

《戰國策》卷六《趙策》：

  智伯……使人之趙，請藺、皋狼之地。

  吳：恐名偶同。《漢志》，西河郡有皋狼縣，又有藺縣。［原作］蔡，或藺字之誤。

  光旦：皋狼，疑或與春秋時"東山皋落氏"有涉，皋狼或爲皋落之音轉。果爾則原赤狄之地入於晉者，三家分晉而入於趙。西河亦有皋狼，則赤狄今從西北方來，其人容有留在西河未遷者，則亦非吳氏所云之地名偶同也。

《戰國策》卷七《魏策》：

  智伯……索蔡（藺）、皋梁（狼）於趙。

（狄）——人名

《竹書紀年》卷三：

  帝禹……母曰脩己。

    《統箋》：《遁甲開山圖》榮氏解曰，女狄暮汲石紐山下泉水中，得月精如雞子，愛而含之，不覺吞，遂有娠，十四月生夏禹。

《竹書紀年》卷五：

  初，高辛氏之世妃曰簡狄……生［湯之始祖］契。

狄——人名

《戰國策》卷七《魏策》：

  昔者帝女令儀狄作酒而美，進之禹，禹飲而甘之，遂疏儀狄……

    鮑：《博物志》言禹時人。

    光旦：鮑注冗。

狄——地名

《春秋左傳》昭公二十三年《經》：

  秋……天王居于狄泉，［避王子朝之亂也。］

    杜：天王，周敬王。狄泉，今洛陽城內大倉西南池水，時在城外。 姚：定公元年，城成周，乃遷之城內，亦曰翟泉，今堙。

    光旦：此必與狄人有涉。

《春秋左傳》昭公三十二年《傳》：

  冬十一月，晉魏舒、韓不信……合諸侯之大夫于狄泉，尋盟，且令城成周。

《春秋左傳》定公元年《傳》：

  春王正月辛巳，晉魏舒合諸侯之大夫于狄泉，將以城成周。

翟——地名

《國語》卷三《周語下》：

  ［敬王十一年（魯定公元年），晉］魏獻子（舒）合諸侯之大夫於翟泉（將以城周）。

《戰國策》卷八《韓策》：

令楚王（懷王）奉幾瑟（韓太子嬰弟，時質於楚）以車百乘居陽翟。

狄——地名

《戰國策》卷四《齊策》：

　　［齊襄王時，］田單將攻狄。

　　　　鮑：狄，北胡。（顯誤——光旦）

　　　　吳師道：《史記》，田儋，狄人。徐廣注，今樂安臨淄縣。《正義》云，淄州高苑縣西北［有］狄故城。

　　　　光旦：狄人必曾居其地，斯有狄城之名。

翟——姓氏

《戰國策》卷五《楚策》：

　　魏相翟強死，［甘茂謂楚王（懷），欲自薦爲之繼，以利楚。］

《戰國策》卷六《趙策》：

　　翟章從梁來，甚善趙王（孝成）。趙王三延之以相，翟章辭不受。

　　　　光旦：似與翟強同爲魏人。

　　　　光旦：翟強自亦見於《魏策》，哀王策下有一章云"翟強善楚"，善，親也。

（狄）——肥姓

《戰國策》卷六《趙策》：

　　武靈王平晝閒居，肥義侍坐。

　　　　光旦：鮑、吳等注釋均未詳此人來歷。吳引《元和姓纂》，亦只云趙之賢人。疑白狄肥子之後也；肥子國初屬鮮虞，後入晉，至此其地自在趙境。下文肥義最先贊成胡服騎射之議，亦似可證。

氐

《竹書紀年》卷五：

　　［殷商成湯十九年，］氐羌來賓。

　　　　《統箋》：《商頌》，"昔有成湯，自彼氐羌，莫敢不來享，莫敢不來王。"

光旦：氐羌初見。甲骨文有之。

（侗）——黔

《戰國策》卷七《魏策》：

　　［魏惠王死，葬有日矣。會大雨雪，太子不欲弛期，惠施説太子］更日，"先王必欲少留而扶社稷、安黔首也。"

　　鮑：秦稱民"黔首"，非此時語也。

　　吴：《禮·祭儀》亦有"黔首"字，非始於秦。

　　光旦：疑侗族之先散布甚廣，不限於黔，亦不限於江之南，出名弩之"豁子"似即在豫楚之間，豁即"黔"也，今侗人自稱猶然。稱民爲"黔首"，其源或出於此。若曰黔指黑髮之人，則統治階層又何嘗不爲黑髮也？

　　光旦："黔首"與"黎民"二稱，來源不同，而與少數民族（當時不必爲少數）之自稱有關則一，"黔首"來自侗族之先人，而"黎民"則來自"九黎"，而黔與黎皆爲百越，亦可以推而知也。"九黎"與今日之黎有無關係，固待考，肯定之論據固無有，否定之論據亦不存在也。

獨　鹿

《汲冢周書》卷七《王會》第五十九：

　　成周之會……獨鹿［以］邛邛、距虚，［邛邛、距虚］善走也。……北嚮。

　　孔：獨鹿，西方之戎也；邛邛，獸，似距虚（下文孤竹下注謂驢騾之屬），負厥（？）而走也。

發　人

《汲冢周書》卷七《王會》第五十九：

　　成周之會……發人［以］鹿，鹿者若鹿，迅走。……西嚮。

　　孔晁：發亦東夷。

　　光旦：前二鹿疑誤，應是另一從鹿之字。

方　人

《汲冢周書》卷七《王會》第五十九：
　　成周之會……方人以孔鳥。……東嚮。
　　孔：亦戎別名。

方　揚

《汲冢周書》卷七《王會》第五十九：
　　成周之會……方揚以皇鳥。……東嚮。
　　孔：方揚，亦戎別名也。

防　風　氏

《竹書紀年》卷三：
　　［禹］八年，春，會諸侯于會稽，殺防風氏。
　　《統箋》：《國語》，仲尼曰……（見《國語》"翟（長翟）"片）
　　《統箋》：《世說》，會稽有防風鬼，屢見城邑，常跂雷門上，腳乘至地，晉橫陽令賀韜義鼓琴，防風聞琴聲，在賀中庭舞。

費　費

《汲冢周書》卷七《王會》第五十九：
　　成周之會……州靡費費，其形人身技（跂？）踵自笑，笑則上唇翕其目，食人，北方謂之吐嘍。……東嚮。
　　孔：州靡，北狄也。費費曰梟羊，好行，立行如人，被髮，前足稍長者也。
　　光旦：州靡，疑應是地名，猶上文"揚州禺禺"之揚州，與下文"都郭生生"之都郭。或，州靡、費費，一事二名，猶"都郭、生生"，孔注"二名也"。費費梟羊，實亦人，據後來文獻，即浙、閩、贛、粵之山都、木客，今畬族之先，當年亦自身參與"王會"，非他人以之作爲土貢而參加也。下文之"生生"亦然。是則孔注以州靡、都郭皆爲北狄者，實誤，彼時雖年代尚早，疑北方已不復存在此類被人誤爲動物之人。

補　遂

《戰國策》卷三《秦策》：

　　蘇秦……説秦惠王曰……"昔者神農伐補遂……"
　　　鮑：國名，未詳。
　　　光旦：百越稱人，皆作"布"或"補"音，此豈與後之百越有涉乎。姑記於此。
　　　光旦：疑或即戰國時韓地武遂，見卷八《韓策·秦圍宜陽》章。但下文《謂公叔曰》章，武遂是秦地。又下文《公仲使韓珉之秦》章，言至秦即爲求武遂之地。更下文《公仲以宜陽之故仇甘茂》章説明武遂本爲韓地。

共　人

《汲冢周書》卷七《王會》第五十九：

　　成周之會……共人[以]玄貝。……西嚮。
　　　孔晁：共人，吳越之蠻；玄貝，照貝也。

孤　竹

《竹書紀年》卷六：

　　[殷商帝辛（即紂）]二十一年，春正月，諸侯朝周；伯夷、叔齊自孤竹歸于周。
　　　《統箋》：《史記·列傳》，"伯夷、叔齊，孤竹君之二子也。……"
　　　光旦：《史記》下文所記與此不同。
　　　《統箋》：《史記索隱》，《韓詩外傳》云，孤竹君是殷湯……所封。
　　　《統箋》：應劭曰，孤竹之國君，姓墨胎氏。據《殷本紀》史公曰，"契後分封，以國爲姓，有目夷氏"，即此也。

《統箋》:《地理志》,遼西令氏(令支)有孤竹城。

　　《統箋》:《括地志》,孤竹古城在平州盧龍縣南十二里。

《汲冢周書》卷七《王會》第五十九:

　　成周之會……孤竹距虛。……北嚮。

　　光旦:孤竹,《戰國策》亦有一例,未列片。

顧

《竹書紀年》卷四:

　　[夏后帝癸(桀)]二十八年,商會諸侯于景亳,遂征韋,商師取韋。遂征顧。……二十九年,商師取顧。

　　《統箋》:《古今人表》有鼓,師古曰,即顧國也。

　　《統箋》:《史記索隱》,《郡國志》顧在東郡虞丘縣北,今曰顧城。

　　《統箋》:《左》哀二十一年,"公及齊侯、邾子盟于顧。"[即此顧城也。]

　　光旦:聯係齊東掖縣之過與鄭宋間之戈,疑均與南方後見於文獻之百越有涉,尤其是其中稱獠之一支。

　　《統箋》:《詩》(《商頌》),"韋顧既伐"。

　　光旦:即指此數年內事。韋、顧並提,地近,亡之年亦近,於族類疑亦近也,蛛絲馬跡,均若與百越有係。

貫 胸 氏

《竹書紀年》卷一:

　　[黃帝]五十九年,貫胸氏來賓。

　　《統箋》:《山海經》,貫胸國人胸有竅。

　　《統箋》:《博物志》,交趾民在貫胸東。

　　《統箋》:唐,宋① 佺期泛海詩,"嘗聞交趾郡,南與貫胸連。"

---

① 《箋》誤作"宋"。見《全唐詩·沈佺期·度安海入龍編》:"我來交趾郡,南與貫胸連。"——整理者注

《統箋》：《括地圖》，禹平天下，會于會稽之野。又《[海外]南經》，防風二神[以]弩射之，有迅雷，二神恐，以刃自貫其心，禹哀之，乃拔刃，療以不死之草，皆生，是爲貫胸之民。①

光旦：是貫胸與防風有係。

光旦：亦見《尸子》。

規　矩

《汲冢周書》卷七《王會》第五十九：

成周之會……規矩以鱗（麟？），[鱗]者囗？獸也。……東嚮。

孔晁：規矩，亦戎也。麟似麈，牛尾，一角，鳥蹄也。

鬼　方

《竹書紀年》卷六：

[殷商武丁]三十二年，伐鬼方，次于荊。

《統箋》：《後漢書·西羌傳》，武丁伐西戎鬼方。

光旦：此即本《竹書》，而率易添西戎二字。

《統箋》：《詩·大雅·蕩》，"內奰于中國，覃及鬼方。"毛傳，"鬼方，遠方也。"

《統箋》：《世本》，陸終娶于鬼方氏之妹曰女嬇。注，鬼方于漢，則先零戎也。

《統箋》：要之，武丁伐鬼方，則鬼方自是國名，不得以遠方概之……大抵即《商頌》所云"奮伐荊楚"者也。

光旦：《箋》語不盡。遠方，果失之不知而又不負責；《後漢書》作西戎，《世本》注作先零戎，亦誤。曰"次于荊"，則荊爲伐鬼方必經之地，是鬼方應在西南。近年論者謂當是黔之鬼國，即三國時濟火之先世，以其以大、小鬼主爲領袖，故稱。此雖無佐證，於事理爲順。鬼方自是一名目，不得以荊楚概之，《箋》亦疏。

---

① 見清郝懿行《山海經箋疏》。——整理者注

過

《竹書紀年》卷三：

[夏后相]八年，寒浞殺羿，使其子澆居過。

《統箋》：《左》襄四年，"浞因羿室，生澆及豷"，"處澆于過，處豷于戈。"

《統箋》：《晉地道記》，東萊掖縣有過鄉，北有過亭，是古之過國。

《統箋》：《括地志》，過鄉在萊州掖縣西北二十里。

《統箋》：《史記索隱》，過，猗姓國。

光旦：掖，原稱"不夜"。不夜、掖、猗、過、戈悉近百越若干自稱之音，可尋味。今在國境外之此族尚有稱"老撾"者。

黑 齒

《汲冢周書》卷七《王會》第五十九：

成周之會……黑齒[以]白鹿白馬。……西嚮。

孔晁：黑齒，西遠之夷也。

胡

胡

《戰國策》卷三《秦策》：

蘇秦始將連橫，說秦惠王曰："大王之國……北有胡貉、代馬之用。"

鮑：胡，樓煩、林胡之類。

光旦：初見，《左傳》、《國語》無此。

（胡）

《戰國策》卷六《趙策》：

[蘇秦自燕至趙，始合從，說趙王（肅侯），]"大王誠能聽臣，燕必致氈裘狗馬之地……"

胡

《戰國策》卷六《趙策》：

[武靈]王遂胡服，率騎入胡，出於遺遺之門（不詳），踰九限之固，絕五徑之險（九限、五徑均不詳），至胡中，辟地千里。

吳：胡中，一本[作]"榆中"。《世家》二十年，王西略胡地，至榆中。《正義》云，勝州所治榆林。

胡——胡服

《戰國策》卷六《趙策》：

[武靈王]賜周紹胡服，衣冠貝帶，黃金師比。

吳：《史記·匈奴傳》，黃金貝帶，《音義》云，腰中大帶。

吳：《淮南子》云，趙武靈王貝帶鵔鸃而朝。（《主術訓》）

吳：《漢書·佞幸傳》，"孝惠時，郎、侍中皆冠鵔鸃，貝帶"，注，以貝飾帶。

吳：《漢書》，黃金犀比，師古云，"胡帶之鈎也"。

吳：師比，犀比，《史記》[又作]胥紕。

吳：《大事記》引《水經注》《竹書紀年》，邯鄲命將軍、大吏、適子、代吏（史）皆貂服，即胡服之事。按胡廣曰，趙武靈王改胡服，以金璫飾前，前搖貂尾爲貴職。或以北土多寒，胡人以貂皮温額，後代效之。亦曰惠文。漢曰武弁，曰女冠，武官冠之。侍中、中常侍加黃金璫，附蟬爲文，貂尾爲飾。《漢官儀》又名"鵔鸃冠"。愚謂貂服者，此類也。今之靴亦武靈所製云。

胡

《戰國策》卷六《趙策》：

[蘇厲爲齊上書説趙惠文王，]"秦以三軍攻王之上黨而危其北，則勾注（山，在雁門縣西北）之西非王之有也……此[則]代馬胡駒不東，而崑山之玉不出也。"

吳：胡駒，《史》作"胡犬"。郭璞云，胡地野犬，似狐而小。

胡（東胡）

《汲冢周書》卷七《王會》第五十九：

　　成周之會……東胡[以]黃羆。……北嚮。

　　　孔：東胡，東北西卑（鮮卑）。

《戰國策》卷六《趙策》：

　　[武靈王在説服其叔父公子成實行胡服騎射之一段話中，説到趙之四至，]"東有燕、東胡之境"。

　　　吴：《正義》云，東胡，烏丸之先也，後爲鮮卑，在匈奴東，故曰東胡。《括地志》云，東胡，漢初冒頓滅之，餘保烏丸山，因號烏丸。

胡（林胡）

《戰國策》卷九《燕策》：

　　蘇秦將爲從，北説燕文侯曰："燕東有朝鮮、遼東，北有林胡、樓煩……"

胡（樓煩）

《戰國策》卷六《趙策》：

　　[武靈王在説服其叔父公子成實行胡服騎射時，説到趙當時之四至，]"西有樓煩、秦、韓之邊"。

　　　吴：《括地志》曰，林胡、樓煩，即嵐、勝之北也。嵐、勝以南石州離石、藺等，趙邊邑也，秦隔河也。晉、洛、潞、澤等州，皆七國時韓地，趙西境也。

《戰國策》卷九《燕策》：

　　蘇秦將爲從，北説燕文侯曰："燕東有朝鮮、遼東，北有林胡、樓煩……"

胡（樓煩，等）

《戰國策》卷四《齊策》：

　　[蘇代説齊閔王：]昔者燕、齊戰於桓之曲（鮑：《家語》所謂桓山，蓋在齊魯之間），燕不勝，十萬之衆盡。胡人襲燕樓煩數縣（鮑：樓煩屬雁門），取其牛馬。夫胡之與齊非素親也，而用兵又非約質而謀燕也，然而甚於相趨者，何也？……形同憂而兵趨利也。

　　　光旦：樓煩本胡，不知何時屬燕。此時胡似復取之。

胡狄

《戰國策》卷六《趙策》：

　　［趙］武靈王平晝閒居，肥義侍坐曰："王……計胡狄之利［乎？］"王曰："……今吾欲繼襄王之業，啓胡翟之鄉。"

　　光旦：胡狄連用，此初見。

華

華（參"諸華"）

華氏

《汲冢周書》卷八《史記》第六十一：

　　［左史戎夫以"遂事（成事）之要戒"朔望語於穆王，］"諂諛日近，方正日遠，則邪人專國政，禁而生亂，華氏以亡。"

　　孔：古諸侯。

　　光旦：與夏后、殷商並列，並在夏、殷之前，或與後之稱"諸華"有涉，是則"華"之稱猶在"夏"之前矣。此前所未喻。

華（諸華）

《國語》卷一三《晉語》：

　　［晉悼五年，魏絳論和戎便，］"勞師於戎，而失諸華，雖有功，猶得獸而失人也，安用之？"

《國語》卷一三《晉語》：

　　［晉悼十二年，又追論魏絳之功，］公……曰："子教寡人和戎翟，而正諸華。"

諸華，華

《春秋左傳》襄公四年《傳》：

　　［晉魏絳論和戎之利，不和戎之害：］"勞師於戎……諸華必叛。……獲戎失華，無乃不可乎！"

《春秋左傳》襄公十一年《傳》：

　　［晉悼公追論魏絳和戎之功，］"和諸戎狄，以正諸華。"

《春秋左傳》襄公十四年《傳》：

　　[戎子支駒語：]"我諸戎飲食衣服，不與華同。"

諸華

《春秋左傳》昭公三十年《傳》：

　　[楚子西諫楚昭王弗納吳公子掩餘、燭庸而與吳爲敵：]"吳，周之冑裔也，而棄在海濱，不與姬通，今而始大，比于諸華。……"

華夏

《春秋左傳》襄公二十六年《傳》：

　　楚失華夏，則析公之爲也。

　　　　光旦：上文（文公十四年事）"子儀之亂，析公奔晉，晉人……以爲謀主。"

　　　　光旦：楚材晉用之一例。

《春秋左傳》定公十年《傳》：

　　[夏，魯、齊夾谷之會，孔子相，孔子斥去萊人以兵劫者：]"裔不謀夏，夷不亂華。"

穢　人

《汲冢周書》卷七《王會》第五十九：

　　成周之會……西面者，正北方……穢人[以]前兒，前兒若彌猴，立行，聲似小兒。……西嚮。

　　　　孔晁：穢，韓穢，東夷別種。

稷　慎

《汲冢周書》卷七《王會》第五十九：

　　成周之會……西面者，正北方，稷慎大麈。……西嚮。

　　　　孔晁：稷慎，肅慎也，貢麈，似鹿；正北，內堂北也。

　　　　光旦：麈，不知是塵之訛否。

僬　僥

《竹書紀年》卷二：

　　[堯]二十九年春，僬僥氏來朝，貢没羽。

　　　　《統箋》：《魯語》，"仲尼曰……"（已有片）

　　　　《統箋》：《山海經》，"有小人名曰僬僥之國，幾姓。"

　　　　《統箋》：馬融《廣成頌》，"納僬僥之珍羽"。

　　　　《統箋》：庾信《哀江南賦》，"西賣浮玉，南琛没羽。"

《國語》卷五《魯語下》：

　　[仲尼答吴王所遣客問，]"僬僥氏長三尺，短之至也。"

　　　　韋：西南蠻之别名。

《國語》卷一〇《晉語》：

　　[胥臣對晉文公語，]"僬僥不可使舉，侏儒不可使援。"……"僬僥，官師所不材也，以實裔土。"

　　　　光旦：是二者尚有區别，但不大。

荆

荆

《竹書紀年》卷四：

　　[夏后帝癸（桀）]二十一年，商師征有洛，克之；遂征荆，荆降。

　　　　《統箋》：《商頌》，"維汝荆楚，居國南鄉，在昔[①]成湯，自彼氐羌，莫敢不來享，莫敢不來王。"[按即此事。]

　　　　光旦：荆初見。

《竹書紀年》卷六：

　　[殷商武丁]三十二年，伐鬼方，次于荆。

　　　　《統箋》：孔氏《詩疏》，周有天下，始封熊繹爲楚子。[按此則]于武丁之世，不知楚君是何人。

[①] "在昔"應爲"昔有"，見上文"氏"條下《箋》。——整理者注

《統箋》：彝器款識，曾侯鐘銘，"惟王五十有六祀，徙自西陽楚王韻章"。薛氏曰，背有兩"商"字。

《統箋》：商癸父丁彝銘，"惟王六祀"。兄癸卣銘，"惟王九祀"。商稱祀也。

光旦：此段《箋》語只說明商稱祀一點，無大意義。下文意義較大。

《統箋》：商自太戊外，惟高宗（即武丁）享國五十九年。此鐘（曾侯鐘）銘稱五十六祀者，應自高宗伐鬼方之後，而荊楚亦遠徙西陽也。《一統志》，西陽城在黃岡縣境。

光旦：《箋》於此誤解銘文。曰"徙自西陽"者，是去西陽，非至西陽也。豈楚之先原在西陽，後因禦鬼方故，商強其西移至鄂西丹陽乎？楚既原在西陽，則其與越同為芊姓，尤屬可以理解矣。

（荊蠻）

《竹書紀年》卷七：

［周成王］六年，大蒐于岐陽。

徐《箋》：《左》昭四年《傳》，椒舉言于楚子曰，"成有岐陽之蒐"。

光旦：椒舉語及此，當亦因當時楚亦參加。

徐《箋》：《國語》，叔向曰，昔成王盟諸侯于岐陽，楚為荊蠻，致茅蕝表坐。

荊人

《竹書紀年》卷八：

［穆王］三十五年，荊人入徐。

光旦：《箋》注在"徐"片。

《竹書紀年》卷八：

［穆王三十五年，］毛伯遷帥師敗荊人于泲。

徐《箋》：泲，即濟。

光旦：為救徐乎？未詳。

《竹書紀年》卷八：

［穆王三十七年，］荊人來貢。

荆蠻

《竹書紀年》卷八：

　　［周厲王十四年（亦作共和元年，見《稽古録》），］召穆公帥師追荆蠻，至于洛。

　　　徐《箋》以爲《瞻彼洛矣》之詩，詩序雖以爲刺幽王而作，疑"當爲厲王時詩"與此事有涉，所以美召公者。洛即東都之洛，孔《疏》以爲漆沮，誤云。

　　　光旦：或是楚問鼎中原之始。

《竹書紀年》卷九：

　　［周宣王五年，］秋八月，方叔帥師伐荆蠻。

　　　徐《箋》：《采芑》，詩序，"宣王南征也"，詩曰，"蠢爾蠻荆，大邦爲讎，方叔元老，克壯其猶。"

九　苑

《竹書紀年》卷四：

　　［夏后帝不降］六年，伐九苑。

　　　《統箋》：《史記》張良曰，關中北有胡苑之利。《索隱》曰，苑，馬牧也，馬生于胡。……［按］疑即爲九苑之故地也。

康　民

《汲冢周書》卷七《王會》第五十九：

　　成周之會……康民以桴苡，［桴苡］者，其實如李，食之宜子。……東嚮。

　　　孔：康亦西戎之別名也。

萊

（萊）

《竹書紀年》卷七：

　　［成王］十四年，秦（應作齊）師圍曲城（應作成），克之。

徐《箋》：成王時無秦，秦當作齊。又城當作成。

徐《箋》：《齊太公世家》，武王封師尚父齊營丘，萊人來伐，與之爭營丘。［按，故］至是齊師圍曲成而克之。

徐《箋》：《郡國志》，萊有曲成。［按］蓋萊夷地也。

萊

《國語》卷六《齊語》：

（見"總錄——東南民族"片。）

《國語》卷六《齊語》：

［桓公］通齊國之魚鹽于東萊。

韋：言"通"者，則先時［嘗］禁之矣。東萊，齊東萊夷也。

光旦：靳不與少數民族鹽，作俑於齊之於萊夷，後世襲此手法者眾矣。然萊亦濱海，乃不能自行煎製，所不解。

《春秋左傳》宣公七年：

《經》：夏，公會齊侯伐萊。秋，公至自伐萊。

《傳》：夏，公會齊侯伐萊，不與謀也。凡師出，與謀曰"及"，不與謀曰"會"。

杜：萊國，今東萊黃縣。　姚：縣東南二十里有萊子城。

光旦：《經傳》及《注》皆不言萊為夷，當是其時即已相當諸夏化。

光旦：顧《表》引杜注曰，萊夷也，今東萊黃縣。

顧棟高：《史記》，太公封于營丘，萊人來伐。則萊于齊為邊鄙之患，由來久矣。魯與萊，中隔一齊，素無嫌隙，特承齊意而往會之耳。

《春秋左傳》宣公九年《經》：

夏，齊侯伐萊。（無《傳》）

《春秋左傳》成公十八年《傳》：

春……齊殺其大夫國佐……［其黨］王湫奔萊。

光旦：慶克之難故，詳《傳》文。此不見《經》。

《春秋左傳》襄公二年《傳》：

春……齊侯伐萊，萊人使正輿子賂夙沙衛以索馬牛，皆百匹。齊師乃還。君子是以知齊靈公之為"靈"也。（不見《經》）

杜：夙沙衛，齊寺人。索，簡擇好者。

光旦：萊人從事畜牧，《書》有"萊夷作牧"之語，則自《禹貢》之年代至此，萊人一貫爲畜牧經濟爲主也。

《春秋左傳》襄公二年《傳》：

齊姜薨（魯成公夫人）。……齊侯（靈公）使諸姜宗婦來送葬；召萊子，萊子不會。故晏弱城東陽以偪之。

杜：爲六年滅萊傳。

姚：孔《疏》，《世族譜》不知萊國之姓，齊侯召萊子者，不爲其姓姜也，以其比鄰小國，意陵蔑之，故召之，欲使從送諸姜宗婦來向魯耳。

姚：東陽，青州府臨朐縣東。

《春秋左傳》襄公六年：

《經》：冬……十有二月，齊侯滅萊。（《傳》作十一月，此從告）

《傳》：十一月，齊侯滅萊，萊恃謀也。……[前此，襄公二年，]晏弱城東陽，[至五年四月，復託治城，]而遂圍萊。甲寅，堙之環城，傅於堞。……[此年三月]乙未，王湫帥師及正輿子、棠人軍齊師，齊師大敗之。丁未，入萊。萊共公浮柔奔棠。正輿子、王湫奔莒，莒人殺之。[此年]四月，陳無宇獻萊宗器于襄宮。晏弱圍棠，十一月丙辰而滅之。遷萊于郳。高厚、崔杼定其田（疆界也）。

杜：棠，萊邑，北海即墨縣有棠鄉。

顧棟高：棠，今萊州府即墨縣南八十里。自是齊地東際于海矣。

《春秋左傳》定公十年《傳》：

夏，公會齊侯于祝其，實夾谷。孔丘相。

杜：夾谷，即祝其。

姚：顧氏炎武曰，在今萊蕪縣；舊説齊靈公滅萊，萊民播流此谷，邑落荒蕪，故曰萊蕪；會于此地，故得有萊人；服[虔]注，在東海祝其縣，今淮安府之贛榆，遠，非也。

犁彌言於齊侯曰："孔丘知禮而無勇，若使萊人以兵劫魯侯，必得志焉。"齊侯從之。孔丘以公退，曰："士兵之（杜：以兵擊萊人）！兩君合好，而裔夷之俘以兵亂之，非齊君所以命諸侯也。裔不謀夏，夷不亂華，俘不干盟，兵不偪好……君必不然。"齊侯聞之，遽辟之（辟去萊兵）……

杜：萊人，齊所滅萊夷也。

光旦：萊亡後之萊人，不見於顧《表》。

《春秋左傳》哀公五年《傳》：

　　[夏，齊景]公疾，使國惠子、高昭子立茶，寘羣公子於萊。秋，齊景公卒。冬十月，公子嘉、公子駒、公子黔奔衛，公子鉏、公子陽生來奔。萊人歌之曰："景公死乎不與埋，三軍之事乎不與謀，師乎師乎，何黨之乎？"

　　　　杜：萊，齊東鄙邑。　　姚：登州府黃縣東南有萊子城。

　　　　杜：[萊人歌，]哀羣公子失所，["何黨之乎"，"衆將何所往？"也。]

　　　　光旦：恐不爾，萊人見滅於齊，亦幸齊之多難耳。

　　　　光旦：不列於顧《表》，萊已滅也。

《戰國策》卷四《齊策》：

　　[蘇代説齊閔王論好詐謀、恃外援之足以禍國，]"昔者，萊、莒好謀……莒恃越而滅。"

　　　　光旦：此春秋時事，《春秋》齊侯滅萊《傳》，"萊恃謀也"，別有片。

《戰國策》卷四《齊策》：

　　[萊子立邑名"不夜"（今掖縣），後齊襄王以益封田單，旌其敗燕復齊之功]——見"（越）——自稱"片。

《戰國策》卷六《趙策》：

　　[魯仲連與辛垣衍論義不帝秦，]"齊閔王將之魯，夷維子執策而從……"[後鄒君死，入鄒弔，又之薛，皆夷維子從，其與所在國打交道，亦由夷維子出面發言。]

　　　　吳：《索隱》云，維，東萊之邑。其居夷也，號夷維子。故晏子爲萊之夷維人。

　　　　光旦：即今濰。

　　　　光旦：晏子原出萊夷，當不誤。

《戰國策》卷七《魏策》：

　　……謂魏王曰："昔曹恃齊而輕晉，齊伐釐、莒，而晉人亡曹。"

　　　　吳師道：《齊策》，"昔者，萊、莒好謀……"此"釐"字即"萊"。《左傳》，"公會鄭伯於郲"，杜注，"釐城"。劉向引"來牟"作"釐牟"。古字通。

萊——人名

《國語》卷五《魯語下》：

　　[魯未能與平丘之會，且平子又被晉執，子服惠伯責讓晉棄信背恩，言及

魯襄二十三年齊伐晉，魯助晉敵齊，軍次]雍俞，[魯叔孫豹]與[晉]邯鄲勝擊齊之左，掎(從後)止(獲也)晏萊焉。

  韋：晏萊，齊大夫。

  光旦：《史記》謂晏平仲爲萊之夷維人，是晏氏之族本出萊地，或竟初爲萊夷。今晏氏之族有人即以"萊"爲名，似更能説明此點。

萊——地名

  光旦：魯都郭門有名"萊門"者，凡兩見於《左傳》，其一在哀公六年，餘未録，不知與萊夷有涉否。姑存此。

萊——姓氏

《春秋左傳》哀二十四年《傳》：

  萊章[評晉、魯伐齊，天奉已多，行將班師]。

  杜：萊章，齊大夫。

  光旦：其初當是萊人？

黎

黎

《竹書紀年》卷六：

  [殷商帝辛(名受，即紂)]四年，大蒐于黎。

  《統箋》：《左》昭四年，"商紂爲黎之蒐，東夷叛之。"服虔曰，黎，東夷國名也，子姓。

  光旦：與殷同姓，而是夷，所不解。如此之例不一，姒姓、姬姓均有同姓之夷或戎，一般率謂脱離中心而化於戎夷者，亦想當然耳。然又何以原有之姓則始終保全，未遭化卻？

  《統箋》：《漢志》，魏郡黎丘縣。晉灼曰，黎山在其南。

  《統箋》：《韓非子》，"紂爲黎丘之蒐，而戎狄叛之，由無禮也。"

  光旦：參"耆"片。

《竹書紀年》卷六：

  [殷商帝辛]四十四年，西伯發伐黎。

《統箋》：《書》叙，"殷始咎周，周人乘黎……作《西伯戡黎》。"孔傳，黎"近王圻之諸侯，在上黨東北"。

《統箋》：《郡國志》，上黨壺關有黎亭，古黎國。

光旦：此與上文紂四年蒐黎之黎是兩事。此為與"耆"可通者，而不是東夷之黎。此點注釋家似均未指出。《古今地名辭典》不載東夷之黎。

光旦：東夷之黎或自西移來，曾經上黨壺關。此可能亦不能完全排斥。

《國語》卷三《周語下》：

[周靈王二十二年，大子晉諫靈王語，]"王無亦鑒于黎、苗之王？"

韋：黎，九黎；苗，三苗也。少皞氏衰，九黎亂德，顓頊滅之。高辛氏衰，三苗又亂，堯誅之。

光旦：黎、苗字亦單用。

黎（九黎）

《國語》卷一八《楚語下》：

[觀射父對楚昭王，]"少皞之衰也，九黎亂德，民神雜糅，不可方物。"

韋：黎氏九人也。

留昆氏

《竹書紀年》卷八：

[穆王]十五年春正月，留昆氏來賓。

徐《箋》：天子四日休于濩澤……祭父自圃鄭來謁，留昆歸玉百枚。

樓煩

《汲冢周書》卷七《王會》第五十九：

成周之會……樓煩以星施，星施者，珥旄。……東嚮。

孔晁：樓煩，北狄。

盧

《竹書紀年》卷六：

[殷商帝辛]五十二年，庚寅，周始伐殷……庸、蜀、羌、髳、微、盧、彭、濮從周師伐殷。

《統箋》：《括地志》，戎府以南，古微、盧、彭三國之地。

路　人

《汲冢周書》卷七《王會》第五十九：

成周之會……路人［以］大竹。……北嚮。

孔：路人，東方之蠻。

光旦：路人，疑即駱人，字後亦作"貉"，字音字形均同似，出大竹，方位亦合。

蠻

蠻（八蠻）

《汲冢周書》卷六《明堂》第五十五：

明堂……東門之外，西面北上，八蠻之國。

蠻（蠻揚）

《汲冢周書》卷七《王會》第五十九：

成周之會……蠻揚之翟。……北嚮。

孔：揚州之蠻貢翟鳥。

光旦：翟，非鳥，而是長尾鳥之羽，雉尾之類。

（蠻）

《國語》卷一《周語上》：

宣王既喪南國之師，乃料民于大原。

韋：敗于姜戎氏時所亡［失］也。南國，江漢之間；《詩》曰，"滔滔江漢，南國之紀。"

光旦：疑與姜戎無涉，姜戎不在"南國"，千畝之地名可知也。意者，宣王時數興伐荊蠻之師，其中必有一次失敗傷亡甚重，故歸而爲此。韋昭之解自在剌謬，此片不從，改以"（蠻）"立目。

光旦：此役及料民之舉當在宣王末年，故此段文字末尾有"王卒料之，及幽王乃廢滅"之語。

蠻

《春秋左傳》成公十六年《傳》：

［晉楚鄢陵之戰，將戰，］郤至曰，"楚有六間不可失也。……［其一曰，］蠻，軍而不陳……各顧其後，莫有鬭心。……我必克之。"

杜：蠻，蠻夷從楚者，不結陳。

光旦：餘語亦適用於參加楚師之其他隊伍，如楚人、鄭人，不限於蠻。

光旦：成公二年，晉齊鞌之戰，晉用狄卒；今楚用蠻卒，各以其所服屬之少數民族從軍，皆"土兵"之先例也。

光旦：顧《表》不列。

光旦：《國語·周語中》，"蠻"作"夷"，別有片。

蠻（荊蠻）

《國語》卷一四《晉語》：

［宋之盟，楚子木爭先歃，叔向語趙文子，爲盟主不在歃之先後，因近論故事］曰："……昔成王（周成王）盟諸侯于岐陽，楚爲荊蠻（荊州之蠻也），置茅蕝，設望表，與鮮牟守燎，故不與盟。"

光旦：故事與所論問題之關係不清楚，韋昭亦未解，只釋文字而已。

《國語》卷一六《鄭語》：

［桓公爲司徒，時王室多故，欲覓地"逃死"，問史伯，史伯對，］"王室將卑，戎狄必昌，［四方皆是］……南有荊蠻……"

光旦：楚。

韋：芈姓之蠻。

光旦：亦作"蠻荊"，見下文，此處未引。

《春秋左傳》昭公二十六年《傳》：

　　［王子朝敗奔楚，］十二月……王子朝使告于諸侯曰："……兹不穀震盪播越，竄在荊蠻，未有攸厎。……"

　　　　光旦：荊蠻謂楚，《春秋左氏傳》初見。

　　　　光旦：顧《表》不列。

蠻（蠻荊）

《國語》卷一六《鄭語》：

　　［史伯對鄭桓公問卜地避王室之難，謂成周之東西南北，］"非王之支子、母弟、甥舅也，則皆蠻荊戎翟之人也。"

　　　　韋：蠻荊，楚也。

《國語》卷一九《吳語》：

　　［黃池之會，敵前晉侯使董褐答吳王，］"今伯父有蠻荊之虞，禮世不續（禮，對周室朝聘之禮）……"

　　　　光旦：蠻荊，亦楚也。

　　（接上，責吳僭王，）"今君掩王東海……有短垣而自踰之，況蠻荊則何有於周室（楚可不論矣）。"

蠻（百蠻）

《國語》卷五《魯語下》：

　　（仲尼答陳惠公問中用詞，見"總錄——職貢"片。）

　　　　韋：蠻有百邑也。

蠻（羣蠻）

《春秋左傳》文公十六年《傳》：

　　秋……楚大饑……庸人帥羣蠻以叛楚。……楚人謀徙於阪高（姚：當在襄陽府西境）。蒍賈曰："不可。……不如伐庸。"……自廬（光旦：中廬？）以往，振廩同食。次于句澨（姚：當在均州西）。使廬戢黎（廬大夫）侵庸，及庸方城（杜：上庸縣東有方城亭；姚：今竹山縣東四十五里有方城）。庸人逐之，囚子揚窗。三宿而逸，曰："庸師衆，羣蠻聚焉，不如復大師（杜：還復句澨師），且起王卒，合而後進。"師叔（潘尪）曰："不可。姑又與之遇以驕之。彼驕我怒，而後可克，先君蚡冒所以服陘隧也"（杜云地名，誤；光旦：陘，山地，隧，沼澤耳）。又與之遇，七遇皆北，唯裨、鯈、魚人實逐之（魚，魚復，今奉節，餘二邑，注疏家均未詳）。庸人曰："楚不足與戰矣。"遂不設備。楚子乘馹會師于臨品（姚：當在均州界），分爲二隊，子越自石溪，子貝自仞以伐庸。秦人、巴人從楚師。羣蠻從楚子盟，遂滅庸。

  光旦：蠻於《春秋》初見。

  光旦：時尚有戎（山夷）、濮乘楚之饑起事，分見別片。

  光旦：庸之基本人口當亦蠻也，故能帥之。

顧棟高（《表》）：

  《後漢書·南蠻傳》曰，"蠻屬于楚。鄢陵之役，蠻與共王合兵擊晉。及吳起相悼王，南并蠻越，遂有洞庭、蒼梧。秦昭王使白起伐楚，略取蠻夷，始置黔中郡。"

顧棟高（《表》）：

  黔中故城，在今……沅陵縣西。辰、沅諸境所隸之蠻峒長官即羣蠻也。

《國語》卷一七《楚語上》：

  赫赫楚國，而君（恭王）臨之，撫征南海，訓及諸夏，其寵大矣。

  韋：南海，羣蠻也。

《春秋左傳》哀公十七年《傳》：

  [楚將代陳，子穀與子高論帥雖賤，不礙爲國立功，]曰："觀丁父，鄀俘也，[楚]武王以爲軍率，是以克州、蓼，服隨、唐，大啓羣蠻。"

  光旦：蠻之範圍可有如下不同之三說：

  1. 州、蓼、隨、唐中皆有蠻而啓之。

  2. 所啓者只限隨、唐二國境內之蠻。

  3. 所啓之蠻均在隨、唐以外而尚不成邦國者。

  後二説均可能，前一説恐不相干。

  光旦：此屬議論或追叙，顧《表》不採。

蠻夷（連用）

《國語》卷一《周語上》：

  蠻夷要服。

蠻夷戎翟（連用）

《國語》卷二《周語中》：

[陽人倉葛責讓晉文公不應對陽用武，]"夫三軍之所尋（討也），將蠻夷戎翟之驕逸不虔，於是乎致武。"

《國語》卷一七《楚語上》：

[士亹對楚莊王，]"蠻夷戎翟，其不賓也久矣，中國所不能用也。"

蠻夷

《春秋左傳》襄十三年《傳》：

秋，楚共王卒。子囊謀謚。……曰："赫赫楚國，而君臨之，撫有蠻夷，奄征南海，以屬諸夏，而知其過，可不謂共乎？"

蠻夷（楚）

《國語》卷五《魯語下》：

[魯]襄公如楚……及方城，聞季武子襲卞。公欲還，出楚師以伐魯。榮成伯曰："不可。……若楚之克魯，諸姬不獲闕焉，而況君乎！彼無亦置其同類，以服東夷，而大攘諸夏，將天下是王，而何德於君其（而）予君也？若不克魯，君以蠻夷伐之，而又求入焉，必不獲矣。不如予之（予季武子）。"

　　光旦：同類，蠻夷也。

《國語》卷一二《晉語》：

[鄢陵之戰前，欒武子與范文子爭戰與否，武子以避楚為恥，文子以為存此一恥，或足以激勵晉君臣，先求內部團結；武子曰，]"今我任晉國之政，不損晉恥（晉自惠公以來，已蒙三大恥），又以違（避也）蠻夷以重之"，[不可]……文子曰："……姑以違蠻夷為恥乎？"

《國語》卷一八《楚語下》：

[王孫圉對"鳴玉以相"之晉趙簡子論楚國之寶，]"若夫譁囂之美，楚雖蠻夷，不能寶也。"

　　光旦：楚亦自居蠻夷。

蠻夷

《春秋左傳》襄公三十一年《傳》：

[衛北宮文子於衛襄公前論周文王之威儀，威可畏而儀可則：]"文王伐崇，再駕而降爲臣，蠻夷帥服，可謂畏之。文王之功，天下誦而歌舞之，可謂則之。……有威儀也。"

《春秋左傳》昭十三年《傳》：

[平丘之會，]邾人、莒人愬于晉曰："魯朝夕伐我，幾亡矣。我之不共，魯故之以。"晉侯不見公，使叔向來辭曰："諸侯將以甲戌盟……請君無勤。"子服惠伯對曰："君信蠻夷之訴。……"

杜：蠻夷謂邾、莒。

光旦：邾、莒爲夷，此可確證矣。下文叔向又謂曰，"若奉晉之衆，用諸侯之師，因邾、莒、杞、鄫之怒，以討魯罪……何求而弗克？"以懾魯使服，則可知杞、鄫亦蠻夷也，杞爲常用夷禮者，或其人口中夷尚不少故也。惟終因邾、莒之訴，魯未與盟。

蠻夷（莒）

《國語》卷五《魯語下》：

平丘之會，晉昭公使叔向辭[魯]昭公弗與盟（原因，魯昭十年，季平子伐莒，取鄆，莒人愬之於晉，晉人信之，謂魯背盟）。子服惠伯曰："晉信蠻夷，而棄兄弟，其執政貳也"（受莒之賂）。[及魯以季平子及子服惠伯至晉謝（説明也），]晉人[又]執平子。子服惠伯見韓宣子（起）曰："……今信蠻夷而棄之（魯），夫諸侯之勉於君者將安勸矣？……若以蠻夷之故棄之，其無乃得蠻夷而失諸侯之信乎？……"宣子説，乃歸平子。

蠻夷

《春秋左傳》哀公元年《傳》：

[伍員諫夫差不聽越行成，]曰："……姬（吴）之衰也，日可俟也。介在蠻夷，而長寇讎（越），以是求伯，必不行矣。"

蠻夷（越）

《春秋左傳》哀公二十六年《傳》：

夏五月，[越率諸侯之師納衛侯輒，]文子致衆而問焉，曰："君以蠻夷伐國，國幾亡矣，請納之[乎？]"……[勿果納。輒隨越]師還。……遂卒于越。

杜：終言之也，終效夷言死于夷。

光旦：參"夷"片。

（蠻夷）

《戰國策》卷五《楚策》：

[楚懷王謂張儀曰,]"楚僻陋之國也，未嘗見中國之女如此其美也。寡人見之，獨何爲不好色也？"乃資之（張儀）以珠玉，[北覓鄭、周之美女。]

光旦：楚至戰國之末尚以蠻夷自處。

光旦：然其君已自稱寡人，而不復稱"不穀"。

蠻夷

《戰國策》卷六《趙策》：

[公子成不同意武靈王胡服騎射之議曰,]"中國者……蠻夷之所義行也。"

光旦：義行，效而行之也。《詩》，"儀刑文王，萬邦作孚"，義行，猶儀刑也。

《戰國策》卷六《趙策》：

[趙造説武靈王不行胡服騎射,]"……中國不近蠻夷之行。"

《戰國策》卷九《燕策》：

[燕昭王納張儀破從之説]曰："寡人蠻夷僻處，雖大男子裁如嬰兒，言不足以求正，謀不足以決事。"

光旦：以"蠻夷"用於北方，此非僅見，下文尚有。

《戰國策》卷九《燕策》，王喜策：

[荆軻、秦武陽至秦庭行刺,]秦武陽色變振恐……荆軻……前爲謝曰："北蠻夷之鄙人，未嘗見天子，故振慴，願大王少假借之……"

髳

《竹書紀年》卷六：

[殷商帝辛]五十二年，庚寅，周始伐殷……庸、蜀、羌、髳、微、盧、彭、濮從周師伐殷。

《統箋》：《括地志》，姚府以南，古髳國之地。

密

密（密須）

《竹書紀年》卷六：

[殷商帝辛（紂）三十二年，]密人侵阮（地未詳）。西伯帥師伐密。三十三年，密人降于周師。

《統箋》：《大雅·皇矣》，"密人不共，敢距大邦，侵阮徂共。"毛傳，"國有密須氏……"

《統箋》：應劭曰，密須，姞姓之國。薛瓚曰，安定陰密縣是。

《統箋》：皇甫謐曰，文王問太公，"吾用兵，孰可？"太公曰，"密須氏疑于我，我可先伐之。"……

光旦：疑早期向西北擴展之巴人，然除名稱音近宓羲、鼻息，及其它同音異字之巴人自稱外，未得其它。

《統箋》：《汲冢周書·大開武解》……（別有片）

《統箋》：《左》昭十五年《傳》，密須之鼓與大路……（別有片）

《統箋》：皇甫謐，密須人自縛其君而歸文王。

密

《汲冢周書》卷三《大開武》第二十七：

維王一祀，二月，王在酆，密命訪於周公旦曰："嗚呼，余夙夜維商密不顯誰和，告（若）歲之有秋，今余不獲其落，若何？"

孔晁：密人及商紂謀周，大命不得其落（果實也）……恐將亡。

徐氏《竹書統箋》：言一祀二月者，是年為文王受命專征伐之年，故《[汲冢]周書》稱為"一祀"。

光旦：此後周即帥師伐密，密人降，見《竹書》卷六，另有片。

《竹書紀年》卷八：

[周共王]四年，王師滅密。

光旦：事由見《國語·周語》第一，別有片。

光旦：密或密須，文王已滅一次，此又一次。初滅後必有復立或立他人之事，似未見交代。

《國語》卷一《周語》：

　　恭王游於涇上，密康公從。有三女奔之（奔康公）。其母曰："必致之於王。……"康公弗獻。一年，王滅密。

　　　　韋解：密今安定陰密縣，近涇。

　　　　光旦：據《竹書》，事在共王四年。

　　　　光旦：密國初爲姞姓，密姞二音合，即近巴人自稱之音，記此備考。

密須

《春秋左傳》昭公十五年《傳》：

　　[周王與晉荀躒、籍談言諸侯之封，皆受明器於王室，晉不例外，]密須之鼓與其大路，文[王]所以大蒐也……唐叔受之，以處參虛。

　　　　杜：密須，姞姓國，在安定陰密縣。　　姚：陰密故城在今陝西平涼府靈臺縣西五十里。

　　　　光旦：鼓與大路，自是殷末西伯伐降密須時得之者，伐降事見《竹書紀年》卷六，別有片。

　　　　光旦：存此一片者，疑密須有可能爲巴人進入西北之一支。然名稱而外，絕無左證。

苗

苗（三苗）

《國語》卷一八《楚語下》：

　　……其後，三苗復九黎之德。

　　　　韋：其後，高辛氏之季年也。三苗，九黎之後也。高辛氏衰，三苗爲亂，行其凶德，如九黎之爲也。堯興而誅之。……堯繼高辛氏平三苗之亂。

　　　　光旦：畬、瑤之神話，時代上與此接。槃瓠所娶固高辛氏之季女也。

《汲冢周書》卷八《史記》第六十一：

　　[穆王命左史戎夫以古代"遂事之要戒"朔望語於王，]"外內相間，下撓其民，民無所附，三苗以亡。"

《戰國策》卷七《魏策》：

　　[吳起對魏武侯（其元年爲周安王十六年乙未）論地險不足恃，一例，]"昔

者，三苗之居，左有彭蠡之波，右有洞庭之水，文山在其南，而衡山在其北。恃此險也，爲政不善，而禹放逐之。"

  光旦：是早在禹時，苗之主要部分已在江南；此所言介在兩大湖之間之形勢遲至南宋年間猶有存者，參朱熹、王應麟、方以智等著述。

  光旦：左、右，即東、西，甚合，《史記·吳起傳》作"左洞庭，右彭蠡"，適相反，自當以此爲據，意者史公本此而傳寫有誤耳。

  光旦：文山，注釋家不詳，以爲即汶山或岷山，"或遠言之"。愚謂贛西即有文山，在吉安縣東南十五里，文文山之名所由來，疑古代即有此山名。岷山究屬太遠，苗人入川，是近代事。

  光旦：衡山，注釋家以爲即今之南嶽，殊與當時分布之形勢不合。《左》襄三年《傳》，"楚子重伐吳……克鳩茲，至于衡山"，杜注以爲在吳興烏程南，《寰宇記》疑其去鳩茲（蕪湖東）太遠；《彚纂》以爲當塗縣東北六十里之橫山似爲近之，顧炎武則疑今丹陽縣之衡山爲楚軍所至。此所云衡山，疑當以當塗縣者最爲近情。

  光旦：苗之別支，今畲民之先之進入東南，疑應在此之後，即春秋初期徐偃滅亡之後。

《戰國策》卷七《魏策》：

  吳起對曰："……昔者，三苗之居……"（詳另片）

  光旦："昔者"，指禹及禹以前之年代。然當吳起存活之年代，即戰國初期，三苗之居又何嘗不爾，遲至南宋及元明，雖大部分已移入西南與更南，洞庭、彭蠡尚多殘存之迹。

  光旦："禹放逐之"當是事實，即至三危者。然所放逐者只其不"務德率教"之上層耳，決非全部族類也。驅全部族類過江與河，而遠至今西北之敦煌，勢有所不可能。

《戰國策》卷三《秦策》：

  蘇秦[說秦惠王]曰："……昔者……舜伐三苗。"

    鮑：國名，縉雲氏之後。

《戰國策》卷七《魏策》，昭王策：

  [蘇代]謂魏（昭）王曰："……黃帝戰於涿鹿之野，而西戎之兵不至；禹攻三苗，而東夷之民不赴。"

    鮑：不經見。

光旦：禹攻三苗有據。東夷不至，恐是游士之信口開河，故曰"不經見"。禹時或已有東夷之稱，孟子有舜爲東夷之人之語，然亦或後世追稱，其義與文王爲西夷之人不同，亦曰東方之人而已。但如有據，則當時三苗之地區應已在中南，即長江中下游，包括兩大湖之間。三苗自身必非東夷也。

三苗
《春秋左傳》昭公元年《傳》：

　　[虢之會，晉趙孟語楚公子圍，論諸侯之不可壹]："虞有三苗"。

　　　杜：三苗，饕餮，放三危者。

苗（有苗）——三危一説
《竹書紀年》卷二：

　　[舜]三十五年，帝命夏后征有苗。有苗氏來朝。

　　《統箋》：《書·大禹謨》，帝曰，咨禹，惟是有苗弗率……（另有片①）孔傳，三苗，國名，縉雲氏之後，爲諸侯，號饕餮。

　　《統箋》：《左傳》文十八年，史克曰，"縉雲氏有不才子，貪于飲食，冒于貨賄"，"天下之民，以比三凶，謂之饕餮"。

　　《統箋》：《山海經》，"苗民，釐姓。"

　　《統箋》：《戰國策·魏策》，"吳起曰……"（另有片）

　　《統箋》：《夏本紀》[據《禹貢》]，"三危既度，三苗大序。"《索隱》，鄭氏引《河圖》及《地説》云，三危山在鳥鼠西南，與岐山相連。

　　《統箋》：《後漢·郡國志》，隴西首陽縣鳥鼠同穴山，渭水[所]出。劉昭引《地道記》曰，有三危山，三苗所處。

　　《統箋》：《水經注》，"渭水東歷大利，又東南流，苗谷水注之"，三苗所居，故有苗谷。

　　《統箋》：《通鑑前編》，堯七十六載，竄三苗于三危。[按]當猶是竄

---

① 此片未見。《統箋》引《尚書·大禹謨》原文："帝曰：'咨禹，惟時有苗弗率，汝徂征。'禹乃會羣后，誓于師曰：'……蠢兹有苗，昏迷不恭，侮慢自賢，反道敗德。……肆予以爾衆士奉辭伐罪。……'三旬，苗民逆命。益贊于禹曰：'……至誠感神，矧兹有苗。'禹拜昌言……班師振旅。帝乃誕敷文德，舞干羽于兩階。七旬，有苗格。"——整理者注

之隴西之地。

光旦：堯七十六年事，未見《竹書》，但是年堯曾命禹伐曹魏之戎。

苗（有苗）——三危又一説

《竹書紀年》卷二：

[舜]三十五年，帝命夏后征有苗。有苗氏來朝。（此條複出）

《統箋》：《山海經》，苗民，釐姓，顓頊後。

《統箋》：《左》昭九年《傳》，"允姓之姦，居于瓜州。"杜氏曰，允姓之祖，與三苗俱放于三危，瓜州今燉煌也。

《統箋》：《穆傳》，乙丑，天子東征（何以不言西？——光旦），鰥鼉送天子，至于長沙之山，伯夭曰，重䰠氏之先，三苗氏之囗處。郭璞曰，三苗，舜所竄于三危者（似應作堯所竄——光旦）。[按]是則長沙之山即《後漢書》注[之]三危山，在沙州東南者也。

《統箋》：《韓非子》，三苗有成駒，亡國之臣也。[按]其遠竄于瓜沙者蓋此輩耳。

苗（有苗）

《戰國策》卷六《趙策》：

[趙武靈王欲胡服騎射，肥義舉古例以贊成之曰，]"昔舜舞有苗，而禹袒入裸國。"

（苗）

《國語》卷四《魯語上》：

[展禽論臧文仲祀爰居之非，]"舜勤民事而野死"。

韋：野死，謂征有苗死於蒼梧之野。

光旦：蒼梧，地太遠，論者咸云不是事實。征有苗，當有依據。其時苗之屬亦尚在北，未達今所知之蒼梧也。

苗

《國語》卷三《周語下》：

[周靈王二十二年，大子晉諫王語中，]"王無亦鑒于黎、苗之王？"

韋：黎，九黎；苗，三苗也。少皥氏衰，九黎亂德，顓頊滅之。高辛氏衰，三苗又亂，堯誅之。

光旦：苗、黎字亦單用。

岷山（山民）

《竹書紀年》卷四：

[夏后帝癸（桀）]十四年，扁帥師伐岷山。（以下似爲沈約附注之語）桀命扁伐山民，山民女于桀二人，曰琬，曰琰……

《統箋》：《楚辭·天問》，"桀伐蒙山，何所得焉？"

《統箋》：岷山即蒙山。

光旦：蒙山所在，注未及，豈即今沂蒙山區乎？

歐 人

《汲冢周書》卷七《王會》第五十九：

成周之會……歐人[以]蟬蛇，蟬蛇順食之，美。……西嚮。

孔晁：東越歐人也，比交州，蛇特多，爲上珍也。

光旦：即甌駱。

甌（且甌）

《汲冢周書》卷七《王會》第五十九：

成周之會……且甌[以]文蜃。……西嚮。

孔晁：且甌，在越；文蜃，大蛤也。

區 陽

《汲冢周書》卷七《王會》第五十九：

成周之會……區陽以鼈封，[鼈封]者若彘，前後有首。……東嚮。

孔晁：區陽，亦戎名也。

彭

《竹書紀年》卷六：

[殷商帝辛]五十二年，庚寅，周始伐殷……庸、蜀、羌、髳、微、盧、彭、濮從周師伐殷。

《統箋》：《括地志》，戎府以南，古微、盧、彭三國之地。

皮 氏

《竹書紀年》卷四：

[夏后帝不降]三十五年，殷滅皮氏。

《統箋》：《汲冢周書·史記》，左史戎夫曰……（另有片）

《統箋》：《括地志》，絳州龍門縣西一里八十步即古皮氏城。

《汲冢周書》卷八《史記》第六十一：

[周穆王命左史戎夫以古代國家敗亡之事朔望告戒於王，]"信不行，義不立，則哲士凌君政，禁而生亂，皮氏以亡。"

光旦：事在夏后帝不降三十五年，見《竹書》，別有片。

濮

濮

《竹書紀年》卷六：

[殷商帝辛]五十二年，庚寅，周始伐殷……庸、蜀、羌、髳、微、盧、彭、濮從周師伐殷。

《統箋》：《尚書》孔傳，"庸、濮在江漢之南。"《括地志》……濮在楚西南。

《統箋》：《左傳》昭九年，"吳濮有釁"，杜注，"建寧郡南有濮夷。"

光旦：杜注雖不誤，然不切。杜不知其後一度作"僰"，而至杜之年代，則為獠。今唯濮是求，只得遠至滇南矣！

濮（濮蠻）

《國語》卷一六《鄭語》：

〔史伯對桓公論避地，言南方之不可，〕"荊子熊嚴生子四人：伯霜、中雪、叔熊、季紃。叔逃難於濮而蠻……蠻芊，蠻矣。"

韋：蠻芊，謂叔熊在濮從蠻俗也。

光旦：末此語離上文甚遠。然韋解似得之，推上下文之義可知也。上文叙夔，夔有惡疾"不足命也"，下文叙荊，"荊實有昭德"。叔熊一支則蠻矣，可不論已。

《國語》卷一六《鄭語》：

（與上文同一節，最後一語，結束《鄭語》）楚蚡冒於是乎始啓濮。

韋：蚡冒，楚季紃之孫，若敖之子，熊率。濮，南蠻之國，叔熊避難處也。

光旦：然則濮去楚不遠，部分即跨楚初興之地，丹陽，今鄂省江北極西部，獠與巴交叉居地也。濮、夔（夔道者）、獠先後一事，略可證矣。

濮（百濮）

《春秋左傳》文公十六年《傳》：

秋……楚大饑……麇人率百濮聚於選（姚：當在枝江縣南境），將伐楚。……楚人謀徙於阪高（姚：當在襄陽府西境）。蒍賈曰："不可。我能往，寇亦能往……〔宜臨之以師。〕夫麇與百濮，謂我饑不能師，故伐我也。若我出師，必懼而歸。百濮離居，將各走其邑，誰暇謀人？"乃出師。旬有五日，百濮乃罷。

杜：百濮，夷也。

姚：《釋例》曰，建寧郡南有濮夷，無君長總統，各以邑落自聚，故稱"百濮"。

光旦：時尚有戎（山夷）、蠻等乘楚饑而起事，分見另片。

光旦：麇之基本人口當亦濮也，故能率以從事。然濮似更落後，缺少組織，難聚易散，不如蠻之強大（見另片）。

光旦：顧《表》列此。

濮

《春秋左傳》昭公元年《傳》：

[虢之會，晉趙孟語楚公子圍：]"吳、濮有釁，楚之執事，豈其顧盟？"

杜：濮在[楚]南，今建寧郡南有濮夷。　　姚：今雲南界，杜蓋極言其所至。

光旦：何必如是之南？周武伐紂時，八國中之濮似即在漢水之南。

光旦：疑即秦漢之僰，三國以後之獠也。

光旦：曩者以爲與蒲、景頗有涉，恐甚誤。

《春秋左傳》昭公九年《傳》：

晉梁丙、張趯率陰戎伐潁。王使詹桓伯[讓之，因備論周之四裔]曰："……巴、濮、楚、鄧，吾南土也。"

光旦：顧《表》列此。

顧棟高：孔安國《牧誓》注云，"庸、濮在江漢之南。"

顧棟高：韋昭《國語》注云，"濮南蠻之國。"

顧棟高：杜預《釋例》曰，建寧郡南有濮夷，濮夷無君長，各以邑落自聚，故稱"百濮"。

顧棟高：約言其地當在楚之南境而迤西。

《春秋左傳》昭公十九年《傳》：

夏……楚子爲舟師以伐濮。費無極言於楚子曰："晉之伯也，邇於諸夏，而楚辟陋，故弗能與爭。若大城城父（襄城之城父）而實大子焉，以通北方，王收南方，是得天下也。"王説，從之。

杜：濮，南夷也。　　姚：當在楚之西南境。

光旦：顧《表》列此。

濮——水名

《春秋左傳》昭公九年《傳》：

楚……遷許于夷（即城父）……然丹遷城父人於陳，以夷濮西田益之。

杜：以夷田在濮水西者與[移陳之]城父人。

姚：《水經注》，夏肥水，上承沙水，東南逕城父縣故城，春秋所謂夷田在濮水西者也。蓋濮水亦稱沙水。

光旦：濮，水名，然"夷濮"連稱，水之所以稱濮必有故，夷在濮水之西有田，疑水名即從夷名來也，春秋時，至少春秋以前，此一帶曾爲西南濮人所居。

蒲　姑

《竹書紀年》卷七：

[周武王十六年]秋，王師滅蒲姑。

徐《箋》：《左》昭九年《傳》，景王使詹桓伯辭于晉曰，"及武王伐商，蒲姑、商奄，吾東土也。"

徐《箋》：《郡國志》，下邳取慮縣有蒲姑陂。

徐《箋》：《書》序，成王東伐淮夷，遂踐奄，遷其君于蒲姑。[按]即此。

光旦：與齊東營丘之蒲姑疑一事，或二者有係。

《竹書紀年》卷七：

[周成王]三年，王師滅殷（武庚）……遂伐奄，滅蒲姑。

沈氏附注：薄姑氏與四國作亂，故周文公滅之。

徐氏《統箋》：此蒲姑當是薄姑之譌。

徐氏《統箋》：《左》昭二十年，晏子曰，"昔爽鳩氏始居此地，季萴因之，逢伯陵因之，蒲姑氏因之，而後太公因之。"[按此]則是蒲姑之滅、太公之封皆在于武王之世，安得至成王時始滅蒲姑耶？

徐氏《統箋》：《漢書·地理志》，"周成王時，薄姑氏與四國作亂，成王滅之。"師古《漢·昭帝紀》注，"四國，管蔡商奄也。"《地理志》，琅琊姑幕縣，應劭曰，薄姑氏之國。《後漢》注，姑幕故城在密州莒縣東北。《郡國志》，博昌縣有薄姑城，屬樂安國；取慮縣有蒲姑陂，屬下邳國。[按此]故曰，此蒲姑蓋薄姑之訛也。

耆

《竹書紀年》卷六：

[殷商帝辛（紂）]三十四年，周師取耆及邘。

《統箋》：《殷本紀》，"西伯伐飢國，滅之。"徐廣曰，飢一作肌，又作耆。即饑國也。

《統箋》：《左》僖二十九年①，祝鮀曰，分康叔以殷民七族，有饑氏。

《統箋》：《周本紀》謂西伯敗耆國。《正義》曰，"即黎國也。"[然按]《尚書·西伯戡黎》，乃武王襲封西伯後三年事也，安在文王所伐之耆即黎乎？

光旦：《箋》之質難固不礙耆之爲黎也。取耆戡，可能前後有兩次，而文王一次稱耆，武王之一次則稱黎，有何不可？查黎之稱岐（亦作歧），後世亦有其例，海南島之黎，部分稱歧，詳屈大均《廣東新語》。歧與耆同音，古今二事豈亦有涉乎？

光旦：按黎爲子姓，饑爲殷民七族之一，自亦子姓，此層應不成問題。參"黎"片。

奇 幹

《汲冢周書》卷七《王會》第五十九：

成周之會……奇幹[以]善芳，善芳者，頭若雄雞，佩之令人不昧。……東嚮。

孔：奇幹，亦北狄。

奇 肱 氏

《竹書紀年》卷五：

湯……放桀于南巢而還，諸侯八譯而來者千八百國。奇肱氏以車至。

《統箋》：《河圖括地象》，奇肱氏能爲飛車，從風遠行。

《統箋》：《博物志》，湯時西風吹其車至豫州，湯破其車，不以示民，十年，東風至，乃復作車遣返，而其國去玉門關四萬里。

---

① 《箋》誤，應爲《左傳》定公四年。——整理者注

羌

羌

《竹書紀年》卷五：

[殷商成湯十九年，]氐羌來賓。

《統箋》：《商頌》，"昔有成湯，自彼氐羌，莫敢不來享，莫敢不來王。"

光旦：氐羌初見。甲骨文有之。

《竹書紀年》卷六：

[殷商帝辛]五十二年，庚寅，周始伐殷……庸、蜀、羌、髳、微、盧、彭、濮從周師伐殷。

《統箋》：隴右岷、洮、叢等州以西，羌也。（《括地志》）

羌（丘羌）

《汲冢周書》卷七《王會》第五十九：

成周之會……丘羌[以]鸞鳥。……東嚮。

孔晁：丘地之羌不同，故謂之丘羌，今謂之丘矣（？）。

（羌）

《春秋左傳》莊公二十一年《傳》：

鄭伯（厲公）之享王（周惠）也，王以后之鞶鑑予之。

杜：鞶帶而以鑑為飾也，今西方羌胡猶然，古之遺服。

光旦：晉時，羌胡猶有此種服飾。

《春秋左傳》定公六年《傳》：

[魯昭公之難，衛侯欲納]定之鞶鑑，[使昭公得復位。]

杜：（注文與莊二十一年者全同，只"鑑"作"鏡"。）

光旦："定"當是衛先君謚。

禽　人

《汲冢周書》卷七《王會》第五十九：

　　成周之會……禽人［以］管（菅？）。……北嚮。

　　孔：禽人，亦東東（南？）蠻；菅草堅忍。

渠　搜

渠搜

《竹書紀年》卷二：

　　［堯］十六年，渠搜氏來賓。

　　《統箋》：《禹貢》，"織皮昆侖、析支、渠搜"。

　　《統箋》：《［漢書·武帝紀］》，"北發渠搜"。晉灼曰，"《地理志》，朔方有渠搜縣。"臣瓚曰，"《禹貢》渠搜在雍州西，此渠搜在朔方。"

　　《統箋》：揚雄曰，大漢左東海，右渠搜，前番禺，後陶塗，東南一尉（會稽東部都尉），西北一候（燉煌玉門關候）。［按此］則渠搜在西，不在北。

　　《統箋》：《涼土異物志》，古渠搜國在大宛北界。

　　《統箋》：《隋書·西域傳》，撥汗國都蔥嶺之西五百餘里，古渠搜國也，東去疏勒千里，去瓜州五千五百里，大業中遣使朝貢。

　　《統箋》：［按此云云，］則《禹貢》時之渠搜不在朔方，陸氏《禹貢》釋文亦引《漢志》［以爲］在朔方，非也。

　　光旦：渠搜原在西，區域甚廣，漢代似更延展至東方，至朔方之地，前後紀錄雖不同，卻不矛盾。

渠叟

《汲冢周書》卷七《王會》第五十九：

　　成周之會……渠叟以鼩犬，鼩犬者，露犬也，能飛，食虎豹。……東嚮。

　　孔晁：渠叟，西戎之別名也。

權　扶

《汲冢周書》卷七《王會》第五十九：

　　成周之會……權扶［以］三目。……北嚮。

　　　　孔：權扶，南蠻也。［三目，］玉之有光明也，形甚小也。

　　　　光旦：三目，或即"貓兒眼"之類，出南蠻，不誤。

戎

戎

《汲冢周書》卷二《武稱》第六：

　　追戎無恪（斸也），窮寇不格。

　　　　光旦：戎，一般西戎也，亦一般外寇也。周自不窋竄於戎直至春秋，始終與西戎相周旋，即始終與西方執戈之人相周旋，西裔稱"戎"，即從此而來乎？

《汲冢周書》卷二《小明武》第十：

　　上困（困於淫侈）下騰（因辛苦而騰怨），戎遷其野。

　　　　光旦：周之所以東遷，而伊洛、陸渾，乃至陰地之所以盡爲戎地，皆其例也。此種經歷，當是周立國之初即已有之，如早在豳岐之間，不待東遷之後也。然亦不必盡因上困下騰斯招來之耳。

《汲冢周書》卷三《柔武》第二十六：

　　［武王（元祀）語周公，］維周禁五戎；五戎不禁，厥民乃淫：一曰王觀幸時，政匱不疑；二曰獄讎刑蔽，奸吏濟貸；三曰聲樂□□，飾女滅德；四曰維勢是輔，維濤是怙；五曰盤游安居，枝葉維落——五者不距，自生戎旅。

　　　　孔晁：此成周也，而謂之戎，言五者不禁，戎之道也。

　　　　光旦：孔注牽強。曰五戎，猶曰"五敵"耳。周人與戎爲敵久，創鉅痛深，故以此五者比之。此爲西方執戈之人之"戎"之又一引伸詞，與戎狄之"戎"之引伸詞，可能有涉，亦可能無涉，而以見於文獻之先後推之，無涉之成分爲大。"戎道"云乎哉？

《竹書紀年》卷七：

[成王]十三年，王師會齊侯、魯侯伐戎。

  徐《箋》：此當是東方之戎，近齊、魯者。如春秋之世，公會戎于潛，公及戎盟于唐，公追戎于濟西，北戎伐齊——皆東方之戎，故王師會齊、魯以伐之。

  光旦：《箋》是。所言春秋時戎事，皆出《左氏傳》，已別具片。

《竹書紀年》卷八：

[穆王十七年，]秋八月，遷戎于太原。

  徐《箋》：《後漢書·西羌傳》，穆王西征犬戎，獲其五王，遂遷戎于太原。

  光旦：此即連綴《竹書》爲之，別無所本。

  徐《箋》：《史記·秦本紀》正義，"上黨以北皆太原地"。[按]古太原地甚廣，穆傳遷戎于太原，夷王伐太原之戎，至俞泉，宣王時伐玁狁，至太原，皆此地也；後人疑太原甚近，又非必即戎翟盤踞之所，皆泥于杜預《左傳》注太原即晉陽耳。

《戰國策》卷八《韓策》：

張儀爲秦連橫，説韓[襄]王曰："……秦馬之良，戎兵之衆……"

  光旦：此戎兵，猶春秋時晉之狄卒與春秋戰國時楚之蠻夷兵也。以"戎兵"對"秦馬"，"戎"非兵戎之戎可知。

戎——姓名

《汲冢周書》卷八《史記》第六十一：

[穆王命]左史戎夫……取遂事之要戒[朔望語於王]。

  光旦：據《竹書》，戎夫作記，事在穆王二十四年。

戎——姓氏

《戰國策》卷六《趙策》（惠文王）：

齊人戎郭、宋突謂仇赫曰……

  光旦：戎郭、宋突當是二人。

戎（曹魏之戎）

《竹書紀年》卷二：

[堯]七十六年，司空（禹也）伐曹魏之戎，克之。

《統箋》：《古今人表》，陸終妃女憒（嬇）生六子，五曰曹姓。

《統箋》：韋昭曰，曹，祝融之後。

《統箋》：《左傳》，詹桓伯曰，"魏……吾西土也"。

《統箋》：《盟會圖》曰，魏，嬴姓。

《統箋》：《呂氏春秋》，禹攻曹魏，屈驁以行其教。高誘曰，屈驁不知出何書也。

光旦：曹、魏初均爲戎，後其地始爲諸夏所封佔。但不可能是一種戎，姓源不同，一也，魏西而曹似在東，二也。

戎（曹魏之戎？）

《竹書紀年》卷一〇：

[周桓王]五年（曲沃武公元年），芮人乘京（乘京二字意義不明）……十一年……芮伯萬出奔魏。十二年，王師、秦師圍魏，取芮伯萬而東之。十三年……戎人逆芮伯萬于郊。

徐《箋》：《地理志》，馮翊臨晉有芮鄉，故芮國。詹桓伯云，"駘、芮……吾西土"，是也。此芮人乘京之芮，漢[代]河北縣地，後周改芮城，《唐志》，陝州芮城縣。

徐《箋》：[芮伯出奔，見《左》桓三年。]（又桓四、十年）

徐《箋》：《詩》，魏國疏，"《魏世家》絶不知所封爲誰，故言周以封同姓子"[而已]。

徐《箋》：《寰宇記》，陝州芮城縣北五里。

光旦：疑此一帶皆戎也。前乎此，則早在堯時，即有禹所克之曹魏之戎（其中之魏戎）；後乎此，則爲晉之陰地，總稱陰戎。魏之基礎人口爲尚未完全諸夏化之戎，固也。恐相去絶近之芮亦不例外，故芮伯以魏爲逋藪，而及魏之被圍，戎人又得而逆之也。

徐《箋》：[戎人逆芮伯于]郊，[郊]當作"郟"，《水經注》，戎人逆芮伯萬于郟斯城。亦或伯萬之故邑也。

戎（岐踵戎）

《竹書紀年》卷四：

[夏后帝癸（即桀）]六年，岐（一作跂）踵戎來賓。

《統箋》：《淮南·墜形訓》"有跂踵民"。高誘注，"跂踵，踵不至地，以五指（趾）行。"

《統箋》：《吕氏春秋·當染》，夏桀染于羊辛跂踵戎。

《統箋》：《大荒北經》①，"跂踵國在拘纓東，其爲人大，而足亦大，一曰大踵。"郭璞曰，"其人行，腳跟不着地也。"

《統箋》：《孝經鈎命决》，焦僥跂踵，重譯欵塞。

《統箋》：《山海經》又，"流沙行五百里，有山曰跂踵之山"，[按]或即爲跂踵國故地。

戎（西戎）

《竹書紀年》卷五：

[殷商太戊]二十六年，西戎來賓。王使王孟聘西戎。

《統箋》：《禹貢》，"西戎即叙"。

光旦：《箋》引此，只能説明"西戎"爲西方之戎之泛稱，但不是一事，是兩個時代事也。

《統箋》：《漢書·匈奴傳》，"隴西有縣諸、緄戎、狄、獂之戎，岐梁涇漆之北有義渠、大荔、烏氏、朐衍之戎，而晉北有林胡、樓煩之戎，燕北有東胡、山戎。各分散谿谷，自有君長，往往而聚者百有餘戎。"

光旦：《漢書》之戎亦未免包羅太廣矣。

《統箋》：《山海經》，"丈夫國在維鳥北，其爲人衣冠帶劍。"郭璞曰，"殷帝太戊使王孟採藥，從西王母至此，絶糧不能進，食木實，衣木皮，終身無妻而生二子。"圖贊曰，丈夫之國，王孟是始。[按]即此聘西戎事也。

光旦：此故事當是從"西王母""女國"派生而來者，既有女國，則應有丈夫國，孤陰可生，則獨陽何嘗不可長？

《竹書紀年》卷六：

[殷商祖甲]十二年，征西戎。冬，王返自西戎。十三年，西戎來賓。

《統箋》：太戊二十六年西戎來賓，距祖甲十三年，凡二百五十八年。

---

① 《箋》誤，應爲《山海經·海外北經》。——整理者注

《竹書紀年》卷八：

　　[穆王十三年，]秋七月，西戎來賓。

　　　　徐《箋》：《墨子》，周穆王征西戎，西戎獻昆吾之劍，赤刃，切玉如泥。

　　　　徐《箋》：《孔叢子》，子順對魏王曰，周穆王大征西戎，西戎獻火浣之布。

　　　　光旦：時穆王出征，《竹書》謂所征爲犬戎，此兩書則謂征西戎。且《竹書》只言來賓，不見征。此中亦必有混。如《竹書》言，則西戎來賓獻時，穆王實不在家，豈在行次賓獻乎？

《竹書紀年》卷八：

　　[周懿王]七年，西戎侵鎬。……十五年，王自宗周遷于槐里。

　　　　徐《箋》：《詩·六月》，"侵鎬及方，至于涇陽。"毛傳，"鎬也，方也，皆北方地名。"則此非鎬京也。《一統志》，涇陽故城在平涼府界，漢初屬安定郡。

　　　　光旦：此皆誤。鎬是周京，不勝西戎之逼，始有遷槐里之舉；猶後厲王十一、十二年西戎入犬丘（即槐里）而王不得不奔彘也。參是年"西戎"片。

《竹書紀年》卷八：

　　[周孝王元年，]命申侯伐西戎。五年，西戎來獻馬。

　　　　徐《箋》：《秦本紀》，申侯言于孝王曰，"昔我先酈山之女，爲戎胥軒妻，生仲潏，以親故歸周，保西垂，西垂以其故和睦。"

　　　　徐《箋》：西戎獻馬，馬漸蕃，而非子以牧馬起……

《竹書紀年》卷八：

　　[周厲王]十一年，西戎入于犬丘。十二年，王亡奔彘。

　　　　徐《箋》：《秦本紀》，周厲王無道，諸侯或叛之。西戎反王室，滅大駱犬邱之族。

　　　　光旦：入犬丘，即入當時之王都。《竹書》上文懿王"十五年，王自宗周遷于槐里"，槐里即犬丘（《括地志》，故城在雍州始平縣東南十里）。因此疑懿王七年"西戎侵鎬"之鎬即鎬京，懿王時已不勝西戎之逼而遷也；毛《傳》徐《箋》皆誤，而《詩》"至于涇陽"即陝南涇水之陽，與安定郡不相涉。

《竹書紀年》卷九：

[周宣王]三年，王命大夫仲（秦仲）伐西戎。

徐《箋》：宣王時，秦仲爲西垂大夫。

徐《箋》：《詩·小戎》，美襄公備兵甲，討西戎。王氏維禎曰，秦仲誅西戎，即《小戎》之詩是也，朱子乃屬之襄公，誤矣。

《竹書紀年》卷九：

[周宣王六年，]西戎殺秦仲。

徐《箋》：《秦本紀》，秦仲立二十三年，死于戎。有子五人，其長者曰莊公。宣王乃召莊公昆弟五人，與兵七千，使伐西戎，破之。於是復子秦仲後，及其先大駱犬邱并有之，爲西垂大夫。

《竹書紀年》卷九：

[周幽王]四年，秦人伐西戎。

徐《箋》：《秦本紀》，莊公生子三人，其長男世父曰，"戎殺我大父仲，我非殺戎王則不敢入"，遂將擊戎，讓其弟襄公。襄公二年，戎圍犬邱，世父擊之，爲戎人所虜。歲餘復歸世父。

《竹書紀年》卷一〇：

[周平王二年，]賜秦晉以邠岐之田。

徐《箋》：《秦本紀》，秦襄公以兵送周平王。平王賜之岐以西之地，曰，"戎無道，侵奪我岐豐之地，秦能攻逐戎，即有其地。"與誓，封爵之。襄公於是始國。林氏曰，岐在邠西北，無百里，邠又在岐西北四百餘里。

《竹書紀年》卷九：

[周幽王六年，]西戎滅蓋。

徐《箋》：《韓非子》，周公旦已勝殷，將攻商蓋，辛公甲曰，大難攻，小易服，不如勝衆小以刼大，乃攻九夷，而商蓋服矣。

徐《箋》：《齊語》，桓公"築五鹿、中牟、蓋與、牡丘，以衛諸夏之地"。韋注，"四塞，諸夏之關"。

徐《箋》：《山海經》，"蓋國，在鉅燕（？）南"。

光旦：是則蓋應在齊魯邊地，此云西戎，不可能是當時西戎，而是早年東移之西戎，如"會戎于潛"之戎，方通。

《國語》卷七《晉語》：

[史蘇語郭偃，論周幽王寵褒姒故，立伯服，太子宜咎（一般作臼，即平王）奔申（平王母家）]，"申人、繒人召西戎以伐周，周於是乎亡。"

韋：繒，姒姓，禹後也。繒及西戎素與申國婚姻同好，[申又宜咎外祖家也]……故申、繒召西戎以伐周，殺幽王於戲。

《國語》卷一六《鄭語》：

[史伯對鄭桓公語，]"申、繒、西戎方強……王欲殺太子以成伯服，必求之申，申人弗畀，必伐之。若伐申，而繒與西戎會以伐周，周不守矣！繒與西戎方將德申，[必大力相助]……凡周存亡，不三稔矣！"

光旦：後果如所料云，見下文。

戎（[西]戎）

《竹書紀年》卷一〇：

[周平王] 五年，秦襄公帥師伐戎，卒于師。

徐《箋》：《詩》序，"《小戎》，美襄公也"（一説不是，見別片）。

徐《箋》：《秦本紀》，襄公十二年，伐戎而至岐，卒。

《竹書紀年》卷一〇：

[周平王] 十八年，秦文公大敗戎師于岐，來歸岐東之田。

徐《箋》：《秦本紀》，文公十六年以兵伐戎……（更詳，別有片①）

徐《箋》：《稽古錄》以 [此事] 在平王二十一年，誤。

戎（西戎）

《春秋左傳》文三年《傳》：

[秦] 遂霸西戎，用孟明也。

光旦：此有若干不同涵義：

1. 秦自身亦出自西戎，而至此尚有戎意。
2. 秦所霸以西戎之地區為限，即關隴而已。
3. 西戎亦地區名，若《史記》所云"北蠻"。

《春秋左傳》襄公二十九年《傳》：

吳公子札來聘……請觀……樂。……歌《秦》，曰："此之謂夏聲。……"

杜：秦本在西戎，汧隴之西；秦仲始有車馬禮樂，去戎狄之音，而有

---

① 此片未見。《箋》引《史記·秦本紀》原文："十六年，文公以兵伐戎，戎敗走。於是文公遂收周餘民有之，地至岐，岐以東獻之周。"——整理者注

諸夏之聲。

戎（西戎，亳）

《春秋左傳》昭公九年《傳》：

晉梁丙、張趯率陰戎伐潁。王使詹桓伯[讓之，因備論武王克商以來周之四裔]曰："……肅慎、燕、亳，吾北土也。"

姚：《史記·秦本紀》，"寧公與亳戰，亳王奔戎。"皇甫氏謐曰，西戎之國也。

顧：《史記索隱》，"蓋成湯之胤。"（《表》卷五）

顧：西夷。（《表》卷五）

戎（西戎、北戎）

《春秋左傳》定公四年《傳》：

[衛子魚追論周初封建諸姬]："……分唐叔以……懷姓九宗……而封於夏虛（大夏，今大原晉陽——杜），啓以夏政，疆以戎索（法也）。"

杜：大原近戎而寒，不與中國同，故自（？治）以戎法。

光旦：晉與戎之關係，亦自有故。晉惠公遷戎於其南鄙與陸渾，亦非偶然。

光旦：此戎字包含甚廣，有西戎，有北戎。北爲山戎無終之類，西爲瓜州允姓之戎之向東延伸而至於秦晉之西北者。其時，南鄙尚未有戎，姜戎之遷，須遲至惠公時也。姜戎即瓜州與秦晉西北之戎之又一步延伸。

戎（西戎）

《戰國策》卷七《魏策》昭王策：

[蘇代]謂魏（昭）王曰："……黃帝戰於涿鹿之野，而西戎之兵不至；禹攻三苗，而東夷之民不赴。"

鮑：不經見。

光旦：豈黃帝時已有西戎哉？亦游士信口開河耳。姑亦錄存。

《戰國策》卷三《秦策》：

[姚賈對秦王政辯韓非之讒，]"百里奚……穆公相之而朝西戎。"

戎（丹山戎）

《竹書紀年》卷五：

　　[殷商陽甲]三年，西征丹山戎。

　　　　《統箋》：《山海經》"有始州之國，有丹山"。郭注引《竹書紀年》曰"和（陽甲名）甲西征，得一丹山。"

戎（義渠）

《竹書紀年》卷六：

　　[殷商武乙]三十年，周師伐義渠，乃獲其君以歸。

　　　　《統箋》：[《汲冢周書》]左史戎夫記曰……（別有片）周師所伐者蓋即此也。

　　　　《統箋》：《地理志》，北地有義渠道。

　　　　《統箋》：《括地志》，寧、原、慶三州，本義渠戎國之地。

《汲冢周書》卷七《王會》第五十九：

　　成周之會……正北方，義渠以茲白，茲白者，若白馬，鋸牙，食虎豹。……東嚮。

　　　　孔晁：……在臺北，與[稷慎]大麈相對。義渠，西戎國。茲白一名駮者也。

《汲冢周書》卷八《史記》第六十一：

　　[穆王命左史戎夫以古之敗亡之經驗朔望告於王以爲戒，]"嬖子兩重者亡，昔者義渠氏有兩子，異母，皆重；君疾，大臣分黨而争，義渠以亡。"

　　　　光旦：此非最後之滅，滅在戰國末期，秦滅之也。

《戰國策》卷三《秦策》：

　　義渠君之魏，公孫衍謂義渠君曰："道遠，臣不得復過矣，請謁事情。"義渠君曰："願聞之。"對曰："中國無事於秦，則秦且燒焫獲君之國；中國爲有事於秦，則秦且輕使重幣，而事君之國也。"義渠君曰："謹聞令。"

　　居無幾何，五國伐秦。陳軫謂秦王曰："義渠君蠻夷之賢君，王不如賂之以撫其心。"秦王曰："善。"因以文繡千匹，好女百人，遺義渠君。義渠君致群臣而謀曰："此乃公孫衍之所謂也。"因起兵襲秦，大敗秦人於李帛之下。

　　　　鮑：西戎也。北地郡有義渠道。

　　　　吳：是時諸侯連匈奴，秦恐義渠因而有變，故賂以和之。義渠之襲必次於五國之後，恐非與諸國遇時也。

　　光旦：李帛，注不詳。

《戰國策》卷三《秦策》：

　　[昭襄王初見范睢，謂因義渠之事，未能早相接談，]"今者義渠之事急，寡人日自請太后。今義渠之事已，寡人乃以身受命。"

　　鮑：蓋修李帛之怨。

　　吳：《大事記》，赧王四十四年，秦滅義渠。《漢·匈奴傳》，秦昭王時，義渠戎王與宣太后亂，有二子。太后計殺王於甘泉。

　　光旦：此說明秦與西戎之關係至此猶十分密切。

戎（西落鬼戎）

《竹書紀年》卷六：

　　[殷商武乙]三十五年，周公季歷伐西落鬼戎。

　　《統箋》：《後漢書·西羌傳》注，武乙三十五年，伐西落鬼戎，俘二十翟王。

　　光旦：注豈未言周伐？添出二十翟王，不知從何而來，既是戎，又是翟王，所不解。

戎（燕京之戎）

《竹書紀年》卷六：

　　[殷商文丁]二年，周公季歷伐燕京之戎，敗績。

　　《統箋》：《淮南子》，汾出燕京。高誘注，燕京山在太原汾陽縣。

　　《統箋》：《水經注》，"濕水逕陰館縣故城西，又東北流，左會桑乾水。耆老云，其水潛承太原汾陽北燕京山之天池。"燕京亦管涔之異名也。

　　《統箋》：《郡縣志》，天池在嵐州靜樂縣北燕京山上……

　　《統箋》：[按]燕京之戎，蓋居此山也。

戎（余無之戎）

《竹書紀年》卷六：

　　[殷商文丁]四年，周公季歷伐余無之戎，克之。

　　《統箋》：《左傳》閔二年，晉申生伐東山皋落氏。《上黨記》，東山在壺關縣城東南，今名無皋。

　　《統箋》：《左》成八年，劉康公敗績于徐吾氏。《上黨記》，純留縣有餘吾城，在縣西北三十里。

　　《統箋》：[按此，]余無之戎當即是余吾及無皋二戎也。

　　光旦：此不免湊合，不近情。東山皋落氏，赤翟也，恐不應與戎相混。若曰，徐吾或余吾，即余無，則較可。

　　光旦：《箋》言成八年，誤，此成元年事。徐吾氏爲茅戎之一部分，自成一聚落，見孔《疏》。已別有片（《春左》，"戎（茅戎）"）。

戎（始呼之戎）

《竹書紀年》卷六：

　　[殷商文丁]七年，周公季歷伐始呼之戎，克之。

　　《統箋》：《山海經》"有始州之國"。此云始呼，未詳也。

　　光旦：直曰未詳可矣。

戎（翳徒之戎）

《竹書紀年》卷六：

　　[殷商文丁]十一年，周公季歷伐翳徒之戎，獲其三大夫，來獻捷。

戎（六戎）

《汲冢周書》卷六《明堂》第五十五：

　　明堂……南門之外，北面東上，六戎之國。

戎（北唐戎）

《汲冢周書》卷七《王會》第五十九：

　　成周之會……北唐戎以閭閻，以隃冠。……東嚮。

　　孔晁：北唐戎，在西北者也。

　　光旦：隃冠，與上文"解隃寇"有混。

戎（北唐）

《竹書紀年》卷八：

[周穆王]八年，春，北唐來賓，獻一驪馬，是生騄耳。

光旦：《周書·王會》有此，是成王時已來過也。

戎（山戎）

《汲冢周書》卷七《王會》第五十九：

成周之會……山戎［以］菽。……北嚮。

孔：山戎，亦東北夷戎；菽，荳藥也。

光旦：菽，疑即後所稱之胡豆，今之大豆也。

《春秋左傳》莊公三十年：

《經》：冬，公及齊侯遇于魯濟。齊人伐山戎。

《傳》：冬，遇于魯濟，謀山戎也，以其病燕故也。

杜：山戎，北狄。齊桓行霸，故欲爲燕謀難。燕今薊縣。　姚：今順天府大興縣。

光旦：杜注不分戎狄。

光旦：攘夷第二舉。

光旦：前此別有北戎，山戎似更在北者。

《春秋左傳》莊公三十一年：

《經》：六月，齊侯來獻戎捷。

《傳》：齊侯來獻戎捷，非禮也。凡諸侯有四夷之功，則獻于王，王以警于夷；中國則否。諸侯不相遺俘。

《春秋左傳》僖公九年《傳》：

宰孔［評齊桓］曰，"齊侯不務德而勤遠略，故北伐山戎，南伐楚，西爲此［葵丘之］會也。……"

《國語》卷六《齊語》：

［管仲相桓公，征四方"淫亂"之國，即所謂攘夷，首東南，次南，次北，］遂北伐山戎，刜令支，斬孤竹而南歸。海濱諸侯莫不來服。

韋：山戎，今之鮮卑，以其病燕，故伐之。令支、孤竹二國，山戎之與也。令支今爲縣，屬遼西。孤竹之城存焉。

《國語》卷八《晉語》：

［宰周公語晉獻公無與齊桓葵丘之會，亦及桓之］北伐山戎。

戎（山戎，無終）

《國語》卷一三《晉語》：

[晉悼]公譽達於戎。五年，諸戎來請服，使魏莊子盟之，於是乎始復伯。

光旦：即魏絳和戎，《左傳》詳。但尚別有下文，見下。

《國語》卷一三《晉語》：

[悼公]五年，無終子嘉父使孟樂因魏莊子納虎豹之皮，以龢諸戎。公曰："戎翟無親而好得，不若伐之。"魏絳曰："勞師於戎，而失諸華，雖有功，猶得獸而失人也，安用之？夫戎翟荐處，貴貨而易土。與之貨而獲其土，其利一也；邊鄙耕農不儆，其利二也；戎翟事晉，四鄰莫不震動，其利三也。君其圖之！"公說，故使魏絳撫諸戎，於是乎遂伯。

光旦：此言諸戎，皆在北方者，大抵皆山戎之類，特以無終為之首耳，與晉南鄙之戎無涉。言可以以貨易土，說明其猶以狩獵（虎豹之皮）為主，而不貴土，亦證明其在晉北與東北也。

《國語》卷一三《晉語》：

[悼十二年，又追敘此事，]公曰："微子，寡人無以待戎。"

《春秋左傳》襄公四年《傳》：

無終子嘉父使孟樂如晉，因魏莊子（絳）納虎豹之皮，以請和諸戎。晉侯（悼公）曰："戎狄無親而貪，不如伐之。"魏絳曰："諸侯新服，陳新來和，將觀於我。我德則睦，否則攜貳。勞師於戎，而楚伐陳，必弗能救，是棄陳也。諸華必叛。戎禽獸也，獲戎失華，無乃不可乎！"……公曰："然則莫如和戎乎？"對曰："和戎有五利焉：戎狄荐居，貴貨易土，土可賈焉，一也。邊鄙不聳，民狎其野，穡人成功，二也。戎狄事晉，四鄰振動，諸侯威懷，三也。以德綏戎，師徒不勤，甲兵不頓，四也。……（五，不相干，不錄。）君其圖之！"公說，使魏絳盟諸戎。……

杜：無終，山戎國名。　姚：今順天府玉田縣，縣西有古無終城。

光旦：山戎從事狩獵，尚不知耕稼，故貴貨賤土，以土與華人交易，而華人得擴充其耕地面積，文字甚明。

《春秋左傳》昭公元年《傳》：

夏……晉中行穆子（荀吳）敗無終及羣狄于大原，崇卒也。……

光旦：參同年"狄"片。此役為無終與羣狄合作者。

顧棟高：《正義》曰，北平有無終縣，太原即太原郡晉陽縣。計無終在太原東北二千餘里，何故遠就太原，來與晉戰？蓋與諸戎近晉者相率而共來也。

　　　　光旦：據《正義》，則此所云狄，應作戎。

戎（犬戎）

《汲冢周書》卷七《王會》第五十九：

　　成周之會……犬戎[以]文馬，而赤鬣縞身，目若黃金，名古黃之乘。……北嚮。

　　　　孔：犬戎，西戎之遠者也。

《國語》卷一《周語上》：

　　穆王將征犬戎，祭公謀父諫曰："不可。……今自大畢、伯仕（犬戎之二君）之終也，犬戎氏以其職來王。……吾聞夫犬戎樹惇，能帥舊德而守終純固，其有以禦我矣。"王不聽，遂征之，得四白狼、四白鹿以歸。自是荒服者不至。

　　　　光旦：樹惇，韋氏釋爲"立性惇樸"。它處以爲是君長之名，故西寧府境有樹敦城，見顧棟高《春秋大事表》卷五。

《竹書紀年》卷八：

　　[周穆王]十二年，毛公班、共（一作井）公利、逢公固帥師從王伐犬戎。冬十月，王北巡狩，遂征犬戎。十三年，春，祭公帥師從王西征，次于陽紆。

　　　　光旦：《周語》，祭公謀父嘗諫此。據此則後亦從行。諫語另有片。

　　　　徐《箋》：《山海經》，黃帝曾孫"弄明生白犬，白犬有牝牡，是爲犬戎"。白犬，人名也。

　　　　光旦：陽紆，不詳，《穆傳》謂宗周瀍水以西三千四百里，山名。

《竹書紀年》卷八：

　　[周懿王]二十一年，虢公帥師北伐犬戎，敗逋。

　　　　徐《箋》：《漢書·匈奴傳》，懿王時戎狄交侵。

　　　　徐《箋》：《詩》，"靡室靡家，玁狁之故"，"豈不日戒？玁狁孔急。"當是見有戎難，重歌《采薇》之詩耳；不然，《采薇》《小雅》之正，豈始于懿哉？

戎（西戎即犬戎）

《竹書紀年》卷九：

[周幽王]九年，申侯聘西戎及鄫。十年……王師伐申。

　　　　徐《箋》：《潛夫論》，申城在宛北序山之下。

　　　　徐《箋》：《漢書·地理志》，東海繒縣，故繒國，禹後。

　　　　徐《箋》：《鄭語》，史伯曰，"申、繒、西戎方强……"韋昭曰，"申，姜姓，幽王前后太子宜臼（平王）之舅也。繒，姒姓，申之與國也。西戎亦黨于申。"……時太子宜臼在申，申侯之聘……爲太子謀耳。

　　　　光旦：鄫當非東海之鄫，應亦在周西或西南者，史伯曰，"……方强"，是必逼近周者，韋昭曰"申之與國"，與國不可與遠在東海。

《竹書紀年》卷九：

　　[周幽王十一年，]申人、鄫人，及犬戎入宗周，弒王及鄭桓公。犬戎殺王子伯服，執褒姒以歸。

戎（犬戎）

《春秋左傳》閔公二年《傳》：

　　春，虢公敗犬戎于渭汭。

　　　　杜：西戎別在中國者。

　　　　顧棟高：在鳳翔府境。

　　　　顧棟高：即周之獫狁。《史記·匈奴傳》，西伯昌伐畎夷。穆王伐犬戎。幽王時，申侯與犬戎共攻殺幽王于驪山之下，遂取周之焦穫，而居于涇渭之間。晉文侯與秦襄公救周，逐出之，而其遺種在中國者尚留居渭濱。……[此]其遺種也。

　　　　本與山戎及陸渾各爲一族，其地亦各殊，史公混諸戎而一之，并混戎狄而一之，疏略甚矣。

　　　　顧棟高：[渭汭在]今同州府華陰縣界。

　　　　光旦：顧氏評史公語，亦適用於杜征南。

　　　　顧棟高：其本國在今陝西西寧府西北樹敦城。（《表》卷五，《爵姓存滅》）

戎（犬戎——顧）

《春秋左傳》僖公二年《傳》：

　　虢公敗戎于桑田。

杜：桑田，虢地，在弘農陝縣東北。
姚：今陝州靈寶縣西二十五里稠桑驛，即其地。
顧棟高：陝州閿鄉縣東三十里有稠桑驛，爲虢桑田地，後入晉。

戎（匈戎）

《汲冢周書》卷七《王會》第五十九：

成周之會……匈戎［以］狡犬，狡犬者，巨身四尺……北嚮。

孔：匈奴者，北戎也。［故曰匈戎。］

戎（離戎）

《竹書紀年》卷七：

［成王］三十年，離戎來賓。

沈約：［即］驪戎，驪山之戎也，爲林氏所伐，告于成王。

徐《箋》：《水經注》，戲水出驪山馮公谷，又北逕麗戎城東，麗戎，男國也，姬姓。

徐《箋》：《史記索隱》，驪山在新豐縣西南，故離戎男國。

光旦：何以見驪、離可通用，未交代。

《汲冢周書》卷八《史記》第六十一：

［穆王命左史戎夫集古敗亡經驗以朔望戒於王，］"召遠不親者危，昔有林氏召離戎之君而朝之，至而不禮，留而弗親，離戎逃而去之，林氏誅之，天下叛林氏。"

戎（太原之戎）

《竹書紀年》卷八：

［周夷王］七年，虢公帥師伐太原之戎，至于俞泉，獲馬千匹。

徐《箋》：《後漢書·西羌傳》［引此］。《通鑑》注，俞泉在太原府城西北。

《竹書紀年》卷九：

［周宣王三十三年，］王師伐太原之戎，不克。

徐《箋》：穆王十七年，遷戎于太原，故太原之戎日盛。

徐《箋》：朱長孺曰，《詩》，"薄伐獫狁，至于太原"；《後漢·西羌傳》，夷王命虢公……伐太原之戎，至于俞泉（即上條）；宣王二十六年，遣兵伐太原之戎，不克（此《竹書》未載）——諸所稱太原，非《禹貢》之太原也；《後漢·靈帝紀》，段熲破先零羌于涇，注，涇陽屬安定郡，在原州；《郡縣志》，原州平涼縣，本漢涇陽縣地；然則太原當即今之平涼，而後魏立爲原州，亦是取古太原之名爾；計周人之禦玁狁，必在涇原之間，若晉陽之太原，在大河之東，距周京千五百里，豈有寇從西來，兵乃東出者乎？長孺之言，正非無見。

今《竹書》云，厲王十四年，玁狁侵宗周西鄙，則《詩》云"薄伐玁狁，至于太原"，其不得在東明矣；況玁狁"侵鎬及方，至于涇陽"，詩人已明言之矣。《詩》又言"整居焦穫"，《括地志》焦穫……在雍州涇陽縣城北十數里，則太原亦指涇陽，從可知。

光旦：太原之戎即玁狁，可肯定。

光旦：太原所在地，《箋》云云與上條《箋》引《通鑑》注矛盾。

戎（條戎）

《竹書紀年》卷九：

[周宣王]三十八年，王師及晉穆侯伐條戎、奔戎，王師敗逋。

徐《箋》：《左》桓二年《傳》，"條之役"。杜注，"條，晉地。"

徐《箋》：《史記·晉世家》，穆侯費王立七年，伐條。

徐《箋》：《九域志》，葆縣在冀州東北一百五十里。

徐《箋》：樂史，即有條國也。

戎（奔戎）

《竹書紀年》卷九：

[宣王]三十八年，王師及晉穆侯伐條戎、奔戎，王師敗逋。

徐《箋》：《穆傳》，有虎在乎葭中，七萃之士高奔戎乃生捕虎而獻之。

徐《箋》：《穆傳》，天子賜奔戎佩玉一隻，奔戎再拜稽首。

戎（姜戎）

《竹書紀年》卷九：

[周宣王]三十九年，王師伐姜戎，戰于千畝，王師敗逋。

徐《箋》：《周語》（内容同，見另片）。
　　徐《箋》：《詩》序，"《祈父》，刺宣王也"……鄭箋[謂内容與此相涉]。
　　徐《箋》：《郡國志》，太原界休縣有千畝聚。《日知録》，穆侯時，晉境不得至界。
　　徐《箋》：《史記·趙世家》[亦載此]。《正義》引《括地志》，千畝原在晉州岳陽縣北九十里。
　　徐《箋》：《晉世家》，"穆侯十年，伐千畝有功。"時亦惟王師敗，御奄父脱王。
　　光旦：《左》桓二年亦因它事追叙及此，別有片。
　　光旦：是亦王師與晉穆侯合作爲之者，與伐條戎同，《竹書》未及晉。

戎（姜氏之戎）

《國語》卷一《周語上》：
　　[宣王]三十九年，戰于千畝，王師敗績于姜氏之戎。
　　光旦：千畝，在今山西介休縣南，是則早在宣王年間，晉之南鄙已有姜戎聚居矣。參較《左傳》襄十四年姜戎爲晉惠公從河西遷來之說。

戎人（姜戎？）

《竹書紀年》卷九：
　　[宣王]四十年，戎人滅姜邑。
　　徐《箋》：《後漢書·西羌傳》，"戎人滅姜侯之邑。"
　　光旦：此即本《竹書》，《箋》何取焉？
　　徐《箋》：《水經注》，岐水迳岐山，而又屈迳周城南，又東迳姜氏城南，爲姜水。
　　徐《箋》：《一統志》，姜氏城在鳳翔府寶岐（？）縣西南七里。
　　徐《箋》：《左傳》杜注，"姜氏，姜姓之戎，居晉南鄙。"[按]殆戎人滅姜之後，姜遷晉南鄙也。
　　光旦：此部分《箋》甚亂。戎人，戎也，姜亦戎也，《箋》未能指出，一也。晉南鄙之戎，爲晉惠公招徠而來者，其事在後，杜注所云與此無干，二也。滅姜戎之戎又爲何種戎，未能有所説明，三也。當然，有可能滅姜戎之戎人亦姜戎之類而出在姜邑外者，今合在一片，即據此假定。

(戎)(姜戎)

《春秋左傳》桓公二年《傳》：

> 初，晉穆侯之夫人姜氏以條之役生大子(文侯)，命之曰仇。其弟以千畝之戰生，命之曰成師。

> 光旦：據《晉世家》、《竹書》宣王三十九年，此役蓋與王師合作以伐姜戎者。

> 光旦：千畝所在二說：一界休南，見杜注，顧氏《日知錄》謂當時晉境未至界休；一晉州岳陽縣北九十里，岳陽縣後屬平陽府，見《史記·趙世家》正義。

戎(姜戎？)

《國語》卷一〇《晉語》：

> [晉子犯說文公納周襄王，且平叔帶之難，公從之，]乃行賂于草中之戎與麗土之翟，以求東道。

> 韋：二邑戎翟，間在晉東。

> 光旦：草中、麗土，當是邑名，《左傳》不載。具體方位不詳，自在晉之南鄙，則其戎應爲姜戎。當時戎與翟切斷周、晉直接交通之孔道之一，亦從可知矣。

戎(姜戎)

《春秋左傳》僖公三十三年：

> 《經》：春，王二月，秦人入滑。……夏四月，辛巳，晉人及姜戎敗秦師于殽。

> 《傳》：[晉臣論伐秦之是非，]先軫曰："秦不哀吾喪，而伐吾同姓(滑，晉之同姓)，秦則無禮……"遂發命，遽興姜戎。子墨衰絰，梁弘御戎，萊駒爲右。夏四月，辛巳，敗秦師于殽，獲百里孟明視、西乞術、白乙丙以歸。

> 杜《經》注：姜戎，姜姓之戎，居晉南鄙，戎子駒支之先也。晉人角之，諸戎掎之，不同陳，故言及。

《春秋左傳》襄公十四年《傳》：

會于向……將執戎子駒支。范宣子（士匄）親數諸朝，曰："來！姜戎氏！昔秦人迫逐乃祖吾離于瓜州（今燉煌），乃祖吾離被苫蓋，蒙荊棘，以來歸我先君，我先君惠公有不腆之田，與女剖分而食之。今諸侯之事我寡君不如昔者，蓋言語漏洩，則職女之由。詰朝之事，爾無與焉。與，將執女！"對曰："昔秦人負恃其衆，貪于土地，逐我諸戎。惠公蠲其大德，謂我諸戎是四嶽之裔冑也，毋是翦棄。賜我南鄙之田，狐狸所居，豺狼所嗥。我諸戎除翦其荊棘，驅其狐狸豺狼，以爲先君不侵不叛之臣，至于今不貳。昔文公與秦伐鄭，秦人竊與鄭盟，而舍戍焉，於是乎有殽之師。晉禦其上，戎亢其下，秦師不復，我諸戎實然。譬如捕鹿，晉人角之，諸戎掎之，與晉踣之。戎何以不免？自是以來，晉之百役，與我諸戎，相繼于時，以從執政，猶殽志也，豈敢離遢？今官之師旅無乃實有所闕，以攜諸侯，而罪我諸戎！我諸戎飲食衣服不與華同，贄幣不通，言語不達，何惡之能爲？不與於會，亦無瞢焉！"賦《青蠅》而退。宣子辭（謝）焉，使即事於會，成愷悌也。（《青蠅》詩句，"愷悌君子，無信讒言。"）

　　　　杜：[《經》]不書[戎與會]者，戎爲晉屬，不得特達。

戎（北戎）

《竹書紀年》卷九：

　　[周宣王四十年，]晉人敗北戎于汾隰。

　　　　徐《箋》：《後漢·西羌傳》注，汾、隰，二水名。

　　　　徐《箋》：林唐翁曰，汾，水；隰，下濕[之地也]。

　　　　光旦：北戎不詳。

《春秋左傳》隱公九年《傳》：

　　北戎侵鄭。鄭伯禦之，患戎師，曰："彼徒我車，懼其侵軼我也。"公子突曰："使勇而無剛者嘗寇而速去之。君爲三覆以待之。戎輕而不整，貪而無親，勝不相讓，敗不相救。先者見獲，必務進，進而遇覆，必速奔。後者不救，則無繼矣。乃可以逞。"從之。戎人之前遇覆者奔，祝聃逐之，衷戎師，前後擊之，盡殪。戎師大奔。十一月，甲寅，鄭人大敗戎師。（不見《經》）

　　　　姚：林堯叟曰，北戎，以別戎之雜處中國者。

　　　　光旦：惜無具體地點。

《春秋左傳》桓公六年《傳》：

北戎伐齊，齊侯使乞師于鄭，鄭大子忽帥師救齊。六月，大敗戎師，獲其二帥大良、少良，甲首三百，以獻於齊。於是諸侯之大夫戍齊，齊人饋之餼，使魯爲其班。後鄭。鄭忽以其有功也，怒，故有郎之師（在桓十年）。（不見《經》）

　　　　光旦：此與隱九年之北戎當是一種人。惜其來處不詳，自在今山西、河北境內。

　　　　光旦：參桓十年"冬，齊、衛、鄭來戰于郎……"中有句云，"初，北戎病齊。"

　　　　光旦：又桓十一年《傳》："鄭昭公之敗北戎也……"昭公即太子忽。

《春秋左傳》僖公十年《經》：

　　夏，齊侯、許男伐北戎。（無《傳》）

　　　　杜：北戎，山戎。

[戎（北戎，山戎，無終）]

　　　　顧棟高：《正義》曰，《土地名》以北戎，山戎，無終三名爲一；北平有無終縣。今直隸永平府玉田縣治西有古無終城。

戎（六濟之戎）

《竹書紀年》卷九：

　　[周幽王]六年，王命伯士帥師伐六濟之戎，王師敗逋。

　　　　光旦：《後漢‧西羌傳》本此，多一語"伯士死焉"。

戎（己氏——顧）

《春秋左傳》隱公二年：

　　《經》：春，公會戎于潛。

　　　　杜：戎狄夷蠻，皆氏羌之別種也。戎而書會者，順其俗以爲禮，皆謂居中國，若戎子駒支者。陳留濟陽縣東南有戎城；潛，魯地。

　　　　姚：林氏堯叟曰，會戎于潛，春秋之始，會吳黃池，春秋之終。

　　　　姚：故戎城在今兗州府曹縣；潛蓋近戎之地，當在兗州府西南境。

　　　　光旦：此戎當亦徐戎之類。伯禽封曲阜時，淮夷、徐戎即在魯東門之外。

　　《傳》：公會戎于潛，修惠公之好也。戎請盟，公辭。

杜：許其修好，而不許其盟，禦夷狄者，不壹而足。

　　顧棟高：即戎州己氏之戎。

《春秋左傳》隱公二年：

　　《經》：八月，庚辰，公及戎盟于唐。

　　　　杜：高平方與縣北有武唐亭。八月無庚辰，日月必有誤。　　姚：武唐亭，今兗州府魚臺縣東十二里。

　　《傳》：戎請盟。秋，盟于唐，復修戎好也。

　　　　顧棟高：釋地同姚氏。又："唐"與"棠"通，即隱公觀魚處。

　　　　顧棟高：即戎州己氏之戎。

《春秋左傳》隱公七年：

　　《經》：冬，天王使凡伯來聘。戎伐凡伯于楚丘，以歸。

　　　　杜：戎鳴鐘鼓以伐天子之使，見夷狄強戇（蒲報反）。……楚丘，衛地，在濟陰成武縣西南。

　　　　姚：凡縣故城，今河南衛輝府輝縣西南二十里。楚丘，今兗州府曹縣東楚丘亭。

　　《傳》：初，戎朝于周，發幣于公卿，凡伯弗賓。冬，王使凡伯來聘。還，戎伐之于楚丘，以歸。

　　　　杜：朝而發幣於公卿，如今計獻，詣公府卿寺。　　姚：林堯叟曰，如今奉使而私覿之禮。

　　　　杜：《傳》言凡伯所以見伐。

　　　　顧棟高：即戎州己氏之戎。

　　　　顧棟高：楚丘在曹縣東南四十里，本戎州己氏之邑，為衛之南楚丘。凡伯聘魯，道過戎境，戎因執之以歸也。隋開皇時，同時置兩楚丘縣，一在漢己氏縣，以戎伐凡伯之楚丘為名。

　　　　顧棟高（《叙》）：胡氏以徐戎當之。夫戎在魯西境，徐戎在魯東郊，凡伯聘魯，還過楚丘，而戎伐之，豈所云東郊者乎？

《春秋左傳》桓公二年：

　　《經》：公及戎盟于唐。冬，公至自唐。

　　　　光旦：唐，見隱二年注，另片。

　　《傳》：公及戎盟于唐，修舊好也。冬，公至自唐，告于廟也。

　　　　杜：修舊好，惠、隱之好。

顧棟高：即戎州己氏之戎。

《春秋左傳》莊公十八年：
　　《經》：夏，公追戎于濟西。
　　　　杜：戎來侵魯，公逐之於濟水之西。
　　《傳》：夏，公追戎于濟西。不言其來，諱之也。
　　　　杜：戎來侵魯，魯人不知，去乃追之，故諱不言其來。
　　　　顧棟高：即戎州己氏之戎。
　　　　顧棟高：吳氏澂曰，戎即隱、桓與之盟者；戎入魯境，魯將禦之，而戎遄退，故魯莊以兵遠追之。

《春秋左傳》莊公二十年《經》(《傳》無)：
　　冬，齊人伐戎。
　　　　姚：張氏洽曰，戎在徐州之域，故先治之。
　　　　顧棟高：即戎州己氏之戎。
　　　　顧棟高：許氏翰曰，齊桓既伯七年，諸侯略定，是時始伐戎。張氏溥曰，戎在魯西南，魯之患也；齊伐戎，所以親魯也。

《春秋左傳》莊公二十四年《經》：
　　冬，戎侵曹。曹羇(曹之世子)出奔陳。赤歸于曹。(無《傳》)
　　　　杜：赤，曹僖公，蓋爲戎所納，故曰歸。
　　　　光旦：時曹伯射姑方葬，世子尚未定位，故戎乘之。
　　　　顧棟高：即戎州己氏之戎。
　　　　顧棟高：己氏之戎本居曹縣，與曹接壤，故得專廢置其君……是時桓公方盛，而戎猶如此，橫亦甚矣。

《春秋左傳》莊公二十六年《經》(無《傳》)：
　　春，公伐戎。夏，公至自伐戎。曹殺其大夫。
　　　　姚：家氏鉉翁曰，曹赤挾戎援，以篡兄之國，又挾戎威以去兄之黨。
　　　　光旦：此魯所伐之戎與莊二十四年納曹赤之戎自是一種人。
　　　　顧棟高：即戎州己氏之戎。
　　　　顧棟高：許氏翰曰，隱、桓世有戎盟，至莊公戎始變渝，是以有濟西之役(莊十八年)，于此伐戎以報怨也。
　　　　顧棟高：戎即在魯西南，春伐而夏始至(歸也)，戎之難克可知矣。

戎（己氏）

《春秋左傳》哀公十七年《傳》：

> 初，公（衛侯輒聵）登城以望，見戎州。問之，以告。公曰："我姬姓也，何戎之有焉？"翦之（壞其邑聚）。公使匠久。公欲逐石圃，未及而難作。[十一月，]辛巳，石圃因匠氏攻公。公……踰于北方而隊，折股。戎州人攻之；大子疾、公子青踰從公，戎州人殺之。公入于戎州己氏。初，公自城上見己氏之妻髮美，使髡之，以爲呂姜髢。既入焉，而示之璧，曰："活我，吾與女璧。"己氏曰："殺女，璧其焉往？"遂殺之，而取其璧。

　　杜：戎州，戎邑。　　姚：兗州府曹縣有楚丘故城，漢置己氏縣，以戎州己氏而名。

　　杜：己氏，戎人姓。

　　光旦：魯西有戎，當是戎之最東者。查此非衛都楚丘，衛都爲北楚丘，此則爲南楚丘，在衛之南鄙，與曹、宋接境，本戎州己氏之邑，隱七年戎伐過境之凡伯即此地，在今曹縣東南四十里。至北楚丘則在滑縣，見顧《表》卷四。

戎（盧戎）

《春秋左傳》桓公十三年《傳》：

> 春，楚屈瑕伐羅。……及羅，羅與盧戎兩軍之，大敗之。莫敖（即瑕）縊于荒谷。……

　　杜（十二年注）：羅，熊姓國，在宜城縣西山中，後徙南郡枝江縣。

　　姚：宜城縣西二十里羅川城，乃羅故國。……楚遷之枝江……又自枝江徙長沙，今湘陰縣東六十里亦有羅城。

　　杜：盧戎，南蠻。

　　姚：即今中盧故城，在襄陽府南漳縣東五十里。

　　光旦：武王伐紂，會師於牧野之八國之一。

　　顧（《表》卷四，《疆域》）：盧（或廬）戎不知何年滅于楚。……入楚爲盧邑，文公十六年之盧戢黎，即其大夫也。

戎（南方"山夷"）（盧戎？）

《春秋左傳》文公十六年《傳》：

秋……楚大饑，戎伐其西南，至于阜山，師于大林（姚：鄖陽府房縣南五十里有阜山，荊門州西北有長林城）。又伐其東南，至于陽丘，以侵訾枝。

杜：戎，山夷也。

光旦：時尚有蠻、濮等乘楚之饑而起事，分見別片。唯蠻與濮均有下文，此則無。

光旦：此或即見於桓十三年之盧戎。

[戎（彭戲氏）]

顧《表》卷四：

桓十五年秦伐彭戲氏，至于華山。

案《史記》，此爲秦武公元年。《正義》，即彭衙。今同州府白水縣東北六十里。後入于晉。

光旦：凡眉在[ ]號內者，皆爲《春秋經傳》所不載，而另爲補入，庶使春秋時代民族面貌更趨於完整。

[戎（冀戎）]

顧《表》卷四，據《史記》：

莊六年秦縣冀戎。（秦武公初）

今鞏昌府之伏羌縣。

[戎（邽戎）]

顧《表》卷四，據《史記》：

莊六年秦縣邽戎。（秦武公初）

今秦州西六十里有上邽城，古邽戎邑。

戎（大、小、驪）

《春秋左傳》莊公二十八年《傳》：

晉獻公娶于賈，無子。烝于齊姜，生秦穆夫人及大子申生。又娶二女於戎，大戎狐姬生重耳，小戎子生夷吾。晉伐驪戎，驪戎男女以驪姬，歸，生奚齊，其娣生卓子。

驪姬嬖，欲立其子，賂外嬖梁五與東關嬖五，使言於公曰："曲沃，君之宗也；蒲與二（或云當作北）屈，君之疆也；［均］不可以無主。宗邑無主，則民不威；疆場無主，則啓戎心；戎之生心，民慢其政，國之患也。若使大子主曲沃，而重耳、夷吾主蒲與屈，則可以威民而懼戎，且旌君伐。"使俱曰："狄之廣莫，於晉爲都。晉之啓土，不亦宜乎！"晉侯説［而從］之。

  杜：大戎，唐叔子孫別在戎狄者。

  杜：小戎，允姓戎。 姚：即瓜州之允姓戎也。

  杜：驪戎，在京兆新豐縣，其君姬姓。 姚：西安府臨潼縣東二十四里有驪戎城。

  姚：蒲子故城，北屈廢縣，俱［在］山西平陽府［境］（前者在隰州東北，後者在吉州東北）。

  光旦：戎有姬、允諸姓，所未解。杜云大戎爲唐叔後當有所據。

  光旦：戎與狄似不分。

戎（大戎）

《春秋左傳》莊公二十八年《傳》：

  晉獻公……又娶二女於戎，大戎狐姬生重耳。

  杜：唐叔子孫別在戎狄者。

  姚：當在今陝西延安府境。

《國語》卷七《晉語》：

  ［晉大子申生伐東山皋落氏，］狐突御戎，先友爲右。

  韋：狐突，晉同姓，唐叔之後，狐偃之父大戎伯行也。

《國語》卷一〇《晉語》：

  ［重耳在齊，不思歸，齊姜、狐偃謀醉而載之以行，］醒，以戈逐子犯（狐偃）曰："若無所濟，吾食舅氏之肉！"……對曰："……偃之肉腥臊……"

  光旦：戎人，故腥臊！然則，大戎不必爲唐叔之後而沒於戎者矣。其云姬姓者，冒也。二姬爲甥舅，亦有問題。

《國語》卷一〇《晉語》：

  ［鄭叔詹諫鄭文公禮晉公子重耳，時重耳自齊返晉，過鄭，理由之一是同姓爲婚而蕃，重耳是一奇例，必有天相，］"同姓不婚，惡不殖也。狐氏出自唐叔。狐姬，伯行之子也，實生重耳。成而儁才。"

  韋：狐氏，重耳外家……唐叔之後別在犬戎者。

光旦：犬戎，大戎之刊誤。

韋：伯行，狐氏字子空。

(戎)(大戎狐氏)

《戰國策》卷四《齊策》：

齊負郭之民有狐咺者，正議閔王，斮之檀衢，百姓不附。

吳師道：《呂氏春秋·貴直論》[作]狐援……《古今人表》作狐爰。

光旦：當與晉之狐氏有涉。是則至戰國時，大戎之狐氏已有自山西入山東者。

戎(小戎)

《春秋左傳》莊公二十八年《傳》：

晉獻公……又娶二女於戎……小戎子生夷吾。

杜：小戎，允姓戎。　　姚：即瓜州之允姓戎也。

姚：肅州府西五百二十六里(瓜州舊地)。

戎(驪戎)

《春秋左傳》莊公二十八年《傳》：

晉獻公……伐驪戎，驪戎男女以驪姬，歸，生奚齊，其娣生卓子。驪姬嬖，欲立其子……

杜：驪戎在京兆新豐縣。

姚：臨潼縣東二十四里有驪戎城。

顧棟高：臨潼縣東二十四里有驪戎城。

顧棟高：《國語》云晉滅驪戎。不詳何年。而《史記·表》稱在獻公之五年，爲魯莊公之二十二年。其地則入于秦，爲侯麗地……成十三年，晉及諸侯之師伐秦，濟涇，及侯麗而還，即故驪戎國也。其地一曰櫟陽。秦獻公二年徙都櫟陽，在臨潼縣北三十里，即侯麗故地。其由晉入秦之年則不可考。

《國語》卷七《晉語》：

獻公卜伐驪戎。史蘇占之曰："勝而不吉。"……公不聽，遂伐驪戎，克之。獲驪姬以歸，有寵，立以爲夫人。……[飲史蘇酒，史蘇出而告大夫曰：]"夫有男戎（兵），必有女戎（兵），若晉以男戎（兵）勝戎，而戎亦必以女戎（兵）勝晉，其若之何！"……"諸夏從戎，非敗而何？"……

獻公伐驪戎，克之，滅驪子，獲驪姬以歸，立以爲夫人，生奚齊，其娣生卓子……

　　韋：驪戎，西戎之別，在驪山者也。其君男爵，姬姓也。秦曰驪邑，漢高帝徙豐民於驪邑，更曰新豐，在京兆。

　　韋：驪子，驪戎之君，本爵男，此云子者，猶言男子也。

　　光旦：夷狄稱子，未必與五等封有關，此可證。

戎（陸渾之戎，山戎）

《國語》卷七《晉語》：

驪姬［欲去羣公子，］賂二五（梁五、東關五）使言於［獻］公……"蒲與二屈，君之疆也，不可以無主……疆場無主，則啓戎心。戎之生心，民慢其政，國之患也。若使……二公子主蒲與屈，乃可以威民而懼戎，且旌君伐。"使［二五］俱曰："翟之廣莫，於晉爲都。晉之啓土，不亦宜乎？"公説，乃城……蒲，公子重耳處焉；又城二屈，公子夷吾處焉。

　　韋：晉南有陸渾之戎，蒲接之；北有山戎，二屈接之。

　　光旦：括弧中具體稱二種戎，據韋解。

戎（陸渾之戎）

《春秋左傳》僖公二十二年《傳》：

初，平王之東遷也，辛有適伊川，見被髮而祭於野者，曰："不及百年，此其戎乎！其禮先亡矣。"秋，秦、晉遷陸渾之戎于伊川。

　　杜：周幽王爲犬戎所滅，平王……東遷洛邑。

　　杜：辛有，周大夫；伊川，周地伊水也。

　　杜：允姓之戎居陸渾，在秦、晉西北。二國誘而徙之伊川，遂從戎號，至今爲陸渾縣也。

　　姚：孔《疏》，僖十一年《傳》稱"伊雒之戎同伐京師"，則伊洛先有戎矣；今始遷戎，爲辛有言驗者，蓋今之遷戎始居被髮祭野處耳。

　　顧棟高：《正義》，陸渾本是燉煌之地名，徙之伊川，復以陸渾爲號也。

《春秋左傳》宣公三年《傳》：

春……楚子伐陸渾之戎，遂至於雒，觀兵于周疆。……問鼎之大小、輕重焉。

《春秋左傳》成公六年：

《經》：春……衛孫良夫帥師侵宋。

《傳》：三月，晉伯宗、夏陽説，衛孫良夫、甯相，鄭人，伊雒之戎，陸渾，蠻氏侵宋，以其辭［上年之］會也。

光旦：諸夏化已頗深矣，已參加諸夏之間之矛盾。

《春秋左傳》昭公十七年：

《經》：秋……八月，晉荀吳帥師滅陸渾之戎。

《傳》：晉侯使屠蒯如周，請有事於雒（水）與三塗（山，在陸渾南）。萇弘謂劉子曰："客容猛，非祭也，其伐戎乎！陸渾氏甚睦於楚，必是故也。君其備之！"乃警戎備（欲因晉以合勢）。九月，丁卯，晉荀吳帥師涉自棘津（姚：衛輝府胙城縣北），使祭史先用牲于雒。陸渾人弗知。師從之。庚午，遂滅陸渾，數之以其貳於楚也。陸渾子奔楚，其衆奔甘鹿（周地）。周大獲。宣子夢文公攜荀吳而授之陸渾，故使穆子帥師，獻俘于文宮。

光旦：參昭九年晉率陰戎伐潁與周王對晉之責讓。今滅陸渾，且與周合作，周亦大獲，聊可塞責矣。二事必有聯繫，歷代注疏家未予指出。

《春秋左傳》昭公二十二年《傳》：

［王子朝之亂，］冬十月，丁巳，晉籍談、荀躒帥九州之戎及焦、瑕、溫、原之師，以納王于王城。……前城人（子朝之衆）敗陸渾于社（周地）。……（下文不再相干）

杜：九州戎，［即］陸渾戎，昭十七年滅，屬晉。州，鄉屬也，五州爲鄉。

《春秋左傳》昭公二十九年《傳》：

冬，晉趙鞅、荀寅帥師城汝濱。

杜：汝濱，晉所取陸渾地。　　姚：今嵩縣，汝水在縣南。

光旦：至此，陸渾當已不復戎矣。

戎（伊雒之戎）

《春秋左傳》僖公十一年《傳》：

夏，揚拒、泉皋、伊雒之戎同伐京師，入王城，焚東門。王子帶召之也。

秦、晉伐戎以救周。秋，晉侯平戎于王。（《經》無）

　　杜：揚拒、泉皋皆戎邑，及諸雜戎居伊水雒水之間者；今伊闕北有泉亭。　　姚：今洛陽縣西南有前城，即泉亭也。

　　杜：王子帶，甘昭公也，召戎，欲因以篡位。

　　光旦：平戎於王，獨晉侯爲之，其他諸侯不與，當是因晉與戎之關係素切。

《春秋左傳》僖公十二年《傳》：

　　王以戎難故，討王子帶。秋，王子帶奔齊。冬，齊侯使管夷吾平戎于王，使隰朋平戎于晉。王以上卿之禮饗管仲。……（《經》無）

《春秋左傳》僖公十三年《傳》：

　　秋，爲戎難故，諸侯戍周。齊仲孫湫致之［也］。（《經》無）

　　杜：戍守也，致諸侯戍卒于周。

《春秋左傳》僖公十六年《傳》：

　　秋……王以戎難告于齊。齊徵諸侯而戍周。（《經》無）

　　杜：十一年戎伐京師以來，遂爲王室難。

《春秋左傳》文公八年：

　　《經》：冬十月……乙酉，公子遂會雒戎，盟于暴。

　　《傳》：冬，襄仲會晉趙孟，盟于衡雍，報［前年］扈之盟也。遂會伊雒之戎。書曰"公子遂"（即襄仲），珍之也。

　　杜：暴，鄭地。

　　杜：伊雒之戎將伐魯，公子遂不及復君，故專命與之盟。……大夫出竟，有可以安社稷、利國家者，專之可也。

　　顧棟高：是時伊雒之戎猶橫，魯亦畏之，故汲汲與盟。然既盟，遂不復來伐，已得以禮法羈縻矣。

《春秋左傳》成公六年：

　　《經》：春……衛孫良夫帥師侵宋。

　　《傳》：三月，晉伯宗、夏陽説、衛孫良夫、甯相、鄭人、伊雒之戎、陸渾、蠻氏侵宋，以其辭會也（辭會上年事）。

　　光旦：諸夏化已頗深矣，已參加諸夏之間之矛盾。

　　顧棟高：此時伊雒之戎已馴服矣。後昭二十二年子朝之亂，王師敗績于前城。服虔曰，前讀爲泉，即泉［皋］戎地。蓋已入爲王城邑。其滅之年則不可考。

戎（伊雒與陸渾）

顧棟高：《春秋大事表》卷三九：

伊雒之戎與陸渾地略相近，觀僖十一年《傳》所云，則知此戎種類繁夥，爲禍最暴，雖以齊桓創伯，僅使管仲平戎于王室，其鷙悍難御可知。故僖二十二年，秦、晉即遷陸渾之戎于伊川，意必以藩衛王室爲名，用蠻夷以制蠻夷也。卒之果得其用：伊雒之戎就衰，旋服于晉；文八年就趙盾之盟于暴；成六年且受命侵宋——蓋得陸渾牽制之力爲多。故楚莊欲窺覦王室，而先伐陸渾；晉荀吳欲滅陸渾，而先有事三塗，居然爲王室之藩籬矣。

戎（茅戎，蠻氏）

《春秋左傳》文公十七年《傳》：

周甘歜敗戎于邥垂，乘其飲酒也。（《經》無）

杜：邥垂，周地，河南新城縣北有垂亭。

姚：服虔曰，邥亭在高都南。今爲河南府洛陽縣地。

顧棟高：邥垂，今爲汝州伊陽縣地；劉昭《後漢志》以爲此蠻氏之戎也。

《春秋左傳》成公元年：

《經》：秋，王師敗績于茅戎。

杜：茅戎，戎別種。

姚：《水經注》，大陽縣有茅亭，故茅戎邑也。《括地志》，茅戎在河北縣西二十里。當在今平陽府平陸縣界。

光旦：此事實發生在春，秋始來告，故《經》作秋，見下。

《傳》：春，晉侯使瑕嘉平戎于王（杜：平文十七年邥垂之役，詹嘉處瑕，故謂），單襄公如晉拜成。劉康公徼戎，將遂伐之。叔服曰："背盟而欺大國（晉），此必敗。背盟不祥，欺大國不義，神人弗助，將何以勝？"不聽。遂伐茅戎。三月，癸未，敗績于徐吾氏。……秋，王人來告敗。

杜：徐吾氏，茅戎之別也。

姚：孔《疏》，"敗于徐吾之地也；茅戎已是戎內之別，徐吾又是茅戎之內聚落之名。"

光旦：曰茅，曰徐吾，均可注意。

顧棟高：杜注云，平戎，平文十七年邥垂之怨，合之《後漢志》（劉昭以茅戎爲蠻氏），則此爲蠻氏之戎明矣。

顧棟高：[自]今山西解州之平陸……連亘河南汝州之境，疆域頗不狹。

戎（蠻氏）

《春秋左傳》成公六年：

《經》：春……衛孫良夫帥師侵宋。

《傳》：三月，晉伯宗、夏陽説，衛孫良夫、甯相，鄭人，伊雒之戎，陸渾，蠻氏侵宋，以其辭[上年之]會也。

光旦：蠻氏初見，然諸夏化已頗深矣，已能參與諸夏之内部矛盾。然論者謂茅戎即蠻氏，則此已第三見矣。

杜：蠻氏，戎别種也，河南新城縣東南有蠻城。

顧棟高：《前漢志》，河南新城縣曰蠻中，故戎蠻子國。今汝州西南有蠻城。

顧棟高：時蠻氏屬于晉。

戎（蠻氏——顧）

《春秋左傳》襄公五年《傳》：

王使王叔陳生愬戎于晉，晉人執之。士魴如京師，言王叔之貳於戎也。

杜：戎陵疏周室，故告愬於盟主。

顧棟高：即蠻氏之戎。

戎（蠻氏）

《春秋左傳》昭公十六年：

《經》：春……楚子誘戎蠻子殺之。

《傳》：楚子聞蠻氏之亂也，與蠻子之無質（信也；姚云，雖與楚舊交，元無誠信）也，使然丹誘戎蠻子嘉，殺之，遂取蠻氏。既而復立其子焉，禮也。

姚：戎是種號，蠻是國名，子，爵也。

杜：河南新城縣東南有蠻城。　　姚：今汝州西南。

顧棟高：余氏光曰，戎蠻既稱子，則安于王化而服從晉伯者也；特以地在申、葉、許、鄭之西，而南界楚之白羽，故楚人誘蠻子而殺之。

《春秋左傳》哀公四年：

《經》：夏……晉人執戎蠻子赤歸于楚。

杜：晉恥爲楚執諸侯，故稱人以告，若蠻子不道於其民也[者]，赤本屬楚，故言歸。

姚：胡傳，晉人云者，罪之也……曷云歸于楚？歸于楚者，猶曰京師楚也，晉主夏盟，爲日久矣，不競至此，《春秋》所惡。

《傳》：夏，楚人既克夷虎，乃謀北方。左司馬眅、申公壽餘、葉公諸梁，致蔡於負函（致其衆。姚：於今信陽），致方城之外於繒關。曰："吳將泝江入郢，將奔命焉。"爲一昔之期，襲梁及霍（杜：僞辭當備吳，夜結期，明日便襲梁、霍，使不知之；梁，梁縣西南故城，梁南有霍陽山，皆蠻子之邑）。單浮餘圍蠻氏，蠻氏潰。蠻子赤奔晉陰地（自上雒以東至陸渾）。司馬起豐、析與狄戎（司馬，即眅，豐、析，均地名；姚：淅川縣、內鄉縣西北境，皆析地，淅川縣西南有豐鄉城，其地與鄖陽相接），以臨上雒。左師軍于菟和（山，上雒東。姚：今商州東）。右師軍于倉野（姚：今商州東南有倉野聚；發二邑之兵與戎狄之衆，以臨上雒，而分軍爲二，以脅晉人）。使謂陰地之命大夫士蔑（姚：晉特命者，總監陰地，陰地屬晉）曰："晉、楚有盟，好惡同之，若將不廢，寡君之願也。不然，將通於少習（商縣武關）……"[士蔑請命於趙孟後，]乃致九州之戎（在晉陰地陸渾者），將裂田以與蠻子而城之（以詐蠻子），且將爲之卜。蠻子聽卜，遂執之與其五大夫，以畀楚師于三戶（姚：淅川縣西南）。司馬致邑，立宗焉，以誘其遺民（楚復詐爲蠻子作邑，立宗主），而盡俘以歸。

顧棟高：今陝州盧氏縣有晉陰地故城，爲命大夫屯戍之所。

顧棟高：高氏（高閌？）曰，梁本周邑，時爲蠻氏所據，後屬楚，謂之南梁。

顧棟高：自後戎種之在中國者盡矣，獨無終以請和于晉得存。

戎（允姓之戎）

《春秋左傳》襄公十四年《傳》：

[范宣子數戎子駒支曰]："來！姜戎氏！昔秦人迫逐乃祖吾離于瓜州……"

杜：四嶽之後皆姜姓，又別爲允姓；瓜州地，在今燉煌。

光旦：吾離，姜姓乎？允姓乎？參下文，似東遷依晉南鄙者爲姜戎，而未遷者，即止於瓜州者則別爲允姓。

　　光旦：前乎此與後乎此而直至今日之羌必與此輩有淵源關係。西戎亦多矣，而此則差可肯定者。

《春秋左傳》昭公九年《傳》：

　　晉梁丙、張趯率陰戎伐潁。王使詹桓伯［讓之，因論戎之東來，與諸夏雜處，晉實負其責］，曰："……先王居檮杌于四裔，以禦螭魅，故允姓之姦居于瓜州。伯父惠公歸自秦，而誘以來……"

　　杜：允姓，陰戎之祖。

　　光旦：餘見"戎（陰戎）"片。

戎（陰戎）

《春秋左傳》昭公九年《傳》（《經》不書）：

　　春……周甘人與晉閻嘉爭閻田。晉梁丙、張趯率陰戎伐潁。王使詹桓伯辭於晉曰："……先王居檮杌于四裔，以禦螭魅，故允姓之姦居于瓜州。伯父惠公歸自秦，而誘以來，使偪我諸姬，入我郊甸，則戎焉取之。戎有中國，誰之咎也？后稷封殖天下，今戎制之，不亦難乎？伯父圖之！……"［晉乃］致閻田……反潁俘。……

　　杜：陰戎，陸渾之戎。以其處晉陰地，謂之陰戎。潁，周邑。　姚：陸渾故城，今嵩縣北二十里。

　　杜：言檮杌，略舉四凶之一。言四裔，則三苗在其中。

　　杜：允姓，陰戎之祖，與三苗俱放三危者。瓜州，今敦煌。

　　杜：僖十五年，晉惠公自秦歸，二十二年，秦、晉遷陸渾之戎於伊川。

　　杜：邑外爲郊，郊外爲甸，言戎取周郊甸之地。

　　光旦：陰戎、允姓之戎、陸渾之戎，依杜言之，是一事，且亦若與三苗相混。

戎（九州之戎）

　　見"戎（陸渾之戎）"昭二十二年片。

《春秋左傳》哀公四年《傳》：

　　［夏，楚擊戎蠻子，蠻子奔晉陰地，楚人追索之，晉陰地命大夫］士蔑乃

致九州之戎，[詐]將裂田以與蠻子而城之……遂執之……以畀楚……
  　杜：九州戎，在晉陰地陸渾者。

戎（元戎）

今本《戰國策》佚語：
  　蘇秦曰……元戎以鐵爲矢。
  　元至正十五年吳師道重校鮑彪校證本，後序，《孫元忠記劉原父語》中云歐陽詢嘗引此。

戎翟（連用）

《國語》卷一《周語上》：
  　[祭公謀父諫周穆王不伐犬戎：]"我先王不窋，用失其官（夏衰，失稷官），而自竄于戎翟之間。"
《國語》卷一《周語上》：
  　戎翟荒服。
  　　光旦：戎翟荒服，遠於蠻夷之要服。就周先世之發展而言，與戎翟之關係實更密近，所未解。
《國語》卷一三《晉語》：
  　[魏絳和戎一條中，連用者三次，曰]戎翟無親。……戎翟荐處，貴貨而易土。……戎翟事晉，四鄰……震動。
《國語》卷一三《晉語》：
  　（下文又追敘及此：）"子教寡人和戎翟，而正諸華。"[對曰，]"夫和戎翟，臣之幸也。……"（時悼公十二年）
《國語》卷一四《晉語》：
  　[叔向賀韓宣子（起）之貧，因論欒武子之貧而有德，]"諸侯親之，戎狄懷之。"
  　　光旦：翟，《國語》一直作"翟"，作"狄"，初見於此。（明金李刊本）

戎狄（即四夷）

《國語》卷一六《鄭語》：
  　[鄭]桓公爲司徒……問於史伯曰："王室多故……其何所可以逃死？"史

伯對曰："王室將卑，戎狄必昌。……當成周者：南有荊蠻……北有……翟鮮虞、路、洛、泉、徐、蒲；西有……隗（？）……東有……莒——是非王之支子、母弟、甥舅（例未引）也，則皆蠻荊戎（一作夷）翟之人也。非親則頑，不可入也。其濟、洛、河、潁之間乎！"（虢、鄶之地）

　　光旦：於以見周室之局促與夷狄之縱橫。

　　光旦：時爲幽王八年（桓公爲司徒）。

　　韋：莒，己姓，東夷之國也。

　　光旦：戎狄、戎翟互用。"狄"之寫法，此處第二度見，前此，捨一例外，概作"翟"。

戎狄（連稱）

《春秋左傳》閔公元年《傳》：

　　狄人伐邢。管敬仲言於齊侯曰："戎狄豺狼，不可厭也；諸夏親暱，不可棄也。"

《春秋左傳》僖公十五年《傳》：

　　十月，晉陰飴甥會秦伯，盟于王城。秦伯曰："晉國和乎？"對曰："不和。小人恥失其君而悼喪其親，不憚征繕以立圉也，曰：'必報讎，寧事戎狄'。"［而不事秦］……

戎翟

《國語》卷六《齊語》：

　　［桓公］築葵茲、晏、負夏、領釜丘，以禦戎翟之地，所以禁暴於諸侯也。築五鹿、中牟、蓋與、牡丘，以衛諸夏之地。

　　韋：［前］四者皆阨塞，與山戎眾翟接者。

　　韋：［後］四塞，諸夏之關也。

　　光旦：後四者當亦與禦外族有關，否則何以云衛諸夏也？

《國語》卷八《晉語》：

　　［周卿士宰孔（宰周公）與其御論晉獻公將死：］"戎翟之民實環之。"

《國語》卷一九《吳語》：

　　［黃池之會，吳王對晉使董褐責晉侯，］"今君非王室不安平是憂，億負晉衆庶，不式諸戎翟、楚、秦"（不式，不去征伐）。

戎翟——與宴享之禮

《國語》卷二《周語中》：

　　晉侯（景公）使隨會（范武子）聘于周，定王饗之殽烝（體解節折之俎，謂之折俎）。［武子以爲怪，謂王室之禮不應有所毀折，而應用全烝（即全牲體），王聞之，召而謂曰，］"禘郊之事，則有全烝；王公立飫，則有房烝（半解之牲）；親戚宴饗，則有殽烝，［與來聘之性質及聘者之身份正相合。］……且唯夫戎翟則有體薦。夫戎翟冒没輕儳，貪而不讓，其血氣不治若禽獸焉。其適來班貢，不俟馨香嘉味，故坐諸門外，而使舌人（象胥之官）體委與之。女今我王室之一二兄弟……將龢協典禮，以示民訓則……胡有孑然其效戎翟也？……"武子遂不敢對而退。歸乃講聚三代之典禮。……

　　　　光旦：今北俗猶用全烝享客。

　　　　光旦：疑彼時晉頗染戎狄之習，包括飲燕方式，故以殽烝爲怪。

戎狄

《春秋左傳》襄公十一年《傳》：

　　［蕭魚之會後，鄭服于晉，鄭以兵車、樂舞之屬賂晉侯，］晉侯以樂之半賜魏絳，曰："子教寡人和諸戎狄，以正諸華，八年之中，九合諸侯，如樂之和，無所不諧，請與子樂之。"……

　　　　光旦：魏絳和戎，在襄四年，自兹以來，所輯睦當不止戎，亦有狄，故此曰戎狄，指晉西、晉北之各少數民族總言之。然此舉從山戎無終發之。

《春秋左傳》昭公四年《傳》：

　　［申之會，楚子示諸侯侈，椒舉因論侈汰則諸侯不用命，舉往事爲鑑，］"周幽爲大室之盟，戎狄叛之。"

　　　　光旦：主要爲犬戎。當不止犬戎，故合言戎狄。

《春秋左傳》昭公九年《傳》：

　　晉梁丙、張趯率陰戎伐潁。王使詹桓伯［讓之，謂晉既引戎入中夏於前，今又率以伐周邑，曰，］"我在伯父，猶衣服之有冠冕，木水之有本原。民人之有謀主也。伯父若裂冠毀冕，拔本塞原，專棄謀主，雖戎狄其何有余一人？"

　　　　杜：伯父猶然……戎狄無所可責。

《春秋左傳》昭公十五年《傳》：

　　［晉籍談對周王責晉不能獻器於周，］"晉居深山，戎狄之與鄰，而遠於王

室，王靈不及，拜戎不暇，其何以獻器？"［又對，晉與其他諸侯不同，初封時未獲周彝器之分。］王曰："……密須之鼓與其大路，文所以大蒐也；闕鞏之甲，武所以克商也：唐叔受之，以處參虛，匡有戎狄。……"

戎狄（連稱）

《戰國策》卷三《秦策》：

（司馬錯、張儀均稱蜀爲"戎狄之長"，見"蜀"片。）

《戰國策》卷七《魏策》：

魏將與秦攻韓，朱己（《史》作無忌）謂魏王曰："秦與戎翟同俗，有虎狼之心，貪戾好利而無信，不識禮義德行。……"

（戎狄）

《戰國策》卷三《秦策》：

［始皇十三年，韓非說秦王，］"趙氏，中央之國也，雜民之所居。"

光旦：吳師道據《韓非子》注，謂趙居燕、齊、韓、魏之中央，兼四國之人，故曰雜。恐不盡然。無國無鄰邦，國之都邑無不五方雜處，何獨趙？當是趙地尚多未甚諸夏化之戎狄故耳。

三壽（夷？）

《竹書紀年》卷三：

［夏后帝杼］八年，征于東海，及三壽，得一狐九尾。

《統箋》：《魯頌》，"三壽作朋"；又，"遂荒大東，至于海邦。"

《統箋》：疑東海古國名，近魯者也。

光旦：得九尾狐，疑近所謂青丘之地。

光旦：據《魯頌》，是三壽至春秋猶存。

光旦：疑與後之"畲"或有涉。

光旦：曰"作朋"，是"三"爲數字，"壽"乃正稱，不止一派而已。

山　民

《竹書紀年》卷四：

[夏后帝癸（桀）]十四年，扁帥師伐岷山。

沈約：一作山民。

光旦：詳"岷山……"片。

光旦：與後世所稱之山越、山寇、山賊、山客，或有涉，惟於時尚未遷至東南耳。

（畬）

（余）

《竹書紀年》卷四：

[夏后帝癸（桀）十三年，]初作輦。

《統箋》：《周禮》鄉師，鄭注，"輦駕馬，輦人輓行。"

《統箋》：《司馬法》，夏后氏謂輦曰余車，殷曰胡奴車，周曰輜輦；夏后氏二十人而輦，殷十八人而輦，周十五人而輦。

《統箋》：《通典》，夏后氏末代制輦。

光旦：曰以人挽，故字從二夫，而又曰"余車"，曰"胡奴車"，是人即"余"或"胡奴"之類也。"余人"應與後世之"畬"有淵源關係，而禹所娶之塗山氏即爲"余人"中較爲先進之一派。此當在東方淮泗之間。至殷用胡奴，則大都來自北方或東北方矣。"余"可讀作"畬"。

（畬）

《國語》卷五《魯語下》：

季桓子穿井，獲如土缶，其中有羊焉，使問之仲尼……對曰："……木石之怪曰夔蝄蜽，水之怪曰龍罔象，土之怪曰墳羊。"

韋：木石，謂山也。或曰，夔，一足，越人謂之山繅，或作"獟"，富陽有之，人面猴身，能言，或云獨足。蝄蜽，山精，好敩人聲而迷惑人也。

光旦：夔蝄蜽是一物，夔象其所謂獨足之形，蝄蜽，則"蠻"之切音也，亦曰山居之蠻而已矣。無疑即唐宋之山都、木客，今之畬。

光旦：罔象，墳羊，亦爲"蠻"字之音切，亦猶曰，水居之（龍）蠻與穴居之蠻耳。穴居之蠻，今已無法指爲何族。水居之"龍蠻"則蜑也，今曰"水上居民"，或其他文身而傍水之百越族類。蜑至近世猶奉祀蛇神，蛇即龍也。

光旦：如所推論不謬，則此無疑爲"畬"、"蜑"最早之紀錄。孔子稱博物，亦自不虛。

光旦：韋云富陽有山繅，當時之地望亦合。

《國語》卷二〇《越語上》：

[句踐之人口蕃育政策，以沼吳，中有]生丈夫，二壺酒，一犬；生女子，二壺酒，一豚。

光旦：以犬給生丈夫子之家，意者當時越之人口主要尚是百越，其次爲諸夏移民，而畬瑤之先不多，或雖已不少而僻居山區，故不以食犬爲忌。否則，以句踐之意慮周密，必思所以避免此也。諸夏古亦食犬，百越猶爾，及兩粵、贛南此風不改。

申（戎）

《竹書紀年》卷九：

[周宣王]四十一年，王師敗于申。

徐《箋》：《後漢·西羌傳》，宣王四十一年，王師征申戎，破之。[按，]與此言敗于申者不同。

光旦：疑《西羌傳》即本《竹書》而誤敗爲勝。

生 生

《汲冢周書》卷七《王會》第五十九：

成周之會……都郭、生生，若黃狗，人面能言。……東嚮。

孔：都郭，北狄；生生，二名也。

光旦：二名，當是都郭亦稱生生。是都郭，或生生，自身參與"王會"，非作爲人之都郭以作爲土貢之生生參加也。

光旦：生生，疑即牲牲，或狌狌，或猩猩，實亦人，古人不知耳。參

"費費"片。

史　林

《汲冢周書》卷七《王會》第五十九：

　　成周之會……史林以尊耳，尊耳者，身若虎豹，尾長三尺，其身（？）食虎豹。……東嚮。

　　孔晁：史林，戎之在西南者。

舒

舒

《春秋左傳》僖公三年《經》：

　　夏……徐人取舒。（無《傳》）

　　　姚：趙氏鵬飛曰：徐服于齊，則取舒之謀，齊謀也。舒隸于盧而迫近楚；《詩》曰，"荆舒是懲"，則楚之與國也；齊之爲謀，襲其不備而取之，奪楚援也。

　　　光旦：餘參"徐"。

舒（羣舒）

《春秋左傳》文公十二年：

　　《經》：夏，楚人圍巢。

　　　杜：吴楚間小國……六縣東有居巢城。

　　　姚：今盧州府巢城西巢湖有古居巢城陷處。

　　《傳》：楚……成嘉（若敖曾孫子孔）爲令尹。羣舒叛楚。夏，子孔執舒子平（平，舒君名）及宗子，遂圍巢。

　　　杜：羣舒，偃姓，舒庸、舒鳩之屬，今盧江南有舒城，舒城西南有龍舒。

　　　姚：今盧州府舒城、盧江二縣之境，皆羣舒地也。孔《疏》，"《世本》，'偃姓，舒庸、舒蓼、舒鳩、舒龍、舒鮑、舒龔'，以其非一，故言屬以包之。"

杜：宗、巢二國，羣舒之屬。

　　光旦：楚前所滅之六與蓼應亦是羣舒之屬。

《春秋左傳》文公十四年《傳》：

　　楚莊王立，子孔、潘崇將襲羣舒，使公子燮與子儀守，而伐舒蓼。……

《國語》卷一七《楚語上》：

　　[蔡聲子對令尹子木，論楚材晉用，]"昔莊王方弱……使師崇（潘崇）、子孔（令尹成嘉）帥師以伐舒。……"

　　光旦：魯文十四年《經傳》。

舒（衆舒）

《春秋左傳》宣公八年《傳》：

　　楚爲衆舒叛故，伐舒蓼，滅之。……

舒（舒蓼）

《春秋左傳》宣公八年：

　　《經》：夏……楚人滅舒蓼。

　　《傳》：楚爲衆舒叛故，伐舒蓼，滅之。楚子疆之，及滑汭，盟吳、越而還。

　　　　杜：舒蓼，二國名。　　姚：孔《疏》謂傳寫誤，當作一國。

　　　　姚：滑汭，當在今廬州府東境。

舒（舒庸）

《春秋左傳》成公十七年：

　　《經》：冬……十有二月……楚人滅舒庸。

　　《傳》：舒庸人以楚師之敗[於鄢陵]也，道吳人圍巢，伐駕，圍釐、虺。遂恃吳而不設備。楚公子櫜師襲舒庸，滅之。

　　　　杜：舒庸，東夷國。

　　　　杜：巢、駕、釐、虺，楚四邑。

　　　　姚：俱廬州府境。

舒（舒鳩）

《春秋左傳》襄公二十四年《傳》：

吴人爲楚舟師之役故（同年夏），召舒鳩人。舒鳩人叛楚。楚子師于荒浦（舒鳩地），使沈尹壽與師祁犁讓之。舒鳩子敬逆二子，而告無之。且請受盟。二子復命。王欲伐之。蒍子（令尹蒍子馮）曰："不可。彼告不叛，且請受盟，而又伐之，伐無罪也。姑歸息民，以待其卒。卒而不貳，吾又何求？若猶叛我，無辭，有庸。"乃還。

　　　　　杜：明年楚滅舒鳩。

《春秋左傳》襄公二十五年：

　　《經》：秋……楚屈建帥師滅舒鳩。

　　《傳》：舒鳩人卒叛，楚令尹子木（屈建）伐之，及離城（姚：舒城縣境），吴人救之。……[戰]……吴師大敗。遂圍舒鳩。舒鳩潰。八月，楚滅舒鳩。

《春秋左傳》襄公二十五年《傳》：

　　冬……楚子以滅舒鳩賞子木。[子木]辭……以與薳掩（子馮子，參二十四年另片）。

《春秋左傳》定公二年《傳》：

　　桐叛楚。吴子使舒鳩氏誘楚人（舒鳩，楚屬國），曰："以師臨我（誘楚使以師臨吴），我伐桐，爲我使之無忌（吴伐桐，僞若畏楚師之臨己，而爲伐其叛國，以取媚於楚者，欲使楚不忌吴）。秋，楚囊瓦伐吴，師于豫章（杜：從舒鳩言）。吴人見舟于豫章（僞將爲楚伐桐者），而潛師于巢（實以擊楚）。冬十月，吴軍楚師于豫章（楚不忌故），敗之。……

舒——地名

《春秋左傳》哀公十四年：

　　《經》：夏四月，齊陳恒執其君，寘于舒州。……

　　　　姚：今滕縣東南薛城。

　　　　光旦：《史記》作"徐"，即此處之舒。

　　六月……齊人弑其君壬于舒州。（齊簡公也。）

　　《傳》：（月闕），庚辰，陳恒執公于舒州。……

　　（月闕），甲午，齊陳恒弑其君壬于舒州。

徐（音舒）

《竹書紀年》卷一二：

［周顯王二十三（二？）年，］楚入徐州。

徐《箋》：入，一本作伐。

徐《箋》：《楚策》，……楚王……自將而伐齊，大敗齊于徐州。

徐《箋》：《史記索隱》，徐音舒。左氏作"舒"。《説文》作"鄐"，在薛縣。

光旦：《史記》亦作"俆"，前後不一。

俆（音舒）

《戰國策》卷四《齊策》：

楚威王［七年］戰勝於徐州，［十年］欲逐嬰子（田嬰），［齊人張丑爲嬰子說楚王，得不逐。］

鮑：《後志》，［徐州，］魯之薛，六國時曰徐州。

吳：徐，詞余反。《正義》云，《紀年》梁惠王三十年，下邳遷于薛，改名徐州。徐，左氏作"舒"；《説文》作"鄐"。

光旦：《史記》或作"俆"，或作"徐"。作"俆"者，不是傳抄之誤，説見下。

光旦：徐、舒、俆、鄐，以及唐宋以來之余、佘、畬，皆指一輩同一來源之人，即徐戎也。下邳近泗，爲此族人之歷史中心，故遷薛後改薛爲俆也；俆者，"余"之人耳，鄐者，"余人"之邑耳。

光旦：田嬰之定封於薛，在此後，鮑云在齊閔三年，吳云在齊宣二十年。見下文另條下。嬰之封年，後世議論極不一致，吳在下文注中又謂實在齊威之世。

《戰國策》卷七《魏策》：

［魏惠王時，齊敗魏於馬陵，太子申死焉，惠王用惠施計，使齊受楚、趙之攻，］大敗齊於徐州。

《戰國策》卷七《魏策》：

徐州之役，［犀首謂魏襄王，］"陽與齊而陰結於楚……"

蜀

蜀（蜀人）

《竹書紀年》卷六：

［殷商帝辛］五十二年，庚寅，周始伐殷……庸、蜀、羌、髳、微、盧、彭、濮從周師伐殷。

　　　　《統箋》：益州及巴、利等州皆古蜀國（《括地志》）。

《竹書紀年》卷八：

　　　周夷王二年，蜀人、呂人來獻瓊玉。

蜀

《汲冢周書》卷四《世俘》第四十：

　　　［武王十三年，既克殷，薦俘于太廟。］新荒命伐蜀。乙巳……新荒［以］蜀……至。……告以馘俘。

　　　　光旦：孔晁於蜀字無注，不知與庸、蜀之蜀有關否。可有若干説。一，全不相干，只名稱偶同而已；蜀爲助武王伐紂之西南八國之一，不煩征伐。二，相涉，而爲早經分出之別派，居近商都者，後世有成殷蜀人入山西者，如薛氏，稱"蜀薛"，或早在殷商，即有此種移徙之人，仍稱蜀，亦未可知。存此備查。

蜀人

《汲冢周書》卷七《王會》第五十九：

　　　成周之會……蜀人以文翰，文翰者，若皋雞……東嚮。

　　　　孔：……皋雞似鳧，翼（冀？）州謂之澤特。

蜀

《戰國策》卷五《楚策》：

　　　蘇秦爲趙合從，説楚威王……楚王曰："寡人之國，西與秦接境，秦有舉巴蜀、并漢中之心。"

　　　　鮑：［交談］當在威王七或八年。

　　　　吳：《大事記》，在威七年。

《戰國策》卷三《秦策》：

　　　司馬錯與張儀爭論於秦惠王前。司馬錯欲伐蜀，［張儀欲伐韓，］曰："……夫蜀西僻之國，而戎狄之長也……勞衆不足以成名，得其地不足以爲利……［王不爭韓，］顧爭於戎狄，去王業遠矣。"司馬錯曰："不然。……夫蜀，西僻之國也，而戎狄之長也，而有桀、紂之亂，以秦攻之，避（譬）如使豺狼逐羣羊也。取其地足以廣國也，得其財足以富民繕兵，不傷衆而彼已服矣。故拔一國而天下不以爲暴，利盡四海，諸侯不以爲貪。是我一舉而名實兩附，而又有禁暴正亂之名。……"［惠王從司馬錯。］卒起兵伐蜀，十月，取之。遂定蜀。蜀主更號爲侯，而使陳莊相蜀。蜀旣屬，秦益強，富厚，輕諸侯。

　　吳師道：《史記·甘茂傳》，"張儀西并巴、蜀"……《紀》、《表》並言錯定蜀……《水經［注］》，秦自石牛道使張儀、司馬錯尋路伐蜀……《華陽國志》，蜀王伐苴侯，苴侯奔巴，求救於秦，惠文王使張儀、司馬錯伐蜀，滅之。是二人同往也。

　　光旦：意見不同於前，無礙於并力伐蜀於後。

　　光旦：伐蜀年月，查《史記·表》，似在惠文王後九年。

　　光旦：同卷下文《秦武王謂甘茂》章亦云"張儀西并巴蜀之地"。

《戰國策》卷三《秦策》：

　　［甘茂對秦武王語中，］"臣聞張儀西并巴、蜀之地……"

《戰國策》卷三《秦策》：

　　［蔡澤説應侯范雎，欲其自退而己代之相秦，］"白起率數萬之師，以與楚戰，一戰舉鄢、郢，再戰燒夷陵，南并蜀漢。……功已成矣，賜死於杜郵。"

　　光旦：蜀尚待并乎？或者，再徇蜀地也。

《戰國策》卷三《秦策》：

　　［蔡澤説應侯范雎，欲其自退而己代之爲秦相，］君相秦，［功亦茂矣，包括］"棧道千里，通於蜀漢"。

　　光旦：秦滅蜀，立蜀郡，已多年，然棧道之修建，或其確立，或是范雎執政時所爲。然可斷言者，蜀之與諸夏，至此交往更頻繁矣。

　　光旦：此昭王時事，澤於昭王五十二年代范雎爲相。

數　楚

《汲冢周書》卷七《王會》第五十九：

　　成周之會……數楚［以］每牛，每牛者，牛之小者也。……北嚮。

　　孔：數楚，亦北戎也。

肅　慎

《竹書紀年》卷七：

　　［周武王］十五年，肅慎氏來賓。

　　　　徐氏《統箋》：《國語》，"仲尼在陳……"（別有片）

　　　　徐氏《統箋》：《博物志》，肅慎氏有樹名雒常，若中國有聖人代立，則其樹生皮，可為衣；周武王時，曾遣使入貢。

　　　　徐氏《統箋》：《地理通釋》，肅慎，北夷，在玄菟北三千餘里。

　　　　徐氏《統箋》：《通典》，挹婁，即古肅慎之國，在不咸山北，夫餘東北千餘里，濱大海；勿吉，在高麗北，亦古肅慎國地；靺鞨即勿吉。

　　　　光旦：同息慎，餘見"息慎"片。

　　　　光旦：曰雒常（比較越裳），曰挹婁（比甌駱），曰不咸，曰夫餘（比武夷，佈依），曰高麗（比仡佬）——合此諸稱，令人不能不疑遠古百越之先有入東北者。

《竹書紀年》卷七：

　　［周成王九年，］肅慎氏來朝，王使榮伯錫肅慎氏命。

　　　　徐《箋》：《書》叙，"成王既伐東夷，肅慎來賀，王俾榮伯作《賄肅慎之命》。"傳，篇亡。

《春秋左傳》昭公九年《傳》：

　　晉梁丙、張趯率陰戎伐潁。王使詹桓伯［責讓之，因備論武王克商以來周之四裔］曰："……肅慎、燕、亳，吾北土也。"

　　　　杜：肅慎，北夷，在玄菟北三千餘里。

　　　　姚：韋氏昭曰，去扶餘千里；孔《疏》，"在遼東北"。金為上京會寧府，今屬盛京。

《國語》卷五《魯語下》：

　　仲尼在陳，有隼（今之鶚）集于陳侯之庭而死，楛矢貫之，石砮，其長尺有咫。陳惠公使人以隼如仲尼之館問之。仲尼曰："隼之來也遠矣！此肅慎氏之矢也。昔武王克商，通道于九夷、百蠻，使各以其方賄來貢，使無忘職業。於是肅慎氏貢楛矢、石砮，其長尺有咫。先王欲昭其令德之致遠也，以示後人，使永監焉，故銘其栝曰'肅慎氏之貢矢'，以分大姬，配虞胡公而封諸陳。古者分同姓以珍玉，展親也；分異姓以遠方之職貢，使無忘服也。故分陳以肅慎氏之貢。君若使有司求諸故府，其可得也。"使求，得之金櫝，如之。

　　光旦：此條《左傳》所無，《左傳》只一處（昭九年）提到肅慎之名。

（條）（戎）

《春秋左傳》桓公二年《傳》：

　　初，晉穆侯之夫人姜氏以條之役生大子，命之曰仇。

　　杜：條，晉地；大子，文侯也。

　　姚：《史記》，"穆侯七年伐條。"今山西平陽府解州安邑縣有中條山，縣北三十里有鳴條岡（似與《九域志》所云不合——光旦）。

　　光旦：條亦戎。《竹書》周宣三十八年稱條戎。

塗　山［氏］

《竹書紀年》卷三：

　　［禹］五年，巡狩，會諸侯于塗山。

　　《統箋》：《左》哀七年，"禹合諸侯于塗山，執玉帛者萬國。"

　　《統箋》：《通鑑地理通釋》，在壽春東北濠州鍾離縣西九十五里，山前有禹會村。

　　《統箋》：《尚書》，禹娶于塗山。

　　《統箋》：《天問》，"禹……焉得彼塗山女而通之于台桑？"

　　《統箋》：《一統志》，塗山在懷遠縣東南八里。

屠　州

《汲冢周書》卷七《王會》第五十九：

　　成周之會……屠州［以］黑豹。……北嚮。

　　孔：屠州，狄之別也。

微

《竹書紀年》卷六：

　　[殷商帝辛]五十二年，庚寅，周始伐殷……庸、蜀、羌、髳、微、盧、彭、濮從周師伐殷。

　　《統箋》：《括地志》，戎府以南，古微、盧、彭三國之地。

韋

《竹書紀年》卷四：

　　[夏后帝癸（桀）二十八年，]商會諸侯于景亳，遂征韋，商師取韋。遂征顧。

　　《統箋》：《左》昭四年《傳》，椒舉曰，"商湯有景亳之命"。

　　《統箋》：《郡國志》，[景亳，]梁國蒙縣。劉昭注引《帝王世紀》，有北亳，即景亳，湯所盟處。

　　《統箋》：《郡國志》，東郡白馬縣有韋鄉。

　　《統箋》：《鄭語》，史伯曰，彭姓豕韋，則商滅之。

　　光旦：此彭姓豕韋或與南方僮族之韋氏有涉。今韋氏自云出於韓，韓去車爲韋，則冒矣。

《竹書紀年》卷五：

　　[殷商河亶甲]五年，侁人入于班方，彭伯、韋伯伐班方，侁人來賓。……[祖乙元年，]命彭伯、韋伯。

　　光旦：參《漢·韋賢傳》，賢蓋自承爲豕韋之後。韋自夏末見滅於商，至此以諸侯立功受爵命，蓋已"諸夏"化矣。

巫咸

《竹書紀年》卷五：

　　[殷商太戊]十一年，命巫咸禱于山川。

　　《統箋》：《離騷經》，"巫咸將夕降兮"。王逸注，"巫咸，古神巫也，當殷中宗之世。"

《統箋》:《史記·封禪書》,"太戊修德,桑穀死。伊陟贊巫咸,巫咸之興自此始"也。《索隱》,[同意史公此種專業之看法。]

《統箋》:[然]《尚書》孔傳以巫咸爲巫氏,《書》明言"巫咸乂王家",其非巫覡可知。

《統箋》:[又]《莊子·天運》,巫咸詔曰,天有六極五常,注,巫咸,殷相,詔,名。

《統箋》:《越絕書》,虞山者,巫咸所出也,去縣五百里。

光旦:關於巫咸三說。一,史公以爲巫覡專業,司馬貞和之。王逸以爲從事此種業務之一人。二,孔傳以爲人之姓名,巫姓咸名。三,《莊子》及注,《越絕書》以爲姓,爲族。第三說是。巫咸,部分越人自稱也。

光旦:然史公說亦不全謬。越人善"禁",漢武時有勇之,亦其類。然不可謂爲巫覡業之始。

《竹書紀年》卷五:

[殷商祖乙]三年,命卿士巫賢。

《統箋》:《書·君奭》,孔傳,巫賢,巫咸子。

西　申

《汲冢周書》卷七《王會》第五十九:

成周之會……西申以鳳鳥,鳳鳥者戴仁,抱義,挾信,歸有德。……東嚮。

西　王　母

《竹書紀年》卷二:

[舜]九年,西王母來朝……獻白環玉玦。

《統箋》:《地理志》,金城臨羌縣西北,至塞外,有西王母石室、仙海、鹽池。西有須抵池,有弱水、昆侖山祠。

《統箋》:《大戴記》,舜以天德嗣堯,西王母獻其白琯。

《統箋》:《世本》,舜時,西王母獻白環及珮。

《統箋》:《雒書靈准聽》,舜受終,西王母獻益地圖。歐陽詢曰,西王母得益地之圖來獻。

　　光旦：疑與後來之西女國有涉。

　　《統箋》：《瑞應圖》，黃帝時西王母獻白環，舜時又獻之。

　　《統箋》：《晉志》曰，舜時西王母獻朝華之琯，以玉爲之。及漢章帝時，零陵文學奚景于泠道舜祠下得白玉琯一枚，咸以爲舜時西王母所獻，云意是時王母以玉琯獻舜，舜或賜象，鼻亭去泠道不遠，故于舜祠下得此。

《竹書紀年》卷八：

　　[穆王]十七年，王西征昆崙丘，見西王母。

　　徐《箋》：《穆傳》，吉日，辛酉，天子升于昆侖之丘，以觀黃帝之宮；丁巳，天子西征；癸亥，至于西王母之邦；吉日甲子，天子賓于西王母；乙丑，天子觴西王母于瑤池之上。郭璞曰，西王母，如人，虎齒，蓬髮，戴勝，善嘯。

　　徐《箋》：《前漢書·地理志》，酒泉廣至縣有昆侖障。

　　徐《箋》：《一統志》，崑崙山在肅州衛城西南二百五十里，南與甘州山連……世呼雪山。

　　徐《箋》：《十六國春秋》，張駿酒泉太守馬岌言，酒泉南山即昆侖之丘。

《竹書紀年》卷八：

　　其年(穆王十七年)，西王母來朝，賓于昭宮。

　　徐《箋》：胡元瑞《筆叢》，《山海經》稱西王母豹尾虎齒，當是人類殊別；考《穆天子傳》，天子賓于西王母，西王母爲天子謠，天子執白珪元璧及獻錦組百純，組三百純，西王母再拜受之，則西王母服食有語，並無所謂豹尾虎齒之象。又按《紀年》一書，舜九年……穆王十四(此作十七)年……則西王母者，一西方諸侯國耳，其謂之王母，不過如鄉姐、女真、八百媳婦之類；無論虎齒豹尾事屬荒唐，即如淵明詩"王母怡妙顏，粲然啓玉齒"，又豈足信乎哉？

息　　慎

《竹書紀年》卷二：

　　[舜]二十五年，息慎氏來朝，貢弓矢。

《統箋》：鄭康成曰：息慎或謂之肅慎，東北夷。

《統箋》：《山海經》，"大荒之中有山名曰不咸，有肅慎氏之國。"郭璞曰，今肅慎國去襄平三千餘里，其人皆工射，弓長四尺，勁強，箭以楛爲之，長尺五寸，青石爲鏑。

谿

《戰國策》卷八《韓策》：

蘇秦爲趙合從，說韓王曰："……天下之強弓勁弩皆自韓出。谿子、少府、時力、距來，皆射六百步之外。"

鮑：皆弩名。《俶真訓》注，谿子，國名，夷名。又谿子陽，匠名。

光旦：匠，或即造弩之匠。

光旦：韓出谿子形質之弩，或韓從谿子方面輸入此種勁弩，說明谿子之居地當時必在長江以北，甚或即在韓境之内。

光旦：論者謂今之侗族即谿人後裔。今侗人自稱猶是"谿"字古音。

光旦：此韓王爲韓昭侯。

夏

夏（西夏）

《汲冢周書》卷八《史記》第六十一：

[穆王命左史戎夫集古諸侯敗亡之經驗以朔望戒於王，]"文武不[並]行者亡，昔者西夏性仁，非兵，城郭不脩，武士無位，惠而好賞，屈（絀也——光旦）而無以賞。唐氏（孔：帝堯）伐之，城郭不守，武士不用，西夏以亡。"

光旦：是夏后氏以前尚有夏，與陶唐氏同時，與上文所叙"華氏"（另有片）可能同時，或更早，是則華夏二字究孰爲首出，尚不易論定也。

諸夏

《國語》卷七《晉語》：

[史蘇語郭偃論獻公將伐戎，並及一般戎害，]"諸夏從戎，非敗而何？"

《春秋左傳》閔公元年《傳》：

狄人伐邢。管敬仲言於齊侯曰："戎狄豺狼，不可厭也；諸夏親暱，不可弃也。……"

《國語》卷六《齊語》：

　　桓公……築五鹿、中牟、蓋與、牡丘（四關塞），以衛諸夏之地。

《春秋左傳》僖十五年《傳》：

　　春，楚人伐徐，徐即諸夏故也。……

《國語》卷一七《楚語上》：

　　［楚恭王卒，論謚，］"撫征南海，訓及諸夏……"
　　　　韋：訓，謂主盟會、頒號令也。

《春秋左傳》襄公十三年《傳》：

　　［子囊稱道楚共王：］"赫赫楚國，而君臨之，撫有蠻夷，奄征南海，以屬諸夏。"

《春秋左傳》昭公十九年《傳》：

　　［費無極語楚平王：］"晉之伯也，邇於諸夏，而楚辟陋，故弗能與爭。"

《國語》卷五《魯語下》：

　　［魯襄公在楚，而季武子襲取卞，公欲以楚師還伐之，榮成伯諫不可，謂］"若楚之克魯……彼無亦置其同類，以服東夷，而大攘諸夏？……不如予之"（季武子究非外人，是魯，是諸姬，是諸夏）。

　　　　光旦：同類，蠻夷也。
　　　　光旦：置同類，服東夷，攘諸夏——居然三族！

夏

《春秋左傳》襄公二十九年《傳》：

　　吳公子札來聘……請觀［各國之］樂。……歌《秦》。曰："此之謂夏聲。夫能夏則大，大之至也，其周之舊乎！"
　　　　杜：秦本在西戎，汧隴之西，秦仲始有車馬禮樂，去戎狄之音，而有諸夏之聲，故謂之夏聲；及襄公佐周平王東遷，而受其故地，故曰周之舊。

諸夏

《國語》卷一七《楚語上》：

靈王城陳、蔡、不羹，[欲以威諸夏，]問於范無宇曰："吾不服諸夏，而獨事晉何也？"

《國語》卷一九《吳語》：

[申胥諫吳王夫差不許越成，謂勾踐]"故婉約其辭以從逸王志，使淫樂於諸夏之國以自傷也。……"

《國語》卷一九《吳語》：

[吳王伐齊，申胥又諫，因論楚靈王]"不脩方城之內，踰諸夏而圖東國。"

韋：諸夏，陳、蔡也。東國，徐夷、吳、越也。

《春秋左傳》哀公二十年《傳》：

十一月，越圍吳，[晉無以救吳（黃池之會，晉有義務故），使楚隆爲之辭，]先造于越軍曰："吳犯間上國多矣，聞君親討焉，諸夏之人，莫不欣喜，唯恐君志之不從……"

夏

《戰國策》卷三《秦策》：

或爲六國說秦王曰："……[魏惠三十年]魏伐邯鄲，因退爲逢澤之遇，乘夏車，稱夏王。"

吳：中夏之車。夏，中國也。

《戰國策》卷五《楚策》：

蘇秦爲趙合從，說楚威王曰："楚……東有夏州……"

吳：《左傳》，楚莊伐陳，"鄉取一人焉以歸，謂之夏州"。即此。

《戰國策》卷五《楚策》：

[張儀相秦，詐以鄢、郢、漢中還楚，而欲楚去陳軫、昭過以爲交換條件，]有人謂昭過曰："……陳軫，夏人也，習於三晉之事，故逐之，則楚無謀臣矣。"（鮑：夏，中國也。）

光旦：單稱夏，不稱諸夏，《戰國策》不一見。是亦說明諸夏已日歸於統一矣。

光旦：《人名大辭典》"陳軫"條下以"夏"爲小地名，即出此，可發一哂。小地名之"夏"何必在此與"習於三晉之事"相連繫而言之乎？明"夏"是"蠻夷"之對照。亦是與昭過之對照，昭過，楚本國人也。

玁　狁

獫狁

《汲冢周書》篇末，序：

　　文王立，西距昆夷，北備獫狁。

玁狁

《竹書紀年》卷八：

　　［周厲王］十四年，玁狁侵宗周西鄙。

　　　　徐《箋》：《漢書·霍去病傳》注，服虔曰，葷允，堯時曰熏鬻，周曰玁狁，秦曰匈奴。

　　　　光旦：此條可證匈奴與西戎不相涉，匈奴爲繼西戎之後入侵者。西戎於厲王十一年入犬丘，距此只三年，時厲王尚在彘。

　　　　徐《箋》：《稽古録》以是年爲共和元年。

《竹書紀年》卷九：

　　［周宣王］五年，夏六月，尹吉甫帥師伐玁狁。至于太原。

　　　　徐《箋》：《詩》序，"《六月》，宣王北伐也"。（詩别有片）

　　　　徐《箋》：《漢書·陳湯傳》，劉向上疏曰，"吉甫之歸，周厚賜之。"是其事也。

　　　　徐《箋》：太原即涇陽，後魏於此置原州，非《左傳》杜注所謂太原即晉陽也。

匈　奴

《戰國策》卷九《燕策》王喜策：

　　樊將軍（於期）亡秦之燕，太子（丹）客之，太傅鞠武諫……"願太子急遣樊將軍入匈奴，以滅口。……"［太子不肯］曰："……樊將軍……歸身於丹，丹終不迫於強秦，而棄所哀憐之交，置之匈奴……也。"

　　　　光旦：匈奴初見。

涂

徐

《汲冢周书》卷五《作雒》第四十八：

周公立（攝政），相天子，三叔（管、蔡、霍）及殷東徐、奄及熊、盈以略（叛也？）。……[成王]二年，又作師旅……[降殷及三叔外，]凡所征熊、盈族十有七國，俘維九邑。……俾中旄父宇于東（殷東也，應包括徐、奄、熊、盈；中旄父所以代管叔，上文，建管叔于東，蔡叔、霍叔于殷，分別監殷及其東方諸侯，即徐、奄、熊、盈等也）。

孔晁：徐，徐戎。

徐人

《竹书纪年》卷七：

[周成王]二年，奄人、徐人及淮夷入于邶以叛。

徐氏《統箋》：《左傳》，"周有徐、奄"，注，二國嬴姓。

徐氏《統箋》：《魯世家》，伯禽即位之後，有管、蔡等反也，淮夷、徐戎亦並興，反。

光旦：《書》序同。

徐

《竹书纪年》卷八：

[周穆王]六年，春，徐子誕來朝，錫命爲伯。

徐《箋》：《後漢書》，穆王分東方諸侯，命徐偃王主之。偃王處潢池東，地方五百里，行仁義，陸地而朝者三十六國。太子賢曰，《水經注》，潢池一名汪水，與泡水合，至沛入泗；自山陽以東，海陵以北，其地當之也。

徐《箋》：《括地志》，大徐城在泗州徐城縣北三十里，古之徐國也。

徐戎

《竹书纪年》卷八：

[周穆王十三年]秋……徐戎侵洛。冬十月，造父御王入于宗周。十四年，王帥楚子伐徐戎，克之。

徐《箋》：《後漢書·東夷傳》，徐戎僭號，乃率九夷以伐宗周，西至河上。

徐《箋》：洛，謂洛邑也。

光旦：穆王因徐之侵而遄返宗周，《穆天子傳》言之甚詳，可參。

徐《箋》：《博物志》，徐偃王仁義著聞，欲舟行上國，乃通溝江淮之間（既曰上國，則應爲河淮之間——光旦），得朱弓矢，以己得天瑞，自稱徐偃王。穆王遣使至楚，使伐之。偃王仁，不忍鬬害其民，走死彭城武原縣東山下，百姓隨之者萬數，因民（名？）其山爲徐山。

徐《箋》：《史記索隱》，譙周云，徐偃王與楚文王同時，去周穆王遠矣。言此事非實也。

徐《箋》：今據《周本紀》，由成王至穆王凡四代，[又據]《楚世家》，楚子熊繹……生熊艾，艾生熊䵣，䵣生熊勝，勝以弟熊楊爲後，亦四五代，則穆王時之楚子當是熊勝[或]熊楊，[譙周語未必是。]

光旦：譙周三國蜀人，自是不及見《竹書》。

《竹書紀年》卷八：

[周穆王十六年，]王命造父封于趙。

徐《箋》：《史記·趙世家》，穆王使造父御，西巡狩，而徐偃王反，穆王馳歸攻徐，大破之，乃賜造父以趙城。《正義》，"晉州趙城縣，即造父邑也。"

《竹書紀年》卷九：

[周宣王六年，]王帥師伐徐戎。皇父，休父，從王伐徐戎，次于淮。王歸自伐徐。

徐《箋》：《詩·常武》……是其事。

徐《箋》：《詩·鐘鼓》序，"刺幽王也"；歐陽永叔謂《詩》、《書》、《史記》皆無幽王東巡之事……幽王何得作樂于淮上？然則《詩》所云鐘鼓淮上果屬何代之王也？今據[此]……則作樂于淮上者，蓋宣王也。

徐

《竹書紀年》卷八：

[穆王]三十五年，荊人入徐。

徐《箋》：羅泌曰，自若木至偃王三十二世，爲周[及楚]所滅；後封其子宗爲徐子。按徐亡于穆王十四年，至是僅二十一年，而荆人入徐，正徐子宗紹封之時也。

《國語》卷一六《鄭語》：

［鄭桓公卜避地，以問史伯，史伯論成周四圍之夷狄，其言北方，則有］"翟鮮虞、路、洛、泉、徐、蒲"。

  韋：路、洛、泉、徐、蒲，皆赤翟隗姓也。

  光旦：是赤翟中亦有徐。

徐夷

《國語》卷六《齊語》：

  （見"總錄——東南民族"片。）

  韋：徐夷，徐州之夷也。

徐

《春秋左傳》莊公二十年《經》：

  冬，齊人伐戎。（無《傳》）

  姚：張氏洽曰，戎在徐州之域，最近齊魯，故先治之。

  光旦：管仲佐齊桓攘夷，於此入手。

  光旦：前此《春秋經傳》所記錄之"戎"，不一而足，其中必有不少之例子爲"徐戎"。言"北戎"之例則顯與"徐戎"無涉。

《春秋左傳》莊公二十六年《經》：

  秋，公會宋人、齊人伐徐。（無《傳》）

  光旦：此叙在當年春夏"公伐戎"與"至自伐戎"之後，且夏秋之間，亦無它事間隔，疑與"戎"即爲一事，而叙法不同者，戎，言其人，徐，言其國耳。

  光旦：於時，齊、魯、宋、曹皆受徐戎之逼，而又值曹事之後（曹赤挾戎篡兄，見另片），故三國會兵伐之。

  光旦：設"戎"非"徐"，二者亦必有密切關係，故，魯於伐戎之後，即繼之以伐徐。

《春秋左傳》僖公三年《經》：

  夏……徐人取舒。（無《傳》）

杜：徐國在下邳僮縣東南。舒國今廬江舒縣。勝國而不用大師，亦曰取。

　　姚：《括地志》，徐城縣西四十里有大徐城，即古徐國。今鳳陽府泗州北八十里有古徐城，相傳爲徐偃王築；舒縣古城在今廬州府廬江縣西。趙鵬飛曰，齊桓自莊二十六年伐徐，意徐遂服于齊也；徐服于齊，則取舒之謀，齊謀也。

《春秋左傳》僖公十五年：

　　《經》：春……楚人伐徐。三月，公會齊侯、宋公、陳侯、衛侯、鄭伯、許男、曹伯，盟于牡丘。遂次于匡。公孫敖帥師及諸侯之大夫救徐。……冬……楚人敗徐于婁林。

　　《傳》：春，楚人伐徐，徐即諸夏故也。三月，盟于牡丘，尋葵丘之盟，且救徐也。孟穆伯帥師及諸侯之師救徐，諸侯次于匡以待之。

　　杜：牡丘，闕。　　姚：東昌府聊城縣東北七十里有牡丘，或是其處。

　　杜：匡，長垣縣西南。

　　杜：婁林，徐地，下邳僮縣東南有婁亭。

　　光旦："即"，今謂之"靠攏"，徐與諸夏靠攏。

　　光旦：後，江以南"婁"之地名、姓氏或由"婁林"而來，徐敗亡後其人南渡江也。

《春秋左傳》僖公十五年：

　　《經》：秋七月，齊師、曹師伐厲（杜：楚與國，義陽隨縣北有厲鄉）。

　　《傳》：秋，伐厲，以救徐也。

《春秋左傳》僖公十五年《傳》：

　　冬……楚敗徐于婁林，徐恃救也。

《春秋左傳》僖公十六年《傳》：

　　夏，齊伐厲，不克，救徐而還。（《經》無）

　　　光旦：當是上年秋七月伐厲救徐之續。

《春秋左傳》僖公十七年：

　　《經》：春，齊人、徐人伐英氏。

　　《傳》：春，齊人爲徐伐英氏，以報婁林之役也。

　　杜：英氏，楚與國，婁林之役在十五年。

　　姚：今六安州西有英氏城，接英山縣境。

《春秋左傳》僖公十七年《傳》：

齊侯之夫人三，王姬、徐嬴、蔡姬。

光旦：同年《經傳》，桓公爲徐伐英氏，所以弱楚，然與徐有婚姻關係，恐亦是因素之一。

《春秋左傳》文公七年：

《經》：冬，徐伐莒。

杜：不書將帥，徐夷告辭略。

《傳》：冬，徐伐莒，莒人來請盟……

《春秋左傳》成公二年《傳》：

[鞌之戰，齊師既敗，]齊侯免，[退歸]……自徐關入。……

姚：今淄川縣有古徐關。

光旦：此徐、泗以北之徐地名。

《春秋左傳》成公十七年《傳》：

齊……國佐……殺慶克，以穀叛，齊侯與之盟于徐關而復之。

光旦：與上當是同一地名。

《春秋左傳》昭公元年《傳》：

[虢之會，晉趙孟語楚公子圍論雖有令德之王伯，天下諸侯"不可壹"：]"周有徐、奄"。

杜：二國皆嬴姓。《書》序曰，"成王伐淮夷，遂踐奄。"徐即淮夷。

姚：淮浦之夷，其國名徐也；成王伐淮夷，遂踐奄，因以封周公；蓋周公已封於武王時，而成王以奄地益之。今《志》言曲阜舊城，即古奄地，或言奄城在縣東二里。

光旦：徐本稱戎，初與淮夷不可能是一事。淮夷，徐戎，《書》及《書》序亦自分言之，何可誣也？參昭四年《經》申之會中既有徐，又有淮夷，亦可證。

《春秋左傳》昭公四年：

《經》：夏，楚子、蔡侯、陳侯、鄭伯、許男、徐子、滕子、頓子、胡子、沈子、小邾子、宋世子佐、淮夷，會于申。楚人執徐子。

杜：楚靈王始合諸侯。

杜：楚執徐子，稱人以執，以不道於其民告。

《傳》：徐子，吳出也，以爲貳焉，故執諸申。

《春秋左傳》昭公五年：

《經》：冬，楚子、蔡侯、陳侯、許男、頓子、沈子、徐人、越人，伐吳。

《傳》：冬十月，楚子以諸侯及東夷伐吳。

> 光旦：是以徐人、越人爲東夷也。

《春秋左傳》昭公六年《傳》(《經》不書)：

秋……徐[大夫]儀楚聘于楚；楚子執之，逃歸。懼其叛也，使薳洩伐徐。吳人救之。令尹子蕩帥師伐吳……吳人敗其師於房鍾。

> 姚：房鍾當在鳳陽府壽州蒙城縣界。

《春秋左傳》昭公十二年：

《經》：冬……楚子伐徐。

《傳》：楚子狩于州來，次于潁尾，使蕩侯、潘子、司馬督、囂尹午、陵尹喜，帥師圍徐以懼吳。楚子次于乾谿，以爲之援。……

《春秋左傳》昭公十三年《傳》：

[楚族大亂，楚子(靈王)自縊，平王立，]夏五月……楚師還自徐，吳人敗諸豫章。……

《春秋左傳》昭公十六年：

《經》：春，齊侯伐徐。

《傳》：齊侯伐徐。……二月，丙申，齊師至于蒲隧。徐人行成。徐子及郯人、莒人，會齊侯，盟于蒲隧，賂以甲父之鼎。叔孫昭子曰："諸侯之無伯，害哉！(爲小國害)……《詩》曰，'宗周既滅，靡所止戾。……'其是之謂乎？"

> 杜：蒲隧，徐地，下邳取慮縣東有蒲如陂。　　姚：今鳳陽府虹縣北。

> 杜：甲父，古國名，高平昌邑縣東南有甲父亭。徐人得甲父鼎以賂齊。

> 姚：郯、莒畏齊討己，故從徐子受齊盟；昌邑城，今金鄉縣西北四十里。

> 光旦：郯、莒不受齊伐，而亦與盟，亦説明與徐之關係甚密，皆東夷小國也。

《春秋左傳》昭公十九年《傳》：

夏……邾人、郳人、徐人會宋公。[五月]乙亥，同盟于蟲。

> 杜：終宋公[此春爲鄅]伐邾事。蟲，邾邑。　　姚：當在濟寧州東境。

> 光旦：當是徐人亦嘗參與伐邾。

《春秋左傳》昭公二十七年《傳》：

［吳王僚之被弒，］吳公子掩餘奔徐。

《春秋左傳》昭公三十年：

《經》：冬，十有二月，吳滅徐，徐子章羽奔楚。

《傳》：吳子使徐人執掩餘，使鍾吾人執燭庸，二公子奔楚。楚子大封而定其徙。……吳子怒。冬十二月，吳子執鍾吾子，遂伐徐，防山以水之。己卯，滅徐。徐子章禹斷其髮，攜其夫人，以逆吳子。吳子唁而送之，使其邇臣從之，遂奔楚。楚沈尹戌帥師救徐，弗及。遂城夷（城父），使徐子處之。

光旦：章禹，《經》作章羽，注無交代。

光旦：徐子斷髮，杜云所以示懼。非懼也，佯示服也，斷髮示從吳越之俗。

光旦：吳子唁徐子，可理解；送之，殊不可解，送其入楚乎？使其邇臣從，自是從入楚。此不可解。

顧《表》卷四：今泗州北八十里有古城，相傳爲徐偃王築，即古徐國也。

《春秋左傳》定公四年《傳》：

［衛子魚（祝佗）論周初封建諸姬，以德不以年（因召陵之合，蔡衛爭長故）：］"……昔武王克商，成王定之，選建明德，以藩屏周。……分魯公以……殷民六族：條氏、徐氏、蕭氏、索氏、長勺氏、尾勺氏，使帥其宗氏，輯其分族，將其醜類……使之職事于魯……因商奄之民……而封於少皞之虛。"

《國語》卷一九《吳語》：

［黃池之會（魯哀十三年），越襲吳，邊遽以告，吳王與大夫謀，無會而歸與會而先晉孰利，］"齊宋徐夷曰，吳既敗矣，將夾溝而厽（旁擊曰厽）我，我無生命矣。會而先晉，晉既執諸侯之柄以臨我，將成其志以見天子，吾須之不能，去之不忍。若越聞俞章，吾民恐畔，必會而先之（使吳先歃）。"……

韋：徐，今大徐，夷，淮夷也。

光旦：疑徐夷是一個詞。

（徐）

《國語》卷一〇《晉語》：

［胥臣對晉文公，］"籧篨不可使俯，戚施不可使仰。……戚施直鎛，籧篨蒙璆"（戴玉磬）。

韋：籧篨，偃人；戚施，僂人。

光旦：徐偃王之所以名偃，前者即其解釋。

徐——姓

《春秋左傳》哀公十年《傳》：

春……公會吳……伐齊……〔吳〕徐承帥舟師將自海入齊，齊人敗之，吳師乃還。

杜：承，吳大夫。

光旦：徐姓人初見。此猶在城北徐公之前。

徐——姓氏

《戰國策》卷三《秦策》：

〔甘茂説蘇秦，毋相傾害，時茂正從秦國出亡（秦昭元年），將至齊，〕"江上之處女有家貧而無燭者"，〔就他女共績，借其餘光，而先至掃室布席。〕

吳師道：《列女傳》，齊女徐吾，與鄰婦合燭夜績。……《史通》，游士假設之辭，遽以名字加之者。

《戰國策》卷四《齊策》：

〔鄒忌與"城北徐公"比美，與其妻、妾、友之反應，並以此設譬説齊威王。〕

光旦：如《史通》所言，凡此皆戰國游士之設辭，然必以徐姓之人爲男女主角，説明徐之國雖久亡，而徐之族則散布甚廣，南北皆有，且具有一定之特點，爲他人所注意。

《戰國策》卷四《齊策》：

〔貂勃對田單，發揮跖狗吠堯之喻，〕"今使公孫子賢，而徐子不肖。然而使公孫子與徐子鬭，徐子之狗由（同猶）將攫公孫子之腓而噬之也。若乃得去不肖者，而爲賢者狗，豈特攫其腓而噬之耳哉？"（言狗如得屬賢者，用處將更大也，以自況。）……

光旦：徐子，非真有其人，亦設譬耳。然必以徐爲譬者亦有故。公孫子貴，徐賤也。徐賤，亦自有故，出自戎夷也。

光旦：徐子有狗，恐亦非偶然牽合，或由偃王與鵠倉之關係聯想而來。

《戰國策》卷七《魏策》：

魏太子（申）自將，過宋外黄。外黄徐子曰……

鲍：劉向《別錄》，徐子，外黃人。

光旦：鮑注無甚意義。

《戰國策》卷九《燕策》，王喜策：

[太子丹使荊軻入秦刺秦王，]預求天下之利匕首，得趙人徐夫人匕首，取之百金。……

吴：《索隱》，徐，姓；夫人，名。男子也。

（徐）——南移過江

參"總錄——流移"《齊策》片。

徐 吾 氏

《春秋左傳》成公元年《傳》：

劉康公徼戎，將遂伐之。叔服[諫]，不聽，遂伐茅戎。三月，癸未，敗績于徐吾氏。

杜：徐吾氏，茅戎之別也。

姚：孔《疏》，"徐吾……是茅戎之內聚落之名。"

光旦：聯繫《竹書紀年》卷六，殷文丁"四年，周公季歷伐余無之戎"。余無、徐吾，疑一事。

宣 方（？）

《汲冢周書》卷四《世俘》第四十：

[武王十三年，薦殷俘于太廟，]百韋命伐宣方。……百韋至，告以禽宣方，禽禦三十兩，告以馘俘。

光旦：宣方，孔氏無注。疑亦邊裔，屬殷，而武王命將取之者。

玄 都

玄都氏

《竹書紀年》卷二：

[舜]四十二年，玄都氏來朝，貢寶玉。

　　《統箋》：《汲冢周書》，昔玄都賢鬼道，廢人事天……（另有片）

玄都

《汲冢周書》卷八《史記》第六十一：

　　左史戎夫[奉穆王命述前古興亡之事以戒於王，]"昔者玄都賢鬼道，廢人事天，謀臣不用，龜策是從，神巫用國，哲士在外——玄都以亡。"

　　光旦：《竹書紀年》亦有玄都氏，別有片。

奄

奄

《竹書紀年》卷五：

　　[殷商南庚(名更)]三年，[自庇(《箋》謂即邢)]遷于奄。

　　《統箋》：《郡國志》，魯國即奄國。

　　《統箋》：《左》昭四年①《傳》，祝鮀曰，"因商奄之民命以伯禽"。[按]其曰商奄者，或以商嘗遷此，故遂謂商奄乎？

　　光旦：此主要爲地名。奄人爲誰，迄成問題。《左》昭元年《傳》趙孟曰，"周有徐奄"之亂，當時之奄人勢必包括商遺民之不服周化者可知，其餘當與徐戎有瓜葛。

《竹書紀年》卷五：

　　[殷商盤庚]十四年，自奄遷于北蒙，曰殷。

奄人

《竹書紀年》卷七：

　　[周成王]二年，奄人、徐人，及淮夷入于邶以叛。

　　徐氏《箋》：《左傳》，"因商奄之民命以伯禽。"（定四年）

　　徐氏《箋》：《説文》，"郱國在魯"。

　　徐氏《箋》：《括地志》，兗州曲阜縣奄里，即奄國之地。

---

① 《箋》誤，應爲《左傳》定公四年。——整理者注

  徐氏《箋》:《左傳》,"周有徐、奄",注,二國嬴姓。

《竹書紀年》卷七:

  [周成王]三年,王師滅殷,殺武庚禄父,遷殷民于衛,遂伐奄,滅蒲姑。四年……王師伐淮夷,遂入奄。五年春正月,王在奄,遷其君于蒲姑。夏五月,王至自奄。

  徐《箋》:鄭氏曰,奄國在淮夷之北。

  徐《箋》:《孟子》,三年伐奄,討其君。蓋成王嗣位之三年。

  徐《箋》:《書》序,"成王東伐淮夷,遂踐奄,作《成王政》。"孔傳,爲平淮夷、徙奄之政令,今亡。

  徐《箋》:《書》序,"成王既踐奄,將遷其君于蒲姑,周公告召公作《將蒲姑》。"

  徐《箋》:《左》昭十六年,齊師至蒲隧。杜注,下邳取慮縣有蒲姑陂。

(瑶)

《國語》卷一八《楚語下》:

  吴人入楚,昭王出奔,濟於成臼(津名),見藍尹亹載其帑。……

  光旦:藍當是地名,瑶、畬之族多藍姓,或與此有涉,姑存於此。

夷

夷(淮夷)

《竹書紀年》卷三:

  帝相元年……帝即位,居商;征淮夷。

  《統箋》:謂居淮水上之夷也。昭四年《傳》,商有徐奄,杜注,"徐即淮夷"。非也。《魯頌》,"保有凫繹,遂荒徐宅,至于海邦,淮夷蠻貊";是淮夷與徐爲二。昭四年,徐子、淮夷會申,楚執徐子;秋,楚子、淮夷伐吴。徐非即淮夷明矣。又按《世本》,淮夷嬴姓,[徐亦嬴姓,]此杜氏所由誤也。

  光旦:此點余於《左傳》片中亦嘗指出。然依《箋》,淮夷只是居淮上之夷,不成名目,恐亦不爾。淮是名目,疑淮水之名即從以淮爲名之人羣派生而來也。猶姜水之從姜姓人得名,而非其反。

《竹書紀年》卷七:

[周成王]二年,奄人、徐人,及淮夷入于邶以叛。

徐氏《統箋》:《魯世家》,伯禽即位之後,有管、蔡等反也,淮夷、徐戎亦並興,反。

光旦:《書》序同。

《竹書紀年》卷七:

[周成王四年,]王師伐淮夷,遂入奄。

徐《箋》:《書》序,"成王東伐淮夷,遂踐奄,作《成王政》。"孔傳,爲平淮夷、徙奄之政令,今亡。

《竹書紀年》卷八:

[周厲王]三年,淮夷侵洛,王命虢公長父伐之,不克。

徐《箋》:洛即洛邑。

《竹書紀年》卷九:

[周宣王]六年,召穆公帥師伐淮夷。

徐《箋》:《詩》序,"《江漢》,尹吉甫美宣王能興衰撥亂,命召公平淮夷。"詩曰……(別有片①)

《春秋左傳》僖公十三年:

《經》:夏……公會齊侯、宋公、陳侯、衛侯、鄭伯、許男、曹伯于鹹。

《傳》:夏,會于鹹,淮夷病杞故,且謀王室也。

杜:鹹,衛地,東郡濮陽縣東南有鹹城。

姚:今大名府開州東南六十里。

光旦:淮夷人地,均不具體,注亦不及爲可憾。

《春秋左傳》僖公十四年:

《經》:春,諸侯城緣陵。

《傳》:春,諸侯城緣陵,而遷杞焉,不書其人,有闕也。

杜:緣陵杞邑,辟淮夷,遷都於緣陵。　　姚:《漢·[地理]志》,北海郡有營陵縣,薛瓚曰,《春秋》謂之緣陵是也。其故城在樂昌縣東南七十里,今屬青州府。

---

① 此片未見。《箋》引詩句:"淮夷來鋪","王命召虎"。——整理者注

杜：闕，謂器用不具，城池未固而去，爲惠不終也。……總曰諸侯君臣之辭，不言城杞，杞［實］未遷也。

　　杜：淮夷，魯東夷。

　　顧棟高：魯地盡江南海州沭陽縣，淮夷當在今淮安府山陽、安東之間。

　　光旦：僖十四年城緣陵，所以使杞避淮夷，顧《表》不列，失之。

《春秋左傳》僖公十六年：

　　《經》：冬，十有二月，公會齊侯、宋公、陳侯、衛侯、鄭伯、許男、邢侯、曹伯于淮。

　　《傳》：十二月，會于淮，謀鄫，且東略也。城鄫，役人病，有夜登丘而呼曰："齊有亂！"不果城而還。

　　杜：臨淮郡左右。

　　杜：鄫爲淮夷所病故。

　　光旦：役人病，疑其中多淮夷，不欲爲鄫築城，故起鬨耳；病乃託辭。

　　光旦：據事理與杜注，此與淮夷直接有關，而顧《表》亦不列，失之。

《春秋左傳》昭公四年《經》：

　　夏，楚子、蔡侯、陳侯、鄭伯、許男、徐子、滕子、頓子、胡子、沈子、小邾子、宋世子佐、淮夷，會于申。……秋七月，楚子、蔡侯、陳侯、許男、頓子、胡子、沈子、淮夷，伐吳。

　　光旦：淮夷，初見於《春秋經》。《傳》則初見於僖十三年。

　　光旦：淮夷與徐不爲一事，昭元年"周有徐奄"杜注"徐即淮夷"，顯誤。

　　顧棟高：淮夷自病杞以後，百餘年不見《經傳》（然於杜注間接見之，不可謂完全不見——光旦），［今］楚靈特列之于會者，蓋欲借以病吳。

《春秋左傳》昭公二十七年《傳》：

　　秋，會于扈……謀納［昭］公……范獻子（士鞅）取貨於季孫，［爲之辯護，而不欲納，語宋、衛與會者］曰："……季氏甚得其民，淮夷與之……"

　　杜：淮夷，魯東夷。

　　光旦：此時淮夷與魯關係較密，然二十餘年前（昭四）尚與楚會於申也。

《國語》卷一九《吳語》：

　　［黃池之會（魯哀十三年），越襲吳，邊遽以告，吳王與大夫謀，無會而歸與會而先晉，孰利，與會之齊宋徐夷亦然，］齊宋徐夷曰……（詳"徐"片）

　　韋：徐，大徐；夷，淮夷也。

夷（風夷）

《竹書紀年》卷三：

　　［夏帝相］三年，征風及黃夷。

　　　　《統箋》：《後漢·東夷傳》，東夷九種，有風夷、黃夷。

《竹書紀年》卷四：

　　［夏帝泄］二十一年，命……風夷……

　　　　光旦：尚有畎、白、元、黃等夷同時被命。

夷（黃夷）

《竹書紀年》卷三：

　　［夏后帝相］三年，征風及黃夷。

　　　　《統箋》：《後漢·東夷傳》，東夷九種，有風夷、黃夷。

《竹書紀年》卷四：

　　［夏后帝泄］二十一年，命……黃夷。

　　　　光旦：尚有畎、白、元、風等夷同時被命。

夷（于夷）

《竹書紀年》卷三：

　　［夏后帝相］七年，于夷來賓。

　　　　《統箋》：《後漢·東夷傳》，有于夷，太子賢注［即本此，語同］。

　　　　光旦：此或與越人有涉，越稱"于越"，與單稱之"越"音亦相近。

夷（方夷）

《竹書紀年》卷三：

　　［夏后少康］二年，方夷來賓。

　　　　《統箋》：《後漢書·東夷傳》有方夷。

夷（九夷）

《竹書紀年》卷三：

　　［夏后帝芬（《史記·夏本紀》作帝槐）］三年，九夷來御。

　　　　《統箋》：劉敞謂九夷在徐州莒魯之間。

《統箋》:《爾雅疏》,"《後漢書·東夷傳》,夷有九種。"

　　《統箋》:此東夷也,[與《戰國策》張儀所稱之"南陽九夷"在西南者有別。]

　　光旦:此層余亦已指出,見《戰國策》"夷(九夷)"片。

　　《統箋》:按《周禮》地官之屬師氏,"居虎門之左","使其屬帥四夷之隸,各以其兵服守王之門外"。則當日九夷來御,或有使之環衛王宮者乎?

《汲冢周書》卷六《明堂》第五十五:

　　[明堂]門內之西,北面東上,九夷之國。

《國語》卷五《魯語下》:

　　(仲尼答陳惠公問中用詞,見"總錄——職貢"片。)

　　韋:東夷九國。

《戰國策》卷三《秦策》:

　　謂魏冉曰:"……楚包九夷……富擅越隸。"

　　吳師道:《史記索隱》,九夷,屬楚之夷。

《戰國策》卷七《魏策》:

　　[張儀欲敗楚、魏伐齊之謀,謂魏王曰,齊必轉而]伐趙[取地,以動魏,又將]危楚,破南陽九夷。

　　吳師道:《大事記》,李斯書云,[秦]惠王用張儀計,南取漢中,包九夷,制鄢、郢。九夷即屬楚之夷方。孔子在陳、蔡,相去不遠,所以有欲居九夷之言……此言破南陽之九夷也。

　　光旦:二條中九夷是一事無疑。此在楚之西與南者,恐與孔子之所欲居者非一事,孔子所欲居者應在東方淮泗之間及迆北一帶,至戰國時,或南移過江,或受諸夏同化,所餘恐已不多矣。

　　光旦:此魏襄王時事。

夷(畎夷)

《竹書紀年》卷四:

　　[夏后帝泄]二十一年,命畎夷……

　　光旦:同時命者尚有白、元、風、黃等夷。

《竹書紀年》卷四:

　　[夏后帝癸(一名桀)三年,]畎夷入于岐以叛。

《統箋》：韋昭曰，春秋以爲犬戎。

《統箋》：小顏曰，即昆夷也。

夷（白夷）

《竹書紀年》卷四：

[夏后帝泄]二十一年，命……白夷……

光旦：同時命者尚有畎、元、風、黃等夷。

夷（元夷）

《竹書紀年》卷四：

[夏后帝泄]二十一年，命……元夷……

光旦：同時被爵命者尚有畎、白、風、黃等夷。

夷（東、西諸夷）

《竹書紀年》卷四：

[夏后帝泄]二十一年，命畎夷、白夷、元夷、風夷、□□、黃夷。

《統箋》：《後漢書·西羌傳》，"昔夏后氏太康失國，四夷背叛。及后相即位，乃征畎夷，七年然後來賓。至于后泄，始加爵命，由是服從。"注引[此節《竹書》作］"命畎夷、白夷、赤夷、元夷、風夷、陽夷"。

光旦：此注多赤夷、陽夷，無黃夷。

夷（諸夷）

《竹書紀年》卷四：

[夏后帝發（一名敬，或曰發惠）]元年，乙酉，帝即位……諸夷入舞。

夷（東九夷）

《竹書紀年》卷五：

[殷商太戊]六十一年，東九夷來賓。

《統箋》：《後漢書·東夷傳》，"《王制》云：東方曰夷。""夷有九種，曰畎夷、于夷、方夷、黃夷、白夷、赤夷、元夷、風夷、陽夷。"

夷（藍夷）

《竹書紀年》卷五：

[殷商仲丁]六年，征藍夷。

《統箋》：《後漢書·東夷傳》，"桀爲暴虐，諸夷內侵，殷湯革命而定之。至于仲丁，藍夷作寇。"

光旦：即本《竹書》此條，無它來源。

《竹書紀年》卷五：

[殷商河亶甲]四年，征藍夷。

《統箋》：《郡國志》，南陽棘陽有藍鄉，東海伊廬亦有藍鄉，南郡編縣有藍口聚，不知誰是其地也。

光旦：疑東海者近是。較近商都，一也；渡江而南之徐戎之後多藍姓，二也。其時商都已自囂（敖倉）遷相（安陽）。

夷（昆夷）

《竹書紀年》卷六：

[殷商帝乙（名羨）]三年，王命南仲西拘昆夷，城朔方。

《統箋》：《小雅·出車》，"王命南仲，往城于方。"毛傳，"王，殷王也，南仲，文王之屬，方，朔方，近獫狁之國。"

《統箋》：《緜》，"混夷駾矣"。陸氏，混音昆。《尚書大傳》，四年，伐犬夷，注，即昆夷也。

《統箋》：《汲冢周書》序，"文王立，西拘昆夷，北備獫狁，謀武以昭威懷，作《武稱》。"

光旦：是犬戎與匈奴是二事。

《統箋》：朔方，漢武元朔二年開以爲郡，郡有渠搜縣……即今之寧夏衛也。

《竹書紀年》卷六：

[殷商帝辛三十四年，]冬，十二月，昆夷侵周。

《統箋》：《帝王世紀》，文王受命四年，春正月丙子朔，昆夷氏侵周，一日三至周之東門。

《竹書紀年》卷六：

[殷商帝辛]三十六年春正月，諸侯朝于周，遂伐昆夷。

《統箋》：《漢書·匈奴傳》，"周西伯昌伐畎夷。"師古曰，"即畎戎也，又曰昆夷。"

《汲冢周書》篇末，序：

文王立，西距昆夷，北備獫狁。

夷

《竹書紀年》卷六：

［殷商帝辛（紂）］四十八年，夷羊見。

《統箋》：《汲冢周書·度邑》，"惟天不享于殷，發之未生，至于今六十年，夷羊在牧，飛鴻遍野。"（武王語周公。）

《統箋》：《周語》內史過曰，"商之……亡也，夷羊在牧。"

《統箋》：《博物志》，［論一事，］麋鹿在牧，飛鴻滿野。

光旦：歷代注釋者"不知夷羊爲何物"，韋昭注《周語》以爲一種神獸，其實即夷人之羊耳；商衰，邊裔之牧羣進入內地，有至商郊者，與麋鹿、飛鴻屬於同一"蕪穢不治"之事物。牧，亦非牧野，韋氏又誤。

《汲冢周書》卷七《王會》第五十九：

成周之會……夷用閭采。……東嚮。

孔：夷，東北夷也；采生火中，色黑面（而？）光，其堅若鉄。

夷——國名

《春秋左傳》隱公元年《傳》：

八月，紀人伐夷。夷不告，故不書。

杜：夷國在城陽莊武縣，紀國在東莞劇縣。　姚：今萊州府即墨縣西有莊武故城；青州府壽光縣東南有紀城，《齊乘》云，即劇城也。夷國，妘姓。

光旦：疑即"夷"本東夷之一種，以地望言之，應即萊夷也。

光旦：別有"魯地"名夷，齊人於此取殺哀姜者，見閔公二年《傳》及注。

夷

《國語》卷四《魯語上》：

莒大子僕殺［其父］紀公，以其寶來奔。［宣公以書命季文子速予之邑，里克遇送書人而改其辭曰：]"……爲我流之於夷。……"明日，有司（司寇也）復命（已執行矣）。

  韋：夷，東夷也。

夷——地名

《春秋左傳》昭公九年：

  《經》：春……許遷于夷。（畏鄭之偪，表面上。）

  《傳》：二月庚申，楚公子弃疾遷許于夷，實城父。

    杜：此時改城父爲夷……城父縣屬譙郡。 姚：今鳳陽府亳州東南七十里有城父故城。

    光旦：夷，地名，然改稱之者或有故，其地本夷地也，而當時或尚有夷之人口。下文："然丹遷城父人於陳，以夷濮西田益之"，杜注謂"夷田在濮水西者"，夷字之用法可證。

夷（西夷）

《竹書紀年》卷七：

  [周武王]十二年辛卯，王率西夷諸侯伐殷，敗之于坶野（即牧野）。

    徐《箋》：坶，《說文》，地名，朝歌南七十里。

    光旦：此西夷，即孟子所云"文王西夷之人"之西夷也。周與西夷最密切，故此處特予列出；但自亦包括庸、蜀等八國及它方諸侯，不期而會孟津者共八百國也，期而會者尚不在內。

（夷）（東夷）

《竹書紀年》卷七：

  [周成王八年，]作象舞。

    徐《箋》：《呂氏春秋》，成王立，殷民反，周公踐伐之，商人服。象爲虐於東夷，周公遂以師逐之，至于江南。乃爲《三象》[之舞]以嘉其德。高誘注，《三象》，周公所作樂名。

    徐《箋》：《淮南子·齊俗訓》，周人之禮，其樂《大武》、《三象》、《棘下》。

夷（東夷）

《春秋左傳》文公九年《傳》：

夏，楚侵陳，克壺丘（陳邑。姚：當在開封府陳州南境）。……秋，楚公子朱自東夷伐陳……

光旦：假道東夷，是當時東夷之境或廣及皖北以西也。

《國語》卷二《周語中》：

［晉使郤至至周，告鄢之捷，自伐其功，謂能洞察楚有五必敗，而堅決主戰，終於獲勝，楚有五敗，其五爲］"夷、鄭從之，三（夷、鄭、楚）陳而不整"。

韋：夷，楚東之夷也。《晉語》曰，"楚恭王帥東夷救鄭。"

光旦：此作夷，而《左傳》（成公十六年）則作蠻，謂楚有六間，其一爲"蠻軍而不陳……"。蠻乎？夷乎？《晉語》稱東夷，差較具體。只一事可以肯定，楚於其所兼併之蠻夷小國，必征發其民爲兵，猶晉之用戎卒、狄卒也。

《國語》卷五《魯語下》：

［魯襄公在楚，而季武子襲卞，公將以楚師還伐之，榮成伯諫不可，謂］"若楚之克魯……彼無亦置其同類，以服東夷，而大攮諸夏？……不如予之。"

光旦：同類，蠻夷也。詳"蠻夷（楚）"片。

《春秋左傳》襄公二十六年《傳》：

［聲子答子木論楚材晉用之一例：］"楚失東夷，子辛死之，則雍子之爲也。"

杜：楚東小國及陳，見楚不能救彭城（襄元年，晉取以歸諸宋），皆叛，五年，楚人討陳叛故，殺令尹子辛。

光旦：是楚東小國皆東夷也。

《春秋左傳》昭公四年《傳》：

［申之會，楚子示諸侯汰侈，椒舉因論侈則諸侯不用命，往事可鑑，］"商紂爲黎之蒐，東夷叛之。"

杜：黎，東夷國名。

《春秋左傳》昭公十一年《傳》：

［楚滅蔡，晉叔向論不久將受其咎曰，］"紂克東夷而隕其身。"

杜：紂爲黎之蒐，東夷叛之。

光旦：與上椒舉所論爲一事。

《春秋左傳》哀公十九年《傳》：

　　秋，楚沈諸梁伐東夷（所以報越於同年春之侵楚），三夷男女及楚師盟于敖。

　　　　杜：從越之夷三種。敖，東夷也。

　　　　光旦：杜所云亦未詳而想當然言之耳。

《戰國策》卷七《魏策》，昭王策：

　　［蘇代］謂魏（昭）王曰："……黃帝戰於涿鹿之野，而西戎之兵不至；禹攻三苗，而東夷之民不赴。"

　　　　鮑：不經見。

　　　　光旦：黃帝時決無西戎之稱，禹時或已有東夷之稱，然徵兵不至，未必有據，亦游士信口開河耳，曰東夷、西戎者，取其對稱而已。姑亦錄存。

夷（東夷，偪陽）

《國語》卷一六《鄭語》：

　　［祝融之後八姓，其一曰妘。］妘姓，鄔、鄶、路、偪陽。

夷（東夷，莒）

《國語》卷一六《鄭語》：

　　［祝融之後八姓，其一曰己。］己姓，昆吾、蘇、顧、溫、董。

　　　　韋：五國皆昆吾之後別封者，莒其後。

《國語》卷一六《鄭語》：

　　［八姓之又一曰曹。］曹姓，鄒、莒。

　　　　光旦：與上己姓下韋解矛盾。

夷（東夷）（郯、莒、徐）

《春秋左傳》僖公四年《傳》：

　　陳轅濤塗謂鄭申侯曰，［諸侯伐楚之］師［，歸途若］"出於陳、鄭之間，國必甚病。若出於東方，觀兵於東夷，循海而歸，其可也。"申侯曰："善。"濤塗以告齊侯，［齊侯］許之。……

　　　　杜：東夷，郯、莒、徐夷也。

　　　　光旦：依左氏，桓公師歸，似未出東方；依公羊氏，則如濤塗言，且"大陷于沛澤之中"，故歸而執濤塗也。

夷（東夷）（邾、鄫）

《春秋左傳》僖公十九年：

《經》：夏，六月，宋公、曹人、邾人，盟于曹南；鄫子[遲不及，乃]會盟于邾。己酉，邾人執鄫子，用之。

《傳》：宋公使邾文公用鄫子于次睢之社，欲以屬東夷。……

杜：用之，若用畜産也。

杜：睢水次有妖神，東夷皆社祠之，蓋殺人而用祭。

姚：後漢臨沂有叢亭，《博物記》曰，即次睢之社，今沂州境。屬，音燭，聚也。

光旦：用人於社，巴人而外，此又一例。所祀對象不詳，《傳》下文司馬子魚之評論中稱之爲"淫昏之鬼"，杜注謂爲妖神。

光旦：宋襄繼齊桓之後，欲霸諸侯，此擧之目的有二，一以威諸夏，二以招徠東夷，手段亦極矣。宋襄之"仁"，此爲一大諷刺。

光旦：邾亦夷，見下僖二十一年杜注；宋襄使邾子用鄫子於社，亦自有故。

夷（東夷）（邾）

《春秋左傳》僖公二十一年《經》：

冬，公伐邾。

杜：無《傳》。爲邾滅須句故。

《春秋左傳》僖公二十一年《傳》：

任、宿、須句、顓臾，風姓也，實司大皥與有濟之祀，以服事諸夏。邾人滅須句。須句子來奔，因成風也。成風爲之言於公曰："崇明祀，保小寡，周禮也；蠻夷猾夏，周禍也。若封須句，是崇皥、濟，而脩祀、紓禍也。"

杜：此邾滅須句，而曰蠻夷，昭二十三年，叔孫豹曰，"邾又夷也"。然則邾雖曹姓之國，迫近諸戎，雜用夷禮，故極言之。

光旦：昭二十三年叔孫豹稱邾爲夷，以僖十九年用鄫子於社之事推之，又可知其爲東夷也。

光旦：杜注云，"迫近諸戎，雜用夷禮。"是戎夷不分。戎夷不分，斯徐戎之亦所以爲徐夷也。

《春秋左傳》僖公三十三年：

《經》：夏……公伐邾，取訾婁。秋，公子遂帥師伐邾。

《傳》：夏……公伐邾，取訾婁，以報升陘之役（在二十二年，未列片）。邾人不設備。秋，襄仲（當即公子遂）復伐邾。

　　杜《經》注：訾婁，邾地，當在今兗州府濟寧州界。

　　杜《傳》注：魯亦因晉（文公）喪以陵小國。

《春秋左傳》文公七年：

　　《經》：春，公伐邾。三月，甲戌，取須句。遂城郚。

　　《傳》：春，公伐邾，間晉難也。三月甲戌，取須句，寘［邾］文公子焉，非禮也。

　　杜：須句，魯之封內屬國也，僖公反其君之後，邾復滅之。［今又取之也。］郚，魯邑，卞縣南有郚城，備邾難。　　姚：郚，兗州府泗水縣東南。

　　杜：公因霸國有難而侵小。邾文公子叛在魯，故公使為守須句大夫也，絕大皞之祀，以與鄰國叛臣，故曰非禮。

《春秋左傳》文公十三年：

　　《經》：夏……邾子蘧蒢卒。

　　《傳》：邾文公卜遷于繹。史曰："利於民而不利於君。"邾子曰："苟利於民，孤之利也。天生民而樹之君，以利之也。民既利矣，孤必與焉。"左右曰："命可長也，君何弗為？"邾子曰："命在養民。死之短長，時也。民苟利矣，遷也，吉莫如之！"遂遷于繹。五月，邾文公卒。君子曰："知命。"

　　杜：魯國鄒縣北有繹山。　　姚：今鄒縣東南，山陽有邾城。

　　光旦：邾本夷，而竟有如此見識。即在漢人儒者，識"義命合一"者，至近代尚屬罕見。

《春秋左傳》昭公二十三年《傳》：

　　春……邾人城翼，還……自離姑（與翼皆邾邑，翼未詳。姚：離姑在兗州府費縣故武城之南），［遂過武城（魯邑）；］武城人［禦之］，遂取邾師，獲［其大夫三人］。邾人愬于晉，晉人來討。叔孫婼如晉，晉人執之……使與邾大夫坐（訟曲直）。叔孫曰："列國之卿，當小國之君，固周制也。邾又夷也。寡君之命介子服回在，請使當之，不敢廢周制故也。"乃不果坐。

　　杜：邾雜有東夷之風。

　　姚：孔《疏》，邾不假道［於魯］，是邾亦合責。

光旦：杜云東夷之風，當不止風而已，人口中尚多夷之成分。

夷（東夷，介）

《春秋左傳》僖二十九年：

  《經》：春，介葛盧來。

  《傳》：春，介葛盧來朝，舍于昌衍之上。公在會［未值］，饋之芻、米，禮也。

  杜：介，東夷國也，在城陽黔陬縣；葛盧，介君名也。　　姚：萊州府膠州西南七十里有黔陬城。

  光旦：不知是萊夷否。顧《表》則與萊分列。

  杜：昌衍，魯縣東南有昌平城。　　姚：今曲阜縣東南八十里。

《春秋左傳》僖公二十九年：

  《經》：冬，介葛盧來。

  《傳》：冬，介葛盧來，以未見公故，復來朝。禮之，加燕好。介葛盧聞牛鳴，曰："是生三犧，皆用之矣。其音云［爾］。"問之而信。

  顧棟高：張氏洽曰，介再來魯，而次年遂侵蕭，求援而後舉兵也。

《春秋左傳》僖公三十年《經》：

  秋……介人侵蕭。（無《傳》）

  顧棟高：介在山東之膠州，而蕭爲江南徐州府之蕭縣，相去千有餘里，越魯而侵蕭，則其來雖未必求援（張氏洽語），而其窺探情事、熟覽徑道可知矣。

  光旦：蕭當時不知屬宋與否，須查。然不論其隸屬關係，其基本人口則亦東夷也，更具體言之，應是徐戎之屬。然《春秋經傳》於此全無啓示，故不另立片。（《正義》：宋桓公之立，蕭叔大心有功，宋人封之爲附庸——查宋桓之立，在莊十二年。）

夷（東夷）（六、蓼）

《春秋左傳》文公五年：

  《經》：秋，楚人滅六。

  《傳》：六人叛楚即東夷。秋，楚成大心、仲歸帥師滅六。冬，楚公子燮滅蓼。臧文仲聞六與蓼滅，曰："皋陶庭堅，不祀忽諸，德之不建，民之無援，哀哉！"

　　杜：六國，今廬江六縣。　　姚：今六安州北。

　　杜：蓼，今安豐蓼縣。　　姚：今固始縣東北蓼城岡。

　　光旦：蓼與六同源，雖不知其"即東夷"與否，姑連類錄之。即者，靠攏也，既即，自不免不同程度之"夷化"。

夷（東夷，根牟）

《春秋左傳》宣公九年：

　　《經》：秋，取根牟。

　　杜：東夷國也，今琅邪陽都縣東有牟鄉。　　姚：今青州府沂水縣南。

　　顧：沂水縣東南。

　　《傳》：秋，取根牟，言易也。

　　顧棟高：是年齊侯復伐萊，而魯于是秋取根牟。蓋齊、魯俱懷吞併，各就其近處益地。萊在齊之東，而根牟在魯東。[魯]前曾助齊伐萊（宣七年），[伐萊]非魯之利，特欲悅齊以爲已取根牟之計耳。萊險固而根牟弱小，故魯之取較易于齊。

《春秋左傳》昭公八年：

　　《經》：秋，蒐于紅。

　　《傳》：大蒐于紅，自根牟至于商、衛，革車千乘。

　　顧棟高：此時根牟已入爲魯邑，《傳》言其極東以至極西之境也。

　　光旦：顧《表》列此，而與其他族類有涉之同性質之條目往往不錄，亦物以稀爲貴耳。

夷（東夷、南夷）

《國語》卷一二《晉語》：

　　[晉]厲公六年（魯成十六年）伐鄭……楚恭王帥東夷救鄭。[郤至主不待齊、魯之師至而即與楚戰，謂楚師將退，且有間可乘]"……南夷與楚來而弗與陳，二間也。……"[益以楚、鄭雖陳而不整，士卒在陳譁等，]"鄭將顧楚，楚將顧夷，莫有鬭心，不可失也。"……於是敗楚師於鄢陵。

　　韋：東夷，楚東之夷。南夷，據在晉南也。

　　光旦：東夷、南夷，應是一事。《左傳》統作"蠻"。韋解分而言之，誤，曰"晉南"，不知而強解。

夷（東夷，鮮牟）

《國語》卷一四《晉語》：

　　[宋之盟，楚爭先歃，叔向因論故事，]"昔成王（周成王）盟諸侯于岐陽，楚爲荊蠻，置茅蕝，設望表，與鮮牟守燎，故不與盟。"

　　　　韋：鮮牟，東夷國。

　　　　光旦：此在周初，後似未有所聞。

夷（東夷）（杞）

《春秋左傳》襄公二十九年：

　　《經》：夏……杞子來盟。

　　　　杜：杞復稱子，用夷禮也。

　　《傳》：杞文公來盟，書曰"子"，賤之也。

　　　　杜：賤其用夷禮。

《春秋左傳》襄公二十九年《傳》：

　　晉侯使司馬女叔侯來治杞田，弗盡歸也。晉悼夫人慍曰："齊（女叔侯名）也取貨（夫人，杞女，謂女叔侯受魯賂）……"公（晉平公）告叔侯。叔侯曰，[晉亦以兼併小國而大]……杞，夏餘也，而即東夷。魯，周公之後也，而睦於晉。以杞封魯猶可，而何有焉？（稍侵佔其土地又何妨之意。）

　　　　光旦：杞即東夷，常用夷禮，便是可以侵併的一個理由，猶晉之滅狄也。

夷（東夷）（徐、越）

《春秋左傳》昭公五年：

　　《經》：冬，楚子、蔡侯、陳侯、許男、頓子、沈子、徐人、越人，伐吳。

　　《傳》：冬十月，楚子以諸侯及東夷伐吳。

　　　　光旦：《經》、《傳》所云一事，而《傳》則以"東夷"概括徐人、越人；餘不稱"人"者，則爲"諸侯"。

（夷）（東夷，鄫）

《戰國策》卷七《魏策》：

……謂魏王曰："昔……繒恃齊而輕越，齊和子亂，而越人亡繒。"

鮑：繒，禹後，屬東海。

吳：《春秋》，"鄫"，《穀梁》作"繒"。杜注，今琅邪鄫縣。

吳：[齊和子，不詳。]

鮑：哀六年，莒人滅鄫，與此異。

吳：左氏，"莒人滅鄫，鄫恃賂也。"注，"鄫有貢賦之賂在魯，恃之而慢莒"，[故莒反攻而滅之；]此或訛爲"齊"。

夷（良夷）

《汲冢周書》卷七《王會》第五十九：

成周之會……西面者，正北方……良夷[以]在子，在子□身人首，脂其腹，炙之霍則鳴，曰在子。……西嚮。

孔晁：良夷，樂浪之夷也，貢奇獸。

夷（高夷）

《汲冢周書》卷七《王會》第五十九：

成周之會……北方臺正東，高夷[以]嗛羊，嗛羊者，羊而四角。……北嚮。

孔：高夷，東北夷，高麗句（高句麗之誤）。

光旦：此疑亦百越之散入東北者，近頗有些迹象說明此疑慮。高麗、或高句麗之於仡佬，猶夫餘之於無餘、武夷、佈依也。姑存此說，以俟續考。

夷（四夷）

《竹書紀年》卷七：

[周成王]二十五年，王大會諸侯于東都，四夷來賓。

光旦：即所稱"王會"，別有片。

光旦："四夷"至此僅見。

《春秋左傳》昭公二十三年《傳》：

[楚沈尹戌語囊瓦，守國在政，不在城郢：]"古者天子守在四夷；天子卑，守在諸侯。……"

光旦：夷字之最廣用法。

《春秋左傳》昭公二十四年《傳》：

　　[周萇弘對劉子，言雖有更多的周卿士歸王子朝，不害：]《大誓》曰，"紂有億兆夷人，亦有離德；余有亂臣十人，同心同德。"

　　　　杜：言紂衆億兆，兼有四夷……終敗亡。

　　　　姚：《尚書》孔注，夷人謂平人。

　　　　光旦：孔注是，姑亦錄存。

夷（豢夷）

《國語》卷一六《鄭語》：

　　祝融……後八姓。[其一爲董。]董姓豢夷、豢龍，則夏滅之矣。

《春秋左傳》昭公二十九年《傳》：

　　秋，龍見于絳郊，[晉蔡墨答魏獻子論古有畜龍之官]曰："昔有飂叔安（飂，古國名，叔安其君名），有裔子曰董父（玄孫之後爲裔）……能……擾畜龍，以服事帝舜，帝賜之姓曰董，氏曰豢龍，封諸豢川，豢夷氏其後也。"

　　　　杜：豢水上夷，皆董姓。

夷（莒）

《春秋左傳》僖二十六年《傳》：

　　春，王正月，公會莒兹坯公、寗莊子，盟于向，尋洮之盟也。

　　　　杜：兹坯，時君之號；莒，夷，無謚，以號爲稱。

《春秋左傳》文公十八年：

　　《經》：冬……莒弑其君庶其。

　　《傳》：莒紀公生大子僕……僕因國人以弑紀公。

　　　　杜：紀，號也，莒，夷，無謚，故有別號。

　　　　光旦：紀公即庶其，庶其，名。

《春秋左傳》成公八年《傳》：

　　晉侯使申公巫臣如吳，假道于莒。與渠丘公（莒子朱，渠丘，邑名，莒縣有蘧里——杜；《晉地道記》曰，安丘有渠丘亭，今屬青州府——姚）立於池上，曰："城已惡。"莒子曰："辟陋在夷，其孰以我爲虞？"對曰："夫狡焉思啓封疆以利社稷者，何國蔑有？唯然，故多大國矣。唯或思或縱也。勇夫重閉，況國乎？"

光旦：蠻夷小國，日益爲諸夏或非諸夏之大國兼併，莒亦朝不保夕，此段對話有代表性。

　　光旦：亦可入"總錄"。

《春秋左傳》成公十四年《經》：

　　春，王正月，莒子朱卒。（無《傳》）

　　姚：莒子朱者，莒渠丘公，即季佗也。子密州嗣，是爲黎比公。

　　光旦：如此稱謂，尚未諸夏化。成公八年《傳》，渠丘公語申公巫臣，"辟陋在夷"，可證。

（夷）（莒）

《戰國策》卷四《齊策》：

　　［蘇代說齊閔王，論好詐謀、恃外援之足以禍國，］"昔者萊、莒好謀……莒恃越而滅。"

夷（萊夷？）

《春秋左傳》襄公四年《傳》：

　　［魏絳對晉侯，引《夏訓》，］"寒浞，伯明氏之讒子弟也，伯明后寒弃之夷，羿收之……以爲己相。"

　　光旦：原句讀，"……弃之，夷羿收之……"，下杜注曰，夷，氏也。疑誤，茲改正。羿，上文一貫稱后羿，未稱其氏，至此句讀有誤，成"夷羿"，於是強爲之設一氏。查《世本·氏姓篇》，妘姓下有夷氏，下文曰，"夷氏，后羿氏，春秋時有夷國，楚滅之"，春秋時始有夷國，何得夏初即有夷氏？蓋《世本》輯補者（此處爲秦嘉謨）即取材於襄四杜注，故曰"夷氏，后羿氏"也！

　　夷不是姓氏，而指東夷，且爲東夷中之萊夷，《禹貢》有"萊夷作牧"之語，當時固即有此種東夷也。查伯明氏之國曰寒國，杜注，"北海平壽縣東有寒亭"，清人姚氏培謙曰，"今山東萊州府濰縣東北五十里"，《史記》稱晏嬰爲萊之夷維人，是此一地區本屬萊夷也。然早在彼時，已有"諸夏化"之人雜居其間，如伯明氏之類；伯明氏棄寒浞於夷，亦即放逐之於旁近之萊夷地云耳。

夷（偪陽）

《春秋左傳》襄公十年：

《經》：春，[公與諸侯]……會吳于柤。夏五月，甲午，遂滅偪陽。

《傳》：晉荀偃、士匄請伐偪陽。……五月，庚寅，荀偃、士匄帥卒攻偪陽……甲午，滅之。……晉……以偪陽子歸，獻于武宮，謂之夷俘。偪陽，妘姓也。使周內史選其族嗣，納諸霍人，禮也。

杜：偪陽，今彭城傅陽縣。　姚：偪陽故城在今嶧縣南五十里。柤，今嶧縣泇口。

杜：曰夷俘，諱俘中國，故謂之夷。

光旦：杜說恐不然。以地域言之，偪陽本屬夷，或其基本人口爲夷，其領導階層中至少部分爲夷，固無庸諱也。

顧（《表》卷四，《疆域》）：今沛縣北、嶧縣南五十里。

顧（《表》卷四，《疆域》）：汪氏克寬，偪陽國及柤，地皆在沛縣，乃吳入北方之要衝。（至今仍爲南北要道。——光旦）

夷（邾、莒）

《春秋左傳》昭公十三年《傳》：

冬……季孫（意如）猶在晉（平丘之盟，魯未與盟而被執）。子服惠伯私於中行穆子曰："魯事晉，何以不如夷之小國？魯，兄弟也，土地猶大，所命能具。若爲夷弃之，使事齊、楚，其何瘳於晉？……子其圖之！……"穆子告韓宣子，且曰："楚滅陳、蔡，[晉]不能救，而爲夷執親，將焉用之？"乃歸季孫。

光旦：夷，邾與莒也，參同年"蠻夷"片。

《戰國策》卷一《西周》：

[宮他語周君，恃大國之援而無備，必亡，是亡於援也，]"邾、莒亡於齊"。

鮑：魯鄒縣，故邾也，曹姓國，二十九世，楚滅之。莒屬城陽國，故盈姓國，三十世，楚滅之。蓋恃齊也。

光旦：《國語》，莒屬己姓，又曹姓，與此異。

夷（吳）

《春秋左傳》定公四年《傳》：

[吴入郢，]申包胥如秦乞師，曰："……夷德無厭，若鄰於君，疆埸之患也。……"

光旦：夷，指吳。今沿滬寧鐵路尚有站名唯亭，説者謂"唯"讀如"夷"，本夷亭也。

《春秋左傳》哀公七年《傳》：

[秋，魯伐邾，入之，以邾子歸，]邾茅夷鴻……自請救於吳曰："……夏盟於鄫衍（即鄫），秋而背之……四方諸侯，其何以事君？"

杜：鄫盟不書，吳行夷禮，禮義不典，非所以結信義，故不錄。

光旦：《經》只書會，不書盟，因吳行夷禮。夷禮爲春秋所否定。

《春秋左傳》哀公八年：

《經》：春……吳伐我。

《傳》：……吳人盟而還。

杜：[《經》]不書盟，恥吳夷。

《春秋左傳》哀公十三年《傳》：

秋七月，辛丑，盟[于黃池]，吳、晉爭先。……司馬寅……曰："……夷德輕，不忍久，請少待之。"乃先晉人。

夷（吳、越）

《春秋左傳》哀公十二年《傳》：

秋，衛侯會吳于鄖。……[吳人執衛侯，因子貢之辭令而免。]……衛侯歸，效夷言。子之尚幼，曰："君必不免，其死於夷乎！執焉而又説其言，從之固矣。"

杜：[衛]出公輒後卒死於越。

夷（越）

《春秋左傳》定公七年《傳》：

[季氏家臣]苦夷。

《春秋左傳》定公八年《傳》：

苦越生子。

杜：苦越，[即]苦夷。

光旦：是越亦稱夷，與吳之稱夷（定四年《傳》）同。

夷（北夷）

《戰國策》卷九《燕策》：

　　[蘇代遺燕昭王書，説其不破宋肥齊：]"北夷方七百里，加之以魯、衛……是益二齊也。"

　　　　鮑：齊之北國。

　　　　吳：《史記索隱》云，北夷，謂山北狄附齊者。《正義》云，齊桓公伐山戎。

　　　　光旦：夷乎？狄乎？戎乎？

夷翟（祝融之後）

《國語》卷一六《鄭語》：

　　[祝融之]後八姓：

　　己姓——昆吾、蘇、顧、温、董（董又别出爲姓）。
　　董姓——鬷夷（封於鬷川）。
　　彭姓——彭祖、豕韋、諸稽。
　　秃姓——舟人。
　　妘姓——鄔、鄶、路、偪陽。
　　曹姓——鄒、莒。
　　斟姓——無後（與斟尋、斟灌異，此二者乃姒姓）。
　　芊姓——楚、夔越（越之稱未有解釋）。

或在王室，或在夷翟，莫之數也。

　　　　光旦：越字應有意義，别立片。

　　　　光旦：八姓之後所立國，莒與偪陽皆爲東夷，鬷亦夷，但爲時早，地域不詳。

夷蠻（連稱）

《國語》卷一《周語上》：

　　[周内史過語周襄王：]"……有叛、遷、解慢而著在刑辟，流在裔土，於是乎有夷蠻之國。"

　　　　光旦：一若夷蠻即由流放之人組合而成者！鄙視夷蠻亦太甚矣。

夷虎

見"（巴）"片。

光旦：顧棟高《春秋大事表》卷五，備列見於《經傳》之列國，及其凡可考見之爵姓存滅，不分夷夏，亦不分春秋或春秋前，搜羅可謂勤矣，然獨遺見於哀公四年之"夷虎"！

（彝）——爨姓

《戰國策》卷七《魏策》：

［魏惠王二年，］公叔痤……與韓、趙戰澮北（《說文》，"澮水出霍山，西南入汾"），［勝而歸，惠公頒之賞厚，而不及他人，公叔辭，謂得力於吳起之教，應賞其後人，又應賞其將佐，曰，］"前脈地形之險阻，決利害之備，使三軍之士不迷惑者，巴寧、爨襄之力也。"……於是［賞］巴寧、爨襄田各十萬。

光旦：爨姓人之最初見。但不知與三國以降滇中爨氏有涉否？與今日彝族之先有涉否。如有涉，則彝族之先輩，與巴人、羌人同，亦有向東方移徙者。

光旦：《騰衝寸氏譜》云，寸本爨改，原自河東安邑遷滇。然追溯先世，最遠只及蜀漢時建寧令爨習，而習故為滇人，遠非始遷者。纂譜之學究竟不知追引及此，以示源流之遠，且以見與河東有直接具體之淵源，當是根本不知有此，否則決不會放過也！寸氏譜料另有片。

庸

庸

《竹書紀年》卷六：

［殷商帝辛（紂）］五十二年，庚寅，周始伐殷……庸、蜀、羌、髳、微、盧、彭、濮從周師伐殷。

《統箋》：孔氏《書傳》，"八國皆蠻夷戎狄屬文王者國名……庸、濮在江漢之南。"

光旦：庸不在江南。

《統箋》：《括地志》，房州竹山縣及金州，古庸國也。

《竹書紀年》卷八：

[周夷王七年,]楚子熊渠伐庸,至于鄂。

《統箋》：《楚世家》,"周夷王之時,王室微,諸侯或不朝相伐；熊渠甚得江漢間民和,乃興兵伐庸、楊粵,至于鄂。"劉伯莊曰,鄂地名,在楚之西。杜預,庸今上庸縣。《一統志》,鄂王城在武昌縣西南二里,即楚熊渠之子封國城也。

光旦：《箋》引《一統志》,誤。此鄂應是西鄂,非今武昌。伐庸道不出此。

庸（鄘）

《竹書紀年》卷七：

[周武王十二年]夏四月,王……命監殷。

徐《箋》：《地理志》,周既滅殷,分其畿內爲三國,《詩·風》,鄁、庸、衛是也。鄁以封紂子武庚；庸,管尹之；衛,蔡叔尹之：以監殷民,謂之三監。

光旦：此庸與楚西之庸不知有關係否。

庸

《戰國策》卷三《秦策》：

[甘茂對秦武王語,]"臣聞張儀……南取上庸……"

吳：《大事記》云,本庸國,今房州竹山縣。

《戰國策》卷八《韓策》：

鄭彊之走張儀於秦[也,譖之秦(武)王曰,]"儀使人致上庸之地[於楚]……"秦王怒,張儀走。

鮑：秦惠十三年取上庸。

庸——姓氏

《戰國策》卷三《秦策》：

秦宣太后愛魏醜夫,[將死,欲以爲殉。]魏子患之。庸芮爲魏子說太后……乃止。

鮑：庸芮,秦人。

光旦：張儀爲秦滅庸,疑庸之上層入秦者即以庸爲姓,而此其一例也。

有 洛

有洛

《竹書紀年》卷四：

　　[夏后帝癸（桀）]二十一年，商師征有洛，克之。遂征荊，荊降。

　　《統箋》：[《汲冢周書》]左史戎夫記曰……（別有片）

　　光旦：以見近荊言之，或與後來見於南方之駱有涉，字應作雒，南方之駱亦可作雒也。

有洛氏

《汲冢周書》卷八《史記》第六十一：

　　[周穆王命左史戎夫列舉古代亡國之事朝夕以戒於王，]"宮室破國，昔者有洛氏宮室無常，池囿廣大，工（土？）功日進，以後更前，民不得休，農失其時，飢饉無食。成商伐之，有洛以亡。"

　　光旦：事在夏桀二十一年，見《竹書》。

有 易

《竹書紀年》卷四：

　　[夏后帝泄]十二年，殷侯子亥賓于有易，有易殺而放之。十六年殷侯微以河伯之師伐有易，殺其君綿臣。

　　[沈約附注：]殷侯子亥賓于有易，有易之君綿臣殺而放之；故殷上甲微假師于河伯以伐有易，滅之，殺其君綿臣。中葉衰而上甲微復興，故殷人報焉。

　　光旦：有易即易，易即狄。殷之世祖高之母、帝嚳妃簡狄，《古今人表》作簡遏，可證。

　　光旦：有易所在地，《竹書》未注，疑今河北易水、易州之名即因之而來，俟續考。

禺　氏

《汲冢周書》卷七《王會》第五十九：

　　成周之會……禺氏［以］騊駼。……北嚮。

　　孔：禺氏，西北戎夷；騊駼，馬之屬。

　　光旦：騊駼，疑即橐駝，音同。

禺　禺

《汲冢周書》卷七《王會》第五十九：

　　成周之會……揚州禺禺［以魚］，魚名解隃寇。……西嚮。

　　光旦：禺禺是否爲一種人，不易肯定。今姑假定爲是，理由：既以魚貢，而魚别有名，一也；禺禺，猶狒狒、山魈之類，古人不甚分人獸，二也；番禺之禺即從此類名稱而來，三也。"禺"音同"越"，疑亦百越之屬。

俞　人

《汲冢周書》卷七《王會》第五十九：

　　成周之會……俞人［以］雛馬。……西嚮。

　　孔晁：俞，東北夷。雛馬，舊（？）駕，一角，大者曰麟也。

魚　復

《汲冢周書》卷七《王會》第五十九：

　　成周之會……其西魚復［以］鼓鐘鐘牛。……北嚮。

　　孔：［其西］，次西列也。魚復，南蠻國也，貢鼓及鐘而似牛形者。

　　光旦：即《左傳》之魚人。孔注大疏。

越

越

《竹書紀年》卷七：

　　周……季歷之兄曰太伯，知天命在昌，適越，終身不反，弟仲雍從之。

　　《統箋》：《史記正義》，太伯居梅里，在常州無錫東南六十里。

　　光旦：此段似沈氏附注之文。然於《竹書》，越初見。

　　光旦：是吳地本越地，吳人本越人也。句吳之名後出，曰吳而冠以"句"，亦越語也。故《越絕書》亦兼吳越而言之。

越戲方（？）

《汲冢周書》卷四《世俘》第四十：

　　[武王十三年，薦殷俘于太廟，]呂他命伐越戲方，壬申，荒新至，告以馘俘。

　　光旦：荒新二字不可解，下文有新荒二名，則若軍將之名。

　　光旦：越戲方，孔晁注謂紂三邑，恐誤。下文別有地曰"宣方"，孔氏未注，豈亦二邑名乎？疑邊裔本屬殷者。

越裳氏

《竹書紀年》卷七：

　　[周成王十年，]越裳氏來朝。

　　徐《箋》：《尚書大傳》，周成王時，越裳氏重九譯而貢白雉。

　　徐《箋》：《韓詩外傳》，越裳氏重譯來朝，海不揚波三年矣，意者中國有聖人乎？

　　徐《箋》：《水經注》，《交州外城記》曰，九德縣屬九真郡，與日南接，周越裳氏之夷國[也]。

　　徐《箋》：《中華古今注》，舊說曰，指南車，周公所作也，越裳氏重譯來朝，使者迷其歸路，周公錫以軿車五乘，皆爲司南之制，使越裳氏載之以南，緣扶南、林邑海際，期年而至其國，使大夫宴將送至其國而還；其始制車，轄、轊皆以鐵，還至周，鐵亦銷盡，以屬巾車氏，攻而載之，常爲先道，示服遠人而正四方也。

越（於越）

《竹書紀年》卷七：

[成王]二十四年，於越來賓。

徐《箋》：《吳越春秋》，少康恐禹祭之絶祀，乃封其庶子于越，號曰無余；無余質樸，不設宫室之飾，從民所居，春秋祠禹墓于會稽；傳世十餘，末君微劣，不能自立，轉從衆庶爲編户之民，禹祀斷絶十有餘歲。有人生而言語，其語曰，禽鳥呼嚱喋嚱喋，指天向禹墓曰，我是無余君之苗末，我方修前君祭祀，復我禹墓之祀，爲民請福于天。衆民悦喜，皆助奉禹祭，四時致貢，共封立以承越君之後。

徐《箋》：《漢書音義》，于（於），南方越名也。

光旦：于越之于，或於越之於，據此似不爲發聲，而是相當於"佈依"之"依"矣，亦通。

徐《箋》：賀循《會稽記》，少康其少子號曰於越，越國之稱始此。

光旦：此未言越亦芈姓，與楚同，何也？

越（東越）

《汲冢周書》卷七《王會》第五十九：

成周之會……東越[以]海蛤。……西嚮。

孔晁：蛤，文蛤。

越（姑於越）

《汲冢周書》卷七《王會》第五十九：

成周之會……姑於越納曰姑妹珎。

孔晁：姑妹國，後屬越。

光旦：姑妹，或即姑蔑。

（越）

《汲冢周書》卷七《王會》第五十九：

成周之會……南人至衆，皆北嚮。

孔：南人，南越。

光旦：以上文言之。南人包括權扶、白州、禽人、路人、長沙來之人、魚復、蠻揚、倉吾，謂爲"南越"，失諸臨，謂爲百越，大致不謬。

　　光旦：南人皆北向，當是事實，可再查對。北人則不可能南向，蓋北爲天子之位，天子南向也。列次只東、西、南三面，除南人居南北向外，餘三方之人率穿插爲之，不必西人東向或東人西向也，亦可一爲查對。

越

《竹書紀年》卷八：

　　[周穆王]三十七年，大起九師，東至于九江，架黿鼉以爲梁。遂伐越，至于紆。

　　徐《箋》：非必即禹後之越，[而是百越，]其大起九師，豈僅以禹後之一越哉？

　　徐《箋》：紆當爲越之地名。《楚世家》，熊渠伐庸、楊粵，《索隱》曰，"有本作楊雩，音吁，地名也"，雩即紆矣。

　　光旦：雩，或即今雩都一帶，是中原勢力南暨之最遠點矣。雩通粵，亦通越，是則地名如雩都，即明說越地成爲"都人"之越地也。都人即畬民。雩都之稱始於何時，可一查。①

《國語》卷一六《鄭語》：

　　[祝融之後八姓，其一爲芊，楚而外，又有]夔越。

　　光旦：韋昭於越之稱未作說明，直以爲即夔耳。疑夔所封之地，後之歸州與夔州府一帶，其時即越地也，亦即仡佬（古稱濮）之地也。

《春秋左傳》宣公八年《傳》：

　　楚……伐舒蓼，滅之。楚子疆之。及滑汭（姚：今廬州府東境），盟吳、越而還。

　　光旦：越與吳皆初見。

《春秋左傳》襄公二十八年《傳》：

　　盧蒲癸、王何卜攻慶氏。……子息（慶嗣，慶封之族）[知之]曰："亡矣！幸而獲在吳越。"

《春秋左傳》襄公二十九年《傳》：

---

① 雩都，查《讀史方輿紀要》卷八八稱："漢高帝六年，使灌嬰防趙佗，立縣於此。""漢置縣，屬豫章郡，因雩水爲名。"——整理者注

吴人伐越，獲俘焉，以爲閽，使守舟。吴子餘祭觀舟，閽以刀弑之。
《春秋左傳》昭公五年：
　　《經》：冬，楚子、蔡侯、陳侯、許男、頓子、沈子、徐人、越人，伐吴。
　　　　光旦：越作爲人，初見。
　　《傳》：冬十月，楚子以諸侯及東夷伐吴，以報棘、櫟、麻之役（昭四年）。……
　　　　光旦：以徐人、越人爲東夷也。
《春秋左傳》昭公三十二年：
　　《經》：夏，吴伐越。
　　《傳》：夏，吴伐越，始用師於越也。
　　　　杜：自此之前，雖疆事小争，未嘗用大兵。
《春秋左傳》定公五年：
　　《經》：於越入吴。
　　　　杜：於，發聲也。
　　《傳》：越入吴，吴在楚也。
《春秋左傳》定公十四年：
　　《經》：五月，於越敗吴于檇李。
　　《傳》：吴伐越，越子勾踐禦之，陳于檇李。……大敗之。……闔廬傷……［而］卒……
《國語》卷一九《吴語》：
　　吴王夫差起師伐越，越王句踐起師逆之江。
　　　　韋：句踐，祝融之後，允常之子，芊姓也。《鄭語》曰，"芊姓夔越"。《世本》亦云，"越，芊姓"。魯定十四年［事］。
　　　　光旦：在《鄭語》下，韋解以夔越爲一事。
　　　　光旦：然則越非少康庶子後。
《國語》卷一九《吴語》：
　　越王……命諸稽郢行成於吴。
　　　　光旦：大彭之後有諸稽，見《鄭語》。與勾踐同爲祝融之支裔也。
　　　　光旦：不知與越地諸暨之名有涉否。
《春秋左傳》哀公元年《傳》（《經》無）：
　　春……吴王夫差敗越于夫椒（太湖中椒山），報檇李也（定十四年）。遂入越。越子以甲楯五千保于會稽(山),使大夫種……以行成。[伍員諫不聽。]

　　姚:《通典》,包山,一名夫椒山。即西洞庭山也。

　[伍員]退而告人曰:"越十年生聚,而十年教訓,二十年之外,吳其爲沼乎!"

《國語》卷二〇《越語上》:

　　句踐之地,南至于句無(諸暨有句無亭),北至于禦兒(嘉興語兒鄉),東至于鄞(今鄞縣),西至于姑篾(今大湖)。

　　光旦:韋解南與西均有問題。韋於地名本非所長。

《春秋左傳》哀公六年《傳》:

　　秋七月,[楚]昭王……卒……子閭[等]……逆越女之子章立之……(章爲楚惠王。)

　　光旦:楚、越王室通婚。

《春秋左傳》哀公十六年《傳》:

　　[楚白公之亂]……圉公陽穴宮,負王,以如昭夫人之宮。

　　杜:圉公陽,楚大夫,昭夫人,王母,越女。

《國語》卷一八《楚語下》:

　　惠王以梁與魯陽文子。

　　韋:惠王,昭王子,越女之子章也。

《春秋左傳》哀公二十年《傳》:

　　十一月,越圍吳。……

《春秋左傳》哀公二十二年《傳》:

　　冬,十一月,丁卯,越滅吳。……

　　光旦:前此越侵吳諸役未録片。

《春秋左傳》哀公二十一年《傳》:

　　夏五月,越人始來。

　　杜:越既勝吳,欲霸中國,始遣使適魯。

　　光旦:越勝吳之逐年《經傳》文字,未盡録片。

《國語》卷二一《越語下》:

　　[范蠡拒絶吳王孫雄請成曰,]"昔吾先君,固周室之不成子也,故濱於東海之陂,黿鼉魚鱉之與處,而蛙黽之與同渚。余雖覥然而人面哉,吾猶禽獸也,又安知是諓諓者乎?"(故以不識禮義,以自謙抑。)

韋：子，爵也。言越本蠻夷小國，於周室爵列不能成子。

　　光旦：韋解恐非。不成子亦即不材子耳。因疑越之統治階層亦於周初始來自中原，且如吳之例，亦與姬有涉。此又少康後與祝融後二說之外之又一可能。姑存此。以子爲爵，大是牽强，故別作此說。

《國語》卷二一《越語下》：

　　〔越不許吳之最後請成，〕范蠡……擊鼓興師，以隨使者，至於姑蘇之宮，不傷越民，遂滅吳。

　　光旦："越民"之越無解，當是殺人越貨之越也。抑或可別有說。吳之人口亦百越也。因難在：古文獻中，民族之稱與"民"字連用之辭絕不經見，即只有"越人"，而不稱"越民"。姑存此。

越（於越）

《竹書紀年》卷一一：

　　〔周元王〕四年，於越滅吳。

　　徐《箋》：《地理通釋》，越見《春秋》凡六，其三稱"越"，皆在昭公之時，其三稱"於越"，二在定公，一在哀公之時。

　　徐《箋》：《會稽記》，少康其少子號曰於越，越國之稱始此。

　　光旦：第二條《箋》引《會稽記》定謬，於越之稱與少康之子決不相涉。且與第一條《箋》亦矛盾。

　　徐《箋》：《建康志》，越城在江寧縣尉廨後，遺址猶存，人呼爲越臺。《宮苑記》，周元王四年，越相范蠡所築。

　　光旦：越滅吳後築。

越

《春秋左傳》哀二十四年《傳》：

　　閏月，公如越，得（相得）〔越〕大子適郢（大子名），將妻公而多與之地。……〔季孫懼，止之。〕

《春秋左傳》哀公二十七年《傳》：

　　春，越子使后庸來聘，且言邾田，封于駘上。二月，盟于平陽（姚：鄒縣）。……康子病之。……

　　杜：病者，恥從蠻夷盟。

越（於越）

《竹書紀年》卷一一：

　　[周元王]四年，於越滅吳。（別有片）

《竹書紀年》卷一一：

　　[周貞定王]元年，癸酉，於越徙都瑯琊。

《竹書紀年》卷一一：

　　[周貞定王]四年，十一月，於越子勾踐卒，是爲菼執，次鹿郢立。

　　　　徐《箋》：《禮·坊記》，"《春秋》不稱楚越之王喪。"陳澔曰，書卒不書葬，夷之也。

　　　　徐《箋》：《越世家》，勾踐卒，子鼫與立。樂資《春秋後傳》，越語謂……

《竹書紀年》卷一一：

　　[周貞定王]十年，於越子鹿郢卒，子不壽立。

　　　　徐《箋》：《吳越春秋》，勾踐子興夷，孫不壽。是鹿郢即興夷。

《竹書紀年》卷一一：

　　[周貞定王]二十年，於越子不壽見殺，是爲盲姑，次朱勾立。

　　　　徐《箋》：《越世家》，"不壽卒，子王翁立。"《吳越春秋》，不壽之後爲不揚。《水經注》，作末勾。[疑皆一人，而末勾誤。]

《竹書紀年》卷一一：

　　[周威烈王]十二年，於越子朱勾伐郯，以郯子鴣歸。

　　　　徐《箋》：《越世家》索隱，朱勾三十五年[事]。

《竹書紀年》卷一一：

　　[周威烈王]十四年，於越子朱勾卒，子翳立。

　　　　徐《箋》：《淮南子》，"越王翳逃山穴，越人薰而出之……"據《莊子》，此乃越王無顓之事，非翳。

《竹書紀年》卷一一：

　　[周安王]二十三年，於越遷于吳。

　　　　徐《箋》：《史記索隱》據《紀年》云越王翳三十三年[事]，今考是三十二年。

越

《竹書紀年》卷一一：

　　[周安王]二十三年，於越遷于吳。

《竹書紀年》卷一一：

　　[周安王二十六年]七月，於越太子諸咎弑其君翳。

　　　　徐《箋》：夏之符，《姑孰備考》……（上同）葬之大橫山之下，是時越遷于長干也。

《竹書紀年》卷一一：

　　[周安王二十六年]十月，越人殺諸咎，越滑吳人立孚錯枝爲君。

　　　　徐《箋》：《越世家》，"王翳卒，子王之侯立。"是之侯即孚錯枝。

《竹書紀年》卷一一：

　　[周烈王元年,]於越大夫寺區定越亂，立初無余，是爲莽安。

　　　　徐《箋》：《史記索隱》[引《紀年》]作"初無余之"。[應]即王之侯。《吳越春秋》[作]"王侯"。

《竹書紀年》卷一二：

　　[周顯王四年,]於越寺區弟思弑其君莽安，次無顓立。

　　　　徐《箋》：《莊子》，"越人三世弑其君，王子搜患之，逃乎丹穴，不肯出，越人薰之以艾，乘以王輿。"樂資曰號曰無顓。是無顓即子搜也。

　　　　徐《箋》：庾信，《周步陸郢碑》，"既遭燻穴，翻從壓紐"。謂此。

　　　　光旦：前半謂此，後半乃楚之故事。

《竹書紀年》卷一二：

　　[周顯王十二年,]於越子無顓卒，是爲菼蠋卯，次無彊立。

　　　　徐《箋》：《索隱》，"無顓之弟"。

　　　　徐《箋》：胡三省，勾踐至無彊，凡六世。據《吳越春秋》，五世。今據《竹書》，七世。

《竹書紀年》卷一二：

　　[周顯王三十四年,]於越子無彊伐楚。三十六年，楚圍齊於徐州（徐），遂伐於越，殺無彊，[越亡。]

《戰國策》卷五《楚策》：

　　五國伐秦，[既敗，求和於秦]……杜赫謂昭陽曰，"……東有越累，北無晉，而交未定於齊、秦，是楚孤也。不如速和。"……

>鮑：此言越有傷楚之心，越近楚故。

>光旦：時楚已滅越。此云累者，明越人猶未穩，且楚日以弱，無以制之，故曰累也。

《竹書紀年》卷一二：

>［周隱王（即赧王）三年］四月，越王使公師隅來獻舟三百、箭五百萬，及犀角象齒。

>徐《箋》：……［此］距無彊滅二十一年矣。是此越王者，必無彊之子若孫也。

>光旦：不可必，亦可能爲百越之其他部分稱王者。犀角、象齒，似當時吳越之地已不生產。《竹書》於上文一貫稱"於越子"，而此處忽稱王，果屬一系相繩，於文亦太不順，若説國亡不得再稱"子"，則何嘗不可稱"君"？亦見或別有越王也。

>光旦：來獻者，獻與魏也。

《戰國策》卷三《秦策》：

>醫扁鵲。

>鮑：高注，渤海郡鄭（鄚）人，姓秦氏，名越人。

《戰國策》卷三《秦策》：

>段干越人……

>鮑：段干，皆魏人，今在秦。

>光旦：戰國時，名"越人"者不一其例，當是與南方關係更趨頻繁的一個表示。

《戰國策》卷五《楚策》：

>［范環答楚懷王勿以賢者介紹於秦爲秦相：］"王嘗用召滑（名見《甘茂傳》）於越而納句章；［唐］眛之難（懷王二十八年事），越亂，故楚南察瀨湖而野江東。……所以能如此者，越亂而楚治也。今王已用之於越矣，而忘之於秦［乎？］"

>光旦：時越似已滅於楚，又何以利越之亂，所不解。

>光旦：瀨湖，地不詳。

《戰國策》卷三《秦策》：

>謂魏冉曰："……楚包九夷……富擅越隸。"

>鮑：越，勾踐國。隸……征伐所獲之民也。擅，專有之事。

吴：越有三，皆屬楚。隸，徒隸，賤稱。此言楚之强。
　　光旦：時越已亡，此泛指百越之被俘掠爲隸者，不必勾踐之國，也不必由征伐而來，鮑彪之注隘。
　　光旦：九夷別有片。

（越）——自稱

《國語》卷五《魯語下》：
　　[孔子答吳王客語，]防風氏……"汪芒氏之君也，守封隅之山者也。"
　　韋：封山，隅山，在今吳郡永安縣（今浙江武康）。
　　光旦：封隅，猶武夷、番禺也，亦猶武夷山神之名潘遇也。封、隅分爲二山，番禺亦有分二山之説。要皆與越人之自稱有涉。今之佈依，猶存此稱號。

《戰國策》卷四《齊策》：
　　[齊襄王悟於貂勃之言，而]益封安平君（田單）以夜邑萬戶。
　　鮑：東萊有掖，有不夜。疑"夜"字爲"掖"不全，或"不夜"省"不"。
　　吳：顏師古云，《齊地記》，古有日夜出，見於東萊，故萊子立此邑，以不夜爲名。
　　光旦：疑此地曾有越人，"不夜"者，越人之自稱，猶今之"佈依"也。初有人聞其自稱，而書成"不夜"二字，後人望文生義，創爲此日夜出之故事耳。山東半島有百越之先之蹤跡，此其一也。
　　吳（下文注）：夜，《説苑》作"掖"。

越——地名

《春秋左傳》桓公元年《經》：
　　四月，丁未，公及鄭伯盟于越。
　　姚：越當在兗州府曹州附近。
　　光旦：地名越，疑必有故。越人自北而南、而西南，先居齊魯之境，此或其所嘗居之地，亦未可知。

《春秋左傳》昭公二十四年《傳》：
　　楚子爲舟師以略吳疆。……越大夫胥犴勞王於豫章之汭，越公子倉歸（贈遺也）王乘舟。

光旦：皖北古有地名"越"。豫章之汭亦在皖北。

光旦：前已有一例，待追查補錄。

光旦：孝通見語，豫劇似亦稱越劇，豫、越同音，疑指同一人羣。此"越"爲小地名，而豫與百越之越則大矣，但來源則同。

越——銅器

《戰國策》卷四《齊策》：

[蘇代說齊閔（湣）王，]"今雖干將、莫邪，非得人力，則不能割劌矣。"

鮑：《博物志》，干將，陽，龍文；莫邪，陰，漫理。此二劍，吳王使干將作。干將，越人；莫邪，其妻，亦善作劍。

[越（越之四至）]

顧《表》卷四：

南至于勾無（定海縣東北舟山，故海中洲，有勾章，地即勾無也，亦名甬東）；

北至于禦兒（嘉興府石門縣東二十里石門鎮）；

東至于鄞；

西至于姑蔑（衢州府龍游縣有姑蔑城）。

光旦：山東亦有地名姑蔑，或與此族人南徙有關，應續查。

光旦：此當是本《國語·越語》。

後又增封（《吳越春秋》，夫差所封），西至于檇李（嘉興縣南四十五里有醉李城），北至于平原（《越絕書》作武原，今海鹽縣）；又餘汗爲越地（饒州府餘干縣）；《通典》，"越之西界，所謂于越"，越之餘也。又廣信一府皆餘汗地，弋陽、貴溪二縣即餘干之所分。然則《國語》所云"西至于姑蔑"殆未盡矣。由衢州府之龍游縣至江西廣信府，由廣信府至饒州[府]之餘干縣與鄱陽縣……——蓋越之西境與楚相接，即昭二十四年越大夫胥犴帥師從王、及歸、王乘舟處也。

越（吳）

《春秋左傳》成公七年：

《經》：春……吳伐郯。

姚：林氏堯叟曰，吳始入伐中國。

光旦：亦初見於《春秋》。

光旦：吳人文身斷髮，其基礎人口越也，故列於越。

《傳》：春，吳伐郯。郯成。季文子曰："中國不振旅，蠻夷入伐，而莫之或恤。無弔者也夫！……"

杜：中國不能相愍恤，故夷狄內侵。

《春秋左傳》成公七年《傳》：

[申公巫臣奔晉，]請使於吳，晉侯許之，吳子壽夢説之。乃通吳于晉。……教吳乘車，教之戰陳，教之叛楚。……吳始伐楚，伐巢，伐徐。……馬陵之會，吳入州來（即下蔡，時爲楚邑。姚：後鳳陽府壽州。即成七年事）。……蠻夷屬於楚者，吳盡取之，是以始大，通吳於上國。

杜：上國，諸夏。

《春秋左傳》成公十五年：

《經》：冬，十有一月，叔孫僑如會晉士燮、齊高無咎、宋華元、衛孫林父、鄭公子鰌、邾人，會吳于鍾離。

《傳》：冬……十一月，會吳于鍾離，始通吳也。

杜：吳，夷，未嘗與中國會，今始來通。

姚：鍾離，今臨淮、鳳陽二縣地。

《國語》卷一七《楚語》：

[蔡聲子與令尹子木論楚材晉用，]恭王使[申公]巫臣聘於齊，以夏姬行，遂奔晉。晉人用之，實通吳、晉，使其子狐庸爲行人於吳，而教之射御，道之伐楚，至于今爲患。……

《春秋左傳》襄公二十八年《傳》：

[齊慶封]……來奔。……齊人來讓，奔吳。吳句餘予之朱方（姚：漢丹徒縣），聚其族焉而居之，富於其舊。

《春秋左傳》昭公元年《傳》：

五月庚辰，鄭放游楚於吳。

光旦：吳越爲春秋時代諸夏避禍與放逐之地，前已有齊之慶封（襄二十八年），今有鄭之游楚。楚之申公巫臣自晉入吳亦是一例，但性質不盡同。

《春秋左傳》哀公七年《傳》：

夏，公會吳于鄫。……[季]康子使子貢辭[大宰嚭之召，論吳先不以禮遇小國]：大伯端委以治周禮，仲雍嗣之，[不能行禮致化，]斷髮文身，臝以爲飾，豈禮也哉！有由然也。

  光旦：吳自仲雍起，即從越俗。然其上層亦自維持原始之中原文化，季札其典型人物也。

[越（番）]

顧《表》卷四，據《史記》：

  定六年吳（闔閭十一年）伐楚取番。

  今鄱陽縣。

  光旦：番與番禺之由來同，百越稱人之語。

越（揚越）

《戰國策》卷三《秦策》：

  [蔡澤欲代應侯（范雎）相秦，說應侯，]"吳起爲楚悼……壹楚國之俗，南攻揚越……功已成矣，卒支解。"

  鮑：越屬揚州。

越（甌越）

《戰國策》卷六《趙策》：

  [趙武靈王思欲說服公叔成，使同意其胡服騎射之策，因而論及：]"被髮文身，錯臂左衽，甌越之民也。"

  光旦：被髮，或作祝髮，或作翦髮，或作斷髮。

  光旦：錯臂亦有不同之諸說，或作兩臂交錯而立；或以爲即文身，即以丹青錯畫其臂；或云即右袒其臂，甚或以爲錯乃袒字之訛。均分見它書。

  鮑：甌越，即漢之東甌、閩、粵。

  吳：漢東甌、閩中地。

  吳：《輿地志》，交趾，周爲駱越，秦爲西甌。

  吳：《索隱》，今珠厓、儋耳，謂之甌人，是有甌越。

  吳：《文選》三越注，吳越、南越、閩越。東甌即閩越。駱越、甌人即南越也。

  吳：姚云，《春秋後語》作"臨越"；注云，臨亦百越之一。

  光旦："臨越"之臨，顯爲"甌"字之訛，不可爲據。

越（大吴）

《戰國策》卷六《趙策》：

[武靈王思欲説服公叔成，使同意其胡服騎射之策，因論及此：]"黑齒雕題，鯷冠秫縫，大吴之國也。"

鮑：《史》注，以草染齒爲黑。雕題者，刻其肌，以丹青涅之。

光旦：鮑不知"題"之爲額，非一般肌膚也。

鮑：鯷，大鮎，以其皮爲冠。

光旦：秫縫，注釋不清。

光旦：大吴，無説明。

中　山

中山

《戰國策》卷一〇《宋、衛、中山策》：

中山（題）。

吴：《索隱》，中山，故鮮虞國，姬姓也。

吴：《路史》，杜佑云，常山、靈壽，中山國[也]，有故城，城中有山，故號中山。

吴：《大事記》，威烈王十二年，中山武公初立。

吴：《左傳》（別有片）。

吴：中山名始見定公四年。……是時，勢已漸強，能爲晉之輕重矣。《史記·趙世家》是年書中山武公初立。意者其國益強，遂建國，備諸侯之制，與中夏伉歟？

《竹書紀年》卷一一：

[周貞定王十二年，晉]荀瑶伐中山，取窮魚之丘。

徐《箋》：《左傳》定四年……（別有片）

徐《箋》：《隋圖經》，中山城在今唐昌縣東北三十一里。

徐《箋》：《水經注》，淶水東逕廣昌縣故城南，又東北逕西射魚城東南而東北流，又逕東射魚城南。[此言]窮魚……窮、射字相類，疑即此城也。

《竹書紀年》卷一二：

［周顯王］二十一年，魏殷臣、趙公孫哀伐燕，還，取夏屋，城曲逆。

光旦：曲逆本中山地。東漢章帝改蒲陰。

《戰國策》卷一〇《宋、衞、中山策》：

魏文侯欲殘中山。常莊談謂趙桓子曰："魏并中山，必無趙矣。公何不請公子傾（魏君女）以爲正妻，因封之中山，是中山復立也"（魏必不殘其女之封）。

《戰國策》卷六《趙策》：

魏文侯借道於趙攻中山。趙［烈］侯將不許。趙利曰："……魏拔中山，必不能越趙而有中山矣，是用兵者魏也，而得地者趙也，君不如許之。"

光旦：在魏文侯十七年，趙烈侯元年。

《戰國策》卷七《魏策》：

樂羊爲魏將而攻中山，其子在中山，中山之君烹其子而遺之羹，樂羊坐於幕下而啜之，盡一杯。

光旦：事在魏文侯時，文侯元年爲周威烈王二年丁巳。

光旦：亦見卷一〇:《宋、衞、中山策》。

《戰國策》卷四《齊策》：

齊燕戰（鮑謂在［燕？］文公末年）。……薛公（田嬰）使魏處之趙，謂李向曰，［趙守中立，以待齊窮燕疲，則］趙可取［中山之］唐、曲逆。（所以有此者，蓋秦使魏冉之趙，説趙助燕。）

鮑：唐、曲逆二地並屬中山國。言二國戰，不暇北顧，趙可以取中山也。

吳：高誘注，唐今盧奴北盧縣，曲逆今蒲陰。

《戰國策》卷四《齊策》：

［蘇代説齊閔王，］"齊燕戰而趙氏兼中山"。

光旦：即上事。

中山——稱王

《戰國策》卷一〇《宋、衞、中山策》：

犀首立五王……

吳：《大事記》，周顯王四十六年，韓、燕、中山皆稱王，趙獨稱君，其後亦稱王。

《戰國策》卷一〇《宋、衛、中山策》：

　　（緊接上文）而中山後持（持疑也）。齊謂趙、魏曰："寡人羞與中山並爲王，願與大國伐之，以廢其王。"中山聞之大恐。[張登爲說齊田嬰與趙、魏，折其謀]……中山果絕齊而從趙、魏。

《戰國策》卷一〇《宋、衛、中山策》：

　　中山與燕、趙爲王，齊閉關不通中山之使，其言曰："我萬乘之國也，中山百乘之國也，何侔名於我？"欲割平邑（魏州昌樂縣東北）以賂燕、趙，出兵以攻中山。藍諸君（中山相，《燕策》作"望諸"，恐是一人）患之。[因與張登謀而折其計（已見上）]……燕、趙果俱輔中山而使其王。事遂定。

中山

《戰國策》卷三《秦策》：

　　[甘茂對秦武王語，]"臣聞……魏文侯令樂羊將攻中山，三年而拔之……"

　　　　鮑：《後志》云，一名中人亭。

　　　　光旦：此白狄鮮虞也，至此已成立中山國矣。

中山——與趙之胡服騎射

《戰國策》卷六《趙策》：

　　武靈王……閒居，肥義侍坐曰："王……計胡狄之利[乎？]"王曰："……今吾欲繼襄王（趙襄子）之業，啓胡翟之鄉。……吾將胡服騎射，以教百姓。……"肥義曰："……昔舜舞有苗，而禹袒入裸國，非以養欲而樂志也，欲以論德而要功也。……王其遂行之。"王曰："寡人非疑胡服也……世有順我者，則胡服之功，未可知也。雖敺世以笑我，胡地中山，我必有之。"王遂胡服。使王孫緤告[於其叔]公子成曰："……胡服之意……事有所出，功有所止。……叔請服焉。"[叔初不可，終被說服聽命。]

《戰國策》卷六《趙策》：

　　[武靈王說服其叔公子成，使同意其胡服騎射之策，所論又有：]"今吾國東有河薄洛之水（注說不清），與齊、中山同之，而無舟楫之用。自常山以至代、上黨，東有燕、東胡之境，西有樓煩、秦、韓之邊，而無騎射之備。故寡人且聚舟楫之用，求水居之民，以守河薄洛之水；變服騎射以備燕，參胡樓煩秦韓之邊。且昔者簡主不塞晉陽以及上黨，而襄主兼戎取代，以攘諸胡：此愚

智之所明也。

"先時中山負齊之強兵，侵掠吾地，係累吾民，引水圍鄗，非社稷之神靈，即鄗幾不守。先王忿之，其怨未能報也。今騎射之服，近可以備上黨之形，遠可以報中山之怨。……"

光旦：前一段文字完全陪襯，後一段之上黨亦爾。胡服騎射則勢在必行，中山則勢所必取，變服騎射，則取之易也。

中山

《戰國策》卷六《趙策》：

（吳氏補白：）一本標《春秋後語》云，武靈王十九年，春正月，大朝信武宮，乃召肥義與議天下事，五日而畢。遂北略中山，登黃華之上（注，黃華，山名）……今按《史》……十九年大朝信宮，召肥義議事，略中山，至房子，之代地，至無窮，西至河，登黃華之上。〔所記有出入。〕

光旦：黃華之山，二說不同，一在趙東北，一在趙西北。

中山——風俗與所以亡

《戰國策》卷一〇《宋、衛、中山策》：

〔趙〕主父（武靈王）欲伐中山，使李疵觀之。李疵曰："可伐也。君弗攻，恐後天下。"主父曰："何以？"對曰："中山之君所傾蓋與車（同車也）者、而朝窮閭隘巷之士者七十家。"主父曰："是賢君也，安可伐？"李疵曰："不然。舉士則民務名、不存本（農業也），朝賢則耕者惰而戰士懦。若此不亡者，未之有也。"

吳：《韓非子》有，末云，舉兵而伐中山，〔中山〕遂滅也。

吳：〔李疵〕所稱中山之事者，殆未必然，《大事記》據《呂氏春秋》，晉太史屠黍謂周威公曰，天生民而令有別。有別，人之義也，所以異于禽獸麋鹿也，君臣上下之所以立也。中山之俗，以晝為夜，以夜繼日，男女切倚，固無休息，其主弗之惡，此亡國之風也。居二年，中山果亡。其亡之故可考矣。……

光旦：吳氏校注不同意李疵所云中山之事，故引上《呂氏春秋》云云以駁之；亦不同意李之主張，認為中山不事耕戰，即可伐而有之，認為如中山果"賢俊盛多，尊禮無失"，則亦不至於亡。此自是歷代迂儒通論。夫以用夏變夷不久之狄人，既放鬆其原有的戰鬥性，又不積極改事農業，徒慕諸夏統治階層之虛文，而思與諸夏抗衡——又何嘗不是自取滅亡之道？李疵所見不妄。

中山

《戰國策》卷一〇《宋、衛、中山策》：

　　中山君饗都士大夫，司馬子期（與楚昭王兄公子結亦稱司馬子期者不是一人）在焉。羊羹不遍，司馬子期怒而走於楚，說楚王伐中山，中山君亡（去國也）。

　　　　光旦：據吳校注，中山君爲中山武公，本策之年代則不可考。唯楚伐中山，南北懸隔，殊屬不可能。

《戰國策》卷六《趙策》：

　　司馬淺爲富丁謂主父（武靈王）曰……"我約三國（韓、魏、齊）而告之，以未講中山也（鮑：此言［趙宜自備中山，］可以少出兵也。二十七年，趙破中山，［而］未滅［之］也）。三國欲伐秦之果（堅決）也，必聽我，欲和我，中山聽之（我），是我以三國饒中山而取地也。中山不聽，三國必絕之，是中山孤也。三國不能和我，雖少出兵可也。我分兵（即少出兵）而孤中山，［中山］必之（歸也）我。已亡中山，而以餘兵與三國攻秦，是我一舉而兩取地於秦、中山也。"

　　　　光旦：此段誤脫字多，極費解，但大意如此。

　　　　光旦：鮑注於《秦策》下自謂武靈於其二十七年亡中山，與此所注矛盾。

《戰國策》卷六《趙策》：

　　三國（魏、齊、韓）攻秦（趙惠文王元年），趙攻中山，取扶柳；五年以擅呼沱。

　　　　鮑：扶柳，屬信都。

　　　　吳：《漢志》，其地有扶澤，澤中多柳，故名。

　　　　光旦：是鮑在《秦策》下所云中山亡於武靈王二十七年之說更不可信矣，惠文王爲武靈王子。

《戰國策》卷六《趙策·齊將攻宋……》章：

　　……中山之地薄……

　　　　光旦：下章《齊攻宋》亦云"中山之地薄"，不足以封，封奉陽君也。吳云，"時中山已滅，此言其故地爾。"吳云，奉陽君應是李兌。

《戰國策》卷六《趙策》：

[蘇代爲齊説趙奉陽君不與秦講和，則]"秦案爲義，存亡繼絶，固危扶弱，定無罪之君，必起中山與勝焉。秦起中山與勝，而趙、宋同命"（同聽命於秦）。

   鮑：勝，中山之後。

   吳：勝，中山之後，無據。

   光旦：時中山已亡，秦或恢復之也。

《戰國策》卷四《齊策》：

[蘇代説齊湣王論攻戰之禍，雖勝猶或亡國，]"昔者中山悉起而迎燕、趙，南戰於長子，敗趙氏；北戰於中山，克燕軍，殺其將。夫中山千乘之國也，而攻萬乘之國二，再戰，比（相次也）勝，此用兵之上節（等）也，然而國遂亡，君臣於齊者，何也？不嗇於戰攻之患也。"

《戰國策》卷六《趙策》：

[蘇厲爲齊上書趙惠文王，]"昔者，楚人久伐而中山亡。"

   鮑：此言楚受秦伐，趙無秦患，故破中山滅之。故秦昭王八年再敗楚，遂言趙破中山。

   吳：中山恃魏，楚、魏久連兵，中山失助而亡，見《大事記》。[鮑云殊失考]。《年表》，武靈王二十五年攻中山，而秦、韓、魏、齊擊楚，敗唐昧，亦此時也。

《戰國策》卷七《魏策》安釐王策：

須賈爲魏謂穰侯曰："臣聞魏氏大臣父兄皆謂魏王曰：……宋、中山數伐數割而随以亡。……宋、中山可無爲也"（不足爲訓也）。

《戰國策》卷七《魏策》：

[或]……謂魏王曰："昔……中山恃齊、魏以輕趙，齊、魏伐楚，而趙亡中山。"

   光旦：参《周策·宫他謂周君》。

《戰國策》卷九《燕策》：

[蘇代説燕於趙以伐齊，論逃之不辱，]"望諸相中山也，使趙，趙劫之求地，望諸攻闗而出……"

   光旦：望諸，中山相名，與樂毅封號同；時自在中山滅亡之前。

《戰國策》卷六《趙策》：

[馬服君(趙奢)答田單論用兵衆寡,]"趙以二十萬之衆攻中山,五年乃歸。"

光旦:合上文"五年以擅呼沱"之語。

《戰國策》卷三《秦策》:

[范雎說昭襄王,言近攻之利,]"昔者中山之地方五百里,趙獨擅之,功成、名立、利附。"

鮑:趙武靈王二十七年亡中山。

《戰國策》卷九《燕策》:

或獻書燕王[噲]:"秦之伐韓,故中山亡。"

鮑:秦不暇救,故趙亡之。

吴:秦非助中山者。……按:

《趙策》,蘇厲曰,"楚人久伐,而中山亡"[於趙]。

《魏策》,"中山恃齊、魏以輕趙,齊、魏伐楚,而趙亡中山。"

《大事記》,楚與魏連兵,中山失助而亡。

《史[記]》,主父與齊、燕共滅中山。——則齊非中山與國也。愚謂中山近魏,二國相善,信矣。趙與齊、燕滅中山,乃《年表》惠文四年所書,已與《世家》差一年。且趙之有事中山久矣,自武靈十九年胡服以來,攻城略地,無歲無之,何至此而始合齊、燕滅之邪?而秦、韓、齊、魏伐楚,敗唐昧重丘,當武靈二十五年,是年,《趙年表》書攻中山,《通鑑綱目》書中山君奔齊,《齊策》稱中山君臣於齊。蓋四國伐楚,而趙不與,趙得以攻中山而亡之,其君遂出奔也。《史》所載與《策》合者莫明於此。中山君且奔齊,則與齊共滅之言未可據。秦、韓、齊、魏共伐楚,則所謂楚、魏連兵非此年。《齊策》曰,"齊燕戰而趙氏兼中山",則《史記》之言有誤,《大事記》或未察也。今《燕策》又謂秦伐韓故中山亡,則韓亦助中山者。是年,秦伐韓取穰,豈其事歟?愚嘗因此《策》與《齊策》陳軫合三晉事同而辨[之],中山非至惠文三年始亡,特遷其王爾。以此數《策》觀之,尤信。

周 頭

《汲冢周書》卷七《王會》第五十九:

成周之會……周頭[以]煇豰,煇豰,去羊也。……西嚮。

孔晁：周頭，亦海東名。

光旦：孔注不知而強作，曰海東名，地名乎？人名乎？今姑作人。

侏 儒

《國語》卷一〇《晉語》：

[胥臣答晉文公語，]"僬僥不可使舉，侏儒不可使援。"……"侏儒扶盧"（盧，矛戟之柲，扶之或緣之以爲戲）。

光旦：是則二者尚有區別，但不大。下文不再並言僬僥，可證，僬僥亦有扶盧之用耳。

《國語》卷一六《鄭語》：

[史伯對鄭桓公論周幽王之無道，周不可救，]"侏儒戚施，寔御在側，近頑童也。"

《春秋左傳》襄公四年《傳》：

冬十月……臧紇救鄫，侵邾，敗于狐駘（姚：今滕縣東南山）。[魯人戰死者衆]……誦之曰："臧之狐裘，敗我於狐駘。我君小子，朱儒是使。朱儒朱儒，使我敗於邾。"

杜：臧紇短小，故曰朱儒。　　姚：朱或作侏。

光旦：當時齊魯之地必多此種人，故民間家喻戶曉，而入之歌誦也。

光旦：侏儒當日多爲齊宮廷歌舞成員，別見。

《戰國策》卷四《齊策》：

[蘇代語齊湣王論不用師旅之攻戰之道，]"和樂、倡優、侏儒之笑不乏，[而]諸侯可同日而致也。"

自 深

《汲冢周書》卷七《王會》第五十九：

成周之會……自深[以]桂。……西嚮。

孔晁：自深，亦南蠻也。

光旦：桂，肉桂之屬乎？

《資治通鑑》（漢武帝征和二年以前）之部

《資治通鑑》　　〔宋〕司馬光編著
　　　　　　　　〔元〕胡三省注
〔清〕吳熙載《資治通鑑地理今釋》

總　錄

總錄——秦出自戎翟

《資治通鑑》卷二　周顯王七年（前362）：

　　是時河、山以東[諸國]皆以夷翟遇秦，擯斥之，不得與中國之會盟。於是孝公發憤……（其年孝公初立。）

《資治通鑑》卷二　周顯王八年（前361）：

　　[秦]孝公令國中曰："昔我穆公，自岐、雍之間修德行武，東平晉亂，以河爲界，西霸戎翟，廣地千里，天子致伯……"

總錄——夷夏形勢

《資治通鑑》卷二　周顯王七年（前362）：

　　秦……孝公立。……是時河、山以東強國六，淮、泗之間小國十餘，楚、魏與秦接界。魏築長城，自鄭濱洛以北有上郡；楚自漢中，南有巴、黔中。皆以夷翟遇秦，擯斥之，不得與中國之會盟。於是[秦]孝公發憤……欲以彊秦。

　　光旦：東：淮泗之間，小國十餘，《今釋》曰，"宋、魯、鄒、滕、薛、郳、莒、徐、舒、胡、鍾離、任、宿、須句、顓臾等"；自魯、宋至鍾離，或直接爲東夷、淮夷、徐戎之國，或其人民中有東夷、淮夷、徐戎之不同成分；任、宿以次則自西移東之巴人之後也。

　　北：魏長城、洛水（非伊洛之洛，乃古漆沮之水）以北、上郡（隋唐以來之延安、綏德），則狄之屬之所聚居。

　　西：漢中、巴，皆巴之屬，更西則有蜀。

　　南：黔中，黔，渠今切，今侗族自稱猶是此音，百越之一部分也。惟黔字自古一貫以爲地名，不作族稱；只"黔首"一詞中尚存原義。

　　秦在西北，其初出自戎翟無疑，其受擯斥，亦自可以理解。

《資治通鑑》卷六　秦始皇帝三年（前244）：

　　先是時，天下冠帶之國七，而三國邊於戎狄。秦自隴以西有緜諸、緄戎、翟、豲之戎；岐、梁、涇、漆之北有義渠、大荔、烏氏、朐衍之戎；而趙北有林胡、樓煩之戎；燕北有東胡、山戎；各分散居谿谷，自有君長，往往而聚者百有餘戎，然莫能相一。……戰國之末而匈奴始大。

  光旦：未及南方。

總錄——趙武靈王胡服騎射

《資治通鑑》卷三 周赧王八年（前307）：

  趙武靈王［既］北略中山之地……［代］北至無窮，西至河……與肥義謀胡服騎射以教百姓，曰："……雖驅世以笑我，胡地、中山，吾必有之！"遂胡服。國人皆不欲，公子成稱疾不朝。……曰："臣聞中國者，聖賢之所教也，禮樂之所用也，遠方之所觀赴也，蠻夷之所則效也。今王舍此而襲遠方之服，變古之道，逆人之心，臣願王熟圖之也！"……王……曰："吾國東有齊、中山，北有燕、東胡，西有樓煩、秦、韓之邊。今無騎射之備，則何以守之哉？先時中山負齊之強兵，侵暴吾地，係累吾民，引水圍鄗；微社稷之神靈，則鄗幾於不守也。先君醜之，故寡人變服騎射，欲以備四境之難，報中山之怨。……"公子成聽命，乃賜胡服；明日服而朝。於是始出胡服令，而招騎射焉。

總錄——胡兵

《資治通鑑》卷三 周赧王九年（前306）：

  趙［武靈］王……西略胡地，至榆中。……歸，使……代相趙固主胡，致其兵。

《資治通鑑》卷四 周赧王十九年（前296）：

  趙主父行新地，遂出代西，遇樓煩王于西河而致其兵。

總錄——夷材夏用

《資治通鑑》卷六 秦始皇帝十年（前237）：

  冬，十月，［李斯論逐客上書秦王曰，］"昔穆公求士，西取由余於戎……并國二十，遂霸西戎。"

總錄——徙避、謫置

《資治通鑑》卷三 周赧王四年（前311）：

  ［楚懷王幸姬鄭袖泣訴楚王不殺張儀曰，］"妾請子母俱遷江南，毋爲秦所

魚肉也！"

   光旦：是亦"南走越"之意。

《資治通鑑》卷六　秦始皇帝九年（前238）：

  ［嫪毐與太后亂之事發，］秋，九月……舍人罪輕者徙蜀，凡四千餘家。

《資治通鑑》卷六　秦始皇帝十一年（前236）：

  ［秦王］賜文信侯（吕不韋）書曰："……其與家屬徙處蜀！"

《資治通鑑》卷六　秦始皇帝十九年（前228）：

  ［秦］將軍樊於期得罪，亡之燕；［燕太子丹之傅鞠武深懼秦之積怒益深，曰，］"願太子疾遣樊將軍入匈奴！"太子［不可］。

《資治通鑑》卷七　秦始皇帝三十四年（前213）：

  謫治獄吏不直及覆獄故、失者，築長城及處南越地。

《資治通鑑》卷九　漢元年（前206）：

  二月［項］羽分天下王諸將。［陰謀以惡地王沛公，曰，］"巴、蜀道險，秦之遷人皆居之。"

《資治通鑑》卷一一　漢高祖五年（前202）：

  ［高祖欲殺季布，朱家言於滕公，爲布説項曰，］"以季布之賢，漢求之急，此不北走胡，［即］南走越耳。……"

   光旦：於此亦見南走越、北走胡，在當時亦頗平常。

總錄——通於夷

《資治通鑑》卷六　秦始皇帝十九年（前228）：

  燕太子丹怨［秦］王，欲報之，以問其傅鞠武。鞠武請西約三晉，南連齊、楚，北媾匈奴。

   光旦：議而未行。

《資治通鑑》卷一一　漢高祖七年（前200）：

  冬……上自將擊韓王信……信亡走匈奴；白土人曼丘臣、王黄等立趙苗裔趙利爲王，復……與信及匈奴謀攻漢。

《資治通鑑》卷一二　漢高祖十二年（前195）：

  陳豨之反也，燕王［盧］綰發兵擊其東北。當是時，陳豨使王黄求救匈奴；燕王綰亦使其臣張勝於匈奴，言豨等軍破。張勝至胡，故燕王臧荼子衍出亡在胡，見張勝曰："公所以重於燕者，以習胡事也；燕所以久存者，以諸侯數反，兵連不決也。今公爲燕，欲急滅豨等；豨等已盡，次亦至燕，公等亦且爲虜矣。公何不令燕且緩陳豨，而與胡和！事寬，得長王燕；即有漢急，可以安國。"張勝以爲然，乃私令匈奴助豨等擊燕。燕王綰疑張勝與胡反，上書請族張勝。勝還，具道所以爲者；燕王乃詐論他人，脫勝家屬，使得爲匈奴間。而陰使范齊之陳豨所，欲令……連兵勿決。……漢［卒］擊斬豨。［後漢］又得匈奴降者，言張勝亡在匈奴爲燕使。於是……擊綰，［滅之。］……

　　盧綰與數千人［亡］居塞下……聞帝崩，遂亡入匈奴。

《資治通鑑》卷一四　漢文帝前六年（前174）：

　　淮南厲王長［初反］，令人使閩越、匈奴。（互見）

《資治通鑑》卷一六　漢景帝前三年（前154）：

　　［吳、楚等七國反，］趙王遂發兵住［齊］西界，欲待吳、楚俱進，北使匈奴與連兵。吳王……［亦］南使閩、東越，閩、東越亦發兵從。……［及敗，］吳王度淮，走丹徒，保東越，兵可萬餘人，收聚亡卒。漢使人以利啗東越，東越即紿吳王出勞軍，使人鏦殺吳王，盛其頭，馳傳以聞。吳太子駒亡走閩越。……匈奴聞吳、楚敗，亦不肯入邊。

總錄——移民（秦）

《資治通鑑》卷七　秦始皇帝二十六年（前221）：

　　徙天下豪傑於咸陽十二萬戶。

《資治通鑑》卷七　秦始皇帝三十三年（前214）：

　　發諸嘗逋亡人、贅壻、賈人爲兵，略取南越陸梁地，置桂林、南海、象郡；以謫徙民五十萬人戍五嶺，與越雜處。

《資治通鑑》卷七　秦始皇帝三十五年（前212）：

　　徙三萬家驪邑，五萬家雲陽，皆復不事十歲。

《資治通鑑》卷七　秦始皇帝三十六年（前211）：

　　遷河北榆中三萬家；賜爵一級。

總錄——移民（漢）

《資治通鑑》卷一二　漢高祖九年（前198）：

　　劉敬從匈奴［結和親歸］來，［言匈奴之在河南者，白羊與樓煩二國，逼近秦中，］"秦中新破，少民，地肥饒，可益實。夫諸侯初起時，非齊諸田、楚昭、屈、景莫能興。今陛下雖都關中，實少民，東有六國之彊族；一日有變，陛下亦未得高枕而臥也。臣願陛下徙六國後及豪桀、名家居關中；無事可以備胡，諸侯有變，亦足率以東伐。此彊本弱末之術也。"上曰："善！"十一月，徙齊、楚大族昭氏、屈氏、景氏、懷氏、田氏五族及豪桀於關中，與利田、宅，凡十餘萬口。

《資治通鑑》卷一八　漢武帝元朔二年（前127）：

主父偃説上曰："茂陵初立，天下豪傑，并兼之家，亂衆之民，皆可徙茂陵；內實京師，外銷姦猾，此所謂不誅而害除。"上從之，徙郡國豪傑及訾三百萬以上于茂陵。

《資治通鑑》卷二二　漢武帝太始元年（前96）：

春……徙郡國豪桀于茂陵。

總錄——"謫戍"（秦、漢）

《資治通鑑》卷一五　漢文帝前十一年（前169）：

鼂錯……上言［論移民實邊之要，因追論秦代謫戍之非計曰］，夫胡、貉之人，其性耐寒；揚、粵之人，其性耐暑。秦之戍卒不耐其水土，戍者死於邊，輸者僨於道。秦民見行，如往棄市，因以謫發之，名曰："謫戍"；先發吏有謫及贅婿、賈人，後以嘗有市籍者，又後以大父母、父母嘗有市籍者，後入閭取其左。發之不順，行者憤怨，有萬死之害而亡銖兩之報，死事之後，不得一算之復……［卒召陳勝……之起義］。

《資治通鑑》卷二一　漢武帝天漢元年（前100）：

發謫戍屯五原。

總錄——秦亡漢興與民族協力

光旦：秦之亡與漢之興起，從而使中國進一步臻於統一，亦得力於非漢民族之協作：

1. 番君吳芮以百越兵（見"番""百越"片）。
2. 閩粵無諸以閩中兵（見"越（閩越）"片）。
3. 北貉以橐騎助漢（見"貉"片）。
4. 巴人板楯七姓佐定三秦。

總錄——和親

《資治通鑑》卷一二　漢高祖八、九年（前199、198）：

　　［與匈奴冒頓］（見"匈奴——與漢"片）。

《資治通鑑》卷一二　漢惠帝三年（前192）：

　　［與匈奴冒頓］（見"匈奴——與漢"片）。

《資治通鑑》卷一四　漢文帝前六年（前174）：

　　［與老上單于（冒頓子）］（見"匈奴——與漢"片）。

《資治通鑑》卷一五　漢文帝前十一年（前169）：

　　［鼂錯上三書論對匈奴防務，其第三書末尾有曰，］"陛下絶匈奴不與和親，臣竊意其冬來南也；壹大治，則終身創矣。欲立威者，始於折膠（二字義未詳）；來而不能困，使得氣去，後未易服也。"

　　　　光旦："和親"至此，似即已有二義，一爲狹義之通婚，二爲廣義之和好。此處所云，當是廣義，不通婚，即須打仗，非情理也。

　　　　光旦：錯於此書重申移民實邊之治本論，此所言似與上文精神不合，當是治標之附論，不"壹大治"，即不先重創之，則治本論亦不易行也。

《資治通鑑》卷一六　漢景帝前五年（前153）：

　　［與匈奴軍臣單于（文未言何單于，應是老上子軍臣）］（見"匈奴——與漢"片）。

《資治通鑑》卷二一　漢武帝元封六年（前105）：

　　［與烏孫昆莫］（見"烏孫"片）。

總錄——胡越並提

《資治通鑑》卷一四　漢文帝前六年（前174）：

　　梁太傅賈誼上……治安之策，［有曰，］"夫胡、粤之人，生而同聲，嗜欲不異；及其長而成俗，累數譯而不能相通，有雖死而不相爲者，則教習然也。"

《資治通鑑》卷二一　漢武帝元封五年（前106）：

　　上既攘卻胡、越，開地斥境，乃置交阯、朔方之州，及冀、幽、并、兖、徐、青、揚、荆、豫、益、涼等州，凡十三部，皆置刺史焉。

總錄——以夷制夷論

《資治通鑑》卷一五　漢文帝前十一年（前169）：

時匈奴數爲邊患，太子家令潁川鼂錯上言兵事曰："……以蠻夷攻蠻夷，中國之形也。……今降胡、義渠、蠻夷之屬來歸誼者，其衆數千，飲食、長技與匈奴同。可賜之堅甲、絮衣、勁弓、利矢，益以邊郡之良騎，令明將能知其習俗、和輯其心者，以陛下之明約將之。即有險阻，以此當之；平地通道，則以輕車、材官制之；兩軍相爲表裏，各用其長技，衡加之以衆，此萬全之術也。"

　　　　光旦：此以夷制夷之論與一般尚微有不同，此就字面言之，頗若出乎事實利害之考慮，而不出於消滅異族之陰謀。"錯爲人陗直刻深"，然其議論與後世之大漢族主義尚若有所不同，其故當在當時漢族初成，未臻強大，此種意識尚未及形成也。

總録——反拓土論

《資治通鑑》卷一五　漢文帝前十一年（前169）：

　　［匈奴數爲邊患，太子家令潁川鼂］錯又上言（同年第二次，均論防邊者）曰："臣聞秦起兵而攻胡、粵者，非以衛邊地而救民死也，貪戾而欲廣大也，故功未立而天下亂。"

總録——移民實邊

《資治通鑑》卷一五　漢文帝前十一年（前169）：

　　匈奴數爲邊患，太子家令潁川鼂錯［又上書（同年第二書，均論防胡），一論衛邊不同於拓土開疆；二論秦謫戍之非計；三論漢興以來戍卒踐更之勞費而無功，然後曰］，"不如選常居者家室田作，且以備之，以便爲之高城深塹；要害之處，通川之道，調立城邑，毋下千家。先爲室屋，具田器，乃募民，免罪，拜爵，復其家，予冬夏衣、稟食，能自給而止。塞下之民，禄利不厚，不可使久居危難之地。胡人入驅而能止其所驅者，以其半予之，縣官爲贖。其民如是，則邑里相救助，赴胡不避死。非以德上也，欲全親戚而利其財也；此與東方之戍卒不習地勢而心畏胡者功相萬也。以陛下之時，徙民實邊，使遠方無屯戍之事；塞下之民，父子相保，無係虜之患；利施後世，名稱聖明，其與秦之行怨民，相去遠矣"。

　　上從其言，募民徙塞下。

　　錯復言（同年論防邊第三書，論移民實邊第二書），［備論相水土，築城邑，構屋廬，置器物，設醫巫，種樹畜，制婚姻、生育、喪葬之具，定邑里之各級組織，]"故卒伍成於内，則軍政定於外。服習以成，勿令遷徙……"

《資治通鑑》卷一八　漢武帝元朔二年（前 127）：

　　……取河南地（本匈奴白羊、樓煩王所居）……立朔方郡……夏，募民徙朔方十萬口。

《資治通鑑》卷二〇　漢武帝元鼎二年（前 115）：

　　烏孫王既不肯東還，漢乃於渾邪王故地置酒泉郡，稍發徙民以充實之。

《資治通鑑》卷二〇　漢武帝元鼎六年（前 111）：

　　分武威、酒泉地置張掖、敦煌郡，徙民以實之。

總錄——非漢族之内徙

《資治通鑑》卷一七　漢武帝建元三年（前 138）：

　　[東甌畏閩粵之逼，]東甌請舉國内徙，乃悉舉其衆來，處於江、淮之間。

　　光旦：別詳"甌（東甌）片"。

　　光旦：閩越爲百越之一派，東甌實非甌，而是瑤畲之先，故有矛盾。

　　光旦：東甌果爲瑤畲之先，則本周初来自江淮，所謂"江淮三十六國"擁戴徐偃王者也。故名爲内徙，實返舊居，其所以徙江淮而非它處之原因：

　　1. 其人口中必尚有知其祖先本來自江淮者。

　　2. 吳敗，地方空虛，因而實之。

　　光旦："舉國"二字，非事實，《史》《漢》似均尚有下文，留未徙者尚不少。今日温、處、閩在北隅之畲或可溯源到此留未徙之輩。

總錄——態度（歧視到敵視）

《資治通鑑》卷一七　漢武帝建元三年（前 138）：

　　上……好自擊熊、豕，馳逐野獸。司馬相如上疏諫曰："……卒然遇逸材之獸，駭不存之地，犯屬車之清塵……是胡、越起於轂下而羌、夷接軫也，豈不殆哉！"

總錄——反窮兵論

《資治通鑑》卷一八　漢武帝元朔元年（前 128）：

　　主父偃……諫伐匈奴（辭不錄）。

《資治通鑑》卷一八 漢武帝元朔元年（前128）：

嚴安上書曰："……昔秦王意廣心逸，欲威海外，使蒙恬將兵以北攻胡，又使尉屠睢將樓船之士以［南］攻越。……［卒致］天下大畔，滅世絶祀，窮兵之禍也。……今徇南夷，朝夜郎（南），降羌、僰（西），略薉州，建城邑（東），深入匈奴，燔其龍城（北），議者美之；此人臣之利，非天下之長策也。"

《資治通鑑》卷一八 漢武帝元朔三年（前126）：

以公孫弘爲御史大夫。是時，方通西南夷，東置蒼海，北築朔方之郡。公孫弘數諫，以爲罷敝中國以奉無用之地，願罷之。天子使朱買臣等難以置朔方之便，發十策，弘不得一。弘乃謝曰："山東鄙人，不知其便若是，願罷西南夷、蒼海而專奉朔方。"上乃許之。春，罷蒼海郡。

光旦：同年秋，卒從公孫弘全部建議，而略有折扣，見下文，亦見"西夷"片。

總錄——漢以他族爲奴僕

《資治通鑑》卷一九 漢武帝元狩二年（前121）：

江都王建……與其后成光共使越婢下神，祝詛上。

《資治通鑑》卷二〇 漢武帝元鼎五年（前112）：

［南越相呂嘉之反，其罪狀越王太后，有曰，］"多從人行，至長安，虜賣以爲僮僕；取自脫一時之利……"

光旦：參"蒼梧"片下論"臧獲"之稱之由來。

總錄——漢與西南夷

《資治通鑑》卷一八 漢武帝元光五年（前130）：

初，王恢之討東越也（建元六年，前135），使番陽令唐蒙風曉南越。南越食蒙以蜀枸醬，蒙問所從來。曰："道西北牂柯江。牂柯江廣數里，出番禺城下。"蒙歸至長安，問蜀賈人。賈人曰："獨蜀出枸醬，多持竊出市夜郎。夜郎者，臨牂柯江，江廣百餘步，足以行船。南越以財物役屬夜郎，西至桐師，然亦不能臣使也。"

蒙乃上書説上曰："南越王黃屋左纛，地東西萬餘里，名爲外臣，實一州主也。今以長沙、豫章往，水道多絶，難行。竊聞夜郎所有精兵可得十餘萬，浮船牂柯江，出其不意，此制越一奇也。誠以漢之彊，巴、蜀之饒，通夜郎道爲置吏，甚易。"

上許之。乃拜蒙爲中郎將，將千人，食重萬餘人，從巴、蜀筰關入，遂見夜郎侯多同。蒙厚賜，喻以威德，約爲置吏，使其子爲令。夜郎旁小邑皆貪漢繒帛，以爲漢道險，終不能有也，乃且聽蒙約。

還報，上以爲犍爲郡，發巴、蜀卒治道，自僰道指牂柯江，作者數萬人，士卒多物故；有逃亡者，用軍興法誅其渠率，巴、蜀民大驚恐。上聞之，使司馬相如責唐蒙等，因諭告巴、蜀民以非上意；相如還報。

是時，邛、筰之君長聞南夷與漢通，得賞賜多，多欲願爲內臣妾，請吏比南夷。天子問相如，相如曰："邛、筰、冉駹者近蜀，道亦易通；秦時嘗通，爲郡縣，至漢興而罷。今誠復通，爲置郡縣，愈於南夷。"天子以爲然，乃拜相如爲中郎將，建節往使，及副使王然于等乘傳，因巴、蜀吏幣物以賂西夷；邛、筰、冉駹、斯榆之君皆請爲內臣。除邊關；關益斥，西至沫、若水，南至牂柯爲徼，通零關道，橋孫水以通邛都，爲置一都尉、十餘縣，屬蜀。天子大説。

《資治通鑑》卷一八 漢武帝元光五年（前 130）：

是時，巴、蜀四郡鑿山通西南夷，道千餘里戍轉相餉。數歲，道不通，士罷餓、離暑濕死者甚衆；西南夷又數反，發兵興擊，費以鉅萬計而無功。上患之，詔使公孫弘視焉。還奏事，盛毀西南夷無所用，上不聽。

光旦：此處承上文，又西南夷合稱，與《史記》同。

光旦：曰"數歲"，是通西南夷及治道之事所跨遠不止一年，即不必屬於元光五年一年中之事，姑叙於此年下耳。

光旦：四郡，巴、蜀、犍爲、廣漢，犍爲即開南夷新立者。

《資治通鑑》卷一九 漢武帝元狩元年（前 122）：

[張騫建自西南通身毒之議，]乃令騫因蜀、犍爲發間使王然于等四道並出，出駹，出冉，出徙，出邛、僰，指求身毒國，各行一二千里，其北方閉氐、筰，南方閉嶲、昆明。昆明之屬無君長，善寇盜，輒殺略漢使，終莫得通。

於是漢以求身毒道，始通滇國。滇王嘗羌謂漢使者曰："漢孰與我大？"及夜郎侯亦然。以道不通，故各自以爲一州主，不知漢廣大。使者還，因盛言滇大國，足事親附；天子注意焉，乃復事西南夷。

《資治通鑑》卷二〇 漢武帝元鼎六年（前 111）：

馳義侯（名遺，本越人）發南夷兵（上文作夜郎兵），欲以擊南越。且蘭君恐遠行旁國虜其老弱，乃與其衆反，殺使者及犍爲太守。漢乃發巴、蜀罪人當擊南越者八校尉，遣中郎將郭昌、衛廣將而擊之，誅且蘭及邛君、莋侯。

遂平南夷爲牂柯郡。

夜郎侯始倚南越，南越已滅，夜郎遂入朝，上以爲夜郎王。

冉駹皆振恐，請臣置吏，乃以邛都爲越嶲郡，莋都爲沈黎郡，冉駹爲汶山郡，廣漢西白馬爲武都郡。

總錄——漢與西域

《資治通鑑》卷一九　漢武帝元狩元年（前122）：

初，張騫自月氏還，具爲天子言西域諸國風俗："大宛在漢正西，可萬里。其俗土著，耕田；多善馬，馬汗血，有城郭、室屋，如中國。

"其東北則烏孫。

"東則于寘。于寘之西，則水皆西流注西海，其東，水東流注鹽澤。鹽澤潛行地下，其南則河源出焉。鹽澤去長安可五千里。匈奴右方居鹽澤以東，至隴西長城，南接羌，鬲漢道焉。

"烏孫、康居、奄蔡、大月氏，皆行國，隨畜牧，與匈奴同俗。

"大夏在大宛西南，與大宛同俗。臣在大夏時，見邛竹杖、蜀布，問曰：'安得此？'大夏國人曰：'吾賈人往市之身毒。'

"身毒在大夏東南可數千里，其俗土著，與大夏同。以騫度之，大夏去漢萬二千里，居漢西南；今身毒國又居大夏東南數千里，有蜀物，此其去蜀不遠矣。今使大夏，從羌中，險，羌人惡之；少北，則爲匈奴所得；從蜀，宜徑，又無寇。"

天子既聞大宛及大夏、安息之屬，皆大國，多奇物，土著，頗與中國同業，而兵弱，貴漢財物。其北有大月氏、康居之屬，兵彊，可以賂遺設利朝也。誠得而以義屬之，則廣地萬里，重九譯，致殊俗，威德徧於四海，欣然以騫言爲然。乃令騫因蜀、犍爲發間使王然于等四道並出，出駹，出冉，出徙，出邛、僰，指求身毒國，各行一二千里，其北方閉氐、筰，南方閉嶲、昆明。

《資治通鑑》卷二〇　漢武帝元鼎六年（前111）：

博望侯既以通西域尊貴，其吏士爭上書言外國奇怪利害求使。天子爲其絶遠，非人所樂往，聽其言，予節，募吏民，毋問所從來，爲具備人衆遣之，以廣其道。來還，不能毋侵盜幣物及使失指，天子爲其習之，輒覆按致重罪，以激怒令贖，復求使，使端無窮，而輕犯法。其吏卒亦輒復盛推外國所有，言大者予節，言小者爲副，故妄言無行之徒皆爭效之。其使皆貧人子，私縣官齎物，欲賤市以私其利。外國亦厭漢使，人人有言輕重，度漢兵遠不能至，而禁其食物以苦漢使。漢使乏絕，積怨至相攻擊。而樓蘭、車師，小國當空道，攻漢使王恢等尤甚，而匈奴奇兵又時遮擊之。

使者爭言西域皆有城邑，兵弱易擊。於是天子遣浮沮將軍公孫賀將萬五千騎出九原二千餘里，至浮沮井而還；匈河將軍趙破奴將萬餘騎出令居數千里，至匈河水而還；以斥逐匈奴，不使遮漢使，皆不見匈奴一人。

乃分武威、酒泉地置張掖、敦煌郡，徙民以實之。

《資治通鑑》卷一九 漢武帝元狩四年（前119）：

［衛青、霍去病兩道大舉出攻匈奴］後，匈奴遠遁，而幕南無王庭。漢度河自朔方以西至令居，往往通渠，置田官，吏卒五六萬人，稍蠶食匈奴以北。

《資治通鑑》卷二〇 漢武帝元鼎二年（前115）：

［匈奴］渾邪王既降漢，漢兵擊逐匈奴於幕北，自鹽澤以東空無匈奴，西域道可通。

於是張騫建言："烏孫王昆莫本爲匈奴臣，後兵稍彊，不肯復朝事匈奴，匈奴攻不勝而遠之。今單于新困於漢，而故渾邪地空無人，蠻夷俗戀故地，又貪漢財物，今誠以此時厚幣賂烏孫，招以益東，居故渾邪之地，與漢結昆弟，其勢宜聽，聽則是斷匈奴右臂也。既連烏孫，自其西大夏之屬皆可招來而爲外臣。"

天子以爲然，拜騫爲中郎將，將三百人，馬各二匹，牛羊以萬數，齎金幣帛直數千巨萬；多持節副使，道可便，遣之他旁國。

騫既至烏孫，昆莫見騫，禮節甚倨。騫諭指曰："烏孫能東居故地，則漢遣公主爲夫人，結爲兄弟，共距匈奴，匈奴不足破也。"烏孫自以遠漢，未知其大小；素服屬匈奴日久，且又近之，其大臣皆畏匈奴，不欲移徙。騫留久之，不能得其要領。

因分遣副使使大宛、康居、大月氏、大夏、安息、身毒、于闐及諸旁國。烏孫發譯道送。

騫還，［烏孫］使數十人，馬數十匹，隨騫報謝，因令窺漢大小。是歲，騫還到，拜爲大行。

後歲餘，騫所遣使通大夏之屬者皆頗與其人俱來。於是西域始通於漢矣。

西域凡三十六國，南北有大山，中央有河，東西六千餘里，南北千餘里，東則接漢玉門、陽關，西則限以蔥嶺。河有兩原，一出蔥嶺，一出于闐，合流東注鹽澤。鹽澤去玉門、陽關三百餘里。自玉門、陽關出西域有兩道：從鄯善傍南山北，循河西行至莎車，爲南道；南道西踰葱嶺，則出大月氏、安息。自車師前王廷隨北山循河西行至疏勒，爲北道；北道西踰葱嶺，則出大宛、康居、奄蔡焉。

[三十六國]故皆役屬匈奴，匈奴西邊日逐王，置僮僕都尉，使領西域，常居焉耆、危須、尉黎間，賦稅諸國，取富給焉。

烏孫王既不肯東還，漢乃於渾邪王故地置酒泉郡，稍發徙民以充實之；後又分置武威郡，以絕匈奴與羌通之道。

天子得宛汗血馬，愛之，名曰"天馬"。使者相望於道以求之。

諸使外國，一輩大者數百，少者百餘人，人所齎操大放博望侯時，其後益習而衰少焉。漢率一歲中使多者十餘，少者五六輩；遠者八九歲，近者數歲而反。

《資治通鑑》卷二一　漢武帝元封三年（前108）：

上遣將軍趙破奴擊車師。破奴與輕騎七百餘先至，虜樓蘭王，遂破車師，因舉兵威以困烏孫、大宛之屬。春正月，甲申，封破奴爲浞野侯。王恢佐破奴擊樓蘭，封恢爲浩侯。於是酒泉列亭障至玉門矣。

《資治通鑑》卷二一　漢武帝元封五年（前106）：

詔……"令州、郡察吏、民有茂才異等可爲將、相及使絕國者。"

《資治通鑑》卷二一　漢武帝元封六年（前105）：

漢既通西南夷，開五郡，欲地接以前通大夏，歲遣使十餘輩出此初郡，皆閉昆明，爲所殺，奪幣物。於是天子赦京師亡命，令從軍，遣拔胡將軍郭昌將以擊之，斬首數十萬。後復遣使，竟不得通。

《資治通鑑》卷二一　漢武帝元封六年（前105）：

是時（與烏孫和親前後），漢使西踰葱嶺，抵安息。安息發使，以大鳥卵及黎軒善眩人獻于漢，及諸小國驩潛、大益、車師、扞罙、蘇薤之屬皆隨漢使獻見天子，天子大悦。西國使更來更去，天子每巡狩海上，悉從外國客，大都、多人則過之，散財帛以賞賜，厚具以饒給之，以覽示漢富厚焉。大角抵，出奇戲、諸怪物，多聚觀者。行賞賜，酒池肉林，令外國客徧觀名倉庫府藏之積，見漢之廣大，傾駭之。

大宛左右多蒲萄，可以爲酒；多苜蓿，天馬嗜之；漢使采其實以來，天子種之於離宮別觀旁，極望。

然西域以近匈奴，常畏匈奴使，待之過於漢使焉。

《資治通鑑》卷二一　漢武帝太初四年（前101）：

〔漢貳師破宛歸，〕所過小國聞宛破，皆使其子弟從入貢獻，見天子，因爲質焉。……

自大宛破後，西域震懼，漢使入西域者益得職。於是自敦煌西至鹽澤往往起亭，而輪臺、渠犂皆有田卒數百人，置使者、校尉領護，以給使外國者。

總錄——納質或入宿衛之例

《資治通鑑》卷二〇　漢武帝元鼎四年（前113）：

〔追叙〕南越文王遣其子嬰齊入宿衛，在長安。

《資治通鑑》卷二一　漢武帝太初四年（前101）：

〔貳師將軍既破大宛，還，〕所過小國……皆使其子弟入……見天子，因爲質焉。

光旦：後歲餘，大宛新王蟬封亦遣子入質，見同年下文。

總錄——"初郡"之矛盾

《資治通鑑》卷二一　漢武帝元封二年（前109）：

是時（方設益州郡於滇地），漢滅兩越，平西南夷，置初郡十七，且以其故俗治，毋賦稅。南陽、漢中以往，郡各以地比，給初郡吏卒奉食、幣物、傳車、馬被具。而初郡時時小反，殺吏，漢發南方吏卒往誅之，間歲萬餘人，費皆仰給大農。大農以均輸、調鹽鐵助賦，故能贍之。然兵所過，縣爲以訾給毋乏而已，不敢言擅賦法矣。

胡氏：帝初擊胡，大司農賦稅專以奉戰士，故有擅賦之法。

總錄——邊地屯田

《資治通鑑》卷二一　漢武帝太初四年（前101）：

〔漢既破大宛，〕自敦煌西至鹽澤往往起亭，而輪臺、渠犂皆有田卒數百人，置使者、校尉領護，以給使外國者。

總錄——漢之胡騎

《資治通鑑》卷二二　漢武帝征和二年（前91）：

〔戾太子之反，〕太子……矯制……使長安囚如侯持節發長水及宣曲胡騎，皆以裝。會侍郎馬通使長安，因追捕如侯，告胡人曰："節有詐，勿聽也！"遂斬如侯。

安 息

《資治通鑑》卷一九　漢武帝元狩元年（前 122）：

　　[張騫自月氏還，]天子[初]聞大宛及大夏、安息之屬……

　　　　光旦：此於《通鑑》爲初見。

《資治通鑑》卷二〇　漢武帝元鼎二年（前 115）：

　　[張騫在烏孫，留久之，因]遣副使使……安息[等國]。烏孫發譯道送。

　　　　光旦：至安息，此似首次。

《資治通鑑》卷二一　漢武帝元封六年（前 105）：

　　是時（與烏孫和親前後），漢使西踰葱嶺，抵安息（此是十年中第二次——光旦）。安息發使，以大鳥卵及黎軒善眩人獻于漢。

　　　　光旦：大鳥卵當是鴕鳥之卵。

巴

巴

《資治通鑑》卷二　周顯王七年（前 362）：

　　[時夷夏形勢，]楚自漢中，南有巴、黔中。

　　　　光旦：巴、黔，族名，亦地名，族名產生地名。

《資治通鑑》卷三　周慎靚王五年（前 316）：

　　巴、蜀相攻擊，俱告急於秦。秦惠王欲伐蜀……

《資治通鑑》卷三　周赧王四年（前 311）：

　　[張儀入楚，説懷王舍縱事秦曰，]"秦西有巴、蜀，治船積粟，浮岷江而下……不至十日而距扞關。"

　　　　光旦：扞關初爲巴、楚交界處，應在岷江之上，觀此可證，其言在長陽者，非另一扞關，即誤。

《資治通鑑》卷一八　漢武帝元光五年（前 130）：

　　[唐蒙初通夜郎，]從巴、蜀筰關入……還報，[因初設]犍爲郡，發巴、蜀

卒治道，自僰道指牂柯江，作者數萬人，士卒多物故；有逃亡者，用軍興法誅其渠率，巴、蜀民大驚恐。上聞之，使司馬相如責唐蒙等，因諭告巴、蜀民以非上意；相如還報。（互見"蜀"片）

  光旦：曰"巴、蜀民"，然又曰"誅其渠帥"，見巴、蜀人口雖已漸沾漢化，基本上猶是非漢民族也。

《資治通鑑》卷一八　漢武帝元光五年（前130）：

  [司馬相如之通西夷（邛、笮、冉駹、斯榆），]因巴、蜀吏幣物以賂[之]。

  光旦：曰"因巴、蜀吏"，亦足徵當時巴、蜀之漢化程度尚不深，故漢得因之，雖曰"吏"，猶曰"渠率"也。

[巴]

《資治通鑑》卷二一　漢武帝天漢二年（前99）：

  [李]陵……將丹陽、楚人五千人，教射酒泉、張掖以備胡。[貳師之擊匈奴也，帝欲陵以此軍將貳師輜重。]陵叩頭自請曰："臣所將屯邊者，皆荊楚勇士、奇材劍客也，力扼虎，射命中，願得自當一隊……"

  光旦：疑此中主要爲巴人。

[巴]——鄂姓

《資治通鑑》卷一一　漢高祖六年（前201）：

  春……謁者、關內侯鄂千秋[在帝前論爭蕭何功在曹參之上，應以何爲第一]……上曰："吾聞'進賢受上賞'。蕭何功雖高，得鄂君乃益明。"於是因鄂千秋故所食邑，封爲安平侯。

  光旦：鄂爲板楯七姓之一，千秋自是隨定三秦而有功者。惜史無專傳，亦不列其它資料。

[巴]——白虎

《資治通鑑》卷八　秦二世皇帝三年（前207）：

  八月，沛公將數萬人攻武關，屠之。……二世夢白虎齧其左驂馬，殺之，心不樂，怪問占夢。卜曰："涇水爲祟。"二世乃齋於望夷宮，欲祠涇水，沈四白馬。

  光旦：白虎爲巴人"圖騰"，疑涇水流域亦巴人最早聚居之一地，在當時是以"戎"之一種出現者。

光旦：漢高斬蛇起義，以"白帝子"斬"赤帝子"，與此條應聯繫觀之。巴人中未聞有劉姓，然漢高不能言其先世，而魯南有任、宿、須句、顓臾等巴人所立之國，逼近蘇北，其先世或竟與巴人有連，亦未可知。史雖失考，而民間或尚有隱約知之者，故曰"白帝子"也。懸想所及，姑記於此。

　　《今釋》：望夷宮，西安府涇陽縣。

《資治通鑑》卷一三　漢文帝前元年（前179）：

　　……復使陸賈使南越，賜佗書［有］曰，"前日聞王發兵於［長沙國］邊，爲寇災不止。當其時，長沙苦之，南郡尤甚；雖王之國，庸獨利乎！必多殺士卒……寡人之妻，孤人之子，獨人父母……朕不忍爲也。……"

　　光旦：是南郡所尤苦，士卒傷亡多耳。南越攻長沙，與南郡風馬牛不相及，何以苦及南郡？蓋南郡多巴人，巴人從軍者多耳，說詳"越（南越）"片按語。

白　羊

《資治通鑑》卷一一　漢高祖六年（前201）：

　　［匈奴］冒頓……滅東胡。既歸，又西擊走月氏，南并樓煩、白羊河南王……

　　胡氏引師古：樓煩、白羊二王之居在河南。

《資治通鑑》卷一二　漢高祖九年（前198）：

　　劉敬從匈奴［結和親歸］來，因言："匈奴河南白羊、樓煩王，去長安近者七百里，輕騎一日一夜可以至秦中。……"［因建移民實關中之策。］

　　光旦：是白羊亦匈奴之一派，在河南者。

《資治通鑑》卷一八　漢武帝元朔二年（前127）：

　　匈奴入上谷、漁陽……遣衞青、李息出雲中以西至隴西，擊胡之樓煩、白羊王於河南……走白羊、樓煩王，遂取河南地。詔……立朔方郡。

　　光旦：詳"匈奴——與漢"片。

番

《資治通鑑》卷八　秦二世皇帝二年（前208）：

番盜黥布……黥布者，六人也，姓英氏，坐法黥……輸驪山。……乃率其曹耦亡之江中爲羣盜。

番陽令吳芮，甚得江湖間心，號曰番君。布往見之，其衆已數千人。番君乃以女妻之，使將其兵擊秦。

> 光旦：胡氏以爲黥布以番君女爲妻，故稱"番盜"，恐不是。番是一種人之稱，居長江沿岸、番陽之上下游，而以番陽爲中心者。同時之"番禺"以及唐之"播州"，皆因此種人而得名。黥亦疑與黔有係，曰"坐法黥"者，偶合耳。"布"疑亦未必爲其人之私名，而是"番"之同音異寫；唐宋西粵羈縻州中以"布"名者不一而足，亦同此義。

> 光旦：吳芮應是"番人"，即不是，亦爲得番人心而受番人推戴者，故不止稱"令"，而更稱"君"，曰令者，自秦統治者言之，曰君者，自江湖間番人言之。

《資治通鑑》卷九 漢元年（前206）：

二月，[項]羽分天下王諸將。……當陽君黥布爲楚將，常冠軍，故立布爲九江王，都六。番君吳芮率百越佐諸侯，又從入關，故立芮爲衡山王，都邾。……

《括地志》：邾，黃州黃岡縣。

番君將梅鋗功多。封十萬戶侯。

《資治通鑑》卷一〇 漢四年（前203）：

秋，七月，立黥布爲淮南王。

《資治通鑑》卷一一 漢高祖五年（前202）：

[二月，即皇帝位後，]詔曰："故衡山王吳芮，從百粵之兵，佐諸侯，誅暴秦，有大功；諸侯立以爲王，項羽侵奪之地，謂之番君。其以芮爲長沙王。"

> 光旦：番爲非漢，此條益可證。下文爲詔封無諸爲閩越王，番、閩越合舉，尤昭然矣。

> 光旦：此等地方，亦是劉邦比項羽高明處。

《資治通鑑》卷一一 漢高祖五年（前202）：

七月，長沙文王芮……薨。

《資治通鑑》卷一五 漢文帝後七年（前157）：

是歲，長沙王吳著薨，無子，國除。初，高祖賢文王芮，制詔御史："長沙王忠，其令著令"（非劉氏亦得王之令）。至孝惠、高后時，封芮庶子二人爲列侯，傳國數世絶。

  胡氏：高帝封吳芮爲長沙王，傳成王臣，共〔哀〕王回、共王右，至著而绝。"著"，《漢書》作"差"。

《資治通鑑》卷一八 漢武帝元光五年（前130）：

  初（建元六年，前135，王恢討閩越之同時）……使番陽令唐蒙風曉南越。……

  光旦：蒙爲番陽令，又出使南越，至元光五年（前130），又建通夜郎、制南越之議，且身使夜郎，疑其本番人或其他越人也。

《資治通鑑》卷一八 漢武帝元光五年（前130）：

  [唐蒙於建元六年（前135）使南越，食蜀所出枸醬，]問所從來。曰："道西北牂柯江……出番禺城下。"

  光旦：番禺地名由番人或番禺人而來，番即人，禺即越，"番禺"即"越人"也。後世謂番禺城因番、禺二山而得名，不知山名尚更有較早之來源；大抵漢人初入南越，以越人自稱之二音分而名二山故耳。番禺之名，已見卷一二，此已是第二次見。

僰

《資治通鑑》卷一八 漢武帝元光五年（前130）：

  [唐蒙入夜郎後還報，漢因設]犍爲郡，發巴、蜀卒治道，自僰道指牂柯江。

  光旦：僰道因所居僰而得名。僰字於此初見，舊所作"濮"，秦漢間之"番"，唐以降之"播"，所指皆一種人。

《資治通鑑》卷一八 漢武帝元朔元年（前128）：

  [嚴安上書諫窮兵四海，有曰，]"降羌、僰。"

  光旦：即上條元光五年事，治道自僰道指牂柯江，又設犍爲郡，必曾用武力降僰人也。

《資治通鑑》卷一八 漢武帝元朔三年（前126）：

  秋，罷西夷，獨置南夷、夜郎兩縣、一都尉，稍令犍爲自葆。

  光旦："自葆"者，對當地僰人與迤西之西夷言之也。夜郎及其它南夷，亦僰也，包括在當地之內，然既已設郡，其南又新置二縣一都尉，問題應已不如迤西之大。

《資治通鑑》卷一九 漢武帝元狩元年（前122）：

　　[求入身毒之道四，其一]出邛、僰。

蒼　　梧

《資治通鑑》卷二〇 漢武帝元鼎五年（前112）：

　　[南越相呂嘉權傾越王，]及蒼梧秦王有連……[及嘉反，又]遣人告蒼梧秦王及其諸郡縣。

　　　　光旦：是蒼梧似南越外又一派越人，自有其君長，故呂氏得背南越而與之有連。"秦王"或亦漢所封者。

　　　　光旦：至其人民當即今僮人之先。今所稱之"僮牯老"，其前二音綴即"蒼梧"也。

　　　　光旦：又蒼梧或亦與"臧獲"有涉。蒼梧人爲漢人虜獲而爲僮僕者即稱"臧獲"，寫成此二漢字，譯音而兼具意義者。呂嘉之反，其罪狀越王太后之一曰"多從人行，至長安，虜賣以爲僮僕，取自脫一時之利"，此所云僮僕，即狹義而最初之"臧獲"也。

朝鮮────與漢

《資治通鑑》卷二一 漢武帝元封二年（前109）：

　　初，全燕之世，嘗略屬真番、朝鮮，爲置吏，築障塞。秦滅燕，屬遼東外徼。漢興，爲其遠難守，復修遼東故塞，至浿水爲界，屬燕。燕王盧綰反，入匈奴。燕人衛滿亡命，聚黨千餘人，椎髻、蠻夷服而東走出塞，渡浿水，居秦故空地上下障，稍役屬真番、朝鮮蠻夷及燕亡命者王之，都王險。會孝惠、高后時，天下初定，遼東太守即約滿爲外臣，保塞外蠻夷，無使盜邊；諸蠻夷君欲入見天子，勿得禁止。以故滿得以兵威財物侵降其旁小邑，真番、臨屯皆來服屬，方數千里。傳子至孫右渠，所誘漢亡人滋多，又未嘗入見；辰國欲上書見天子，又雍閼不通。

　　是歲，漢使涉何誘諭，右渠終不肯奉詔。何去至界上，臨浿水，使御刺殺送何者朝鮮裨王長，即渡，馳入塞，遂歸報天子曰："殺朝鮮將。"上爲其名美，即不詰，拜何爲遼東東部都尉。朝鮮怨何，發兵襲攻殺何。……

上募天下死罪爲兵，遣樓船將軍楊僕從齊浮渤海，左將軍荀彘出遼東，以討朝鮮。

《資治通鑑》卷二一　漢武帝元封三年（前108）：

漢兵入朝鮮境，朝鮮王右渠發兵距險。樓船將軍將齊兵七千人先至王險。右渠城守，窺知樓船軍少，即出城擊樓船；樓船軍敗散，遁山中十餘日，稍求退散卒，復聚。左將軍擊朝鮮浿水西軍，未能破。天子爲兩將未有利，乃使衛山因兵威往諭右渠。右渠見使者，頓首謝：“願降，恐兩將詐殺臣；今見信節，請復降。”遣太子入謝，獻馬五千匹，及饋軍糧；人衆萬餘，持兵方渡浿水。使者及左將軍疑其爲變，謂太子：“已服降，宜令人毋持兵。”太子亦疑使者、左將軍詐殺之，遂不渡浿水，復引歸。

山還報天子，天子誅山。

左將軍破浿水上軍，乃前至城下，圍其西北。樓船亦往會，居城南。右渠遂堅守城，數月未能下。

左將軍所將燕、代卒多勁悍，樓船將齊卒已嘗敗亡困辱，卒皆恐，將心慚，其圍右渠，常持和節。左將軍急擊之，朝鮮大臣乃陰間使人私約降樓船，往來言尚未肯決。左將軍數與樓船期戰，樓船欲就其約，不會。左將軍亦使人求間隙降下朝鮮，朝鮮不肯，心附樓船，以故兩將不相能。左將軍心意樓船前有失軍罪，今與朝鮮私善，而又不降，疑其有反計，未敢發。

天子以兩將圍城乖異，兵久不決，使濟南太守公孫遂往正之，有便宜得以從事。遂至，左將軍曰：“朝鮮當下，久之不下者，樓船數期不會。”具以素所意告，曰：“今如此不取，恐爲大害。”遂亦以爲然，乃以節召樓船將軍入左將軍營計事，即命左將軍麾下執樓船將軍，并其軍；以報天子，天子誅遂。

左將軍已并兩軍，即急擊朝鮮。朝鮮相路人、相韓陰、尼谿相參、將軍王唊相與謀曰：“始欲降樓船，樓船今執，獨左將軍并將，戰益急，恐不能與戰；王又不肯降。”陰、唊、路人皆亡降漢，路人道死。夏，尼谿參使人殺朝鮮王右渠來降。王險城未下，故右渠之大臣成巳①又反，復攻吏。左將軍使右渠子長、降相路人之子最告諭其民，誅成巳。以故遂定朝鮮，爲樂浪、臨屯、玄菟、真番四郡。封參爲澅清侯，陰爲萩苴侯，唊爲平州侯，長爲幾侯，最以父死頗

---

① 成巳，标点本作“成己”，《汉书·朝鲜传》作“成己”。——整理者注

有功，爲涅陽侯。左將軍徵至，坐爭功相嫉乖計，棄市。樓船將軍亦坐兵至列口，當待左將軍，擅先縱，失亡多，當誅，贖爲庶人。

　　班固曰：玄菟、樂浪，本箕子所封。昔箕子居朝鮮，教其民以禮義，田蠶織作，爲民設禁八條，相殺，以當時償殺；相傷，以穀償；相盜者，男沒入爲其家奴，女爲婢；欲自贖者人五十萬，雖免爲民，俗猶羞之，嫁娶無所售。是以其民終不相盜，無門戶之閉，婦人貞信不淫辟。其田野飲食以籩豆，都邑頗放效吏，往往以杯器食。郡初取吏於遼東，吏見民無閉臧，及賈人往者，夜則爲盜，俗稍益薄，今於犯禁寖多，至六十餘條。可貴哉，仁賢之化也！然東夷天性柔順，異於三方之外。故孔子悼道不行，設浮桴於海，欲居九夷，有以也夫！

辰　國

《資治通鑑》卷二一　漢武帝元封二年（前109）：
　　……（見"朝鮮——與漢"片。）

大　荔（戎）

《資治通鑑》卷六　秦始皇帝三年（前244）：
　　先是時……秦自……岐、梁、涇、漆之北有義渠、大荔、烏氏、朐衍之戎。

大　宛

《資治通鑑》卷一八　漢武帝元朔三年（前126）：
　　[追敘張騫使月氏，道出大宛，大宛爲發導譯經康居而抵大月氏。]（詳見"月氏"片）
《資治通鑑》卷一九　漢武帝元狩元年（前122）：
　　[大宛方位、風俗、物產：]大宛在漢正西，可萬里。……土著，耕田；多善馬，馬汗血；有城郭、室屋，如中國。
《資治通鑑》卷二〇　漢武帝元鼎二年（前115）：

〔漢再度通大宛，由張騫之副使爲之，及後爲求"汗血馬"屢次往還。〕（見"總錄——漢與西域"片）

《資治通鑑》卷二一　漢武帝元封三年（前108）：

〔趙破奴、王恢虜樓蘭王，破車師，〕因舉兵威以困烏孫、大宛之屬。

《資治通鑑》卷二一　漢武帝元封六年（前105）：

〔時烏孫終願與漢和親，原因有二，其一，匈奴怒其與漢通使，欲擊之；其二，〕其旁大宛、月氏之屬皆事漢。

《資治通鑑》卷二一　漢武帝元封六年（前105）：

大宛左右多蒲萄，可以爲酒；多苜蓿，天馬嗜之。漢使采其實以來，天子種之於離宮別觀旁，極望。

《資治通鑑》卷二一　漢武帝太初元年（前104）：

漢使入西域者言："宛有善馬，在貳師城，匿不肯與漢使。"天子使壯士車令等持千金及金馬以請之。宛王與其羣臣謀曰："漢去我遠，而鹽水中數敗，出其北有胡寇，出其南乏水草，又且往往而絶邑，乏食者多，漢使數百人爲輩來，而常乏食，死者過半，是安能致大軍乎！無奈我何。貳師馬，宛寶馬也。"遂不肯予漢使。漢使怒，妄言，椎金馬而去。宛貴人怒曰："漢使至輕我！"遣漢使去，令其東邊郁成王遮攻，殺漢使，取其財物。

於是天子大怒。諸嘗使宛姚定漢等言："宛兵弱，誠以漢兵不過三千人，彊弩射之，可盡虜矣。"天子嘗使浞野侯以七百騎虜樓蘭王，以定漢等言爲然；而欲侯寵姬李氏，乃拜李夫人兄廣利爲貳師將軍，發屬國六千騎及郡國惡少年數萬人，以往伐宛。期至貳師城取善馬，故號貳師將軍。趙始成爲軍正，故浩侯王恢使導軍，而李哆爲校尉，制軍事。

《資治通鑑》卷二一　漢武帝太初二年（前103）：

貳師將軍之西也，既過鹽水，當道小國各城守，不肯給食，攻之不能下；下者得食，不下者數日則去。比至郁成，士至者不過數千，皆飢罷。攻郁成，郁成大破之，所殺傷甚衆。貳師將軍與李哆、趙始成等計："至郁成尚不能舉，況至其王都乎！"引兵而還。至敦煌，士不過什一二。使使上書言："道遠多乏食，且士卒不患戰而患飢，人少，不足以拔宛，願且罷兵，益發而復往。"天子聞之，大怒，使使遮玉門曰："軍有敢入者輒斬之！"貳師恐，因留敦煌。

《資治通鑑》卷二一　漢武帝太初三年（前102）：

漢既亡浞野之兵，公卿議者皆願罷宛軍，專力攻胡（浞野之兵，見"匈奴——與漢"片）。天子業出兵誅宛，宛小國而不能下，則大夏之屬漸輕漢，而宛善馬絕不來，烏孫、輪臺易苦漢使，爲外國笑，乃案言伐宛尤不便者鄧光等。赦囚徒，發惡少年及邊騎，歲餘而出敦煌者六萬人，負私從者不與，牛十萬，馬三萬匹，驢、橐佗以萬數，齎糧、兵弩甚設。天下騷動，轉相奉伐宛五十餘校尉。宛城中無井，汲城外流水，於是遣水工徙其城下水，空以穴其城。益發戍甲卒十八萬酒泉、張掖北，置居延、休屠屯兵以衛酒泉，而發天下吏有罪者、亡命者及贅婿、賈人、故有市籍、父母大父母有市籍者，凡七科適爲兵；及載糒給貳師，轉車人徒相連屬；而拜習馬者二人爲執、驅馬校尉，備破宛擇取其善馬云。

於是貳師後復行，兵多，所至小國莫不迎，出食給軍。至輪臺，輪臺不下，攻數日，屠之。自此而西，平行至宛城，兵到者三萬。宛兵迎擊漢兵，漢兵射敗之，宛兵走入，保其城。貳師欲攻郁成城，恐留行而令宛益生詐，乃先至宛，決其水原移之，則宛固已憂困，圍其城，攻之四十餘日。宛貴人謀曰："王毋寡匿善馬，殺漢使，今殺王而出善馬，漢兵宜解；即不解，乃力戰而死，未晚也。"宛貴人皆以爲然，共殺王。其外城壞，虜宛貴人勇將煎靡。宛大恐，走入城中，持王毋寡頭，遣人使貳師約曰："漢無攻我，我盡出善馬恣所取，而給漢軍食。即不聽我，我盡殺善馬，康居之救又且至，至，我居內，康居居外，與漢軍戰。孰計之，何從？"是時，康居候視漢兵尚盛，不敢進。貳師聞宛城中新得漢人，知穿井，而其內食尚多，計以爲"來誅首惡者毋寡，毋寡頭已至，如此不許則堅守，而康居候漢兵罷來救宛，破漢軍必矣"；乃許宛之約。

宛乃出其馬，令漢自擇之，而多出食食漢軍。漢軍取其善馬數十匹，中馬以下牝牡三千餘匹，而立宛貴人之故時遇漢善者名昧蔡爲宛王，與盟而罷兵。

初，貳師起敦煌西，分爲數軍，從南、北道。校尉王申生將千餘人別至郁成，郁成王擊滅之，數人脫亡，走貳師。貳師令搜粟都尉上官桀往攻破郁成，郁成王亡走康居，桀追至康居。康居聞漢已破宛，出郁成王與桀，桀令四騎士縛守詣貳師。上邽騎士趙弟恐失郁成王，拔劍擊斬其首，追及貳師。

四年（前101）春，貳師將軍來至京師。貳師所過小國聞宛破，皆使其子弟從入貢獻，見天子，因爲質焉。軍還，入馬千餘匹。後行，軍非乏食，戰死不甚多，而將吏貪，不愛卒，侵牟之，以此物故者衆。天子爲萬里而伐，不錄其過。……

後歲餘，宛貴人以爲昧蔡善諛，使我國遇屠，乃相與殺昧蔡，立毋寡昆弟蟬封爲宛王，而遣其子入質於漢。漢因使使賂賜，以鎮撫之。蟬封與漢約，歲獻天馬二匹。

大　夏

《資治通鑑》卷一八　漢武帝元朔三年（前126）：

[追叙張騫使月氏，欲月氏與漢同擊匈奴，]大月氏太子爲王，既擊大夏，分其地而居之，地肥饒，少寇，殊無報胡之心。……

《資治通鑑》卷一九　漢武帝元狩元年（前122）：

[張騫歸述大夏方位、風俗、見經由身毒而來之邛竹杖、蜀布。]（文詳"總録——漢與西域"片，此不複）

《資治通鑑》卷二〇　漢武帝元鼎二年（前115）：

[漢再度通大夏，由張騫副使經烏孫爲之。]（文見"總録——漢與西域"片）

《資治通鑑》卷二〇　漢武帝元鼎二年（前115）：

[第三度至大夏，在第二次後歲餘。]（亦見上所言片）

《資治通鑑》卷二一　漢武帝太初三年（前102）：

[恐大夏等國輕漢，爲宛必須伐之一原因。]（原文見"大宛"片）

大　益

《資治通鑑》卷二一　漢武帝元封六年（前105）：

……（見"總録——漢與西域"片。）

大月氏

《資治通鑑》卷一九　漢武帝元狩元年（前122）：

（見"月氏"片。）

《資治通鑑》卷二〇　漢武帝元鼎二年（前115）：

（見"總録——漢與西域"片。）

光旦：此張騫第二次出使西域，其副使經烏孫爲之者。

《資治通鑑》卷二一　漢武帝元封六年（前105）：

　　［烏孫終願與漢和親，原因有二，其一，匈奴怒其與漢通使，欲擊之；其二，］其旁大宛、月氏之屬皆事漢。

襜襤

《資治通鑑》卷六　秦始皇帝三年（前244）：

　　李牧……大破殺匈奴十餘萬騎。滅襜襤……單于奔走，十餘歲不敢近趙邊。

　　　光旦：此自是李牧前事，追記於此年下者，然亦相去不遠也。

　　　光旦：襜襤應是匈奴之一部分。

　　　光旦：卷一五，漢文帝前十四年（前166），馮唐對漢文追論李牧爲將，亦及此，作"澹林"。

狄

狄

《資治通鑑》卷一　周安王二十四年（前378）：

　　狄敗魏師於澮。

　　　《今釋》：澮［水］出山西翼城縣，入汾。

《資治通鑑》卷一三　漢高后六年（前182）：

　　匈奴寇狄道。

　　　《今釋》：蘭州府狄道州。

《資治通鑑》卷一三　漢高后七年（前181）：

　　匈奴寇狄道，略二千餘人。

　　　光旦："縣有蠻夷曰道"，此漢例也。是二千餘人中應有部分是狄人，餘則漢。狄與匈奴之異同如何，迄所未解，如異，則所掠兼及狄、漢；否則此役可能即由狄人招引而來，而所掠應悉數爲漢人。

狄——地名

《資治通鑑》卷四　周赧王三十六年（前279）：

　　田單……攻狄……［久之］乃下。

《今釋》：青州府高苑縣。

光旦：當是狄人舊嘗聚居其地，斯有其名。

翟

《資治通鑑》卷六　秦始皇帝三年（前244）：

秦自隴以西，有緜諸、緄戎、翟、獂之戎。

光旦：翟亦作戎之一類，是行文之疏略。是三年前事，在此總述一筆。

氐

氐（湔氐）

《資治通鑑》卷一二　漢惠帝三年（前192）：

是歲，蜀湔氐反，擊平之。

胡氏引班《志》：湔氐道屬蜀郡嶓山，在西徼外，江水所出。

光旦：氐初見於《通鑑》。

《資治通鑑》卷一九　漢武帝元狩元年（前122）：

［求入身毒之道四，］出駹，出冄，出徙，出邛、僰……各行一二千里，其北方閉氐、筰。

光旦：當是駹、冄二道受閉。

光旦：此氐近蜀，應是湔氐。

氐（白馬）

《資治通鑑》卷二○　漢武帝元鼎六年（前111）：

［漢］以……廣漢西白馬爲武都郡。

光旦：漢於是年初（冬季）平西羌。其後與設武都郡同時於冄駹之地設汶山郡。三事應連系一起看。

光旦：此雖未言氐，白馬爲氐之一派無疑。

滇

《資治通鑑》卷一九　漢武帝元狩元年（前122）：

漢以求身毒道，始通滇國。滇王當羌謂漢使者曰："漢孰與我大？"及夜郎侯亦然。以道不通，故各自以爲一州主，不知漢廣大。使者還，因盛言滇大國，足事親附；天子注意焉，乃復事西南夷。

《資治通鑑》卷二一　漢武帝元封二年（前 109）：

初，上使王然于以越破及誅南夷兵威，風喻滇王入朝。滇王者，其衆數萬人，其旁東北有勞深、靡莫，皆同姓相扶，未肯聽。勞深、靡莫數侵犯使者吏卒。於是上遣將軍郭昌、中郎將衛廣發巴、蜀兵擊滅勞深、靡莫，以兵臨滇。滇王舉國降，請置吏入朝，於是以爲益州郡，賜滇王王印，復長其民。

東　胡

《資治通鑑》卷三　周赧王八年（前 307）：

〔趙武靈王語公子成〕曰："吾國……北有燕、東胡"（《今釋》：直隸承德府）。

《資治通鑑》卷六　秦始皇帝三年（前 244）：

李牧〔爲趙將守北邊〕……大破殺匈奴十餘萬騎。……破東胡……單于奔走，十餘歲不敢近趙邊。

光旦：此前事記是年下者，但相去亦不遠。

光旦：是東胡可能是匈奴之一部分。

《資治通鑑》卷六　秦始皇帝三年（前 244）：

先是時……燕北有東胡、山戎……其後燕將秦開爲質於胡，胡甚信之；歸而襲破東胡，東胡卻千餘里。燕亦築長城，自造陽至襄平，置上谷、漁陽、右北平、遼東郡以拒胡。

光旦：揣文氣，胡與東胡有別，胡更在東胡外，故歸始襲之，先已取信於胡，故胡可不爲東胡助。

《資治通鑑》卷一一　漢高祖六年（前 201）：

〔追敘與匈奴關係。〕（見"匈奴——與漢"片，此不複錄）

東　甌

見"甌"。

東　夷

《資治通鑑》卷一八　漢武帝元朔元年（前128）：

　　東夷薉君南閭……（見"薉"片）

《資治通鑑》卷二一　漢武帝元封三年（前108）：

　　……（班固稱朝鮮爲東夷，見"朝鮮——與漢"片末段。）

漢——族稱由來

《資治通鑑》卷九　漢元年（前206）：

　　二月，[項]羽分天下王諸將。……立沛公爲漢王，王巴、蜀、漢中，都南鄭。

貉

《資治通鑑》卷八　秦二世皇帝二年（前208）：

　　李斯……從獄中上書[自訴其"罪"]曰："臣……北逐胡、貉，南定百越，以見秦之疆。"

　　光旦：胡與貉是二事。胡氏："貉，莫客翻，北方國，豸種。"按是，貉即貊。

《資治通鑑》卷一〇　漢四年（前203）：

　　秋……八月，北貉、燕人來致梟騎助漢。

　　胡氏引：應劭曰，北貉，國也。師古曰，貉在東北方，三韓之屬，皆貉類也。《周官》貉隸註，征東北夷所獲。

《資治通鑑》卷一五　漢文帝前十一年（前169）：

　　[鼂錯上書論移民實邊之利，有曰，]"夫胡、貉之人，其性耐寒……"

呼　揭

《資治通鑑》卷一四　漢文帝前六年（前174）：

匈奴單于遺漢書曰，［右賢王不守兩主和好之約，擅與漢吏相距，因罰其西擊月氏，滅之，］"樓蘭、烏孫、呼揭及其旁二十六國，皆已爲匈奴，諸引弓之民并爲一家，北州以定。……"

胡

胡

《資治通鑑》卷三　周赧王八年（前307）：

  趙武靈王……與肥義謀胡服騎射……曰："……胡地、中山，吾必有之！"

    光旦："胡"字初見，泛指非中國，至專有所指，則有"東胡"、"林胡"，亦同時見。

《資治通鑑》卷三　周赧王九年（前306）：

  趙王……西略胡地，至榆中（《今釋》：蘭州府金縣）。林胡王獻馬。歸，使……代相趙固主胡，致其兵。

    光旦：以代相主之者，代初亦胡也。

《資治通鑑》卷三　周赧王十六年（前299）：

  ［趙］主父（武靈王禪位於子後之稱）……身胡服，將士大夫西北略胡地。將自雲中、九原南襲咸陽……

《資治通鑑》卷八　秦二世皇帝二年（前208）：

  李斯……從獄中上書，［自訴其"罪"］曰："臣……北逐胡、貉，南定百越，以見秦之彊。"

胡——與長城

《資治通鑑》卷六　秦始皇帝三年（前244）：

  先是……昭王之時……發兵伐義渠，滅之，始於隴西、北地、上郡築長城以拒胡。趙武靈王北破林胡、樓煩，築長城，自代並陰山下，至高闕爲塞。而置雲中、鴈門、代郡。其後燕將秦開爲質於胡，胡甚信之；歸而襲破東胡，東胡卻千餘里。燕亦築長城，自造陽至襄平，置上谷、漁陽、右北平、遼東郡以距胡。及戰國之末而匈奴始大。

    光旦：是泛稱之胡，更在各專稱之胡，如東胡、林胡之外，即匈奴也，至少構成胡之主要部分者爲匈奴。

《資治通鑑》卷七 秦始皇帝三十三年（前214）：

  蒙恬……築長城，因地形，用制險塞；起臨洮至遼東，延袤萬餘里。

《資治通鑑》卷七 秦始皇帝三十四年（前213）：

  謫治獄吏不直及覆獄故、失者，築長城及處南越地。

驪 潛

《資治通鑑》卷二一 漢武帝元封六年（前105）：

  ……（見"總錄——漢與西域"片。）

薉（一作濊）

《資治通鑑》卷一八 漢武帝元朔元年（前128）：

  東夷薉君南閭等口二十八萬人降，爲蒼海郡；人徒之費，擬於南夷，燕、齊之間，靡然騷動。

    光旦：南夷，指夜郎及旁小邑。

《資治通鑑》卷一八 漢武帝元朔元年（前128）：

  ［嚴安上書諫窮兵四海，有曰，］"略薉州，建城邑"。

    光旦：由此知薉君等二十八萬口非自動降也，用兵之結果也，既降又設郡築城邑，故上條云"人徒之費……"

    《今釋》：蒼海郡，今朝鮮國內；濊，今朝鮮北境。

    光旦：是則蒼海郡亦在今朝鮮北境，只云"國內"，《今釋》殊疏。

《資治通鑑》卷一八 漢武帝元朔三年（前126）：

  春，［從公孫弘議，］罷蒼海郡。

車 師

《資治通鑑》卷二〇 漢武帝元鼎六年（前111）：

  樓蘭、車師，小國當［漢使西域往還］空（孔）道，攻漢使王恢等尤甚。

    胡氏：漢出西域有兩道，南道從樓蘭，北道從車師。

《資治通鑑》卷二一 漢武帝元封三年（前108）：

上遣將軍趙破奴擊車師。破奴與輕騎七百餘先至，虜樓蘭王，遂破車師。

《資治通鑑》卷二一　漢武帝元封六年（前 105）：

[漢使抵安息，及歸，安息及車師等諸小國]皆隨漢使獻見天子。

《資治通鑑》卷二一　漢武帝天漢二年（前 99）：

是歲，以匈奴降者介和王成娩爲開陵侯，將樓蘭國兵擊車師；匈奴遣右賢王將數萬騎救之，漢兵不利，引去。

康　居

《資治通鑑》卷一八　漢武帝元朔三年（前 126）：

[追敘張騫使大月氏，至大宛，大宛爲發導譯，經康居而抵大月氏。]（原文見"月氏"片）

《資治通鑑》卷一九　漢武帝元狩元年（前 122）：

[張騫述]康居[爲]行國，隨畜牧，與匈奴同……兵彊。（參"總錄——漢與西域"片）

《資治通鑑》卷二○　漢武帝元鼎二年（前 115）：

[漢二次通西域，由張騫之副使經烏孫導譯而通康居。]（見"總錄——漢與西域"片）

《資治通鑑》卷二一　漢武帝太初三、四年（前 102、101）：

[康居與大宛關係甚密，漢伐大宛，康居欲救，畏漢兵盛不果；大宛之郁成王敗奔康居，康居亦不得已以郁成交漢。]（見"大宛"片）

昆　明

《資治通鑑》卷一九　漢武帝元狩元年（前 122）：

[出徙、邛僰求通身毒之道，]南方閉於嶲、昆明。

《資治通鑑》卷一九　漢武帝元狩三年（前 120）：

上將討昆明，以昆明有滇池方三百里，乃作昆明池以習水戰。……以故吏弄法，皆謫令伐棘上林，穿昆明池。

《資治通鑑》卷二一　漢武帝元封六年（前 105）：

漢既通西南夷，開五郡，欲地接以前通大夏，歲遣使十餘輩出此初郡，皆閉昆明,爲所殺,奪幣物。於是天子赦京師亡命,令從軍,遣拔胡將軍郭昌將以擊之,斬首數十萬。後復遣使,竟不得通。

　　光旦:由此條可知昆明人所居決不在今所稱昆明之地,此時以今昆明爲中心之滇國降附而成益州已四年,宜無復用兵之必要。吳氏《今釋》卷一九釋文以二爲一,顯誤,卷二一釋文又失之含糊不負責;胡注謂在越巂西南,較妥。看來,昆明人所居今滇西地段至東漢始得開通,此時尚閉於漢無疑。

緄　戎

《資治通鑑》卷六　秦始皇帝三年(前244):
　　秦自隴以西有緜諸、緄戎、翟、獂之戎。
　　光旦:是此年前事,於此總述。

勞　深

《資治通鑑》卷二一　漢武帝元封二年(前109):
　　……(見"滇"片。)

黎　軒

《資治通鑑》卷二一　漢武帝元封六年(前105):
　　安息發使以……黎軒善眩人獻於漢。

林　胡

《資治通鑑》卷三　周赧王九年(前306):
　　趙[武靈]王……西略胡地,至榆中(《今釋》:蘭州府金縣)。林胡王獻馬。
《資治通鑑》卷六　秦始皇帝三年(前244):
　　李牧[爲趙將,嘗]大破殺匈奴十餘萬騎。……降林胡。單于奔走,十餘歲不敢近趙邊。

光旦：此前事追記者，但相去亦不遠。

　　光旦：林胡疑亦匈奴之一部分。

《資治通鑑》卷六　秦始皇帝三年（前244）：

　　先是時……趙北有林胡、樓煩之戎……其後……趙武靈王北破林胡、樓煩，築長城，自代並陰山下，至高闕爲塞。而置雲中、鴈門、代郡。

臨　屯

《資治通鑑》卷二一漢武帝元封三年（前108）：

　　……（見"朝鮮——與漢"片。）

樓　煩

《資治通鑑》卷三　周赧王八年（前307）：

　　［趙武靈王語公子成］曰："吾國……西有樓煩（《今釋》：寧武府）、秦、韓之邊。"

《資治通鑑》卷四　周赧王十九年（前296）：

　　趙主父行新地，遂出代西，遇樓煩王于西河而致其兵。

《資治通鑑》卷六　秦始皇帝三年（前244）：

　　先是時……趙北有林胡、樓煩之戎……其後……趙武靈王北破林胡、樓煩，築長城，自代並陰山下，至高闕爲塞。而置雲中、鴈門、代郡。

《資治通鑑》卷一一　漢高祖六年（前201）：

　　［追敘與匈奴關係。］（見"匈奴——與漢"片，此不另錄）

《資治通鑑》卷一二　漢高祖九年（前198）：

　　劉敬從匈奴［結和親歸］來，因言："匈奴河南白羊、樓煩王，去長安近者七百里，輕騎一日一夜可以至秦中。……"［因建移民實關中之策。］

　　光旦：是樓煩亦匈奴之一派，居河南者。

《資治通鑑》卷一八　漢武帝元朔二年（前127）：

　　匈奴入上谷、漁陽……遣衛青、李息出雲中以西至隴西，擊胡之樓煩、白羊王於河南……走白羊、樓煩王，遂取河南地。詔……立朔方郡。

　　光旦：詳"匈奴——與漢"片。

樓　蘭

《資治通鑑》卷一四　漢文帝前六年（前174）：

匈奴單于遺漢書曰：……［右賢王不守兩主和好之約，擅］與漢吏相距。……故罰右賢王［使擊滅月氏］，"樓蘭、烏孫、呼揭及其旁二十六國，皆已爲匈奴，諸引弓之民并爲一家，北州以定。……"

《資治通鑑》卷二〇　漢武帝元鼎六年（前111）：

樓蘭、車師，小國當［漢使西域往還］空（孔）道，攻漢使王恢等尤甚。

胡氏：漢出西域有兩道，南道從樓蘭，北道從車師。

《資治通鑑》卷二一　漢武帝元封三年（前108）：

［趙破奴破車師，於道先］虜樓蘭王……王恢佐破奴擊樓蘭，［故歸亦封侯。］

《資治通鑑》卷二一　漢武帝太初四年（前101）：

［漢貳師之征大宛，匈奴欲遮之，畏漢兵盛，不敢，乃］遣騎因樓蘭候漢使後過者，欲絕勿通。時漢軍正任文將兵玉門關，捕得生口，知狀以聞。上詔文便道引兵捕樓蘭王，將詣闕簿責。王對曰："小國在大國間，不兩屬無以自安，願徙國入居漢地。"上直其言，遣歸國……匈奴自是不甚親信樓蘭。

《資治通鑑》卷二一　漢武帝天漢二年（前99）：

是歲，以匈奴降者介和王成娩爲開陵侯，將樓蘭國兵擊車師；匈奴遣右賢王將數萬騎救之，漢兵不利，引去。

靡　莫

《資治通鑑》卷二一　漢武帝元封二年（前109）：

……（見"滇"片。）

緜　諸（戎）

《資治通鑑》卷六　秦始皇帝三年（前244）：

秦自隴以西有緜諸、緄戎、翟、貘之戎。

光旦：是此年前事，於此總述一筆。

南　夷

《資治通鑑》卷一八　漢武帝元光五年（前130）：

［唐蒙通南夷。］

光旦：南夷，指夜郎及夜郎旁諸小邑。《史記》之西南夷，《通鑑》分列爲南夷、西夷，西夷指邛、筰、冉駹、斯榆。

《資治通鑑》卷一八　漢武帝元朔三年（前126）：

秋，罷西夷，獨置南夷夜郎兩縣、一都尉，稍令犍爲自葆就，專力城朔方。

光旦："自葆"者，主要備西夷也。

甌（東甌）

《資治通鑑》卷一二　漢惠帝三年（前192）：

夏，五月，立閩越君搖爲東海王。搖與無諸，皆越王句踐之後也，從諸侯滅秦，功多，其民便附，故立之。都東甌，世號東甌王。

光旦：其基層人民中有甌人，甚古，然主體人口與所稱閩越君搖疑別有來源，見"［瑤？］"片。

《資治通鑑》卷一七　漢武帝建元三年（前138）：

秋，[初，]七國之敗也，吳王子駒亡走閩越，怨東甌殺其父，常勸閩越擊東甌（卷一六，景帝前三年，"東甌"皆作"東越"，別有片）。閩粵從之，發兵圍東甌，東甌使人告急天子。天子問田蚡，蚡對曰："越人相攻擊，固其常；又數反覆，自秦時棄不屬，不足以煩中國往救也。"莊助（嚴助）曰："特患力不能救，德不能覆；誠能，何故棄之！且秦舉咸陽而棄之，何但越也！今小國以窮困來告急，天子不救，尚安所愬；又何以子萬國乎！"上曰："太尉不足與計。吾新即位，不欲出虎符發兵郡國。"乃遣助以節發兵會稽。會稽守欲距法不爲發，助乃斬一司馬，諭意指，遂發兵浮海救東甌。未至，閩越引兵罷。

東甌請舉國內徙，乃悉舉其衆來，處於江、淮之間。

光旦：東甌、閩粵原非同族，有矛盾，故駒得乘之。

光旦：移處江淮，實返舊地，其民恐亦知其爲舊地也。

甌　駱（西甌駱）

《資治通鑑》卷一三　漢文帝前元年（前179）：

初，隆慮侯［周］竈擊南越（高后七年，前181），會暑濕，士卒大疫，兵不能隃領。歲餘，高后崩（八年，前180），即罷兵。趙佗因此以兵威財物賂遺閩越、西甌駱，役屬焉。

胡氏引劉昫：唐黨州，古西甌所居也，漢屬鬱林郡界，駱越也；唐貴州鬱平縣，古西甌駱越所居，漢爲鬱林廣鬱縣地。

又，潘州亦西甌駱越地，漢合浦郡地也。

又，高州茂名縣及鬱林軍，亦古西甌之地。

胡氏引宋白：秦象林郡，皆西甌地。

胡氏引師古：西甌者，即駱越也；言西者，以別東甌也。

胡氏引《廣州記》：交趾有駱田，仰潮水上下；人食其田，名爲駱侯，諸縣自名爲駱將，銅印青綬，即今之令。後蜀王子將兵討駱侯，自稱爲安陽王，治封溪縣。南越王尉佗攻破安陽王，令二使典主交趾、九真二郡，即甌駱也。

光旦：甌駱，就字面言之，則漢初之分布爲：東自浙閩之甌江流域，西至廣西東南隅與與之相毗連之今越南北部。廣西之東南與廣東之西部亦相連，廣東之西部亦甌駱地；是皆無可疑者。然甌駱之分布果如此而已乎？或前後基本如此乎？不然。鬱林，亦即甌駱也，凡以鬱稱之之地名、山名、水名，率皆"鬱林"之省，則合古今統觀之，則東嘗至江蘇之東北隅，鬱林山、或鬱洲、或郁州，其遺迹也；西可至雲南東部，雲南廣南爲鬱江二源之一之所出，亦其證也。滇東至今日尚有"土僚"，人證亦自不乏。至黔之有夜郎（甌駱），荆西南、蜀之有獠（駱），滇西之有鳩獠（甌駱），乃至時代上更早之哀牢，前後史料，比比皆是，不待言矣。閩南亦有物證，亦且不論。此自東徂西之廣長地帶之唯一空白而間歇之點似爲廣東三角洲。豈此處未嘗爲甌駱聚居之地乎？又不然。越即鬱也，南越亦鬱也。其在南北朝至隋唐五代，越之稱不復見而有"俚僚"或單稱"俚"（"里"已見於東漢，然在今國境外，姑不論）；僚即駱，俚亦僚之轉，其音讀同於雷州半島之雷，雷州即漢初西甌駱之部分聚居地也。

我曩者以爲駱與越爲相近而前後之兩批人，今續思之，似不爾。其初實一批人，漢初尚不甚分，其分而爲駱與越、俚與僚、儂與僮與沙……皆後期事也。

百越由來，如此頗若更得澄清一步。姑志此備討論。

駹

《資治通鑑》卷一九 漢武帝元狩元年（前122）：

[求入身毒之道四，一出駹。]（見"冉駹"片）

黔

《資治通鑑》卷二 周顯王七年（前362）：

[時夷夏形勢，]楚自漢中，南有巴、黔中。

　　光旦：巴、黔，族名，亦地名，族名產生地名。

《資治通鑑》卷三 周赧王四年（前311）：

秦惠王使人告楚懷王，請以武關之外易黔中地。楚王曰："不願易地，願得張儀而獻黔中地。"張儀……請行。……因說楚王曰："……秦西有巴、蜀，治船積粟，浮岷江而下……不至十日而距扞關，扞關驚則從境以東盡城守矣，黔中、巫郡非王之有。……"楚王已得張儀而重出黔中地，乃許之。

《資治通鑑》卷三 周赧王十六年（前299）：

[楚懷王入秦，秦人]劫之……要以割巫、黔中郡。楚王……不……許，秦人留之。

《資治通鑑》卷四 周赧王三十五年（前280）：

秦……使司馬錯發隴西兵，因蜀攻楚黔中，拔之。楚獻漢北及上庸地。

《資治通鑑》卷四 周赧王三十八年（前277）：

秦武安君（白起）定巫、黔中，初置黔中郡。

《資治通鑑》卷七 秦始皇帝三十一年（前216）：

使黔首自實田。

　　胡氏：二十六年，更名民曰黔首。

光旦：查二十六年下無此語。

孔穎達：黔，黑也。凡民以黑巾覆頭，故謂之黔首。

光旦：孔説不必是，別有説見上。

羌

《資治通鑑》卷一三 漢高后二年（前186）：

春，正月，乙卯，地震；羌道、武都道山崩。

光旦：羌在《通鑑》初見，遲於氐之初見五年。

《今釋》：羌道，階州；武都，階州成縣。

《資治通鑑》卷一八 漢武帝元朔元年（前128）：

[嚴安上書諫四海窮兵，書中有曰]"降羌、僰"。

光旦：結合元光五年（前130）文字，此所云羌，必是總邛、筰、冉駹、斯榆而言之。當時羌、彝似尚未分化，冉駹固是羌，餘亦未嘗不是羌也。

《資治通鑑》卷一八 漢武帝元朔三年（前126）：

[追叙張騫使月氏還，]並南山，欲從羌中歸，復爲匈奴所得……

光旦：是匈奴在羌之北與西，匈奴之西鄙及於南山。南山應即崑崙。羌亦並南山者，第更東耳。

《資治通鑑》卷一九 漢武帝元狩元年（前122）：

[張騫述匈奴西境]"南接羌"。[又言，]"今使大夏，從羌中，險，羌人惡之"（應改由西南覓道經身毒以入大夏）。

《資治通鑑》卷二○ 漢武帝元鼎二年（前115）：

漢……於[匈奴]渾邪王故地置酒泉郡……後又分置武威郡，以絶匈奴與羌通之道。

《資治通鑑》卷二○ 漢武帝元鼎五年（前112）：

西羌衆十萬人反，與匈奴通使，攻故安，圍枹罕。匈奴入五原，殺太守。

光旦：羌與匈奴合作。

《資治通鑑》卷二○ 漢武帝元鼎六年（前111）：

冬，發卒十萬人，遣將軍李息、郎中令徐自爲征西羌，平之。

且 蘭

見"夜郎"片。

邛

《資治通鑑》卷一八 漢武帝元光五年（前130）：

　　［司馬相如通邛、筰、冉駹、斯榆。］（詳"總錄——漢與西南夷"及"筰"片）

　　　　《今釋》：邛，四川邛州。

　　　　《今釋》：邛都，四川寧遠府西昌縣。（邛都，見"筰"片。）

《資治通鑑》卷一九 漢武帝元狩元年（前122）：

　　初，張騫自月氏還……言……"臣在大夏時，見邛竹杖、蜀布。"

《資治通鑑》卷一九 漢武帝元狩元年（前122）：

　　［求入身毒之道四，其一］出邛、僰。

《資治通鑑》卷二〇 漢武帝元鼎六年（前111）：

　　［漢之誅滅且蘭君，亦誅滅］邛君、筰侯……乃以邛都爲越巂郡。

冉

《資治通鑑》卷一九 漢武帝元狩元年（前122）：

　　［求入身毒之四道之一出冉。］（見"冉駹"片）

冉 駹

《資治通鑑》卷一八 漢武帝元光五年（前130）：

　　［司馬相如通邛、筰、冉駹、斯榆。］（詳"總錄——漢與西南夷"及"筰"片）

　　　　光旦：又參"嚴"片。

　　　　《今釋》：冉駹，四川茂州。

光旦：如冉駹本出茂州，則有說：羌與巴本接近，而當秦漢之時，部分羌人有南移或東南移而巴化者，故巴人中有冉或嚴姓。

《資治通鑑》卷一九　漢武帝元狩元年（前122）：

……令［張］騫因蜀犍爲發間使王然于等四道並出，出駹，出冉，出徙，出邛、僰，指求身毒國。

光旦：是冉與駹是二地與二種人。

《資治通鑑》卷二〇　漢武帝元鼎六年（前111）：

［漢既誅滅且蘭君及邛君、筰侯］，冉駹皆振恐，請臣置吏，乃以……冉駹爲汶山郡。

三　苗

《資治通鑑》卷一　周安王十五年（前387）：

魏……武侯（原太子擊）浮西河而下，中流顧謂吳起曰："美哉山河之固，此魏國之寶也！"對曰："在德不在險。昔三苗氏，左洞庭，右彭蠡；德義不修，禹滅之。……由此觀之，在德不在險。"

山　戎

《資治通鑑》卷六　秦始皇帝三年（前244）：

先是時……燕北有東胡、山戎。

身　毒

《資治通鑑》卷一九　漢武帝元狩元年（前122）：

［張騫自月氏歸，述身毒方位、與漢距離，有蜀布，差近漢西南，可從西南覓道以通，及試，不獲。］（見"總錄——漢與西域"片，此不複）

《資治通鑑》卷二〇　漢武帝元鼎二年（前115）：

［張騫再出使西域，其副使經由烏孫導譯至身毒。］（見"總錄——漢與西域"片）

光旦：第一次通身毒。

蜀

《資治通鑑》卷一　周安王十五年（前387）：

　　秦伐蜀，取南鄭。

《資治通鑑》卷三　周慎靚王五年（前316）：

　　巴、蜀相攻擊，俱告急於秦。秦惠王欲伐蜀，以爲道險陿難至，而韓又來侵……司馬錯請伐蜀。張儀曰："不如伐韓。"……［伐韓，王業之始基也，而］不爭焉，顧爭於戎翟，去王業遠矣。"司馬錯曰："不然。……［同一爲王業也，］臣願先從事於易。夫蜀，西僻之國而戎翟之長也，有桀、紂之亂；以秦攻之，譬如使豺狼逐羣羊；得其地足以廣國，取其財足以富民，繕兵不傷衆而彼已服焉。拔一國而天下不以爲暴……而又有禁暴止亂之名。……不如伐蜀完。"王從錯計，起兵伐蜀；十月取之。貶蜀王，更號爲侯；而使陳莊相蜀。蜀既屬秦，秦以益強，富厚，輕諸侯。

　　　光旦：時蜀爲"戎翟之長"，言其最強大也。

《資治通鑑》卷三　周赧王四年（前311）：

　　蜀相殺蜀侯。

《資治通鑑》卷三　周赧王五年（前310）：

　　秦王使甘茂誅蜀相莊。

《資治通鑑》卷三　周赧王十四年（前301）：

　　蜀守煇叛秦，秦司馬錯往誅之。

《資治通鑑》卷一八　漢武帝元光五年（前130）：

　　［追叙建元六年（前135），唐蒙風曉南越，因得食蜀所出枸醬，知醬通過夜郎以入南越，從而建議以夜郎兵制南越之計。］（詳"總錄——漢與西南夷"片）

《資治通鑑》卷一八　漢武帝元光五年（前130）：

　　［唐蒙初通夜郎，將兵、食、輜重］從巴、蜀笮關入……還報，［初設］犍爲郡。發巴、蜀卒治道，自僰道指牂柯江，作者數萬人，士卒多物故；有逃亡者，用軍興法誅其渠率，巴、蜀民大驚恐。上聞之，使司馬相如責唐蒙等，因諭告巴、蜀民以非上意；相如還報。（互見"巴"片）

　　　光旦：曰"巴、蜀民"，然又曰"誅其渠率"，見巴、蜀人口雖已漸沾漢化，而稱民，然猶有其統率之渠帥，是基本上尚是非漢民族也。

《資治通鑑》卷一八　漢武帝元光五年（前130）：

　　［司馬相如之通西夷（邛、筰、冉駹、斯榆），］因巴、蜀吏幣物以賂［之］。

　　　　光旦：曰"因巴、蜀吏"，亦足徵當時巴、蜀之漢化程度尚不深，故得因之，曰"吏"，猶曰渠帥也。

《資治通鑑》卷一九　漢武帝元狩元年（前122）：

　　初，張騫自月氏還……言……"臣在大夏時，見邛竹杖、蜀布。"

斯　榆

《資治通鑑》卷一八　漢武帝元光五年（前130）：

　　［司馬相如通邛、筰、冉駹、斯榆。］（見"總錄——漢與西南夷"及"筰"片）

　　　《今釋》：大理府太和縣。

蘇　黊

《資治通鑑》卷二一　漢武帝元封六年（前105）：

　　……（見"總錄——漢與西域"片。）

烏　氏（戎）

《資治通鑑》卷六　秦始皇帝三年（前244）：

　　先是時……秦自……岐、梁、涇、漆之北有義渠、大荔、烏氏、朐衍之戎。

烏　孫

《資治通鑑》卷一四　漢文帝前六年（前174）：

　　匈奴單于遺漢書曰："……［右賢王不守兩主和好之約，擅］與漢吏相距。……故罰［之使擊滅月氏］，樓蘭、烏孫、呼揭及其旁二十六國，皆已爲匈奴，諸引弓之民并爲一家，北州以定。……"

《資治通鑑》卷一九　漢武帝元狩元年（前122）：

〔烏孫方位、風俗：〕大宛……東北則烏孫……行國，隨畜牧，與匈奴同俗。

《資治通鑑》卷二〇　漢武帝元鼎二年（前115）：

〔匈奴〕渾邪王既降漢，漢兵擊逐匈奴於幕北，自鹽澤以東空無匈奴，西域道可通。於是張騫建言："烏孫王昆莫本爲匈奴臣，後兵稍彊，不肯復朝事匈奴，匈奴攻不勝而遠之。今單于新困於漢，而故渾邪地空無人，蠻夷俗戀故地，又貪漢財物，今誠以此時厚幣賂烏孫，招以益東，居故渾邪之地，與漢結昆弟，其勢宜聽，聽則是斷匈奴右臂也。既連烏孫，自其西大夏之屬皆可招來而爲外臣。"天子以爲然……（騫使烏孫往返及烏孫聽否，見"總錄——漢與西域"，此處不重複。）

《資治通鑑》卷二一　漢武帝元封三年（前108）：

〔趙破奴、王恢虜樓蘭王，破車師，〕因舉兵威以困烏孫、大宛之屬。

《資治通鑑》卷二一　漢武帝元封六年（前105）：

烏孫使者見漢廣大，歸報其國，其國乃益重漢。匈奴聞烏孫與漢通，怒，欲擊之；又其旁大宛、月氏之屬皆事漢；烏孫於是恐，使使願得尚漢公主，爲昆弟。天子與羣臣議，許之。烏孫以千匹馬聘漢女。漢以江都王建女細君爲公主，往妻烏孫，贈送甚盛；烏孫王昆莫以爲右夫人。匈奴亦遣女妻昆莫，以爲左夫人。公主自治宮室居，歲時一再與昆莫會，置酒飲食。昆莫年老，言語不通，公主悲愁思歸，天子聞而憐之，間歲遣使者以帷帳錦繡給遺焉。昆莫曰："我老"，欲使其孫岑娶尚公主。公主不聽，上書言狀。天子報曰："從其國俗，欲與烏孫共滅胡。"岑娶遂妻公主。昆莫死，岑娶代立，爲昆彌。

《資治通鑑》卷二一　漢武帝太初三年（前102）：

烏孫、輪臺易苦漢使，爲外國笑，〔亦構成大宛必須討破之一原因。〕

扜　罙（一作罙）

《資治通鑑》卷二一　漢武帝元封六年（前105）：

……（見"總錄——漢與西域"片。）

西 南 夷

《資治通鑑》卷一八 漢武帝元光五年（前130）：

[通西南夷之勞費無功，與公孫弘之諫而未能罷。]（見"總錄——漢與西南夷"）

光旦：參看"西夷""南夷"片。

《資治通鑑》卷一九 漢武帝元狩元年（前122）：

[漢因求入身毒道，出冉、駹、徙、邛僰，北閉於氐、筰，南閉於嶲、昆明，又得初通滇國，]乃復事西南夷。（詳"總錄——漢與西南夷"）

西 甌 駱

見"甌駱"。

西 夷

《資治通鑑》卷一八 漢武帝元光五年（前130）：

[司馬相如通西夷。]

光旦：西夷，指邛、筰、冉駹、斯榆。《史記》之西南夷，《通鑑》分列爲西夷、南夷，南夷指唐蒙所通之夜郎及其旁近諸小邑。

《資治通鑑》卷一八 漢武帝元朔三年（前126）：

秋，罷西夷，獨置南夷夜郎兩縣、一都尉，稍令犍爲自葆就，專力城朔方。

光旦：從公孫弘議，而略有折扣，參"總錄——反窮兵論"片。"自葆"者，主要備西夷也。

徙

《資治通鑑》卷一九 漢武帝元狩元年（前122）：

[求入身毒之道四，其一]出徙。

雟

《資治通鑑》卷一九　漢武帝元狩元年（前122）：

〔由徙、邛僰求通身毒之道，〕南方閉雟、昆明。

小 月 氏

《資治通鑑》卷一九　漢武帝元狩二年（前121）：

夏，〔霍去病復攻匈奴，〕出北地……深入二千餘里……踰居延，過小月氏，至祁連山……

　　胡氏：匈奴破大月氏，月氏西擊大夏而臣之，其餘小衆不能去者保南山羌，號小月氏。

匈 奴

匈奴——與趙

《資治通鑑》卷六　秦始皇帝三年（前244）：

李牧者，趙之北邊良將也，嘗居代、鴈門備匈奴……〔與士卒〕爲約曰："匈奴即入盜，急入收保。有敢捕虜者斬！"匈奴每入，烽火謹，輒入收保不戰。如是數歲，亦不亡失。匈奴皆以爲怯，雖趙邊兵亦以爲吾將怯。趙王讓之，李牧如故。王怒，使佗人代之。歲餘，屢出戰，不利，多失亡，邊不得田畜。王復請李牧……李牧曰："必用臣，臣如前……"王許之。李牧至邊，如約。匈奴數歲無所得，終以爲怯。邊士……皆願一戰。於是乃具選車得千三百乘，選騎得萬三千匹，百金之士五萬人，彀者十萬人，悉勒習戰；大縱畜牧、人民滿野。匈奴小入，佯北不勝，以數十人委之。單于聞之，大率衆來入。李牧多爲奇陳，張左、右翼擊之，大破殺匈奴十餘萬騎。滅襜襤，破東胡，降林胡。單于奔走，十餘歲不敢近趙邊。……〔至〕戰國之末而匈奴始大。

　　光旦：此自是李牧前事，録在此年下耳。

　　光旦：據此段文字，襜襤、東胡、林胡，皆匈奴屬也。

　　光旦：未及樓煩，當是趙主父時已役屬之（"致其兵"）而臣服於趙之故，見"樓煩"片。

《資治通鑑》卷一五 漢文帝前十四年（前166）：

[馮唐對漢文帝，追論李牧，]"臣大父言：李牧爲趙將，居邊，軍市之租，皆自用饗士；賞賜決於外，不從中覆也。委任而責成功，故李牧乃得盡其智能；選車千三百乘，彀騎萬三千，百金之士十萬，是以北逐單于，破東胡，滅澹林……"

光旦：比較卷六秦始皇三年（前244）文，此言"澹林"，彼言"襜襤"，又有"林胡"，二處未統一，亦文字之疏。

胡氏：澹林即襜襤。

匈奴——與秦

《資治通鑑》卷七 秦始皇帝三十二年（前215）：

燕人盧生……使入海還，因奏《錄圖書》曰："亡秦者胡也。"始皇乃遣將軍蒙恬發兵三十萬人，北伐匈奴。

光旦：匈奴即胡，或胡之最主要者，由此可得肯定。

《資治通鑑》卷七 秦始皇帝三十三年（前214）：

蒙恬斥逐匈奴，收河南地爲四十四縣，築長城，因地形，用制險塞；起臨洮至遼東，延袤萬餘里。於是渡河，據陽山，逶迤而北。暴師於外十餘年，蒙恬常居上郡統治之；威振匈奴。

匈奴——與漢

《資治通鑑》卷一一 漢高祖六年（前201）：

春……徙韓王信王太原以北，備禦胡，都晉陽。信上書曰："國被邊，匈奴數入寇；晉陽去塞遠，請治馬邑。"上許之。

《資治通鑑》卷一一 漢高祖六年（前201）：

初，匈奴畏秦，北徙十餘年。及秦滅，匈奴復稍南度河。單于頭曼有太子曰冒頓。後有所愛閼氏，生少子，頭曼欲立之。是時，東胡彊而月氏盛，乃使冒頓質於月氏。既而頭曼急擊月氏，月氏欲殺冒頓。冒頓盜其善馬騎之，亡歸；頭曼以爲壯，令將萬騎。冒頓乃作鳴鏑，習勒其騎射。令曰："鳴鏑所射而不悉射者，斬之！"冒頓乃以鳴鏑自射其善馬，既又射其愛妻；左右或不敢射者，皆斬之。最後以鳴鏑射單于善馬，左右皆射之。於是冒頓知其可用；從頭曼獵，以鳴鏑射頭曼，其左右亦皆隨鳴鏑而射。遂殺頭曼，盡誅其後母與弟及大臣不聽從者。冒頓自立爲單于。

東胡聞冒頓立，乃使使謂冒頓："欲得頭曼時千里馬。"冒頓問羣臣，羣臣皆曰："此匈奴寶馬也，勿與！"冒頓曰："柰何與人鄰國而愛一馬乎！"遂與之。居頃之，東胡又使使謂冒頓："欲得單于一閼氏。"冒頓復問左右，左右皆怒曰："東胡無道，乃求閼氏！請擊之！"冒頓曰："柰何與人鄰國愛一女子乎！"遂取所愛閼氏予東胡。東胡王愈益驕。東胡與匈奴中間，有棄地莫居，千餘里，各居其邊，爲甌脫。東胡使使謂冒頓："此棄地，欲有之。"冒頓問羣臣，羣臣或曰："此棄地，予之亦可，勿與亦可。"於是冒頓大怒曰："地者，國之本也，柰何予之！"諸言予之者，皆斬之。冒頓上馬，令："國中有後出者斬！"遂襲擊東胡。東胡初輕冒頓，不爲備；冒頓遂滅東胡。

既歸，又西擊走月氏，南并樓煩、白羊河南王，遂侵燕、代，悉復收蒙恬所奪匈奴故地與漢關故河南塞至朝那、膚施。是時，漢兵方與項羽相距，中國罷於兵革，以故冒頓得自彊，控弦之士三十餘萬，威服諸國。

秋，匈奴圍韓王信於馬邑。信數使使胡，求和解。漢發兵救之；疑信數間使，有二心，使人責讓信。信恐誅，九月，以馬邑降匈奴。匈奴冒頓因引兵南踰句注，攻太原，至晉陽。

《資治通鑑》卷一一 漢高祖七年（前200）：

冬，[韓王]信[既]亡走匈奴，白土人曼丘臣、王黃等立趙苗裔趙利爲王，復……與信及匈奴謀攻漢。匈奴使左、右賢王將萬餘騎，與王黃等屯廣武以南，至晉陽。漢兵擊之，匈奴輒敗走。

已復屯聚，漢兵乘勝追之。會天大寒，雨雪，士卒墮指者什二三。

上居晉陽，聞冒頓居代谷，欲擊之。使人覘匈奴，冒頓匿其壯士、肥牛馬，但見老弱及羸畜。使者十輩來，皆言匈奴可擊。

上復使劉敬往使匈奴，未還；漢悉兵三十二萬北逐之，踰句注。劉敬還，報曰："兩國相擊，此宜夸矜，見所長；今臣往，徒見羸瘠、老弱，此必欲見短，伏奇兵以爭利。愚以爲匈奴不可擊也。"是時，漢兵已業行，[帝不聽]……

帝先至平城，兵未盡到；冒頓縱精兵四十萬騎，圍帝於白登七日，漢兵中外不得相救餉。帝用陳平祕計，使使間厚遺閼氏。閼氏謂冒頓曰："兩主不相困。今得漢地，而單于終非能居之也。且漢主亦有神靈，單于察之！"冒頓與王黃、趙利期，而黃、利兵不來，疑其與漢有謀，乃解圍之一角。

会天大雾，汉使人往来，匈奴不觉。陈平请令强弩傅两矢，外乡，从解角直出。帝出围，欲驱；太仆滕公固徐行。至平城，汉大军亦到。胡骑遂解去。汉亦罢兵归……

[同年冬，於汉兵罢归后，]匈奴攻代。代王喜（高祖兄）弃国自归。

《资治通鉴》卷一二 汉高祖八年（前199）：

匈奴冒顿数苦北边。上患之，问刘敬，刘敬曰："天下初定，士卒罢於兵，未可以武服也。冒顿杀父代立，妻羣母，以力为威，未可以仁义说也。独可以计久远，子孙为臣耳；然恐陛下不能为。"上曰："奈何？"对曰："陛下诚能以适长公主妻之，厚奉遗之，彼必慕，以为阏氏，生子，必为太子。陛下以岁时汉所馀、彼所鲜，数问遗，因使辩士风谕以礼节。冒顿在，固为子壻；死，则外孙为单于；岂尝闻外孙敢与大父抗礼者哉！可无战以渐臣也。若陛下不能遣长公主，而令宗室及后宫诈称公主，彼知，不肯贵近，无益也。"帝曰："善！"欲遣长公主。吕后日夜泣曰："妾唯太子、一女，奈何弃之匈奴！"上竟不能遣。

九年（前198）冬，上取家人子名为长公主，以妻单于；使刘敬往结和亲约。

刘敬从匈奴来，因言："匈奴河南白羊、楼烦王，去长安近者七百里，轻骑一日一夜可以至秦中。……"[因建移民实关中之策]。

《资治通鉴》卷一二 汉惠帝三年（前192）：

春……以宗室女为公主，嫁匈奴冒顿单于。是时，冒顿方强，为书，使使遗高后，辞极亵嫚。高后大怒，召将相大臣，议斩其使者，发兵击之。樊哙曰："臣愿得十万众横行匈奴中！"中郎将季布曰："哙可斩也！前匈奴围高帝於平城，汉兵三十二万，哙为上将军，不能解围。今歌吟之声未绝，伤夷者甫起，而哙欲摇动天下，妄言以十万众横行，是面谩也。且夷狄譬如禽兽，得其善言不足喜，恶言不足怒也。"高后曰："善！"令大谒者张释报书，深自谦逊以谢之，并遗以车二乘，马二驷。冒顿复使使来谢，曰："未尝闻中国礼义，陛下幸而赦之。"因献马，遂和亲。

《资治通鉴》卷一三 汉高后五年（前183）：

九月，发河东上党骑屯北地。

《资治通鉴》卷一三 汉高后六年（前182）：

匈奴寇狄道，攻阿阳。

《今释》：狄道，兰州府狄道州；阿阳，平凉府静宁州。

《资治通鉴》卷一四 汉文帝前三年（前177）：

五月，匈奴右賢王入居河南地，侵盜上郡保塞蠻夷，殺掠人民。上幸甘泉。遣丞相灌嬰發車騎八萬五千，詣高奴擊右賢王；發中尉材官屬衛將軍，軍長安。右賢王走出塞。……

　　《今釋》：延安膚施［即舊高奴］。

《資治通鑑》卷一四　漢文帝前六年（前174）：

　　淮南厲王長［初反］，令人使閩越、匈奴。（互見）

《資治通鑑》卷一四　漢文帝前六年（前174）：

　　匈奴單于遺漢書曰："前時，皇帝言和親事，稱書意，合歡。漢邊吏侵侮右賢王；右賢王不請，聽後義盧侯難支等計，與漢吏相距。絶二主之約，離兄弟之親，故罰右賢王，使之西求月氏擊之。以天之福，吏卒良，馬力強，以夷滅月氏，盡斬殺、降下，定之；樓蘭、烏孫、呼揭及其旁二十六國，皆已爲匈奴，諸引弓之民并爲一家，北州以定。願寑兵，休士卒，養馬，除前事，復故約，以安邊民。皇帝即不欲匈奴近塞，則且詔吏民遠舍。"

　　帝報書曰："單于欲除前事，復故約，朕甚嘉之！此古聖王之志也。漢與匈奴約爲兄弟，所以遺單于甚厚；倍約、離兄弟之親者，常在匈奴。然右賢王事已在赦前，單于勿深誅！單于若稱書意，明告諸吏，使無負約，有信，敬如單于書。"

　　後頃之，冒頓死，子稽粥立，號曰老上單于。老上單于初立，帝復遣宗室女翁主爲單于閼氏，使宦者燕人中行説傅翁主。説不欲行，漢強使之。説曰："必我也，爲漢患者！"

　　中行説既至，因降單于，單于甚親幸之。初，匈奴好漢繒絮、食物。中行説曰："匈奴人衆不能當漢之一郡，然所以強者，以衣食異，無仰於漢也。今單于變俗，好漢物；漢物不過什二，則匈奴盡歸於漢矣。"其得漢繒絮，以馳草棘中，衣袴皆裂敝，以示不如旃裘之完善也；得漢食物，皆去之，以示不如湩酪之便美也。於是説教單于左右疏記，以計課其人衆、畜牧。其遺漢書牘及印封，皆令長大，倨傲其辭，自稱"天地所生、日月所置、匈奴大單于"。漢使或訾咲匈奴俗無禮義者，中行説輒窮漢使曰："匈奴約束徑，易行；君臣簡，可久；一國之政，猶一體也。故匈奴雖亂，必立宗種。今中國雖云有禮義，及親屬益疏則相殺奪，以至易姓，皆從此類也。嗟！土室之人，顧無多辭，喋喋佔佔！顧漢所輸匈奴繒絮、米蘖，令其量中、必善美而已矣，何以言爲乎！且所給，備、善，則已；不備、苦惡，則候秋熟，以騎馳蹂而稼穡耳！"

《資治通鑑》卷一四 漢文帝前六年（前174）：

　　梁太傅賈誼上……治安之策，［歷陳可爲痛哭者一、流涕者二、長歎息者六，其可以流涕者之第一事曰，］"天下之勢方倒縣。凡天子者，天下之首。何也？上也。蠻夷者，天下之足。何也？下也。今匈奴嫚侮侵掠，至不敬也；而漢歲致金絮采繒以奉之。足反居上，首顧居下，倒縣如此，莫之能解，猶爲國有人乎？可爲流涕者此也。"

《資治通鑑》卷一五 漢文帝前十一年（前169）：

　　匈奴寇狄道。時匈奴數爲邊患，太子家令潁川鼂錯上言兵事，［主因地形與技藝與中國異，］以蠻夷攻蠻夷……（見"總錄——以夷制夷"片。）

《資治通鑑》卷一五 漢文帝前十一年（前169）：

　　時匈奴數爲邊患……［鼂］錯又上言（同年第二書）［主移民實邊以防胡。］

（另見"總錄——移民實邊"片）

《資治通鑑》卷一五 漢文帝前十四年（前166）：

　　冬，匈奴老上單于十四萬騎入朝那蕭關，殺北地都尉卬，虜人民畜產甚多；遂至彭陽，使奇兵入燒回中宮，候騎至雍甘泉。帝以中尉周舍、郎中令張武爲將軍，發車千乘、騎卒十萬軍長安旁，以備胡寇；而拜昌侯盧卿爲上郡將軍，甯侯魏遫爲北地將軍，隆慮侯周竈爲隴西將軍，屯三郡。上親勞軍，勒兵，申教令，賜吏卒，自欲征匈奴。羣臣諫，不聽；皇太后固要，上乃止。於是以東陽侯張相如爲大將軍，成侯董赤、內史欒布皆爲將軍，擊匈奴。單于留塞內月餘，乃去。漢逐出塞即還，不能有所殺。（卬，一説姓段，一説姓孫。）

《資治通鑑》卷一五 漢文帝前十四年（前166）：

　　［馮唐於漢文前面論漢文不知用將之道，謂其不能用如李牧一類之將材，以當時之魏尚爲例，］"臣聞魏尚爲雲中守，其軍市租盡以饗士卒，私養錢五日一椎牛，自饗賓客、軍吏、舍人，是以匈奴遠避，不近雲中之塞。虜曾一入，尚率車騎擊之，所殺甚衆。……［而］陛下下之吏，削其爵，罰作之。……"

　　　　光旦：魏尚蓋即學李牧者。

《資治通鑑》卷一五 漢文帝後二年（前162）：

　　匈奴連歲入邊，殺略人民、畜產甚多；雲中、遼東最甚，郡萬餘人。上患之，乃使使遺匈奴書。單于亦使當戶報謝，復與匈奴和親。

　　　　光旦：此"和親"自是廣義之和好，而不是劉敬最初所提出之通婚，參"總錄——和親"片。

《資治通鑑》卷一五　漢文帝後三年（前161）：

　　是歲，匈奴老上單于死，子軍臣單于立。

《資治通鑑》卷一五　漢文帝後六年（前158）：

　　冬，匈奴三萬騎入上郡，三萬騎入雲中，所殺略甚衆，烽火通於甘泉、長安。以中大夫令免爲車騎將軍，屯飛狐；故楚相蘇意爲將軍，屯句注；將軍張武屯北地；河内太守周亞夫爲將軍，次細柳；宗正劉禮爲將軍，次霸上；祝茲侯徐厲爲將軍，次棘門；以備胡。……月餘，漢兵至邊，匈奴亦遠塞，漢兵亦罷。

《資治通鑑》卷一五　漢景帝前元年（前156）：

　　四月……遣御史大夫青（陶青）至代下與匈奴和親。

《資治通鑑》卷一五　漢景帝前二年（前155）：

　　秋，與匈奴和親。

《資治通鑑》卷一六　漢景帝前三年（前154）：

　　[吳楚等七國之反，趙嘗使使入匈奴，約連兵，後吳楚敗，匈奴聞之，未入塞。]（見"總錄——通於夷"片）

《資治通鑑》卷一六　漢景帝前五年（前152）：

　　遣公主嫁匈奴單于。

　　　　光旦：應是軍臣單于。

《資治通鑑》卷一六　漢景帝中二年（前148）：

　　春二月，匈奴入燕。

《資治通鑑》卷一六　漢景帝中三年（前147）：

　　[漢制，據]高皇帝約，"非劉氏不得王，非有功不得侯。"……匈奴王徐盧等六人降，帝欲侯之以勸後。丞相[周]亞夫曰："彼背主降陛下，陛下侯之，則何以責人臣不守節者乎？"帝曰："丞相議不可用。"乃悉封徐盧等爲列侯。亞夫因謝病。……免。

《資治通鑑》卷一六　漢景帝中六年（前144）：

　　六月，匈奴入雁門，至武泉，入上郡，取苑馬；吏卒戰死者二千人。隴西李廣爲上郡太守，嘗從百騎出，卒遇匈奴數千騎，見廣，以爲誘騎，皆驚，上山陳。廣之百騎皆大恐，欲馳還走。廣曰："吾去大軍數十里，今如此以百騎走，匈奴追射我立盡。今我留，匈奴必以我爲大軍之誘，必不敢擊我。"廣令諸騎曰："前！"未到匈奴陳二里所，止，令曰："皆下馬解鞍！"其騎曰："虜多且近，即有急，柰何？"廣曰："彼虜以我爲走，今皆解鞍以示不走，用堅其意。"於是胡騎遂不敢擊。有白馬將出，護其兵；李廣上馬，與十餘騎奔，射殺白馬將而復還，至其騎中解鞍，令士皆縱馬臥。是時會暮，胡兵終怪之，不敢擊。夜半時，胡兵亦以爲漢有伏軍於旁，欲夜取之，胡皆引兵而去。平旦，李廣乃歸其大軍。

《資治通鑑》卷一六 漢景帝後二年（前142）：

三月，匈奴入鴈門，太守馮敬與戰，死。發車騎、材官屯鴈門。

《資治通鑑》卷一七 漢武帝建元六年（前135）：

匈奴來請和親，天子下其議。大行王恢，燕人也，習胡事，議曰："漢與匈奴和親，率不過數歲，即復倍約；不如勿許，興兵擊之。"韓安國曰："匈奴遷徙鳥舉，難得而制，自上古不屬爲人。今漢行數千里與之爭利，則人馬罷乏；虜以全制其敝，此危道也。不如和親。"羣臣議者多附安國，於是上許和親。

《資治通鑑》卷一七 漢武帝元光元年（前134）：

衛尉李廣爲驍騎將軍，屯雲中，中尉程不識爲車騎將軍，屯鴈門；六月，罷。廣與不識俱以邊太守將兵，有名當時。

光旦：此當是所以作和親之表示者。

《資治通鑑》卷一八 漢武帝元光二年（前133）：

鴈門馬邑豪聶壹，因大行王恢言："匈奴初和親，親信邊，可誘以利致之，伏兵襲擊，必破之道也。"上召問公卿。王恢曰："臣聞全代之時，北有彊胡之敵，內連中國之兵，然尚得養老、長幼，種樹以時，倉廩常實，匈奴不輕侵也。今以陛下之威，海內爲一；然匈奴侵盜不已者，無它，以不恐之故耳。臣竊以爲擊之便。"韓安國曰："臣聞高皇帝嘗圍於平城，七日不食；及解圍反位而無忿怒之心。夫聖人以天下爲度者也，不以己私怒傷天下之功，故遣劉敬結和親，至今爲五世利。臣竊以爲勿擊便。"恢曰："不然。高帝身被堅執銳，行幾十年，所以不報平城之怨者，非力不能，所以休天下之心也。今邊境數驚，士卒傷死，中國槥車相望，此仁人之所隱也。故曰擊之便。"安國曰："不然。臣聞用兵者以飽待飢，正治以待其亂，定舍以待其勞；故接兵覆衆，伐國墮城，常坐而役敵國，此聖人之兵也。今將卷甲輕舉，深入長敺，難以爲功；從行則迫脅，衡行則中絶，疾則糧乏，徐則後利，不至千里，人馬乏食。兵法曰：'遺人，獲也。'臣故曰勿擊便。"恢曰："不然。臣今言擊之者，固非發而深入也；將順因單于之欲，誘而致之邊，吾選梟騎、壯士陰伏而處以爲之備，審遮險阻以爲其戒。吾勢已定，或營其左，或營其右，或當其前，或絕其後，單于可禽，百全必取。"

上從恢議。夏六月，以御史大夫韓安國爲護軍將軍，衛尉李廣爲驍騎將軍，太僕公孫賀爲輕車將軍，大行王恢爲將屯將軍，太中大夫李息爲材官將軍，將車騎、材官三十餘萬匿馬邑旁谷中，約單于入馬邑縱兵。陰使聶壹爲間，亡入匈奴，謂單于曰："吾能斬馬邑令、丞，以城降，財物可盡得。"單于愛信，以爲然而許之。聶壹乃詐斬死罪囚，縣其頭馬邑城下示單于使者爲信，曰："馬邑長吏已死，可急來！"於是單于穿塞，將十萬騎入武州塞。未至馬邑百餘里，見畜布野而無人牧者，怪之。乃攻亭，得鴈門尉史，欲殺之；尉史乃告單于漢兵所居。單于大驚曰："吾固疑之。"乃引兵還，出曰："吾得尉史，天也！"以尉史爲天王。塞下傳言單于已去，漢兵追至塞，度弗及，乃皆罷兵。……〔天子責王恢，王恢自殺。〕

自是之後，匈奴絕和親，攻當路塞，往往入盜於漢邊，不可勝數；然尚貪樂關市，嗜漢財物；漢亦關市不絕以中其意。

《資治通鑑》卷一八　漢武帝元光六年（前129）：

匈奴入上谷，殺略吏民。遣車騎將軍衛青出上谷，騎將軍公孫敖出代，輕車將軍公孫賀出雲中，驍騎將軍李廣出鴈門，各萬騎，擊胡關市下。衛青至龍城，得胡首虜七百人；公孫賀無所得；公孫敖爲胡所敗，亡七千騎；李廣亦爲胡所敗。胡生得廣，置兩馬間，絡而盛臥，行十餘里；廣佯死，暫騰而上胡兒馬上，奪其弓，鞭馬南馳，遂得脫歸。漢下敖、廣吏，當斬，贖爲庶人……

秋，匈奴數盜邊，漁陽尤甚。以衛尉韓安國爲材官將軍，屯漁陽。

《資治通鑑》卷一八　漢武帝元朔元年（前128）：

秋，匈奴二萬騎入漢，殺遼西太守，略二千餘人，圍韓安國壁；又入漁陽、鴈門，各殺略千餘人。安國益東徙，屯北平；數月，病死。天子乃復召李廣，拜爲右北平太守。匈奴號曰"漢之飛將軍"，避之，數歲不敢入右北平。

車騎將軍衛青將三萬騎出鴈門，將軍李息出代；青斬首虜數千人。

《資治通鑑》卷一八　漢武帝元朔元年（前128）：

臨菑人主父偃……上書……言九事……一事諫伐匈奴（議論多，不錄，惟文中引(1)秦李斯諫始皇，(2)漢初御史成進諫高帝，勿伐匈奴，前似均未錄，二人諫語率爲後世所襲用，有必要時可查閱——光旦）。

《資治通鑑》卷一八　漢武帝元朔元年（前128）：

［嚴安上書諫窮兵四海，有曰，］"深入匈奴，燔其龍城。"

光旦：此元光六年，即上年事，衛青爲之，然上年只云青至龍城，未言燔。

《資治通鑑》卷一八　漢武帝元朔二年（前127）：

匈奴入上谷、漁陽，殺略吏民千餘人。遣衛青、李息出雲中以西至隴西，擊胡之樓煩、白羊王於河南，得胡首虜數千，牛羊百餘萬，走白羊、樓煩王，遂取河南地。……主父偃言："河南地肥饒，外阻河，蒙恬城之以逐匈奴，內省轉輸戍漕，廣中國，滅胡之本也。"上下公卿議，皆言不便。上竟用偃計，立朔方郡，使蘇建（衛青之校尉，本年從青擊匈奴有功，封平陵侯）興十餘萬人築朔方城，復繕故秦時蒙恬所爲塞，因河爲固。轉漕甚遠，自山東咸被其勞，費數十百鉅萬，府庫並虛；漢亦棄上谷之斗辟縣造陽地以予胡。……夏，募民徙朔方十萬口。

《資治通鑑》卷一八　漢武帝元朔三年（前126）：

冬，匈奴軍臣單于死，其弟左谷蠡王伊稚斜自立爲單于，攻破軍臣單于太子於單，於單亡降漢。……夏，四月，丙子，封匈奴太子於單爲涉安侯，數月而卒。

《資治通鑑》卷一八　漢武帝元朔三年（前126）：

［張騫歸自月氏，來去兩度爲匈奴遮留。］（見"月氏"片）

《資治通鑑》卷一八　漢武帝元朔三年（前126）：

匈奴數萬騎入塞，殺代郡太守恭，及略千餘人（六月前）。……匈奴又入鴈門，殺略千餘人（秋）。

《資治通鑑》卷一八　漢武帝元朔四年（前125）：

夏，匈奴入代郡、定襄、上郡，各三萬騎，殺略數千人。

《資治通鑑》卷一九　漢武帝元朔五年（前124）：

春……匈奴右賢王數侵擾朔方。天子令車騎將軍青將三萬騎出高闕，衛尉蘇建爲游擊將軍，左內史李沮爲彊弩將軍，太僕公孫賀爲騎將軍，代相李蔡爲輕車將軍，皆領屬車騎將軍，俱出朔方；大行李息、岸頭侯張次公爲將軍，俱出右北平；凡十餘萬人，擊匈奴。右賢王以爲漢兵遠，不能至，飲酒，醉。衛青等兵出塞六七百里，夜至，圍右賢王。右賢王驚，夜逃，獨與壯騎數百馳，潰圍北去。得右賢裨王十餘人，衆男女萬五千餘人，畜數十百萬，於是引兵而還。……（衛青以功封大將軍。）

秋，匈奴萬騎入代，殺都尉朱英，略千餘人。

《資治通鑑》卷一九　漢武帝元朔六年（前123）：

　　春，二月，大將軍青出定襄，擊匈奴；以合騎侯公孫敖爲中將軍，太僕公孫賀爲左將軍，翕侯趙信爲前將軍，衛尉蘇建爲右將軍，郎中令李廣爲後將軍，左内史李沮爲彊弩將軍，咸屬大將軍；斬首數千級而還，休士馬于定襄、雲中、鴈門。……

　　夏，四月，衛青復將六將軍出定襄，擊匈奴，斬首虜萬餘人。右將軍建、前將軍信并軍三千餘騎獨逢單于兵，與戰一日餘，漢兵且盡。信故胡小王，降漢，漢封爲翕侯，及敗，匈奴誘之，遂將其餘騎可八百降匈奴。建盡亡其軍，脱身亡，自歸……

　　霍去病……〔嘗〕再從大將軍擊匈奴，爲票姚校尉。〔及此役，〕與輕勇騎八百，直棄大軍數百里，赴利，斬捕首虜過當。……斬首虜二千餘級，得相國、當户，斬單于大父行籍若侯産，生捕季父羅姑……上谷太守郝賢四從大將軍，捕斬首虜二千餘級……

　　單于既得翕侯，以爲自次王，用其姊妻之，與謀漢。信教單于益北絶幕，以誘罷漢兵，徼極而取之，無近塞。單于從其計。

　　是時，漢比歲發十餘萬衆擊胡，斬捕首虜之士受賜黃金二十餘萬斤，而漢軍士馬死者十餘萬，兵甲轉漕之費不與焉。於是大司農經用竭，不足以奉戰士。六月，詔令民得買爵……名曰武功爵……諸買武功爵至千夫者，得先除爲吏。吏道雜而多端，官職耗廢矣。

《資治通鑑》卷一九　漢武帝元狩元年（前122）：

　　夏……匈奴萬人入上谷，殺數百人。

《資治通鑑》卷一九　漢武帝元狩元年（前122）：

　　〔張騫述匈奴西境所至。〕（見"總錄——漢與西域"片）

《資治通鑑》卷一九　漢武帝元狩二年（前121）：

　　霍去病爲票騎將軍，將萬騎出隴西，擊匈奴，歷五王國，轉戰六日，過焉支山千餘里，殺折蘭王，斬盧侯王，執渾邪王子及相國、都尉，獲首虜八千九百餘級，收休屠王祭天金人。……（春）

　　夏，去病復與合騎侯公孫敖將數萬騎俱出北地，異道。衛尉張騫、郎中令李廣俱出右北平，異道。廣將四千騎先行，可數百里，騫將萬騎在後。匈奴左賢王將四萬騎圍廣，廣軍士皆恐；廣乃使其子敢獨與數十騎馳貫胡騎，出其左右而還，告廣曰："胡虜易與耳！"軍士乃安。

广爲圜陳，外嚮，胡急擊之，矢下如雨，漢兵死者過半，漢矢且盡。廣乃令士持滿毋發，而廣身自以大黃射其裨將，殺數人，胡虜益解。會日暮，吏士皆無人色，而廣意氣自如，益治軍，軍中皆服其勇。明日，復力戰，死者過半，所殺亦過當。會博望侯軍亦至，匈奴軍乃解去。漢軍罷，弗能追，罷歸。……

而票騎將軍去病深入二千餘里，與合騎侯失，不相得。票騎將軍踰居延，過小月氏，至祁連山，得單桓、酋涂王，及相國、都尉以衆降者二千五百人，斬首虜三萬二百級，獲裨小王七十餘人。……

匈奴入代、鴈門，殺略數百人。……

秋，匈奴渾邪王降。是時，單于怒渾邪王、休屠王居西方爲漢所殺虜數萬人，欲召誅之。渾邪王與休屠王恐，謀降漢，先遣使向邊境要遮漢人，令報天子。是時，大行李息將城河上，得渾邪王使，即馳傳以聞。天子聞之，恐其以詐降而襲邊，乃令票騎將軍將兵往迎之。休屠王後悔，渾邪王殺之，并其衆。票騎既渡河，與渾邪王衆相望。渾邪王裨將見漢軍，而多不欲降者，頗遁去。票騎乃馳入，得與渾邪王相見，斬其欲亡者八千人，遂獨遣渾邪王乘傳先詣行在所，盡將其衆渡河。降者四萬餘人，號稱十萬。既至長安，天子所以賞賜者數十巨萬，封渾邪王萬户，爲漯陰侯，封其裨王呼毒尼等四人皆爲列侯……

渾邪之降也，漢發車二萬乘以迎之，縣官無錢，從民貰馬……馬不具。上怒，欲斬長安令，右內史汲黯[諫]曰："……匈奴畔其主而降漢，漢徐以縣次傳之，何至令天下騷動，罷敝中國而以事夷狄之人乎！"上默然。及渾邪至，買人與市者坐當死五百餘人，黯[又諫]曰："夫匈奴攻當路塞，絶和親，中國興兵誅之，死傷者不可勝計，而費以巨萬百數。臣愚以爲陛下得胡人，皆以爲奴婢，以賜從軍死事者家，所鹵獲，因予之，以謝天下之苦，塞百姓之心。今縱不能，渾邪率數萬之衆來降，虛府庫賞賜，發良民侍養，譬若奉驕子，愚民安知市買長安中物，而文吏繩以爲闌出財物于邊關乎！陛下縱不能得匈奴之資以謝天下，又以微文殺無知者五百餘人，是所謂'庇其葉而傷其枝'者也，臣竊爲陛下不取也。"上默然不許……

居頃之，乃分徙降者邊五郡故塞外，而皆在河南，因其故俗爲五屬國。而金城河西，西並南山至鹽澤，空無匈奴，匈奴時有候者到而希矣。

休屠王太子日磾與母閼氏、弟倫俱没入官，輸黄門養馬。久之……拜爲馬監，遷侍中、駙馬都尉、光禄大夫。……上甚信愛之……出則驂乘，入侍左右。

贵戚多竊怨曰："陛下妄得一胡兒，反貴重之。"……以休屠作金人爲祭天主，故賜曰磾姓金氏。

《資治通鑑》卷一九　漢武帝元狩三年（前120）：

秋，匈奴入右北平、定襄，各數萬騎，殺略千餘人。

《資治通鑑》卷一九　漢武帝元狩三年（前120）：

漢既得渾邪王地，隴西、北地、上郡益少胡寇，詔減三郡戍卒之半，以寬天下之繇。

《資治通鑑》卷一九　漢武帝元狩四年（前119）：

春……上與諸將議曰："翕侯趙信爲單于畫計，常以爲漢兵不能度幕輕留，今大發士卒，其勢必得所欲。"乃粟馬十萬，令大將軍青、票騎將軍去病各將五萬騎，私負從馬復四萬匹，步兵轉者踵軍後又數十萬人，而敢力戰深入之士皆屬票騎。票騎始爲出定襄，當單于；捕虜言單于東，乃更令票騎出代郡，令大將軍出定襄。……

趙信爲單于謀曰："漢兵既度幕，人馬罷，匈奴可坐收虜耳。"乃悉遠北其輜重，以精兵待幕北。

大將軍青既出塞，捕虜知單于所居，乃自以精兵走之……出塞千餘里，度幕，見單于兵陳而待。於是大將軍令武剛車自環爲營，而縱五千騎往當匈奴；匈奴亦縱可萬騎。會日且入，大風起，沙礫擊面，兩軍不相見，漢益縱左右翼繞單于。單于視漢兵多而士馬尚彊，自度戰不能如漢兵，單于遂乘六騾，壯騎可數百，直冒漢圍，西北馳去。時已昏，漢、匈奴相紛拏，殺傷大當。漢軍左校捕虜言，單于未昏而去，漢軍發輕騎夜追之，大將軍軍因隨其後，匈奴兵亦散走。遲明，行二百餘里，不得單于，捕斬首虜萬九千級，遂至寘顔山趙信城，得匈奴積粟食軍，留一日，悉燒其城餘粟而歸。……

單于之遁走，其兵往往與漢兵相亂而隨單于，單于久不與其大衆相得。其右谷蠡王以爲單于死，乃自立爲單于。十餘日，真單于復得其衆，而右谷蠡王乃去其單于號。

票騎將軍……出代、右北平二千餘里，絶大幕，直左方兵，獲屯頭王、韓王等三人，將軍、相國、當户、都尉八十三人，封狼居胥山，禪於姑衍，登臨瀚海，卤獲七萬四百四十三級。……

兩軍之出塞，塞閲官及私馬凡十四萬匹，而復入塞者不滿三萬匹……

天子爲[票騎]治第……對曰："匈奴未滅，無以家爲也！"……

是時，漢所殺虜匈奴合八九萬，而漢士卒物故亦數萬。

是後匈奴遠遁，而幕南無王庭。

漢度河自朔方以西至令居，往往通渠，置田官，吏卒五六萬人，稍蠶食匈奴以北；然亦以馬少，不復大出擊匈奴矣。

匈奴用趙信計，遣使於漢，好辭請和親。天子下其議，或言和親，或言遂臣之。丞相長史任敞曰："匈奴新破困，宜可使爲外臣，朝請於邊。"漢使任敞於單于，單于大怒，留之不遣。是時，博士狄山議以爲和親便……上遣山乘障，[無使虜入盜；]至月餘，匈奴斬山頭而去。

《資治通鑑》卷二○　漢武帝元鼎二年（前115）：

渾邪王既降漢，漢兵擊逐匈奴於幕北，自鹽澤以東空無匈奴，西域道可通。於是張騫建言[先通烏孫，諭其東歸渾邪王故地，以斷匈奴右臂；更從烏孫通其它西域諸國]（全文見"總錄——漢與西域"）。

[烏孫與匈奴前後關係。]（亦詳"總錄——漢與西域"片）

[西域三十六國]故皆役屬匈奴，匈奴西邊日逐王，置僮僕都尉，使領西域，[都尉]常居焉耆、危須、尉黎間，賦稅諸國，取富給焉。

烏孫王既不肯東還，漢乃於渾邪王故地置酒泉郡，稍發徙民以充實之；後又分置武威郡，以絶匈奴與羌通之道。

《資治通鑑》卷二○　漢武帝元鼎三年（前114）：

是歲，匈奴伊穉斜單于死，子烏維單于立。

《資治通鑑》卷二○　漢武帝元鼎五年（前112）：

西羌衆十萬人反，與匈奴通使，攻故安，圍枹罕。匈奴入五原，殺太守。

　　　　光旦：匈奴與羌合作。

《資治通鑑》卷二○　漢武帝元鼎六年（前111）：

[匈奴數遮漢西域使，漢發兵欲斥逐之，無所遇。]（見"總錄——漢與西域"片）

《資治通鑑》卷二○　漢武帝元封元年（前110）：

冬，十月，下詔曰："……朕將巡邊垂，躬秉武節，置十二部將軍，親帥師焉。"乃行，自雲陽，北歷上郡、西河、五原，出長城，北登單于臺，至朔方，臨北河；勒兵十八萬騎，旌旗徑千餘里，以見武節，威匈奴。遣使者郭吉告單于曰："南越王頭已縣於漢北闕。今單于能戰，天子自將待邊；不能，即南面而臣於漢，何徒遠走亡匿於幕北，寒苦無水草之地，毋爲也！"語卒而單于大怒，立斬主客見者，而留郭吉，遷之北海上。然匈奴亦讋，終不敢出。上乃還。
《資治通鑑》卷二一 漢武帝元封四年（前107）：

匈奴自衛、霍度幕以來，希復爲寇，遠徙北方，休養士馬，習射獵，數使使於漢，好辭甘言求請和親。

漢使北地人王烏等窺匈奴，烏從其俗，去節入穹廬，單于愛之，佯許甘言，爲遣其太子入漢爲質。漢使楊信於匈奴，信不肯從其俗，單于曰："故約漢嘗遣翁主，給繒絮食物有品，以和親，而匈奴亦不擾邊。今乃欲反古，令吾太子爲質，無幾矣。"信既歸，漢又使王烏往，而單于復諂以甘言，欲多得漢財物，紿謂王烏曰："吾欲入漢見天子面，相約爲兄弟。"

王烏歸報漢，漢爲單于築邸于長安。匈奴曰："非得漢貴人使，吾不與誠語。"匈奴使其貴人至漢，病，漢予藥，欲愈之，不幸而死。漢使路充國佩二千石印綬往使，因送其喪，厚葬，直數千金，曰："此漢貴人［之喪葬具］也。"單于以爲漢殺吾貴使者，乃留路充國不歸。諸所言者，單于特空給王烏，殊無意入漢及遣太子。

於是匈奴數使奇兵侵犯漢邊。乃拜郭昌爲拔胡將軍，及浞野侯屯朔方以東，備胡。

> 光旦：朔方以西已無復問題，所謂已斷右臂也。

《資治通鑑》卷二一 漢武帝元封六年（前105）：

［烏孫遣使通漢，］匈奴聞［之］，怒，欲擊之。［既而又知漢以公主妻烏孫王昆莫，］匈奴亦遣女妻昆莫，以爲左夫人。……

> 光旦：此條中亦言，武帝命公主從烏孫之俗，再妻昆莫之孫岑娶，如此結好於烏孫，則可與共滅匈奴，詳"烏孫"片。

《資治通鑑》卷二一 漢武帝元封六年（前105）：

西域以近匈奴，常畏匈奴使，待之過於漢使焉。

《資治通鑑》卷二一 漢武帝元封六年（前105）：

是歲，匈奴烏維單于死，子烏師廬立，年少，號"兒單于"。自此之後，單于益西北徙，左方兵直雲中，右方直酒泉、敦煌郡。

《資治通鑑》卷二一 漢武帝太初元年（前104）：

匈奴兒單于好殺伐，國人不安；又有天災，畜多死。左大都尉使人間告漢曰："我欲殺單于降漢，漢遠，即兵來迎我，我即發。"上乃遣因杅將軍公孫敖築塞外受降城以應之。

《資治通鑑》卷二一 漢武帝太初二年（前103）：

　　上猶以受降城去匈奴遠，遣浚稽將軍趙破奴將二萬餘騎出朔方西北二千餘里，期至浚稽山而還。浞野侯既至期，左大都尉欲發而覺，單于誅之，發左方兵擊浞野侯。浞野侯行捕首虜，得數千人，還，未至受降城四百里，匈奴兵八萬騎圍之。浞野侯夜自出求水，匈奴間捕生得浞野侯，因急擊其軍，軍吏畏亡將而誅，莫相勸歸者，軍遂沒於匈奴。兒單于大喜，因遣奇兵攻受降城，不能下，乃寇入邊而去。

《資治通鑑》卷二一 漢武帝太初三年（前102）：

　　匈奴兒單于死，子年少，匈奴立其季父右賢王呴犁湖爲單于。

《資治通鑑》卷二一 漢武帝太初三年（前102）：

　　上遣光祿勳徐自爲出五原塞數百里，遠者千餘里，築城、障、列亭，西北至盧朐，而使游擊將軍韓說、長平侯衛伉屯其旁；使彊弩都尉路博德築居延澤上。

　　秋，匈奴大入定襄、雲中，殺略數千人，敗數二千石而去，行破壞光祿所築城、列亭、障；又使右賢王入酒泉、張掖，略數千人。會軍正任文擊救，盡復失所得而去。

《資治通鑑》卷二一 漢武帝太初三年（前102）：

　　［浞野既敗沒，漢公卿初有舍大宛而專致力於匈奴之議，武帝堅欲伐宛，故此議不行。］（見"大宛"片）

《資治通鑑》卷二一 漢武帝太初四年（前101）：

　　匈奴聞貳師征大宛，欲遮之，貳師兵盛，不敢當，即遣騎因樓蘭候漢使後過者，欲絕勿通。時漢軍正任文將兵玉門關，捕得生口，知狀以聞。上詔文便道引兵捕樓蘭王，將詣闕……（下見"樓蘭"片。）亦因使候司（伺）匈奴。匈奴自是不甚親信樓蘭。

《資治通鑑》卷二一 漢武帝太初四年（前101）：

　　冬……匈奴呴犁湖單于死，匈奴立其弟左大都尉且鞮侯爲單于。天子欲因伐宛之威遂困胡，乃下詔曰："高皇帝遺朕平城之憂，高后時，單于書絕悖逆。昔齊襄公復九世之讎，《春秋》大之。"且鞮侯單于初立，恐漢襲之，乃曰："我兒子，安敢望漢天子，漢天子，我丈人行也。"因盡歸漢使之不降者路充國等，使使來獻。

《資治通鑑》卷二一 漢武帝天漢元年（前100）：

上嘉匈奴單于之義，遣中郎將蘇武送匈奴使留在漢者，因厚賂單于，答其善意。武與副中郎將張勝及假吏常惠等俱，既至匈奴，置幣遺單于。單于益驕，非漢所望也。

會緱王與長水虞常等及衛律所將降者，陰相與謀劫單于母閼氏歸漢。衛律者，父故長水胡人，律善協律都尉李延年，延年薦言律使於匈奴，使還，聞延年家收，遂亡降匈奴。單于愛之，與謀國事，立爲丁靈王。虞常在漢時素與副張勝相知，私候勝曰："聞漢天子甚怨衛律，常能爲漢伏弩射殺之。吾母、弟在漢，幸蒙其賞賜。"張勝許之，以貨物與常。

後月餘，單于出獵，獨閼氏、子弟在，虞常等七十餘人欲發，其一人夜亡告之。單于子弟發兵與戰，緱王等皆死，虞常生得。單于使衛律治其事。

張勝聞之，恐前語發，以狀語武。武曰："事如此，此必及我，見犯乃死，重負國。"欲自殺，勝、惠共止之。虞常果引張勝。單于怒，召諸貴人議，欲殺漢使者。左伊秩訾曰："即謀單于，何以復加！宜皆降之。"單于使衛律召武受辭。武謂惠等："屈節辱命，雖生，何面目以歸漢！"引佩刀自刺。衛律驚，自抱持武，馳召醫，鑿地爲坎，置熅火，覆武其上，蹈其背以出血。武氣絶，半日復息。惠等哭，輿歸營。單于壯其節，朝夕遣人候問武，而收繫張勝。武益愈，單于使使曉武，欲降之，會論虞常，欲因此時降武；劍斬虞常已，律曰："漢使張勝謀殺單于近臣，當死，單于募降者赦罪。"舉劍欲擊之，勝請降。律謂武曰："副有罪，當相坐。"武曰："本無謀，又非親屬，何謂相坐！"復舉劍擬之，武不動。律曰："蘇君，律前負漢歸匈奴，幸蒙大恩賜號稱王，擁衆數萬，馬畜彌山，富貴如此！蘇君今日降，明日復然；空以身膏草野，誰復知之！"武不應。律曰："君因我降，與君爲兄弟；今不聽吾計，後雖欲復見我，尚可得乎！"武罵律曰："汝爲人臣子，不顧恩義，畔主背親，爲降虜於蠻夷，何以汝爲見！且單于信汝，使決人死生，不平心持正，反欲鬭兩主，觀禍敗。南越殺漢使者，屠爲九郡；宛王殺漢使者，頭縣北闕；朝鮮殺漢使者，即時誅滅；獨匈奴未耳。若知我不降明，欲令兩國相攻，匈奴之禍從我始矣。"律知武終不可脅，白單于，單于愈益欲降之。乃幽武置大窖中，絶不飲食；天雨雪，武臥，齧雪與旃毛并咽之，數日不死。匈奴以爲神，乃徙武北海上無人處，使牧羝，曰"羝乳乃得歸。"別其官屬常惠等，各置他所。

《資治通鑑》卷二一　漢武帝天漢元年（前100）：

浞野侯趙破奴自匈奴亡歸。

《資治通鑑》卷二一 漢武帝天漢二年（前99）：

夏五月，遣貳師將軍廣利以三萬騎出酒泉，擊右賢王於天山，得胡首虜萬餘級而還。匈奴大圍貳師將軍，漢軍乏食數日，死傷者多。假司馬隴西趙充國與壯士百餘人潰圍陷陳，貳師引兵隨之，遂得解。漢兵物故什六七，充國身被二十餘創。……帝親……視其創……拜爲中郎。

漢復使因杅將軍敖出西河，與強弩都尉路博德會涿涂山，無所得。

初，李廣有孫陵，爲侍中，善騎射……帝以爲有廣之風，拜騎都尉，使將丹陽、楚人五千人，教射酒泉、張掖以備胡。及貳師擊匈奴，上詔陵，欲使爲貳師將輜重。陵叩頭自請曰："臣所將屯邊者，皆荊楚勇士、奇材劍客也，力扼虎，射命中，願得自當一隊，到蘭干山南以分單于兵，毋令專鄉貳師軍。"上曰："將惡相屬邪！吾發軍多，無騎予女。"陵對："無所事騎，臣願以少擊衆，步兵五千人涉單于庭。"上壯而許之，因詔路博德將兵半道迎陵軍。博德亦羞爲陵後距，奏言："方秋，匈奴馬肥，未可與戰，願留陵至春俱出。"上怒，疑陵悔不欲出而教博德上書，乃詔博德引兵擊匈奴於西河。詔陵以九月發，出遮虜障，至東浚稽山南龍勒水上，徘徊觀虜，即亡所見，還，抵受降城休士。陵於是將其步卒五千人，出居延，北行三十日，至浚稽山止營，舉圖所過山川地形，使麾下騎陳步樂還以聞。……

陵至浚稽山，與單于相值，騎可三萬圍陵軍，軍居兩山間，以大車爲營。陵引士出營外爲陳，前行持戟、盾，後行持弓、弩。虜見漢軍少，直前就營。陵搏戰攻之，千弩俱發，應弦而倒，虜還走上山，漢軍追擊，殺數千人。單于大驚，召左、右地兵八萬餘騎攻陵。陵且戰且引南行，數日，抵山谷中，連戰，士卒中矢傷，三創者載輦，兩創者將車，一創者持兵戰，復斬首三千餘級。引兵東南，循故龍城道行，四五日，抵大澤葭葦中，虜從上風縱火，陵亦令軍中縱火以自救。南行至山下，單于在南山上，使其子將騎擊陵。陵軍步鬬樹木間，復殺數千人，因發連弩射單于，單于下走。是日捕得虜，言"單于曰：'此漢精兵，擊之不能下，日夜引吾南近塞，得無有伏兵乎？'諸當戶君長皆言：'單于自將數萬騎擊漢數千人不能滅，後無以復使邊臣，令漢益輕匈奴。復力戰山谷間，尚四五十里，得平地，不能破，乃還。'"

是時陵軍益急，匈奴騎多，戰一日數十合，復傷殺虜二千餘人。虜不利，欲去，會陵軍候管敢爲校尉所辱，亡降匈奴，具言："陵軍無後救，射矢且盡，獨將軍麾下及校尉成安侯韓延年各八百人爲前行，以黃與白爲幟；當使精騎射之即破矣。"單于得敢大喜,使騎並攻漢軍,疾呼曰:"李陵、韓延年趣降!"遂遮道急攻陵。陵居谷中,虜在山上,四面射,矢如雨下。漢軍南行,未至鞮汗山,一日五十萬矢皆盡,即棄車去。士尚三千餘人,徒斬車輻而持之,軍吏持尺刀,抵山,入陿谷,單于遮其後,乘隅下壘石,士卒多死,不得行。昏後,陵便衣獨步出營,止左右:"毋隨我,丈夫一取單于耳!"良久,陵還,太息曰:"兵敗,死矣!"於是盡斬旌旗,及珍寶埋地中。陵歎曰:"復得數十矢,足以脫矣。今無兵復戰,天明,坐受縛矣,各鳥獸散,猶有得脫歸報天子者。"令軍士人持二升糒、一片冰,期至遮虜障者相待。夜半時,擊鼓起士,鼓不鳴。陵與韓延年俱上馬,壯士從者十餘人,虜騎數千追之,韓延年戰死。陵曰:"無面目報陛下!"遂降。軍人分散,脫至塞者四百餘人。陵敗處去塞百餘里,邊塞以聞。……上……遣使勞賜陵餘軍得脫者。……

是歲,以匈奴降者介和王成娩爲開陵侯,將樓蘭國兵擊車師;匈奴遣右賢王將數萬騎救之,漢兵不利,引去。

《資治通鑑》卷二二 漢武帝天漢三年(前98):

秋,匈奴入鴈門。太守坐畏慄棄市。

《資治通鑑》卷二二 漢武帝天漢四年(前97):

發天下七科謫及勇敢士,遣貳師將軍李廣利將騎六萬、步兵七萬出朔方;強弩都尉路博德將萬餘人與貳師會;游擊將軍韓説將步兵三萬人出五原;因杅將軍公孫敖將騎萬、步兵三萬人出鴈門。匈奴聞之,悉遠其累重於余吾水北;而單于以兵十萬待水南,與貳師接戰。貳師解而引歸,與單于連鬬十餘日。游擊無所得。因杅與左賢王戰,不利,引歸。時上遣敖深入匈奴迎李陵,敖軍無功還,因曰:"捕得生口,言李陵教單于爲兵以備漢軍,故臣無所得。"上於是族陵家。既而聞之,乃漢將降匈奴者李緒,非陵也。陵使人刺殺緒。大閼氏欲殺陵,單于匿之北方;大閼氏死,乃還。單于以女妻陵,立爲右校王,與衛律皆貴用事。衛律常在單于左右;陵居外,有大事乃入議。

《資治通鑑》卷二二 漢武帝太始元年(前96):

是歲,匈奴且鞮侯單于死;有兩子,長爲左賢王,次爲左大將。左賢王未至,貴人以爲有病,更立左大將爲單于。左賢王聞之,不敢進;左大將使人召左賢王而讓位焉。左賢王辭以病,左大將不聽,謂曰:"即不幸死,傳之於我。"左賢王許之,遂立,爲狐鹿姑單于;以左大將爲左賢王。數年,病死;其子先賢撣不得代,更以爲日逐王。單于自以其子爲左賢王。

胡氏：師古曰，日逐王居匈奴西邊，以日入於西，故以爲名。至宣帝神爵二年，揮來降。

朐衍

《資治通鑑》卷六 秦始皇帝三年（前244）：
　　先是時……秦自……岐、梁、涇、漆之北有義渠、大荔、烏氏、朐衍之戎。

嚴

《資治通鑑》卷一四 漢文帝前五年（前175）：
　　四月，［賈誼、賈山上書諫］使民得自鑄［錢］……是時，太中大夫鄧通方寵幸，上欲其富，賜之蜀嚴道銅山，使鑄錢。
　　《今釋》：嚴道，雅州府榮經縣北。
　　光旦：漢制，縣有蠻夷曰道，是"嚴"亦蠻夷之稱也。果何種蠻夷乎？前後似未復有所聞。疑即初見於《史記·西南夷傳》之"冉駹"，"嚴"即"冉"之同音異寫耳。
　　自其所居地爲漢人所有，從而設爲縣邑，又從而有銅礦之採冶，其人必有移徙出境者。其東入川東者，成爲巴人中之冉姓，以南北朝末年爲盛；宇文周時陸騰大力鎮壓後，部分轉入川東南酉陽地區，成爲自唐至清初之"冉家蠻"。漢唐間，漢化而被委爲地方官吏之巴人中多嚴姓，近代早經漢化之湘西土家人中亦往往有此姓，例如世與向姓通婚、《苗防備覽》作者嚴如熤——應皆是東移"嚴"人之後。

《資治通鑑》卷一四 漢文帝前六年（前174）：
　　淮南厲王長……反……事覺……廢……徙處蜀郡嚴道邛郵（未至雍，不食死）。

奄蔡

《資治通鑑》卷一九 漢武帝元狩元年（前122）：
　　［張騫歸述］奄蔡［爲］行國，隨畜牧，與匈奴同。

《資治通鑑》卷二〇 漢武帝元鼎二年（前115）：

[張騫第二次通西域，其副使似曾至奄蔡。]（見"總錄——漢與西域"片）

瑤

[瑤？]

《資治通鑑》卷一二 漢惠帝三年（前192）：

夏，五月，立閩越君搖爲東海王。搖與無諸，皆越王句踐之後也，從諸侯滅秦，功多，其民便附，故立之。都東甌，世號東甌王。

光旦：搖與其所領之主體人口疑爲莫徭之族，即今日瑤與畲之先；當地更早之居民則爲甌，莫徭後來居上，吸收其大部分，猶湘、黔苗於當地之仡佬然，"甌"即"仡"也。作此推測之理由：

1. "搖"非個別人名，而是族名；

2. 如所領悉爲甌、越之人，則已有閩越王無諸在，足以統攝，無別立此之必要；

3. 畲之先渡江而南，遠者不可知，徐偃敗之後，大批南入越人地帶，則可以推而知之。自周穆王年代之此，垂九百年，除部分同化於越人外，必已有足够之數量，以自樹立，以至進而同化部分越人、甌人。

4. 東漢至唐之山越、唐至宋之山都、宋至今日之畲，一脈相繩，一貫以浙之溫、處，閩之福安（今專區）爲其主要聚居區之一，今畲族二十餘萬人，絕大部分仍生聚於此，且一貫亦以瑤自稱。溫、處、福安即東甌地，可不待贅言。

繇

《資治通鑑》卷一七 漢武帝建元六年（前135）：

[閩越擊南越，漢發兵救南越，未逾嶺，閩越餘善殺王郢降，漢罷兵，]詔……曰："郢等首惡，獨無諸孫繇君丑不與謀焉。"乃使中郎將立丑爲越繇王，奉閩越先祭祀。

光旦：曰"繇君丑"，曰"越繇王"，明"繇"非個人之專名，而一族之專名，個人之專名則"丑"也。繇君丑者，繇人中之首領或君長名丑也。越繇王者，越地繇人之君長受立爲王也。然則繇人無它，即後世之莫徭、傜、猺、瑶人也。

  光旦：古繇字通由字，故三國有"由"人，《吴書·黄蓋傳》："巴、醴、由、誕"四種人之一，皆在武陵郡。

  光旦：曰"無諸孫"，曰"奉閩越先祭祀"，亦以訛傳訛耳。後世多有其例，了不足怪。瑶畬之屬自北移南，且所入爲"越"地，當其初，矛盾必多，及主客之形勢日即於模糊不清，瑶畬之族乃亦自承爲"越"後。漢人各地姓系，以"野"爲"家"，初則相争，久而彼此及第三者亦不甚分辨，亦此類也。"徐戎"成爲"山越"，亦即由此而來。

  光旦：惠帝三年（卷一二）有閩越王摇，雖表現爲個人專名，疑本亦族稱，傳訛爲個人之名者，如推測不誤，則 Yao 之稱可推至前二世紀之初（前192）。

  光旦：繇亦通徭或傜，徭役亦可作繇役。《通鑑》卷一九，武帝元狩三年（前120）有曰，"以寬天下之繇"，可證。

《資治通鑑》卷二〇 漢武帝元封元年（前110）：

  ［漢攻東越（即閩越），］越建成侯敖與繇王居股殺餘善，以其衆降。上封……居股爲東成侯……上……詔諸將悉徙其民於江、淮之間，遂虚其地。

  光旦：居股既降，又封爲侯，北徙江淮，其衆當亦在内，自此繇人不復國矣。然"虚其地"云者，非事實，其人仍有留閩甌者。

夜　郎

《資治通鑑》卷一八 漢武帝元光五年（前130）：

  ［追叙建元六年（前135）唐蒙使南越，獲食蜀所出枸醬，］歸至長安，問蜀賈人。賈人曰："獨蜀出枸醬，多持竊出市夜郎。夜郎者，臨牂柯江，江廣百餘步，足以行船。南越以財物役屬夜郎，西至桐師，然亦不能臣使也。"

  蒙乃上書［别建以夜郎兵襲取南越之計］，"……竊聞夜郎所有精兵，可將十餘萬，浮船牂柯江，出其不意，此制越一奇也。誠……通夜郎道爲置吏，甚易。"

  上許之。乃拜蒙爲中郎將，將千人，食重萬餘人，從巴、蜀笮關入，遂見夜郎侯多同。蒙厚賜，喻以威德，約爲置吏，使其子爲令。夜郎旁小邑皆貪漢繒帛，以爲漢道險，終不能有也，乃且聽蒙約。

还报，上以爲犍爲郡，发巴、蜀卒治道，自僰道指牂柯江，作者数万人……［因巴蜀民恐而罢。］

光旦：全文见"总录——汉与西南夷"片。

《今释》：《正义》云，协、曲二州本［夜郎］国，则在今四川叙州府广符县及泸州界。

光旦：夜郎界决不止此，"夜郎自大"虽出自誇，亦必有其相当之地域根据，当其全盛之时，或其人口前后所播及之地域，至少应包括川南、黔北、以至滇之大部分、湘鄂迤西地区。

光旦：曰南越以财物役属夜郎，西至桐师。按《今释》，桐师，今大理太和县西南。是则夜郎之势力或人口分布所及远至滇西而犹或不止也。既至滇西，则自亦包括哀牢山区在内。我向以爲哀牢即夜郎，亦即《华阳国志》之鸠獠与今之仡佬，至此而得进一步之论证。夜郎自大，亦自有其物质根据，观此益信。

《资治通鉴》卷一八 汉武帝元朔元年（前128）：

［严安上书谏四海穷兵，有曰，］"今徇南夷，朝夜郎。"

光旦：南夷不止一夜郎。

《资治通鉴》卷一八 汉武帝元朔三年（前126）：

秋，罢西夷，独置南夷夜郎两县、一都尉，稍令犍爲自葆就，专力城朔方。

《资治通鉴》卷一九 汉武帝元狩元年（前122）：

……滇王当羌谓汉使者曰："汉孰与我大？"及夜郎侯亦然。以道不通，故各自以爲一州主，不知汉广大。

光旦：岂通滇之使，於其归也，曾道出夜郎耶？否则何以云"及夜郎侯亦然"！恐不尔。

《资治通鉴》卷二〇 汉武帝元鼎五年（前112）：

秋，［大举攻南越］……越驰义侯遗别将巴、蜀罪人，发夜郎兵，下牂柯江……会番禺。

《资治通鉴》卷二〇 汉武帝元鼎六年（前111）：

……驰义侯所发夜郎兵未下，南越已平矣。

光旦：驰义侯名遗，本越人，夜郎本役属於南越，故因政治关系得发其兵；然恐不止此：越与夜郎亦有近密之民族渊源关系也。

《资治通鉴》卷二〇 汉武帝元鼎六年（前111）：

馳義侯（名遺，本越人）發南夷兵（上文作夜郎兵），欲以擊南越。且蘭君恐遠行旁國虜其老弱，乃與其衆反，殺使者及犍爲太守。漢乃發巴、蜀罪人當擊南越者八校尉，遣中郎將郭昌、衛廣將而擊之，誅且蘭及邛君、筰侯，遂平南夷爲牂柯郡。夜郎侯始倚南越，南越已滅，夜郎遂入朝，上以爲夜郎王。

光旦：且蘭君與夜郎侯之關係未得交代。

夷

《資治通鑑》卷八　秦二世皇帝三年（前207）：

［二世夢白虎，以爲涇水爲祟，］乃齋於望夷宮。

胡氏引張晏：……臨涇水作之，以望北夷。

《今釋》：西安府涇陽縣，［宮所在地。］

光旦：是北方之胡，亦嘗稱夷。夷而可望，其逼近可想。蒙恬收河南地爲四十四縣，當初無非"夷"所居也。

義　渠（戎）

《資治通鑑》卷二　周顯王四十二年（前327）：

秦縣義渠，以其君爲臣。

《今釋》：甘肅慶陽府。

《資治通鑑》卷三　周赧王元年（前314）：

秦人侵義渠，得二十五城。

《資治通鑑》卷六　秦始皇帝三年（前244）：

［秦在］岐、梁、涇、漆之北有義渠、大荔、烏氏、朐衍之戎……分散居谿谷，自有君長……其後，義渠築城郭以自守，而秦稍蠶食之，至惠王遂拔義渠二十五城。昭王之時，宣太后誘義渠王，殺諸甘泉，遂發兵伐義渠，滅之，始於隴西、北地、上郡築長城以拒胡。

光旦：是胡、戎有別，胡更在戎外。

光旦：此前一時期情況，於此總述一番。

《資治通鑑》卷一五　漢文帝前十一年（前169）：

太子家令潁川鼂錯［因匈奴數寇邊］上言兵事，［主因地形與技藝不同，以蠻夷攻蠻夷]曰，"……今降胡、義渠、蠻夷之屬來歸誼者，其衆數千，飲食、長技與匈奴同。可賜之堅甲、絮衣、勁弓、利矢，"[與漢將卒合力以拒匈奴。]

  光旦：是頗若遲至前二世紀中葉，義渠尚有存者。

庸

《資治通鑑》卷三　周赧王四年（前311）：

  [張儀之楚，楚懷王將殺之，]靳尚謂[王幸姬]鄭袖曰："秦王甚愛張儀，將以上庸六縣及美女贖之。"

  光旦：此時去古不遠，從周武伐紂之庸人當猶有存者。

《資治通鑑》卷三　周赧王十一年（前304）：

  秦復與楚上庸。

  胡氏：三年，秦敗楚師，虜屈匄，取楚上庸。

  光旦：是則上庸本楚有，三年，秦取之，四年，欲以上庸贖張儀而未果行，至此，十一年，卒與楚。《通鑑》三年文，只言秦取楚漢中，未言上庸，當是漢中包括上庸，胡氏亦云。

《資治通鑑》卷四　周赧王三十五年（前280）：

  秦……使司馬錯發隴西兵，因蜀攻楚黔中，拔之。楚獻漢北及上庸地。

于　寘（亦作闐）

《資治通鑑》卷一九　漢武帝元狩元年（前122）：

  [于寘方位及地理特點。]（見"總錄——漢與西域"片）

《資治通鑑》卷二〇　漢武帝元鼎二年（前115）：

  [漢二次出西域，張騫副使經由烏孫導譯至于寘。]（見"總錄——漢與西域"片）

貔

《資治通鑑》卷六　秦始皇帝三年（前244）：

  先是時……秦自隴以西有緜諸、緄戎、翟、貔之戎。

越

越

《資治通鑑》卷一二 漢高祖十二年（前195）：

　　春……詔曰："南武侯織，亦粵之世也，立以爲南海王。"

　　　　胡氏引文穎：高祖五年，以象郡、桂林、南海、長沙立吳芮爲長沙王。象郡、桂林、南海屬尉佗；佗未降，遙奪以封芮耳。後佗降漢，十一年，更立佗爲南越王。自此王三郡，芮惟得長沙、桂陽耳。今封織南海王，復遙奪佗一郡，織未得王之。

　　　　光旦：織之具體來歷不詳。

越——淮南王安諫書

《資治通鑑》卷一七 漢武帝建元六年（前135）：

　　閩越王郢興兵擊南越……天子……大爲發兵……擊閩越。淮南王安上書諫曰："……越，方外之地，翦髮文身之民也，不可以冠帶之國法度理也。自三代之盛，胡、越不與受正朔，非彊弗能服、威弗能制也；以爲不居之地，不牧之民，不足以煩中國也。自漢初定以來七十二年，越人相攻擊者不可勝數，然天子未嘗舉兵而入其地也。

　　"臣聞越非有城郭邑里也，處谿谷之間，篁竹之中，習於水鬥，便於用舟，地深昧而多水險；中國之人不知其勢阻而入其地，雖百不當其一。得其地，不可郡縣也，攻之，不可暴取也。以地圖察其山川要塞，相去不過寸數，而間獨數百千里，阻險林叢，弗能盡著；視之若易，行之甚難。……

　　"越人名爲藩臣，貢酎之奉不輸大內，一卒之用不給上事；自相攻擊，而陛下發兵救之，是反以中國而勞蠻夷也！

　　"且越人愚戇輕薄，負約反覆，其不用天子之法度，非一日之積也。壹不奉詔，舉兵誅之，臣恐後兵革無時得息也。……

　　"今發兵行數千里，資衣糧，入越地，輿轎而隃領，拕舟而入水，行數百千里，夾以深林叢竹，水道上下擊石；林中多蝮蛇、猛獸，夏月暑時，歐泄霍亂之病相隨屬也；曾未施兵接刃，死傷者必衆矣。

　　"前時南海王反，陛下先臣使將軍間忌將兵擊之，以其軍降，處之上淦。

後復反，會天暑多雨，樓船卒水居擊櫂，未戰而疾死者過半……悲哀之氣，數年不息，長老至今以爲記，曾未入其地而禍已至此矣。……

"不習南方地形者，多以越爲人衆兵彊，能難邊城。淮南全國之時，多爲邊吏，臣竊聞之，與中國異：限以高山，人迹絶，車道不通，天地所以隔外内也。其入中國，必下領水，領水之山峭峻，漂石破舟，不可以大船載食糧下也。越人欲爲變，必先田餘干界中，積食糧，乃入伐材治船。邊城守候誠謹，越人有入伐材者，輒收捕，焚其積聚，雖百越，奈邊城何！且越人緜力薄材，不能陸戰，又無車騎、弓弩之用，然而不可入者，以保地險，而中國之人不耐其水土也。

"臣聞越甲卒不下數十萬，所以入之，五倍乃足，輓車奉餉者不在其中。……

"臣聞道路言：閩越王弟甲弑而殺之，甲以誅死，其民未有所屬。陛下若欲來，内處之中國，使重臣臨存，施德垂賞以招致之，此必攜幼、扶老以歸聖德。若陛下無所用之，則繼其絶世，存其亡國，建其王侯，以爲畜越，此必委質爲藩臣，世共貢職。……今以兵入其地……必雉兔逃入山林險阻。……臣聞長老言：秦之時，嘗使尉屠睢擊越，又使監禄鑿渠通道，越人逃入深山林叢，不可得攻；留軍屯守空地，曠日引久，士卒勞倦；越出擊之，秦兵大破，乃發適戍以備之。……"〔卒致〕山東之難（指陳勝、吳廣之起義）。

　　光旦：此書寫得甚凌亂，提供資料亦不多，姑摘如上。

　　光旦：南海嘗反，漢使吳擊之，吳遣將軍間忌率兵敗降之，處之上淦。此未見它處。

　　光旦：越人欲爲變，必先田餘干界……云云，亦有資料價值。是今贛東北在漢初尚是越地，而迤西之上淦一帶則已入漢。

　　光旦：閩越王爲弟甲所弑，甲又被誅死，其民未有所屬云云，與史文矛盾。何以發放王郢乎？

越

《資治通鑑》卷一九　漢武帝元狩二年（前121）：

　　夏……江都王建……專爲淫虐。自知罪多，恐誅，與其后成光共使越婢下神，祝詛上。……

　　光旦：當時越女爲漢婢者當不止此一例矣。詛咒、禁方，爲越人所擅，此亦一例。

《資治通鑑》卷二一　漢武帝元封二年（前109）：
　　初令越巫祠上帝、百鬼，而用雞卜。
《資治通鑑》卷二一　漢武帝太初元年（前104）：
　　柏梁災……越人勇之曰："越俗，有火災復起屋，必以大，用勝服之。"於是作建章宮，度爲千門萬户。……

越（百越）

《資治通鑑》卷一　周安王十五年（前387）：
　　[吳]起懼誅，[自魏]奔楚，楚悼王……任之爲相。……於是南平百越。
　　　光旦：平百越自是安王十五年後事；奔楚亦未必在是年，事有連繫，不得不於是年下并叙之耳。
《資治通鑑》卷七　秦始皇帝二十五年（前222）：
　　王翦悉定荆江南地，降百越之君，置會稽郡。
《資治通鑑》卷八　秦二世皇帝二年（前208）：
　　李斯……從獄中上書[自訴其"罪"]曰，"臣……北逐胡、貉，南定百越，以見秦之彊。"
　　　光旦：斯在書中上文自言爲丞相三十餘年，則王翦之軍事行動，以及後來之定南越、設三郡、移民五十萬等政治措施皆其任内事，故云。
《資治通鑑》卷九　漢元年（前206）：
　　二月，[叙吳芮所以得分封之故：]番君吳芮率百越佐諸侯，又從入關，故立芮爲衡山王……

越（於越）

《資治通鑑》卷二　周顯王三十五年（前334）：
　　越王無彊伐齊。齊王使人説之以伐齊不如伐楚之利。越王遂伐楚。楚人大敗之，乘勝盡取吳故地，東至于浙江。越以此散，諸公族争立，或爲王，或爲君，濱於海上，朝服於楚。
　　　光旦：此於越之越也。

越（南越）

《資治通鑑》卷七　秦始皇帝三十三年（前214）：

发诸尝逋亡人、赘壻、贾人为兵，略取南越陆梁地，置桂林、南海、象郡；以適徙民五十万人戍五岭，与越杂处。

  光旦：此南越之越也。

《资治通鉴》卷一二　汉高祖十一年（前196）：

  五月，诏立秦南海尉赵佗为南粤王，使陆贾即授玺绶，与剖符通使，使和集百越，无为南边患害。

  初，秦二世时，南海尉任嚣病且死，召龙川令赵佗，语曰："秦为无道，天下苦之，闻陈胜等作乱，天下未知所安。南海僻远，吾恐盗兵侵地至此，欲兴兵绝新道自备，待诸侯变；会病甚。且番禺负山险，阻南海，东西数千里，颇有中国人相辅；此亦一州之主也，可以立国。郡中长吏，无足与言者，故召公告之。"即被佗书，行南海尉事。嚣死，佗即移檄告横浦、阳山、湟谿关曰："盗兵且至，急绝道，聚兵自守！"因稍以法诛秦所置长吏，以其党为假守。秦已破灭，佗即击并桂林、象郡，自立为南越武王。

  陆生至，尉佗魋结、箕倨见陆生。陆生说佗曰："足下中国人，亲戚、昆弟、坟墓在真定。今足下反天性，弃冠带，欲以区区之越与天子抗衡为敌国，祸且及身矣！且夫秦失其政，诸侯、豪桀并起，唯汉王先入关，据咸阳。项羽倍约，自立为西楚霸王，诸侯皆属，可谓至彊。然汉王起巴、蜀，鞭笞天下，遂诛项羽，灭之；五年之间，海内平定。此非人力，天之所建也。天子闻君王王南越，不助天下诛暴逆，将相欲移兵而诛王。天子怜百姓新劳苦，故且休之，遣臣授君王印，剖符通使。君王宜郊迎，北面称臣；乃欲以新造未集之越，屈彊于此！汉诚闻之，掘烧王先人冢，夷灭宗族，使一偏将将十万众临越，则越杀王降汉如反覆手耳！"

  于是尉佗乃蹶然起坐，谢陆生曰："居蛮夷中久，殊失礼义。"因问陆生曰："我孰与萧何、曹参、韩信贤？"陆生曰："王似贤也。"复问："我孰与皇帝贤？"陆生曰："皇帝继五帝、三皇之业，统理中国；中国之人以亿计，地方万里，万物殷富；政由一家，自天地剖判未始有也。今王众不过数十万，皆蛮夷，崎岖山海间，譬若汉一郡耳，何乃比于汉！"尉佗大笑曰："吾不起中国，故王此；使我居中国，何遽不若汉！"乃留陆生与饮，数月，曰："越中无足与语。至生来，令我日闻所不闻。"赐陆生橐中装直千金，佗送亦千金。

  陆生卒拜尉佗为南越王，令称臣，奉汉约。归报，帝大悦。

《资治通鉴》卷一三　汉高后四年（前184）：

有司請禁南越關市、鐵器。南越王佗曰："高帝立我，通使物。今高后聽讒臣，別異蠻夷，隔絶器物；此必長沙王計，欲倚中國擊滅南越而并王之，自爲功也。"

光旦：趙佗與吳芮矛盾，亦說明吳芮之番亦未嘗非百越之一派。芮率百越從滅秦，而佗則坐觀成敗，專斷一方，此矛盾一也。芮爲百越而從漢，佗本爲漢地之人而反不從漢，同一統率百越，而主客、客主顛倒，此矛盾二也。故芮縱無圖佗之心，而佗必以爲有之。從民族關係看，此亦甚易理解者。

《資治通鑑》卷一三　漢高后五年（前183）：

春，佗自稱南越武帝，發兵攻長沙，敗數縣而去。

《資治通鑑》卷一三　漢高后七年（前181）：

遣隆慮侯周竈將兵擊南越。

《資治通鑑》卷一三　漢文帝前元年（前179）：

初，隆慮侯竈擊南越，會暑濕，士卒大疫，兵不能隃領。歲餘，高后崩，即罷兵。趙佗因此以兵威財物賂遺閩越、西甌駱，役屬焉。東西萬餘里，乘黃屋左纛，稱制與中國侔。帝乃爲佗親冢在真定者置守邑，歲時奉祀；召其昆弟，尊官、厚賜寵之。

復使陸賈使南越，賜佗書曰："朕，高皇帝側室之子也，棄外，奉北藩于代。道里遼遠，壅蔽樸愚，未嘗致書。高皇帝棄羣臣……（敘王室變故，詞冗不錄）朕……今即位。乃者聞王遺將軍隆慮侯書，求親昆弟，請罷長沙兩將軍。朕以王書罷將軍博陽侯；親昆弟在真定者，已遣人存問，脩治先人冢。前日聞王發兵於邊，爲寇災不止。當其時，長沙苦之，南郡尤甚；雖王之國，庸獨利乎！必多殺士卒，傷良將吏，寡人之妻，孤人之子，獨人父母，得一亡十，朕不忍爲也。朕欲定地犬牙相入者；以問吏，吏曰：'高皇帝所以介長沙土也'，朕不得擅變焉。今得王之地，不足以爲大；得王之財，不足以爲富。服領以南，王自治之。雖然，王之號爲帝，兩帝並立，亡一乘之使以通其道，是爭也；爭而不讓，仁者不爲也。願與王分棄前惡，終今以來，通使如故。"

賈至南越。南越王恐，頓首謝罪；願奉明詔，長爲藩臣，奉貢職。於是下令國中曰："吾聞兩雄不俱立，兩賢不並世。漢皇帝，賢天子。自今以來，去帝制、黃屋、左纛。"因爲書，稱："蠻夷大長、老夫臣佗昧死再拜上書皇帝陛下：老夫，故越吏也，高皇帝幸賜臣佗璽，以爲南越王。孝惠皇帝即位，義不忍絕，所以賜老夫者厚甚。高后用事，別異蠻夷，出令曰：'毋與蠻夷越金鐵、田器、馬、牛、羊；即予，予牡，毋予牝。'老夫處僻，馬、牛、羊齒已長。自以祭祀不脩，有死罪，使內史藩、中尉高、御史平凡三輩上書謝過，皆不反。又風聞老夫父母墳墓已壞削，兄弟宗族已誅論。吏相與議曰：'今內不得振於漢，外無以自高異'，故更號爲帝，自帝其國，非敢有害於天下。高皇后聞之，大怒，削去南越之籍，使使不通。老夫竊疑長沙王讒臣，故發兵以伐其邊。老夫處越四十九年，于今抱孫焉。然夙興夜寐，寢不安席，食不甘味，目不視靡曼之色，耳不聽鍾鼓之音者，以不得事漢也。今陛下幸哀憐，復故號，通使漢如故；老夫死，骨不腐。改號，不敢爲帝矣！"

  光旦：文帝書中曰，"南郡尤甚"，南郡去長沙尚遠，不在長沙王治內，去長沙王國南鄙尤遠，殊不可索解。《後漢書》初列南郡巴郡蠻，意者其地在西漢初年即已爲巴人聚居之中心，巴人尚武善戰，從軍者衆，傷亡之比數大，斯所苦"尤甚"耳。

《資治通鑑》卷一七　漢武帝建元四年（前137）：

  是歲，南越王佗死，其孫文王胡立。

《資治通鑑》卷一七　漢武帝建元六年（前135）：

  閩越王郢興兵擊南越邊邑；南越王守天子約，不敢擅興兵，使人上書告天子。於是天子多南越義，大爲發兵，遣大行王恢出豫章，大農令韓安國出會稽，擊閩越。淮南王安上書諫……（諫文別見"越（總論）"片。）〔閩越餘善既殺王郢，兵罷，漢立繇君丑爲越繇王、餘善爲東越王，並處，〕上使莊助諭意南粵。南粵王胡頓首曰："天子乃爲臣興兵討閩越，死無以報德！"遣太子嬰齊入宿衛，謂助曰："國新被寇，使者行矣，胡方日夜裝，入見天子。"……助既去南越，南越大臣皆諫其王曰："漢興兵誅郢，亦行以驚動南越。且先王昔言：'事天子期無失禮。'要之，不可以說好語入見，則不得復歸，亡國之勢也。"於是胡稱病，竟不入見。

《資治通鑑》卷一八　漢武帝元光五年（前130）：

  初，王恢之討東越也（建元六年，前135），使番陽令唐蒙風曉南越。〔蒙因食枸醬，從知蜀與南越之間有夜郎，以及夜郎與蜀及南越之關係。〕（詳見"總錄——漢與西南夷"片）

  光旦：以番陽令風曉南越，番陽本越地，其人口中越之成分必尚不小也。

  光旦：下文蒙即提出以夜郎兵制越之計，較出豫章、長沙爲奇，亦詳上所云片。

《資治通鑑》卷二〇 漢武帝元鼎四年（前113）：

初，南越文王遣其子嬰齊入宿衛，在長安取邯鄲樛氏女，生子興。文王薨，嬰齊立，乃藏其先武帝璽，上書請立樛氏女爲后，興爲嗣。漢數使使者風諭嬰齊入朝。嬰齊尚樂擅殺生自恣，懼入見要，用漢法比內諸侯，固稱病，遂不見。

嬰齊薨，謚曰明王。太子興代立，其母爲太后，太后自未爲嬰齊姬時，嘗與霸陵人安國少季通。是歲，上使安國少季往諭王、王太后以入朝，比內諸侯，令辯士諫大夫終軍等宣其辭，勇士魏臣等輔其決，衛尉路博德將兵屯桂陽待使者。南越王年少，太后中國人；安國少季往，復與私通，國人頗知之，多不附太后。太后恐亂起，亦欲倚漢威，數勸王及羣臣求內屬；即因使者上書，請比內諸侯，三歲一朝，除邊關。於是天子許之，賜其丞相呂嘉銀印及內史、中尉、太傅印，餘得自置；除其故黥、劓刑，用漢法，比內諸侯。使者皆留，填（鎮）撫之。

《資治通鑑》卷二〇 漢武帝元鼎五年（前112）：

南越王、王太后飭治行裝，重齎爲入朝具。其相呂嘉，年長矣，相三王，宗族仕宦爲長吏者七十餘人，男盡尚王女，女盡嫁王子弟、宗室，及蒼梧秦王有連，其居國中甚重，得衆心愈於王。王之上書，數諫止王，王弗聽；有叛心，數稱病，不見漢使者。使者皆注意嘉，勢未能誅。王、王太后亦恐嘉等先事發，欲介漢使者權，謀誅嘉等，乃置酒請使者，大臣皆侍坐飲。嘉弟爲將，將卒居宮外。酒行，太后謂嘉曰："南越內屬，國之利也；而相君苦不便者，何也？"以激怒使者。使者狐疑相見（視），遂莫敢發。嘉見耳目非是，即起而出。太后怒，欲鏦嘉以矛，王止太后。嘉遂出，介其弟兵就舍，稱病，不肯見王及使者，陰與大臣謀作亂。王素無意誅嘉，嘉知之，以故數月不發。

天子聞嘉不聽命，王、王太后孤弱不能制，使者怯無決；又以爲王、王太后已附漢，獨呂嘉爲亂，不足以興兵，欲使莊參以二千人往使。參曰："以好往，數人足矣；以武往，二千人無足以爲也。"辭不可，天子罷參。郟壯士故濟北相韓千秋奮曰："以區區之越，又有王、王太后應，獨相呂嘉爲害，願得勇士三百人，必斬嘉以報。"於是天子遣千秋與王太后弟樛樂將二千人往。

入越境。呂嘉等乃遂反，下令國中曰："王年少。太后，中國人也，又與使者亂，專欲內屬，盡持先王寶器入獻天子以自媚；多從人行，至長安，虜賣以爲僮僕；取自脫一時之利，無顧趙氏社稷、爲萬世慮計之意。"乃與其弟將卒攻殺王、王太后及漢使者，遣人告蒼梧秦王及其諸郡縣，立明王長男越妻子術陽侯建德爲王。

而韓千秋兵入，破數小邑。其後越開直道給食，未至番禺四十里，越以兵擊千秋等，遂滅之；使人函封漢使者節置塞上，好爲謾辭謝罪，發兵守要害處。

春三月，壬午，天子聞南越反，曰："韓千秋雖無功，亦軍鋒之冠，封其子延年爲成安侯；樛樂姊爲王太后，首願屬漢，封其子廣德爲龍亢侯。"……

秋，遣伏波將軍路博德出桂陽，下湟水；樓船將軍楊僕出豫章，下湞水；歸義越侯嚴爲戈船將軍，出零陵，下離水；甲爲下瀨將軍，下蒼梧；皆將罪人，江、淮以南樓船十萬人。越馳義侯遺別將巴、蜀罪人，發夜郎兵，下牂柯江，咸會番禺。

齊相卜式上書，請父子與齊習船者往死南越。天子下詔褒美……是時列侯以百數，皆莫求從軍擊越。……

《資治通鑑》卷二〇　漢武帝元鼎六年（前111）：

樓船將軍楊僕入越地，先陷尋陿，破石門，挫越鋒，以數萬人待伏波將軍路博德至俱進，樓船居前，至番禺。南越王建德，相呂嘉城守。樓船居東南面，伏波居西北面。會暮，樓船攻敗越人，縱火燒城。伏波爲營，遣使者招降者，賜印綬，復縱令相招。樓船力攻燒敵，驅而入伏波營中。黎旦，城中皆降。建德、嘉已夜亡入海，伏波遣人追之。校尉司馬蘇弘得建德，越郎都稽得嘉。戈船、下瀨將軍兵及馳義侯所發夜郎兵未下，南越已平矣。

遂以其地爲南海、蒼梧、鬱林、合浦、交趾、九真、日南、珠厓、儋耳九郡。

師還，[封諸將]……都稽爲臨蔡侯，及越降將蒼梧王趙光等四人皆爲侯。……賽南越，祠太一、后土……

光旦：上云蒼梧秦王，此云蒼梧王趙光，關係不明。

越（閩越）

《資治通鑑》卷一一　漢高祖五年（前202）：

[二月，即皇帝位後]詔……又曰："故粵王無諸，世奉粵祀；秦侵奪其地，使其社稷不得血食。諸侯伐秦，無諸身帥閩中兵以佐滅秦，項羽廢而弗立。今以爲閩粵王，王閩中地。"

光旦：無諸爲於越之後，可無疑。然於越地初不至閩中，有可能秦設會稽郡後，於越後人始南退入閩，及秦更設閩中郡，又被迫退入山區；至此乃復出。秦設閩中郡，《通鑑》似未見載。

光旦：此等地方，亦是劉邦比項羽高明處。

《資治通鑑》卷一三 漢文帝前元年（前179）：

初，隆慮侯竈（周竈）擊南越，會暑濕，士卒大疫，兵不能隃領。歲餘，高后崩，即罷兵。趙佗因此以兵威財物賂遺閩越、西甌駱，役屬焉。……

光旦：周竈擊南越在高后七年（前181），高后崩在次年七月，則佗之併閩越等應是八年秋或秋後事（前180）。

《資治通鑑》卷一四 漢文帝前六年（前174）：

淮南厲王長［初反］，令人使閩越、匈奴。（互見）

《資治通鑑》卷一六 漢景帝前三年（前154）：

［吳、楚等七國初反，］吳王……南使閩、東越，閩、東越亦發兵從。……［及敗］……吳太子駒亡走閩越。

《資治通鑑》卷一七 漢武帝建元三年（前138）：

秋，［初，七國之反，吳王之敗死，其子駒之流亡，引致閩粵與東越之相攻。］（詳"甌（東甌）"片，此處不複）

《資治通鑑》卷一七 漢武帝建元六年（前135）：

閩越王郢興兵擊南越邊邑，南越王守天子約，不敢擅興兵，使人上書告天子。於是天子多南越義，大爲發兵，遣大行王恢出豫章，大農令韓安國出會稽，擊閩越。淮南王安上書諫……（以上互見"越（南越）"片。淮南王安諫書文，見"越（總論）"片。）［不聽，］漢兵遂出。

未隃領，閩越王郢發兵距險。其弟餘善乃與相、宗族謀曰："王以擅發兵擊南越不請，故天子兵來誅。漢兵衆彊，即幸勝之，後來益多，終滅國而止。今殺王以謝天子，天子聽罷兵，固國完；不聽，乃力戰；不勝，即亡入海。"皆曰："善！"即鏦殺王，使使奉其頭致大行。大行曰："所爲來者，誅王。今王頭至，謝罪；不戰而殞，利莫大焉。"乃以便宜案兵，告大農軍，而使使奉王頭馳報天子。

詔罷兩將兵，曰："郢等首惡，獨無諸孫繇君丑不與謀焉。"乃使中郎將立丑爲越繇王，奉閩越先祭祀。餘善已殺郢，威行於國，國民多屬，竊自立爲王，繇王不能制。上聞之，爲餘善不足復興師，曰："餘善數與郢謀亂；而後首誅郢，師得不勞。"因立餘善爲東越王，與繇王並處。

光旦："並處"，不知應究作何解。豈皆在今閩省境耶？有可能。此餘善之東越不可能是同於東甌之東越（惠三、景前三、武建元三）。東越已"舉國"內徙江淮，其地已全屬漢，漢人亦必已乘虛播殖。故此之東越當在甌江以南，閩東北地區。其地有越人，亦有瑤畲系統之人。

光旦：餘善之餘，與無餘、餘干、餘杭、餘姚、餘不……之"餘"同一來源，應是越語。然亦不能肯定，徐、畬……等稱亦從"余"。疑此專作 ü 音，而瑶、畲之"余"則作 she、du、tu……等音。容與語音學家一談之。

光旦：曰"繇君丑"，曰"越繇王"，明"繇"非個人專名，而為一族之名。繇君丑者，繇人之首領名丑也。越繇王者，越地繇人之首領受立為王也。然則繇即後世之莫徭、猺、傜、瑶也。因別立"繇"片，與此互見。

越（東越）

《資治通鑑》卷一六 漢景帝前三年（前154）：

[吳、楚等七國反，]吳王……南使閩、東越，閩、東越亦發兵從。……[及敗，]吳王度淮，走丹徒，保東越，兵可萬餘人，收聚亡卒。漢使人以利啗東越，東越即紿吳王出勞軍，使人鏦殺吳王，盛其頭，馳傳以聞。吳太子駒亡走閩越。

光旦：此亦自牽涉到南北，或漢與非漢之移徙。

光旦："東越"之稱，上文未經見，經見者為"東甌"、"東海"（惠三年，前192——卷一二），應即一事。是時甌江流域以北已久為會稽郡境，漢人移殖已多，已不能作越地論。流域及迤南則猶為"越"人自有而半自治之地。參"甌（東甌）"片。

光旦：此"越"，就其統治層言之（王摇），應即後之山越。是"東越"應可視為山越之始，其稱"越"稱"甌"者，皆沿而未革之詞，若信以為實，則刻舟求劍矣。

《資治通鑑》卷一七 漢武帝建元六年（前135）：

……餘善已殺郢，威行於國，國民多屬，竊自立為王，繇王不能制。上聞之，為餘善不足復興師，曰："餘善數與郢謀亂；而後首誅郢，師得不勞。"因立餘善為東越王，與繇王並處。（詳見"越（閩越）"片）

光旦：時東甌或東越之人已強半內徙江淮，王位已空，今以餘善補之，亦殊合事理，然其所治當更在南矣。

《資治通鑑》卷一七 漢武帝建元六年（前135）：

始,〔汲〕黯爲謁者,以嚴見憚。東越相攻,上使黯往視之;不至,至吴而還,報曰:"越人相攻,固其俗然,不足以辱天子之使。"

> 光旦:曰"東越相攻",應是指建元三年閩越擊東甌一事而言。然只言東越相攻,亦疏矣。下云"越人相攻",則可。

《資治通鑑》卷一八 漢武帝元光五年(前130):

初,王恢之討東越也,使番陽令唐蒙風曉南越。……

> 光旦:此建元六年(前135)事。乃知此條與上條之"東越"乃廣義者,包括閩越,乃至等於閩越,此條是也。

《資治通鑑》卷二〇 漢武帝元鼎六年(前111):

初,東越王餘善上書,請以卒八千人從樓船擊吕嘉;兵至揭揚,以海風波爲解,不行,持兩端,陰使南越。及漢破番禺,不至。楊僕上書願便引兵擊東越;上以士卒勞倦,不許,令諸校屯豫章、梅嶺以待命。餘善聞樓船請誅之,漢兵臨境,乃遂反,發兵距漢道,號將軍騶力等爲吞漢將軍,入白沙、武林、梅嶺,殺漢三校尉。是時,漢使大農張成、故山州侯齒將屯,弗敢擊,卻就便處,皆坐畏懦誅。餘善自稱武帝。……

上乃遣橫海將軍韓説出句章,浮海從東方往;樓船將軍楊僕出武林,中尉王温舒出梅嶺,以越侯爲戈船、下瀨將軍,出若邪、白沙,以擊東越。

《資治通鑑》卷二〇 漢武帝元封元年(前110):

漢兵入東越境,東越素發兵距險,使徇北將軍守武林。樓船將軍卒錢唐轅終古斬徇北將軍。故越衍侯吴陽以其邑七百人反攻越軍於漢陽。越建成侯敖與繇王居股殺餘善,以其衆降。上封〔諸有功者〕……陽爲卯石侯,居股爲東成侯,敖爲開陵侯……東越降將多軍爲無錫侯。

上以閩地險阻,數反覆,終爲後世患,乃詔諸將悉徙其民於江、淮之間,遂虚其地。

> 光旦:閩甌民族第二次被徙江淮間,其中應以越人爲多,然亦應有部分爲瑶畬之先。

> 光旦:繇王居股及其民之下落未詳。是否亦在北徙之列?居股既封侯,則至少已不再爲王、不成一國矣。文云,居股殺餘善後以其衆降,則居股亦在降列也,既在降列,則亦在遷列矣。

> 光旦:"無錫"之稱,此時已有之,猶"無餘","無餘"之出越人自稱也。

越（揚越、楊粵）

《資治通鑑》卷一五　漢文帝前十一年（前169）：

[鼂錯上書言移民實邊之利，有曰，]"楊、粵之人，其性耐暑。……"

　　光旦：此"揚粵"似指兩個地區，而不是一個地區，更不是一個地區之人，如南越、閩越然。以"揚越"爲一單一名詞，專指一地區或此一地區之越人，並以之爲"百越"之一派，恐不無問題。

月　氏

《資治通鑑》卷一一　漢高祖六年（前201）：

[叙與匈奴關係。]（見"匈奴——與漢"片，文繁不複錄）

《資治通鑑》卷一四　漢文帝前六年（前174）：

匈奴單于（冒頓）遺漢書曰：……右賢王[受漢吏侵侮]，不請……與漢吏相距。[有違和親之約，]故罰右賢王，使之西求月氏擊之。以天之福，吏卒良，馬力強，以夷滅月氏，盡斬殺、降下，定之……

《資治通鑑》卷一八　漢武帝元朔三年（前126）：

初，匈奴降者言："月氏故居敦煌、祁連間，爲彊國，匈奴冒頓攻破之。老上單于殺月氏王，以其頭爲飲器。餘衆遁逃遠去，怨匈奴，無與共擊之。"上募能通使月氏者。漢中張騫以郎應募，出隴西，徑匈奴中；單于得之，留騫十餘歲。騫得間亡，鄉月氏西走，數十日，至大宛。大宛聞漢之饒財，欲通不得，見騫，喜，爲發導譯抵康居，傳致大月氏。大月氏太子爲王，既擊大夏，分其地而居之，地肥饒，少寇，殊無報胡之心。騫留歲餘，竟不能得月氏要領，乃還；並南山，欲從羌中歸，復爲匈奴所得，留歲餘。會伊稚斜逐於單，匈奴國內亂，騫乃與堂邑氏奴甘父逃歸。上拜騫爲太中大夫，甘父爲奉使君。騫初行時百餘人，去十三歲，唯二人得還。

　　《今釋》：並南山，葱嶺南山自葉爾羌、和闐之南經羅卜淖爾南、大戈壁南、玉門陽關青海南、甘涼肅西寧南，而繞甘肅陝西二省之南四川之北、至河南南陽信陽而止。騫出由隴西歸並南山皆爲匈奴所得者，出經今涼州甘州，時爲休屠王地，歸經今青海和碩特也。

《資治通鑑》卷一九　漢武帝元狩元年（前122）：

[張騫歸述]大月氏[等]皆行國，隨畜牧，與匈奴同俗。

牂 柯

《資治通鑑》卷一八 漢武帝元光五年（前130）：

[追叙建元六年（前135）唐蒙至南越，食蜀枸醬，知醬經夜郎由牂柯江輸入番禺城。]（詳"總錄——漢與西南夷"片）

光旦：牂柯，於此爲江名，實亦族名，應爲百越之一部分或不止一部分。"牂"，與今之"僮"有涉，"柯"與"仡佬"之"仡"有涉。以牂柯爲"繫船杙"之解釋蓋出後人望文生義，不可信。

《今釋》：吴榮光以爲[牂柯江]即都江，發源……都匀，歷廣西、廣東入海。

真 番

《資治通鑑》卷二一 漢武帝元封二年（前109）：

初，全燕之世，嘗略屬真番、朝鮮……（下詳"朝鮮——與漢"片。）

胡氏：徐廣曰，遼東有番汗縣。應劭曰，玄菟本真番國。番，普安翻。

光旦：番汗、扶餘，皆古代百越曾散布至東北之證。

光旦："渤海"之"渤"疑亦與此有涉，亦即源於越人自稱之音，遠古齊地亦有越人，其後始化卻或南徙，亦留有遺跡，如"掖"之古名爲"不夜"，渤海之左右既皆嘗爲此族人所聚居，且爲時甚早，則海以"渤"稱，亦理有固然也。查"勃海"之稱，似最初見於《史記·高祖紀》："北有勃海之利"。字亦作"郭"，則兼指渤海郡而言，見《説文通訓定聲》。《淮南·天文訓》，"賁星墜而勃海决"，注，"勃，大也"。大之爲訓，猶"泰"之爲訓，大猶"人"也。泰與勃，俱源於稱"人"爲布音之人羣。

就《通鑑》言，渤海之稱最初見卷二周顯王三十六年蘇秦説齊王語中，當是本之《戰國策》。

中 山

《資治通鑑》卷一 周威烈王二十三年（前403）：

[《通鑑》追敘三家分晉及受命爲諸侯前幾年事曰，]魏文侯……使樂羊伐中山，克之；以封其子擊。

光旦：中山爲北狄，初爲鮮虞，後稱中山。

光旦：《史記·六國年表》云，魏文侯十七年，即周威烈王十八年（前408），"擊宋（宋字顯誤，瀧川《考證》云，據魏、趙世家，當作守字）中山"，則伐中山事當在此年或此年前不久。《戰國策》，卷一〇，未詳年份。

《資治通鑑》卷三　周赧王八年（前307）：

趙武靈王北略中山之地，至房子，遂之代，北至無窮，西至河，登黃華之上。

《今釋》：房子，趙州高邑縣；無窮，山西張家、殺虎二口外；黃華臺，山西寧武府神池縣。

《資治通鑑》卷三　周赧王八年（前307）：

[趙武靈王與其叔公子成論胡服騎射之必要，因追論先世與中山之關係曰：]"先時中山負齊之強兵，侵暴吾地，係累吾民，引水圍鄗；微社稷之神靈，則鄗幾於不守也。先君醜之，故寡人變服騎射，欲以備四境之難，報中山之怨。"

光旦：查鄗，後漢高邑縣，今直隸柏鄉縣北。

《資治通鑑》卷三　周赧王九年（前306）：

趙王略中山地，至寧葭（《今釋》：深州）。

《資治通鑑》卷三　周赧王十年（前305）：

趙王伐中山，取丹丘（《今釋》：定州曲陽縣）、爽陽鴻之塞（《今釋》：保定府唐縣西北），又取鄗、石邑（正定府獲鹿縣）、封龍（亦獲鹿界）、東垣（正定縣）。中山獻四邑以和。

《資治通鑑》卷三　周赧王十四年（前301）：

趙王伐中山，中山君奔齊。

《資治通鑑》卷三　周赧王二十年（前295）：

趙主父與齊、燕共滅中山，遷其王於膚施。歸，行賞，大赦，置酒，酺五日。

光旦：陝北爲趙地極邊。

筰

《資治通鑑》卷一八　漢武帝元光五年（前130）：

[上許唐蒙議，通夜郎，以制南越]，乃拜蒙爲中郎將，將千人，食重萬餘人，從巴、蜀筰關入。

《資治通鑑》卷一八　漢武帝元光五年（前130）：

是時，邛、筰之君長聞南夷與漢通，得賞賜多，多欲願爲内臣妾，請吏比南夷。天子問[司馬]相如（時初諭巴、蜀父老歸報），相如曰："邛、筰、冉駹者近蜀，道亦易通；秦時嘗通，爲郡縣，至漢興而罷。今誠復通，爲置郡縣，愈於南夷。"天子以爲然，乃拜相如爲中郎將，建節往使，及副使王然于等乘傳，因巴、蜀吏幣物以賂西夷；邛、筰、冉駹、斯榆之君皆請爲内臣。除邊關；關益斥，西至沫、若水，南至牂柯爲徼，通零關道，橋孫水以通邛都，爲置一都尉、十餘縣，屬蜀。天子大説。

《今釋》：筰關，四川雅州府清溪縣。

光旦：清溪縣與後世清溪關當有繫，應查。①

《今釋》：筰，四川寧遠府鹽源縣。

光旦：據《今釋》，筰與筰關應相去不遠，屬同一地區。

《今釋》：沫水出雅州府天全徼外，下流合青衣江。

《今釋》：若水，俗名打冲河，出西番裏塘，經四川寧遠府冕寧、西昌、鹽源、會理諸縣入金沙江。

《今釋》：零關道，雅州府蘆山縣。

《今釋》：孫水，出冕寧縣，經西昌會理入若水。

《資治通鑑》卷一九　漢武帝元狩元年（前122）：

[指求身毒，]四道並出（駹、冉、徙、邛僰），各行一二千里，其北方閉氐、筰，南方閉嶲、昆明。

《資治通鑑》卷二〇　漢武帝元鼎六年（前111）：

[漢之誅滅且蘭君，亦誅滅]邛君、筰侯……乃以……筰都爲沈黎郡。

---

① 清溪縣，明黎州安撫司地。清置縣，以城南清溪關名，屬四川雅州府。民國改爲漢源縣。（見臧勵龢等《中國古今地名大辭典》，1931年）清溪關在今四川漢源縣西南。筰關在今四川漢源縣東北。（見《中國歷史地名大辭典》，廣東教育出版社，1995年）——整理者注